普通高等教育"十一五"国家级规划教材
建设工程管理系列教材

建设工程信息管理

第 2 版

主　编　李晓东　张德群　孙立新
参　编　李云波　孙成双　李良宝
主　审　王要武　马智亮

机械工业出版社

本书是普通高等院校工程管理专业"十一五"规划教材之一。本书从建设工程信息管理的基础出发，介绍了建设工程信息管理的相关内容，阐述了建设工程信息模型和施工项目信息管理的过程。在此基础上，系统地介绍了管理信息系统开发的方法与步骤，阐述了系统规划、系统分析、系统设计和系统实施的系统开发过程。并对目前建设工程管理领域国内外常用软件进行了分类介绍，详细阐述了建设工程项目协同工作平台软件 Buzzsaw 的应用。全书共分 11 章，每章附有思考题。本书可作为高等院校工程管理专业以及管理类相关专业的教材，也可供建筑企业、建设项目管理人员及计算机应用软件开发人员等参考使用。

为便于教师讲授本教材，配套编制了电子教案，教师可登录机械工业出版社教材网（http://www.cmpedu.com）注册后免费下载使用。

图书在版编目（CIP）数据

建设工程信息管理/李晓东，张德群，孙立新主编．—2版．—北京：机械工业出版社，2007.7（2025.6重印）
 普通高等教育"十一五"国家级规划教材．建设工程管理系列教材
 ISBN 978-7-111-21839-5

Ⅰ.建… Ⅱ.①李…②张…③孙… Ⅲ.基本建设项目-信息管理-高等学校-教材 Ⅳ.F284

中国版本图书馆 CIP 数据核字（2007）第 102880 号

机械工业出版社（北京市百万庄大街 22 号　邮政编码 100037）
责任编辑：季顺利　　版式设计：霍永明　　责任校对：肖　琳
封面设计：姚　毅　　责任印制：李　昂
涿州市般润文化传播有限公司印刷
2025 年 6 月第 2 版第 16 次印刷
169mm×239mm · 19.5 印张 · 377 千字
标准书号：ISBN 978-7-111-21839-5
定价：49.80 元

电话服务　　　　　　　　　网络服务
客服电话：010-88361066　　机　工　官　网：www.cmpbook.com
　　　　　010-88379833　　机　工　官　博：weibo.com/cmp1952
　　　　　010-68326294　　金　　书　　网：www.golden-book.com
封底无防伪标均为盗版　　　机工教育服务网：www.cmpedu.com

前面。"站点管理—常规选项卡"由站点管理员用于：

1）查看站点名称。

2）查看站点 URL 地址和站点最初创建的日期。

3）查看站点允许的最大存储量和当前存储量，其中：当前存储量包括文件存储容量、回收站存储容量和邮件存储容量。

4）查看站点中文件和文件夹总数。

在此常规选项卡中，站点管理员还可以选择回收站的维护人员，有三种方式供选择：任何用户、仅限站点和项目管理员、仅限站点管理员。并且在常规选项卡中可以按下"清空回收站"按钮，将站点中回收站的所有内容彻底删除。

另外，站点管理员可以勾选"允许传送不安全文件"和"启动自动密码支持"，以及设置站点所有的货币类型。

（2）项目管理—常规选项卡。单击快捷工具栏中的"项目管理"图标后，就可以选择所选项目的常规选项卡。项目或站点管理员可以使用项目管理—常规选项卡执行以下操作：

1）查看项目最初创建的日期、项目大小以及 URL。

2）查看权限集（锁定/未锁定）状态。

3）查看项目中文件和文件夹总数。

3. 活动日志的使用　活动日志只能由管理员（站点管理员和项目管理员）来使用。通过活动日志，管理员可以查看站点、项目或单个文件的所有活动。同时还可以查看表格日志、表格、链接和便笺的活动。

管理员可以通过 Buzzsaw 栏中的"站点管理"或"项目管理"图标访问活动日志。亦可通过工具栏上或使用右键单击菜单出现的"属性"命令进行访问。

（1）站点管理—活动日志。提供有关站点成员操作的信息。站点管理—活动日志的功能使用如下：

1）可以通过日期选择来对操作信息进行过滤。

2）通过选择"包括项目级活动"选项，还可以查看所有项目级活动，而无需转至项目管理日志。

3）可以通过选择如"登录"、"注销"或"添加成员至站点"等活动，来自定义活动日志。具体方法是单击"列表选项"按钮，弹出"活动日志列表选项"对话框。

4）单击"站点管理—活动日志"图中的"保存日志"按钮，可将当前的记录日志存储为历史记录日志。可以选择存放历史记录日志的位置（文件夹）和记录各字段的分隔符。

5）通过单击"在线成员"，显示"在线成员"窗口，在此显示窗口中，站点管理员可以了解到目前正在访问 Buzzsaw 的成员及其个数等信息。

（3）通过"过滤依据"下拉列表对需要设置权限的成员进行筛选。

（4）通过"项目"下拉列表选择需要设置权限的项目或文件夹。

（5）不管在哪种显示方式下，找到需要设置的成员及项目，在其交叉的单元格内单击鼠标右键，在弹出的快捷菜单中选择合适的权限。

（6）重复第5步骤，直至设置完所有成员权限，按下应用按钮。

11.4.3 站点及项目系统管理的其他功能

1. 工作流管理　工作流程是描述自动化业务流程（部分或全部）的一个常用术语。工作流程会根据一套流程规则，将文档、信息或任务从一个参与者传递至另一参与者，从而实现操作。通过创建已配置为使用某一工作流程类型的表格日志，可实现内部业务运营过程的自动化。

在Buzzsaw中，工作流程是指管理员定义参数的过程，这些参数将决定处理表格的方式。亦即，可以创建、答复、查看和讨论表格的成员。工作流程可以按角色或事件来定义。

在为表格日志配置工作流程的同时，也是在设置要应用至该日志内所有表格的选项。如果希望某个表格使用不同的配置，则需要创建不同的日志。

使用工作流程的优点：

（1）提高效率——实现业务过程自动化，减少不必要的环节。

（2）优化流程控制——借助标准化的工作方法和有效的审计跟踪，完善业务管理过程。

（3）灵活——可更改现有工作流程或创建新的工作流程，来适应不断变化的业务需要。

（4）改善业务流程——关注业务流程，使其更为流畅简洁。

Buzzsaw提供了以下六种默认的工作流程类型："公布"、"发送/答复"、"发送/答复/批准"、"顺序式审批"、"沟通员"和"居间沟通员"。这些工作流程类型用于定义、控制文档工作安排的参数。各种表格类型都有不同的工作流程类型，具体如下：变更通知单有"发送/答复"和"发送/答复/批准"两种工作流程；函件有"公布"和"发送/答复"两种工作流程；会议纪要有"公布"和"发送/答复"两种工作流程；每日报表有"公布"和"发送/答复"两种工作流程；审批有"发送/答复"和"顺序式审批"两种工作流程；提交资料有"沟通员"、"居间沟通员"、"公布"和"发送/答复"四种工作流程；信息请求有"沟通员"、"居间沟通员"、"公布"和"发送/答复"四种工作流程。

2. 常规选项卡的使用　常规选项卡分为两种：站点管理用的常规选项卡和项目管理用的常规选项卡。

（1）站点管理—常规选项卡。要查看站点管理用常规选项卡，请单击快捷工具栏中的"站点管理"图标。默认情况下，"常规"选项卡位于各个选项卡的

前 言

建设工程信息管理贯穿于建设工程全过程，发生在建设工程各个阶段、各个参与方的各个方面。伴随着物质生产过程，也是信息的产生、处理、传递及其应用过程。项目的建设过程离不开信息，建设工程信息管理工作的好坏直接影响到工程建设的成败。因而，工程信息管理已成为工程管理专业教学计划中的一门核心课程。

本书在参考、借鉴国内外较多的相关教材、专著的基础上，注重突出系统性、实用性和通俗性。在对建设工程信息管理基础、建设工程信息模型和施工项目信息管理的过程进行阐述的基础上，系统地介绍了管理信息系统开发的方法、步骤及开发过程。并对目前建设工程管理领域国内外常用软件进行了分类介绍，重点阐述了建设工程项目协同工作平台软件 Buzzsaw 的应用。

本书可作为高等院校工程管理专业以及管理类相关专业的教材，也可供建筑企业、建设项目管理人员及计算机应用软件开发人员等作为参考书。

本书由李晓东、张德群、孙立新任主编，王要武、马智亮任主审。李云波、孙成双、李良宝等参加编写。具体编写分工为：第1章由李晓东、李云波编写；第2章由张德群、李晓东编写；第3章由李云波编写；第4章由李晓东编写；第5章由孙成双编写；第6章由李晓东编写；第7章由张德群编写；第8章由孙立新编写；第9章由李良宝编写；第10章由孙立新、李良宝编写；第11章由孙立新、孙成双编写。

本书在撰写过程中参阅了相关教材和著作，在此对这些教材和著作的作者表示感谢，同时还要感谢一些软件公司提供的支持和帮助，使我们能够将目前工程建设领域国内外先进的软件介绍给大家。

由于编者水平有限，书中难免有不当之处，敬请读者指正。

编　者

目　　录

前言

第1篇　基　础　篇

第1章　建设工程信息管理概述 … 2
- 1.1　信息与信息管理 … 2
  - 1.1.1　信息 … 2
  - 1.1.2　信息资源 … 5
  - 1.1.3　信息技术 … 6
  - 1.1.4　信息管理 … 7
- 1.2　建设工程信息 … 11
  - 1.2.1　建设工程信息的特点及形态 … 12
  - 1.2.2　建设工程信息的分类 … 13
  - 1.2.3　建设工程项目信息编码 … 15
- 1.3　建设工程信息管理 … 17
  - 1.3.1　建设工程信息管理的基本环节 … 17
  - 1.3.2　建设工程信息管理的作用 … 20
  - 1.3.3　建设工程信息管理的基本要求 … 21
- 1.4　建设工程管理信息化 … 23
  - 1.4.1　信息技术对建设工程管理的影响 … 23
  - 1.4.2　建设工程管理信息化的意义 … 24
  - 1.4.3　建设工程管理信息化的实施 … 28
- 本章小结 … 32
- 思考题 … 33

第2章　建设工程项目信息模型 … 35
- 2.1　建设工程项目全寿命周期管理 … 35
  - 2.1.1　建设工程项目全寿命周期的概念 … 35
  - 2.1.2　建设工程项目的参与方及其分工 … 35
  - 2.1.3　建设工程项目各阶段的管理 … 36
  - 2.1.4　建设工程全寿命管理（BLM）的产生 … 38
- 2.2　传统建设工程项目信息模型 … 39
  - 2.2.1　建设工程信息流程 … 39
  - 2.2.2　建设工程信息模型 … 39
- 2.3　基于电子商务的建设工程信息模型 … 40
  - 2.3.1　建筑业电子商务的运行过程 … 40
  - 2.3.2　电子商务环境下建设项目各参与方的信息活动 … 42
  - 2.3.3　网络服务商对系统的整合作用 … 42
- 2.4　建设工程项目全寿命管理的信息模型 … 43

2.4.1　基于数据层面的协同
　　　　工作 ……………… 43
　2.4.2　基于沟通层面的协同
　　　　工作 ……………… 45
2.5　建设工程项目中的信息
　　沟通管理 ……………… 47
　2.5.1　建设工程项目信息
　　　　沟通 ……………… 47
　2.5.2　工程项目信息门户 … 48
　2.5.3　信息交换的标准化 … 49
本章小结 …………………… 51
思考题 ……………………… 52
第3章　施工项目信息管理 …… 53
3.1　施工项目信息管理概述 … 53
　3.1.1　施工项目管理的
　　　　特点 ……………… 53
　3.1.2　施工项目信息管理的
　　　　内涵与任务 ……… 53
　3.1.3　建筑施工中应用信息

技术的必要性 ……… 54
　3.1.4　施工项目信息管理的
　　　　意义 ……………… 55
　3.1.5　施工项目信息管理的
　　　　作用 ……………… 55
3.2　施工项目中的信息流与
　　信息构成 ……………… 58
　3.2.1　施工项目中的信
　　　　息流 ……………… 58
　3.2.2　施工项目信息分类 … 59
　3.2.3　施工项目信息内容 … 60
3.3　施工项目管理信息系统 … 65
　3.3.1　进度控制子系统 …… 66
　3.3.2　质量控制子系统 …… 68
　3.3.3　成本控制子系统 …… 69
　3.3.4　合同管理子系统 …… 70
　3.3.5　管理决策子系统 …… 71
本章小结 …………………… 72
思考题 ……………………… 72

第2篇　开　发　篇

第4章　管理信息系统开发
　　　概述 …………………… 76
4.1　管理信息系统的理论
　　基础 …………………… 76
　4.1.1　管理信息系统的
　　　　概念 ……………… 76
　4.1.2　管理信息系统的功能
　　　　和特点 …………… 77
　4.1.3　管理信息系统的
　　　　分类 ……………… 78
　4.1.4　管理信息系统的
　　　　结构 ……………… 79
4.2　管理信息系统开发的组织
　　实施 …………………… 83
　4.2.1　管理信息系统开发的

条件 ……………… 83
　4.2.2　管理信息系统开发的
　　　　原则 ……………… 85
　4.2.3　管理信息系统开发的
　　　　软硬件要求 ……… 86
4.3　管理信息系统的技术
　　基础 …………………… 87
　4.3.1　数据库技术 ……… 88
　4.3.2　计算机网络 ……… 91
4.4　管理信息系统的开发
　　方法 …………………… 96
　4.4.1　结构化系统开发
　　　　方法 ……………… 97
　4.4.2　原型法 …………… 99
　4.4.3　面向对象的开发

方法…………………… 102
　4.4.4 信息工程方法………… 104
　4.4.5 计算机辅助开发
　　　（CASE）方法………… 105
4.5 管理信息系统开发的过程
　　管理…………………………… 106
　4.5.1 管理信息系统的开发
　　　方式…………………… 107
　4.5.2 管理信息系统开发的
　　　计划与控制…………… 107
　4.5.3 管理信息系统开发的
　　　组织与项目管理……… 108
本章小结…………………………… 111
思考题……………………………… 112

第5章 管理信息系统规划 …… 114
5.1 系统规划概述………………… 114
　5.1.1 系统规划的重要性 …… 114
　5.1.2 系统规划的内容及
　　　框架结构……………… 115
　5.1.3 系统规划的步骤……… 116
　5.1.4 信息系统发展的阶段
　　　模型——诺兰模型 …… 117
　5.1.5 可行性研究…………… 118
5.2 系统规划的常用方法………… 120
　5.2.1 关键成功因素法（Critical
　　　Success Factors,
　　　CSF） ………………… 121
　5.2.2 战略集合转移法（Strategy
　　　Set Transformation,
　　　SST） ………………… 123
　5.2.3 企业系统规划法
　　　（Business System Planning,
　　　BSP） ………………… 125
5.3 业务流程重组………………… 134
　5.3.1 业务流程重组的
　　　概念…………………… 134

　5.3.2 业务流程重组的
　　　实施…………………… 136
　5.3.3 业务流程重组与MIS
　　　的关系………………… 138
本章小结…………………………… 140
思考题……………………………… 141

第6章 管理信息系统分析 …… 142
6.1 系统分析概述………………… 142
　6.1.1 系统分析的任务……… 142
　6.1.2 系统分析的步骤……… 142
　6.1.3 结构化分析方法……… 143
6.2 现行系统的详细调查………… 144
　6.2.1 详细调查的原则……… 144
　6.2.2 系统调查的内容……… 145
　6.2.3 系统调查的方法……… 146
6.3 组织结构与业务流程
　　分析…………………………… 147
　6.3.1 组织结构与管理功能
　　　分析…………………… 147
　6.3.2 业务流程分析………… 148
6.4 数据流程分析………………… 150
　6.4.1 数据收集……………… 150
　6.4.2 数据分析……………… 150
　6.4.3 数据流程分析的
　　　方法…………………… 152
　6.4.4 描述处理逻辑的
　　　工具…………………… 159
6.5 建立新系统逻辑模型………… 160
　6.5.1 系统目标……………… 161
　6.5.2 新系统信息处理
　　　方案…………………… 161
　6.5.3 系统计算机资源
　　　配置…………………… 162
6.6 系统分析报告………………… 163
本章小结…………………………… 164
思考题……………………………… 165

第7章 管理信息系统设计 …… 166
7.1 系统设计的目标与原则 …… 166
7.1.1 系统设计的目标 …… 166
7.1.2 系统设计的原则 …… 167
7.2 系统概要设计 …… 167
7.2.1 划分子系统 …… 168
7.2.2 系统功能模块设计 …… 168
7.2.3 系统平台设计 …… 173
7.3 系统详细设计 …… 174
7.3.1 代码设计 …… 174
7.3.2 输入输出设计 …… 177
7.3.3 数据存储设计 …… 179
7.3.4 处理过程设计 …… 186
7.3.5 系统设计说明书 …… 190
本章小结 …… 191
思考题 …… 191

第8章 管理信息系统实施 …… 193
8.1 硬软件系统的建立 …… 193
8.1.1 硬件系统的建立 …… 193
8.1.2 软件系统的建立 …… 194
8.2 管理信息系统测试 …… 197
8.2.1 测试的目的、原则 …… 197
8.2.2 测试的过程 …… 198
8.2.3 测试技术及方法 …… 200
8.3 管理信息系统的实现 …… 203
8.3.1 用户测试 …… 204
8.3.2 人员培训 …… 204
8.3.3 系统转换 …… 205
8.4 管理信息系统运行及维护 …… 206
8.4.1 系统维护的定义 …… 206
8.4.2 系统维护的内容 …… 207
8.4.3 系统维护的过程 …… 207
8.5 管理信息系统评价 …… 208
8.5.1 评价指标 …… 208
8.5.2 系统评价报告 …… 210
本章小结 …… 210
思考题 …… 211

第3篇 应 用 篇

第9章 建设工程常用管理软件 …… 214
9.1 概述 …… 214
9.1.1 建设工程管理软件分类 …… 214
9.1.2 建设工程管理软件应用的意义 …… 217
9.2 概预算与投标报价类软件 …… 218
9.2.1 工程量计算软件 …… 218
9.2.2 投标报价类软件 …… 221
9.2.3 预算决算类软件 …… 223
9.3 工程项目管理类软件 …… 228
9.3.1 项目管理软件具备的主要功能 …… 228
9.3.2 国外较流行的项目管理软件 …… 229
9.3.3 国内项目管理软件 …… 231
9.4 工程文档管理系统类软件 …… 236
9.4.1 文档管理中心 MrDocuments …… 237
9.4.2 飞时达软件——工程图档管理系统 FastMan …… 238

9.4.3 图档管理软件 iDocMan2000 ……… 239
9.4.4 理正设计院图档管理系统 ……… 240
9.4.5 工程图档管理系统 MEDMS ……… 241
本章小结 ……… 241
思考题 ……… 242

第10章 建设工程项目协同工作平台软件——Buzzsaw ……… 243

10.1 Autodesk Buzzsaw 简介 ……… 243
  10.1.1 Buzzsaw 的功能及解决方案 ……… 243
  10.1.2 使用 Buzzsaw 的优点 ……… 245
10.2 Buzzsaw 项目组成及工作模式 ……… 246
  10.2.1 Buzzsaw 项目组成 ……… 246
  10.2.2 项目成员及权限 ……… 247
  10.2.3 Buzzsaw 的工作模式 ……… 249
10.3 系统功能介绍 ……… 256
  10.3.1 项目成员的信息交流 ……… 257
  10.3.2 项目文档资料管理 ……… 257
  10.3.3 在线协同工作 ……… 258
10.4 进入工程项目信息管理中心站点及工作界面简介 ……… 259
  10.4.1 登录站点 ……… 259
  10.4.2 工作界面 ……… 260
  10.4.3 登记项目成员的个人信息 ……… 263
本章小结 ……… 265
思考题 ……… 265

第11章 Buzzsaw 的应用 ……… 266

11.1 工程项目各参与方的信息交流 ……… 266
  11.1.1 利用电子邮件传递信息 ……… 266
  11.1.2 预订项目文档的变动通知 ……… 268
11.2 工程项目文档管理 ……… 271
  11.2.1 提交工程项目文档资料 ……… 271
  11.2.2 查阅工程项目文档资料 ……… 276
  11.2.3 编辑工程项目的文档资料 ……… 280
11.3 基于 Web 的项目协作 ……… 282
  11.3.1 工程项目相关事项的讨论 ……… 282
  11.3.2 在图样上标记更改信息 ……… 286
  11.3.3 保持工程项目图样的同步更新 ……… 288
11.4 项目系统管理员 ……… 290
  11.4.1 创建及设置项目 ……… 290
  11.4.2 工程项目成员及项目组的管理 ……… 293
  11.4.3 站点及项目系统管理的其他功能 ……… 297
本章小结 ……… 300
思考题 ……… 301

参考文献 ……… 302

第1篇 基 础 篇

建设工程信息管理贯穿于建设工程全过程，发生在建设工程各个阶段、各个参与方的各个方面。建设工程的物质生产过程，也是信息的产生、处理、传递及其应用过程，建设工程信息管理工作的好坏直接影响到工程建设的成败。

本篇主要介绍建设工程信息管理的基础知识，包括建设工程信息管理概述、建设工程项目信息模型和施工项目信息管理共三章。建设工程信息管理概述主要介绍信息、信息资源、信息技术与信息管理的相关概念；建设工程信息的特点及形态，建设工程信息的分类，建设工程项目信息编码；建设工程信息管理的基本环节，建设工程信息管理的作用，以及建设工程信息管理的基本要求；信息技术对建设工程管理的影响，建设工程管理信息化的意义及模式。建设工程项目信息模型主要介绍建设工程项目全寿命周期管理的概念，建设工程项目的参与方及其分工，建设工程各阶段的管理，以及建设工程全寿命管理（BLM）的产生；传统建设工程项目信息流程及模型，基于电子商务的建设工程信息模型，建筑业电子商务的运作过程，电子商务环境下建设项目各参与方的信息活动，网络服务商对系统的整合作用；基于全寿命管理的信息模型，主要是基于数据层面的协同工作和基于沟通层面的协同工作；建设工程中的信息沟通管理，主要阐述建设工程项目信息沟通，工程项目信息门户和信息交换标准化等内容。施工项目信息管理主要介绍施工项目管理的特点、施工项目中的信息流、施工项目信息构成、施工项目信息的内容；施工项目信息管理的内涵与任务，施工项目中应用信息技术的必要性，施工项目信息管理的意义及作用，施工项目管理信息系统等内容。

通过本篇的学习，可以了解建设工程信息管理的基本概念，并对建设工程管理信息化有一个初步的认识；熟悉建设工程全寿命周期管理的相关理论，系统地掌握建设工程项目信息模型的几种表现形式，了解建设工程信息沟通的渠道和方式；掌握施工项目管理信息系统的构成和相应的功能。

第1章 建设工程信息管理概述

1.1 信息与信息管理

1.1.1 信息

1. 信息的含义 "信息"一词古已有之。在人类社会早期的日常生活中，人们对信息的认识是比较宽泛和模糊的，如把信息与消息等同看待。只是到了20世纪尤其是中期以后，由于现代信息技术的快速发展及其对人类社会的深刻影响，信息工作者和相关领域的研究人员才开始探讨信息的准确含义。

信息论奠基人申农认为"信息是用来消除不确定性的东西"，这一定义被人们看作是经典性定义而加以引用；控制论创始人维纳认为"信息是人们在适应外部世界，并使这种适应反作用于外部世界的过程中，同外部世界进行互相交换的内容的名称"，它也被作为经典性定义而加以引用。经济管理学家认为"信息是提供决策的有效数据"；物理学家认为"信息是熵"；电子学家、计算机科学家认为"信息是电子线路中传输的信号"。

美国信息管理专家霍顿给信息下的定义是：信息是按照用户决策的需要经过加工处理的数据。简单地说，信息是经过加工的数据，或者说信息是数据处理的结果。

我国著名的信息学专家钟义信认为"信息是事物存在方式或运动状态，以及这种方式或状态直接或间接的表述"。

根据近年来人们对信息的研究成果，科学的信息概念可以概括为：信息是客观世界中各种事物的运动状态和变化的反映，是客观事物之间相互联系和相互作用的表征，表现的是客观事物运动状态和变化的实质内容。

2. 信息的性质

（1）客观性。信息是事物变化和运动状态的反映，反映了以客观存在为前提，其实质内容具有客观性。信息的客观性特征是由信息源的客观性决定的，信息一旦形成，其本身就具有客观实用性。

（2）普遍性。世界是物质的，物质是运动的，物质及其运动的普遍性决定了信息的普遍性。由于信息是事物运动的状态和方式，而宇宙万物又都在不停地运动着，因此信息无处不在、无时不有。

（3）依附性。又称为寄载性。由于信息本身是看不见、摸不着的，因此它必须依附于一定的载体而存在，并且这种载体可以变换。其载体有文字、图像、声波、光波等。人类通过视、听、嗅等感官感知、识别、利用信息。可以说，没有载体，信息就不会被人们感知，信息也就不存在，因此信息离不开载体。

（4）价值性。信息是经过加工并对生产经营活动产生影响的数据，是劳动创造的，是一种资源，因而是有价值的。信息的使用价值是指信息对人们的有用性，即特定的信息能够满足人类特定的需要，如索取一份经济情报，或者利用大型数据库查阅文献所付费用是信息价值的部分体现。信息的使用价值必须经过转换才能得到，体现出信息生产者和信息需求者之间的联系，也就是他们之间交换劳动的关系。

（5）时效性。信息的时效是指从信息源发送信息，经过采集、加工、传递和使用的时间间隔和效率。信息的使用价值与信息经历的时间间隔成反比；信息经历的时间越短，使用价值就越大；反之，经历的时间越长，使用价值就越小。"时间就是金钱"可以理解为及时获得有用的信息，信息资源就转换为物质财富。如果事过境迁，信息也就没有什么价值了。从某种意义上说，信息的时效性表现为滞后性，因为信息作为客观事实的反映，是对事物的运动状态和变化的历史记录，总是先有事实后产生信息。因此，只有加快传输，才能减少滞留时间。

（6）可传递性。任何信息都从信息源发出，经过传送、加工而被接收和利用。不能传输的信息是无用的，无法存在的。为了充分发挥信息的作用，必须将传输作为一项重要任务，通过传输而有效地发挥其作用，实现信息的使用价值。由此可见，信息的可传递性是由信息功能引发出来的。信息传输方式影响着传输的速率、传输的质量，这对信息的效用和价值是很重要的。

（7）可存储性。所谓存储，是指信息在时间上的传递。信息的客观性和可传递性决定了信息具有可存储性，信息的依附性使信息可以通过各种载体存储。信息的可存储性使信息可以积累，信息经过记忆、记录等存储起来，以便今后使用，因而信息可以被继承。

（8）可扩散性。所谓扩散，是指信息在空间上的传递。信息富有渗透性，它总是力求冲破自然的约束（如保密措施等），通过各种渠道和传输手段迅速扩散，扩大其影响。正是这种扩散性，使信息成为全人类共同的财富。

（9）共享性。由于信息可以在不同的载体间转换和传播，并且在转换和传播的过程中不会消失，所以谁拥有了某信息的载体谁就拥有了该信息。它与物质不同，物质从甲方传给乙方后，乙方得到了该物质，甲方就失去了该物质。而信息传递和使用过程中，允许多次和多方共享使用，原拥有者只会失去信息的独享价值，不会失去信息的使用价值和潜在价值。因此信息不会因为共享而消失，这是信息与物质和能量资源的本质区别。

（10）可加工性。信息可以通过各种手段和方法加工处理，被选择和提炼。

排除无用的信息，使其具有更大的价值。信息是大量的、多种多样的、分散的，信息的可加工性使得信息资源能够被人们合理有效地利用。

(11) 可增值性。信息具有确定性的价值，但是对不同的人、不同的时间、不同的地点，其意义也不同。并且这种意义还可引申、推导、衍生出更多的意义，从而使其增值。

3. 信息的分类　信息是对客观事物运动状态和变化的描述，它所涉及的客观事物是多种多样的，并普遍存在，因此信息的种类也是很多的。所谓信息分类就是把具有相同属性或特征的信息归并在一起，把不具有这种共同属性或特征的信息区别开来的过程。信息分类的产物是各式各样的分类或分类表，并建立起一定的分类系统和排列顺序，以便管理和使用信息。下面列出常见的几种分类：

(1) 按信息的特征，信息可分为自然信息和社会信息。自然信息是反映自然事物的，由自然界产生的信息，如遗传信息、气象信息等；社会信息是反映人类社会的有关信息，对整个社会可以分为政治信息、科技信息、文化信息、市场信息和经济信息等。而对于企业来讲，所关心的基本上是经济信息和市场信息。自然信息与社会信息的本质区别在于社会信息可以由人类进行各种加工处理，成为改造世界和发明创造的有用知识。

(2) 按管理层次，信息可分为战略级信息、战术级信息和作业（执行）级信息。战略级信息是高层管理人员制定组织长期战略的信息，如未来经济状况的预测信息；战术级信息为中层管理人员监督和控制业务活动、有效地分配资源提供所需的信息，如各种报表信息；作业级信息是反映组织具体业务情况的信息，如应付款信息、入库信息。战术级信息是建立在作业级信息基础上的信息，战略级信息则主要来自组织的外部环境。

(3) 按信息的加工程度，信息可分为原始信息和综合信息。从信息源直接收集的信息为原始信息；在原始信息的基础上，经过信息系统的综合、加工产生出来的新的信息称为综合信息。产生原始信息的信息源往往分布广且较分散，收集的工作量一般很大，而综合信息对管理决策更有用。

(4) 按信息来源，信息可分为内部信息和外部信息。凡是在系统内部产生的信息称为内部信息；在系统外部产生的信息称为外部信息（或称为环境信息）。对管理而言，一个组织系统的内、外信息都非常有用。

(5) 按信息稳定性，信息可分为固定信息和流动信息。固定信息是指在一定时期内具有相对稳定性，且可以重复利用的信息。如各种定额、标准、工艺流程、规章制度、国家政策法规等；而流动信息是指在生产经营活动中不断产生和变化的信息，它的时效性很强，如反映企业人、财、物、产、供、销状态及其他相关环境状况的各种原始记录、单据、报表、情报等。

(6) 按信息流向，按流向的不同，信息可分为输入信息、中间信息和输出信息。

(7) 按信息生成的时间，可分为历史信息、现时信息和预测信息。历史信息反映过去某一时段发生的信息；现时信息是指当前发生获取的信息；而预测信息是依据历史数据按一定的预测模型，经计算获取的未来发展趋势信息，是一种参考信息。

(8) 按载体不同，可分为文字信息、声像信息和实物信息。

1.1.2 信息资源

1. 信息资源的含义　控制论的创始人维纳指出：信息就是信息，不是物质也不是能量。也就是说，信息与物质、能量是有区别的。同时，信息与物质、能量之间也存在着密切的关系。物质、能量、信息一起是构成现实世界的三大要素。

美国哈佛大学的研究小组给出了著名的资源三角形，他们指出：没有物质，什么也不存在；没有能量，什么也不会发生；没有信息，任何事物都没有意义。作为资源，物质为人们提供各种各样的材料；能量提供各种各样的动力；信息提供无穷无尽的知识。

信息是普遍存在的，但并非所有信息都是资源。只有满足一定条件的信息才能构成资源。对于信息资源，有狭义和广义之分：狭义信息资源，指的是信息本身或信息内容。即经过加工处理，对决策有用的数据。开发利用信息资源的目的，就是为了充分发挥信息的效用，实现信息的价值。广义信息资源，指的是信息活动中各种要素的总称。"要素"包括信息、信息技术以及相应的设备、资金和人等。

狭义的观点突出了信息是信息资源的核心要素，但忽视了"系统"。事实上，如果只有核心要素，而没有"支持"部分（技术、设备等），就不能进行有机的配置，不能发挥信息作为资源的最大效用。

归纳起来，信息资源由信息生产者、信息、信息技术三大要素组成。

(1) 信息生产者是为某种目的生产信息的劳动者，包括原始信息生产者、信息加工者或信息再生产者。

(2) 信息既是信息生产的原料，也是产品。它是信息生产者的劳动成果，对社会各种活动直接产生效用，是信息资源的目标要素。

(3) 信息技术是能够延长或扩展人的信息能力的各种技术的总称，是对声音、图像、文字等数据和各种传感信号的信息进行收集、加工、存储、传递和利用的技术。信息技术作为生产工具，对信息收集、加工存储与传递提供支持与保障。

在信息资源中，信息生产者是关键的因素，因为信息和信息技术都离不开人的作用，信息是由人生产和消费的，信息技术也是由人创造和使用的。

2. 信息资源的特征

(1) 可共享性。由于信息对物质载体有相对独立性，信息资源可以多次反复地被不同的人利用，在利用过程中信息量不仅不会被消耗掉，反而会得到不断地扩充和升华。在理想条件下，信息资源可以反复交换、多次分配、共享使用。

(2) 无穷无尽性。由于信息资源是人类智慧的产物，它产生于人类的社会实践活动并作用于未来的社会实践，而人类的社会实践活动是一个永不停息的过程，因此信息资源的来源是永不枯竭的。

(3) 对象的选择性。信息资源的开发与利用是智力活动过程，它包括利用者的知识积累状况和逻辑思维能力。因此，信息资源的开发利用对使用对象有一定的选择性，同一内容的信息对于不同的使用者所产生的影响和效果将会大不相同。

(4) 驾驭性。信息资源的分布和利用非常广泛，几乎渗透到了人类社会的各个方面。而且，信息资源具有驾驭其他资源的能力。

1.1.3 信息技术

信息技术是关于信息的产生、发送、传输、接收、变换、识别和控制等应用技术的总称，是在信息科学的基本原理和方法的指导下扩展人类信息处理功能的技术。具体包括信息基础技术、信息处理技术、信息应用技术和信息安全技术等。

1. 信息基础技术

(1) 微电子技术。微电子技术是在半导体材料芯片上采用微米级加工工艺制造微小型化电子元器件和微型化电路的技术。主要包括超精细加工技术、薄膜生长和控制技术、高密度组装技术、过程检测和过程控制技术等。微电子技术是信息技术的基础和支柱。实现信息化的网络及其关键部件，不管是各种计算机，还是通信电子装备，甚至是家电，它们的基础都是集成电路。

(2) 光子技术和光电技术。光电技术是一门以光电子学为基础，综合利用光学、精密机械、电子学和计算机技术解决各种工程应用课题的技术学科。信息载体正在由电磁波段扩展到光波段，从而使光电科学与光机电一体化技术集中在光信息的获取、传输、处理、记录、存储、显示和传感等的光电信息产品的研究和利用上。光电技术是光子技术与电子技术的交叉技术。该技术利用光子与电子的相互作用和能量转换原理，制造光电产品。

2. 信息处理技术

(1) 信息获取技术。信息的获取可以通过人的感官或技术设备进行。有些信息，虽然可以通过人的感官获取，但如果利用技术设备来完成，效率会更高，质量会更好。信息获取技术主要包括传感技术和遥感技术。

(2) 信息传输技术。包括通信技术和广播技术，其中前者是主流。现代通信技术包括移动通信技术、数据通信技术、卫星通信技术、微波通信技术和光纤通信技术等。

（3）信息加工技术。它是利用计算机硬件、软件、网络对信息进行存储、加工、输出和利用的技术。包括计算机硬件技术、软件技术、网络技术、存储技术等。

（4）信息控制技术。它是利用信息控制系统使信息能够顺利流通的技术。现代信息控制系统的主体为计算机控制系统。

3. 信息应用技术　信息应用技术大致可分为两类：一类是管理领域的信息应用技术，主要代表是管理信息系统（MIS）；另一类是生产领域的信息应用技术，主要代表是计算机集成制造系统（CIMS）。

（1）MIS。MIS是由人和计算机等组成的能进行信息收集、传输、加工、存储和利用的人工系统。其研究内容包括信息系统的分析、设计、实施和评价等。

（2）CIMS。CIMS是在通信技术、计算机技术、自动控制技术、制造技术基础上，将制造类企业中的全部生产活动（包括设计、制造、管理等）统一起来，形成一个优化的产品生产大系统。CIMS系统由管理信息系统、产品设计与制造工程设计自动化系统、制造自动化系统、质量保证系统等功能子系统组成。CIMS的关键是将各功能子系统有机地集成在一起，而集成的重要基础是信息共享。

4. 信息安全技术　它主要有密码技术、防火墙技术、病毒防治技术、身份鉴别技术、访问控制技术、备份与恢复技术和数据库安全技术等。

（1）密码技术是指通过信息的变换或编码，使不知道密钥（如何解密的方法）的人不能解读所获信息，从而实现信息加密的技术。该技术包括两个方面：密码编码技术和密码分析技术。Internet中常用的数字签名、信息伪装、认证技术均属于密码技术范畴。

（2）防火墙技术。防火墙是保护企业等组织内部网络免受外部入侵的屏障，是内外网络隔离层硬件和软件的合称。防火墙技术主要包括过滤技术、代理技术、电路及网关技术等。

1.1.4　信息管理

1. 信息管理的定义　信息管理是人类为了有效地开发和利用信息资源，以现代信息技术为手段，对信息资源进行计划、组织、领导及控制的社会活动。简单地说，信息管理就是人对信息资源和信息活动的管理。对于上述定义，可从以下几个方面去理解：

（1）信息管理的对象是信息资源和信息活动。信息资源是信息生产者、信息、信息技术的有机体。信息管理的根本目的是控制信息流向，实现信息的效用与价值；信息活动是指人类社会围绕信息资源的形成、传递和利用而开展的管理活动与服务活动。信息资源的形成阶段以信息的产生、记录、收集、传递、存储、处理等活动为特征，目的是形成可以利用的信息资源。信息资源的开发利用阶段以信息资源的传递、检索、分析、选择、吸收、评价、利用等活动为特征，目的是实现信息资源的价值，达到信息管理的目的。

（2）信息管理是管理活动的一种。管理活动的基本职能（计划、组织、领导、控制）仍然是信息管理活动的基本职能，只不过信息管理的基本职能更有针对性。

（3）信息管理是一种社会规模的活动。这反映了信息管理活动的普遍性和社会性，是涉及广泛的社会个体、群体和国家参与的普通性的信息获取、控制和利用的活动。

2. 信息管理的特征

（1）管理类型特征。信息管理是管理的一种，具有管理的一般性特征。例如，管理的基本职能是计划、组织、领导、控制；管理的对象是组织活动；管理的目的是为了实现组织的目标等，这些在信息管理中同样具备。但是，信息管理作为一个专门的管理类型，又有自己的独有特征：即管理的对象不是人、财、物，而是信息资源和信息活动；信息管理贯穿于整个管理过程之中。

（2）时代特征。随着经济全球化，世界各国和地区之间的政治、经济、文化交往日益频繁，组织与组织之间的联系越来越广泛，组织内部各部门之间的联系越来越多，以致信息量猛增；由于信息技术的快速发展，使得信息处理和传播的速度越来越快；随着管理工作要求的提高，信息处理的方法也就越来越复杂。不仅需要一般的数学方法，还要运用数理统计方法、运筹学方法等；信息管理所涉及的领域不断扩大，从知识范畴上看，信息管理涉及管理学、社会科学、行为科学、经济学、心理学、计算机科学等。从技术上看，信息管理涉及计算机技术、通信技术、办公自动化技术、测试技术、缩微技术等。

3. 信息管理的分类

（1）按管理层次分为宏观信息管理、中观信息管理、微观信息管理。

（2）按管理性质分为信息生产管理、信息组织管理、信息系统管理、信息市场管理等。

（3）按应用范围分为企业信息管理、政务信息管理、商务信息管理、公共事业信息管理等。

（4）按管理手段分为手工信息管理、信息技术管理、信息资源管理等。

（5）按信息内容分为经济信息管理、科技信息管理、教育信息管理、军事信息管理等。

4. 信息管理的职能　美国信息资源管理学家霍顿和国内学者在20世纪80

年代初就指出：信息资源与人力、物力和财力等自然资源一样，都是企业的重要资源，因此，应该像管理其他资源那样管理信息资源。

（1）信息管理的计划职能。通过调查研究预测未来，根据战略规划所确定的总体目标分解出目标和阶段任务，并规定实现这些目标的途径和方法，制定出各种信息管理计划。信息管理计划包括：信息资源计划和信息系统建设计划。

信息资源计划是信息管理的主计划，包括组织信息资源管理的战略规划和常规管理计划。信息资源管理的战略规划是组织信息管理的行动纲领，规定组织信息管理的目标、方法和原则。常规管理计划是指信息管理的日常计划，包括信息收集计划、信息加工计划、信息存储计划、信息利用计划和信息维护计划等，是对信息资源管理的战略规划的具体落实。

信息系统是信息管理的重要方法和手段。信息系统建设计划是信息管理过程中一项至关重要的专项计划，是指组织关于信息系统建设的行动安排和纲领性文件，内容包括信息系统建设的工作范围、对人财物和信息等资源的需求、系统建设的成本估算、工作进度安排和相关的专题计划等。信息系统建设计划中的专题计划是信息系统建设过程中为保证某些细节工作能够顺利完成、保证工作质量而制定的，这些专题计划包括质量保证计划、配置管理计划、测试计划、培训计划、信息准备计划和系统切换计划等。

（2）信息管理的组织职能。随着经济全球化、网络化、知识化的发展与网络通信技术、计算机信息处理技术的发展，这些对人类活动的组织产生了深刻的影响，信息活动的组织也随之发展。计算机网络及信息处理技术被应用于组织中的各项工作，使组织能更好地收集情报，更快地做出决策，增强了组织的适应能力与竞争力。从而使组织信息资源管理的规模日益增大，信息管理对于组织更显重要，信息管理组织成为组织中的重要部门。信息管理部门不仅要承担信息系统组建、保障信息系统运行和对信息系统的维护更新工作，还要向信息资源使用者提供信息、技术支持和培训等。综合起来，信息管理的组织职能包括信息系统研发与管理、信息系统运行维护与管理、信息资源管理与服务、提高信息管理组织的有效性等四个方面。

（3）信息管理的领导职能。信息管理的领导职能指的是信息管理领导者对组织内所有成员的信息行为进行指导或引导和施加影响，使成员能够自觉自愿地为实现组织的信息管理目标而工作的过程。其主要作用，就是要使信息管理组织成员更有效、更协调地工作，发挥自己的潜力，从而实现信息管理组织的目标。信息管理的领导职能不是独立存在的，它贯穿信息管理的全过程，贯穿计划、组织和控制等职能之中。

（4）信息管理的控制职能。为了确保组织的信息管理目标，以及为此而制定的信息管理计划能够顺利实现，信息管理者根据事先确定的标准或因发展需要而重新确定的标准,对信息工作进行衡量、测量和评价,并在出现偏差时进行纠正,以防止偏差继续发展或今后再度发生;或者,根据组织内外环境的变化和组织发展的需要,在信息管理计划的执行过程中,对原计划进行修订或制定新的计划,并调整信息管理工作的部署。也就是说,控制工作一般分为两类,一类是纠正实际工作,减小实际工作结果与原有计划及标准的偏差,保证计划的顺利实施;另一种是纠正组织已经确定的目标及计划,使之适应组织内外环境的变化,从而纠正实际工作结果与目标和计划的偏差。

5. 信息管理的原则　信息管理的实践证明,在信息管理过程中,信息管理者必须具有相同的观察、处理问题的准绳,才可能获得满意的管理效果。信息管理原则是在任何信息管理活动的任何环节中都应该遵循的原则。

(1) 系统原则。是以系统的观点和方法,从整体上、全局上、时空上认识管理客体,以求获得满意结果的管理思想。信息管理要坚持系统原则,这是因为管理客体不仅自身是一个系统,而且也是另一个大系统的组成部分,即子系统;其次,因为系统是信息流的通道,是信息功能得以实现的前提和基础,要管理信息资源和信息活动,就离不开对信息通道的管理;第三,系统是对信息资源和信息活动进行管理的重要工具,任何信息管理的意图最后都需要通过系统去实现。

(2) 整序原则。是指对所获得的信息按照"关键字"进行排序。信息管理中的信息量极大,如果不排序,查找所需信息的速度会非常慢、非常困难,甚至找不到。其次,是因为未排序的信息只能反映单条信息的内容,不能定量地反映信息的整体在某方面的特征。整序之后,信息按类(按某一特征)归并,在此特征下信息总体内涵和外延容易显现,也便于发现信息中的冗余和漏缺,方便检索和利用。而且同一组信息,按不同的关键字排序所得到的序列也不相同。管理者可以根据自己的需要选择信息的特征进行整序,以便获得自己需要的信息序列。

(3) 激活原则。是对所获得的信息进行分析和转换,使信息活化,体现为管理者服务的思想。信息并不都是资源,未经激活的信息没有任何用处,只有在被激活之后才会产生效用,使用激活原则就可以使信息为管理者服务,信息咨询企业是专门为用户作"激活"信息服务的。所有的管理者都应该学会自己激活信息,激活能力是管理者信息管理能力的核心。

(4) 共享原则。是在信息管理活动中为获得信息潜在价值,力求最大限度地利用信息的管理思想。因为共享性是信息的基本特征,不仅组织需要信息共享,社会也需要信息共享,否则信息就不能发挥其潜在的价值。

(5) 贡献原则。又称"集约原则",贡献原则是实现信息共享的前提。它指的是信息管理者要善于最大限度地将组织拥有的信息,以及企业和组织成员所拥有的信息都贡献出来，供企业和组织及其全体成员使用。

（6）防范原则。正因为信息是可以共享的，企业的竞争对手也可以共享我们企业和国家的信息，由此产生了信息安全问题，要求信息管理者随时予以防范。这就是信息管理的防范原则，也叫安全原则。

（7）搜索原则。是信息管理者在管理过程中千方百计地寻求有用信息的管理思想，搜索就是查找有用信息。对于信息管理者来说，信息搜索应该是强烈的搜索意识、明确的搜索范围和有效的搜索方法。搜索意识对于信息管理者至关重要，它是管理者及时、有效地获取信息的前提。因为任何信息都不会自动地来到管理者的面前，管理者要能够时时、处处都有一种强烈的搜索欲望和搜索动机，这就是搜索意识，它是最重要的信息管理意识之一。

6. 信息管理的发展趋势

（1）信息管理从手工管理向自动化、网络化、数字化的方向发展，信息管理模式的改变和水平的提高，依赖于技术条件的支持。

（2）信息系统从分散、孤立、局部地解决问题，走向系统、整体、全局性地解决问题。这是社会发展的需要。人们的观念发生变化，普遍认识到只有实现资源共享才能真正解决社会对信息的需求，共同建设、共同享用是将来信息管理发展的必由之路。

（3）信息管理从以收集和保存信息为主向以传播和查找为主的方向转变。现代技术为收集和存储信息创造了良好的条件，然而更重要的问题是如何在信息的海洋中找到需要的信息，这是今后要解决的主要问题。

（4）信息管理从单纯管理信息本身向管理与信息活动有关资源的方向发展。信息管理不仅只是关注物质因素，而且还要关注人文因素、社会因素和经济因素的综合管理。

（5）信息管理从辅助性配角地位向决策性主角地位转变，信息管理作用会逐渐显现，并将在经济繁荣和社会发展中发挥越来越大的作用。

1.2 建设工程信息

工程项目的建设无时无刻不在产生、传递以及处理着各种各样的数据、文档和其他信息，建设工程信息是指在整个建设工程项目生命周期内产生的反映和控制工程项目管理活动的所有组织、管理、经济、技术信息，其形式为各种数字、文本、报表、声音、图像等。

建设工程项目的决策和实施过程，不但是物质的生产过程，而且是信息的生产、处理、传递及应用过程。从信息管理的角度可把纷繁复杂的投资项目建设过程归纳为两个主要过程，一是信息过程（Information Processes），二是物质过程

(Material Processes)。项目策划阶段、设计阶段、招投标阶段等的主要任务之一就是生产、处理、传递及应用信息,这些阶段的主要工作成果就是信息,所以,这些阶段都属于信息过程。

1.2.1 建设工程信息的特点及形态

1. 建设工程信息的特点　建设工程信息数量庞大、类型复杂、来源广泛、存储分散,始终处于动态变化之中,应用环境复杂,具有非消耗性、系统性以及时空上的不一致性。

(1) 数量庞大。随着工程项目的进展,项目信息的数量呈现出加速递增的趋势,据统计,一个大型建设项目在项目实施全过程中产生的文档纸张可以达到几十吨重。在大型工程项目中,完全用手工对工程项目中的海量信息进行管理是十分困难的,目前的大型工程项目一般都采用计算机系统对项目信息进行管理。工程信息的电子化是建设工程信息管理的一个基本趋势。

(2) 类型复杂。从计算机辅助信息管理的角度,工程项目在实施过程中产生的信息可以分为两类:一类是结构化的信息,一般是指数据信息,如投资数据和进度数据等。在工程项目中,这些数据一般被保存在关系型数据库的数据表中,管理和利用都十分方便;另一类信息是非结构化或半结构化的信息,如工程文档、工程照片以及声音、图像等多媒体数据。它们很难被保存在一般的数据库系统中,大多以文件的形式存放在文件容器(或文档数据库中)中,一般把对这一类信息的管理称为内容管理(Content Management)。由于非结构化或半结构化的信息占工程项目信息的80%以上,内容管理在工程信息管理中占有十分重要的地位。

(3) 来源广泛、存储分散。建设工程信息来自建设单位、设计单位、施工承包单位、监理单位、材料供应单位以及其他各组织与部门;来自可行性研究、设计、招投标、施工及包修等项目阶段的各个环节;来自建筑、结构、给排水、暖通、强弱电等各个专业;来自质量控制、投资控制、进度控制、合同管理等项目施工管理各个方面。由于建设工程信息来源的广泛性,往往给信息的收集与整理工作造成很大的困难,如何完整、准确、及时地收集项目信息以及合理地整理项目信息是建设工程信息管理首要解决的问题,它直接影响到建设项目管理人员判断和决策的正确性和及时性。

(4) 始终处于动态变化之中。建设工程项目中的信息和其他应用环境中的信息一样,都有一个完整的信息生命周期,加上工程项目实施过程中大量不确定因素的存在,工程项目的信息始终处在动态变化之中,以设计图样为例,在一个工程项目中存在不同设计深度和不同版本的多份设计图样。这也说明了在项目实施过程中,对项目信息进行动态的控制和管理的必要性。信息的版本控制(Version Control)是项目信息管理的一项重要内容。

(5) 应用环境复杂。不同项目参与方对项目信息有不同的应用要求，同一信息有着不同的信息处理和应用要求。因此对项目信息进行组织和管理时，应充分考虑到对信息的应用要求，这体现在对信息的分类、编码等工作上。

(6) 非消耗性。建设项目信息可供信息管理系统中的多个子系统或一个系统中的不同过程反复使用而不被消耗。

(7) 系统性以及时空上的不一致性。建设工程信息是在一定时空内形成的，与建设项目管理活动密切相关，同时，建设工程信息的收集、加工、传递及反馈是一个连续的闭合环路，具有明显的系统性。时空上的不一致性体现在工程建设项目的不同阶段、不同地点都将发生、处理和应用大量的信息。

2. 建设工程信息的形态　建设工程信息管理工作涉及多部门、多环节、多专业、多渠道，工程信息量大，来源广泛，形式多样，主要信息形态有：

(1) 文字图形信息。包括勘察、测绘、设计图样及说明书、计算书、合同，工作条例及规定，施工组织设计，情况报告，原始记录，统计图表、报表，信函等信息。

(2) 语言信息。包括口头分配任务、作指示、汇报、工作检查、介绍情况、谈判交涉、建议批评、工作讨论和研究、会议等信息。

(3) 新技术信息。随着信息存储形式的多样性和信息交流工具的发展，通过网络、电话、电报、电传、计算机、电视、录像、录音、广播等现代化手段收集及处理的信息。

1.2.2　建设工程信息的分类

建设工程项目的信息，包括在项目决策过程、实施过程（设计准备、设计、施工和物资采购过程等）和运行过程中产生的信息，以及参与项目的各个方面和与项目建设有关的信息，这些信息依据不同标准可划分如下：

1. 按建设工程信息内容属性划分　可以分为技术类信息、经济类信息、管理类信息、法律类信息等。

(1) 技术类信息。是指在工程实施过程中与技术相关的信息，包括前期技术信息、设计技术信息、质量控制信息、材料设备技术信息、施工技术信息、竣工验收技术信息等。如工程的设计、技术要求、规范、施工要求、操作和使用说明等，这些信息是建设工程信息的主要组成部分。

(2) 经济类信息。指投资控制信息和工程量控制信息。如材料价格、人工成本、项目的财务资料、现金流情况等，是建设工程信息的重要组成部分。

(3) 管理类信息。也包括项目组织类信息，是指组织项目实施的信息，如项目的组织结构、具体的职能分工、人员的岗位责任、有关的工作流程等，是保证项目顺利实施的关键因素。

(4) 法律类信息。是指项目实施过程中的一些法规、强制性规范、合同条款等。这些信息是项目实施必须满足的。

2. 按项目实施的过程划分　可以分为决策阶段信息、设计准备和设计阶段信息、招投标阶段信息、施工安装阶段信息、设备与材料供应信息等。

（1）决策阶段信息。多为宏观层面的信息，不涉及技术细节。如决策分析报告、可行性研究、审批报告等综合性文件。

（2）设计准备和设计阶段信息。主要涉及技术层面的问题和细节，也包含一些经济管理方面的信息。如设计要求、设计说明、设计图样、造价估算等。

（3）招投标阶段信息。主要偏重于经济和一部分法律方面的信息。如造价、合同条款、法律约束等文件。

（4）施工安装阶段信息。该阶段信息非常复杂，涉及大量的细节问题，如工程技术、工作计划、材料价格、付款、合同索赔等。

（5）设备与材料供应信息。与施工安装相比，此阶段的信息比较单一，主要是一些技术要求、进度条件和合同条款等。

3. 按照建设工程的目标划分　可以分为投资控制信息、质量控制信息、进度控制信息、合同管理信息等。

（1）投资控制信息。指与投资控制直接有关的信息，如各种估算指标，类似工程造价、物价指数；设计概算、概算定额；施工图预算、预算定额、工程项目投资估算；合同价组成；投资目标体系；计划工程量、已完工程量、单位时间付款报表，工程量变化表，人工、材料调差表，索赔费用表，投资偏差，已完工程结算；竣工决算、施工阶段的支出账单；原材料价格、机械设备台班费、人工费、运杂费等。

（2）质量控制信息。指建设工程项目质量有关的信息，如国家有关的质量法规、政策及质量标难、项目建设标准；质量目标体系和质量目标的分解；质量控制工作流程、质量控制的工作制度、质量控制的方法；质量控制的风险分析；质量抽样检查的数据；各个环节工作的质量（工程项目决策的质量、设计的质量、施工的质量）；质量事故记录和处理报告等。

（3）进度控制信息。指与进度相关的信息，如施工定额，项目总进度计划、进度目标分解、项目年度计划、工程网络计划、计划进度与实际进度偏差，网络计划的优化、网络计划的调整情况，进度控制的工作流程、进度控制的工作制度、进度控制的风险分析等。

（4）合同管理信息。指建设工程相关的各种合同信息，工程招投标文件；工程建设施工承包合同，物资设备供应合同；咨询、监理合同；合同的指标分解体系；合同签订、变更、执行情况；合同的索赔等。

4. 按照建设工程项目信息的来源划分　可以分为项目内部信息和项目外部信息两种。

(1) 项目内部信息。指建设工程项目各个阶段、各个环节、各有关单位发生的信息。内部信息取自建设项目本身，如工程概况、设计文件、施工方案、合同结构、合同管理制度、信息资料的编码系统、信息目录表、会议制度，监理班子的组织，项目的投资目标、项目的质量目标、项目的进度目标等。

(2) 项目外部信息。来自项目外部环境的信息称为外部信息。如国家有关的政策及法规；国内及国际市场的原材料及设备价格、市场变化；物价指数；类似工程造价、进度；投标单位的实力、投标单位的信誉、毗邻单位情况；新技术、新材料、新方法；国际环境的变化；资金市场变化等。

5. 按照信息的稳定程度划分　可以分为固定信息和流动信息两种。

(1) 固定信息。指在一定时间内相对稳定不变的信息，包括标准信息、计划信息和查询信息。标准信息主要指各种定额和标准，如施工定额、原材料消耗定额、生产作业计划标准、设备和工具的耗损程度等。计划信息反映在计划期内已定任务的各项指标情况。查询信息主要指国家和行业颁发的技术标准、不变价格等。

(2) 流动信息。是指不断变化的动态信息。如项目实施阶段的质量、投资及进度的统计信息；反映在某一时刻项目建设的实际进程及计划完成情况，项目实施阶段的原材料实际消耗量、机械台班数、人工工日数等。

6. 按照信息的层次划分　可以分为战略型信息、管理型信息和业务型信息。

(1) 战略型信息。指该项目建设过程中的战略决策所需的信息，如投资总额、建设总工期、承包商的选定、合同价的确定等信息。

(2) 管理型信息。指项目年度进度计划、财务计划等信息。

(3) 业务型信息。指的是各业务部门的日常信息，较具体，精度较高。

概括起来，建设工程信息的范围包括了各管理工作对象，各工作过程，各项管理任务，各内容属性，各种来源和形式。虽然业主方和项目参与各方可根据各自项目管理的需求确定其信息的分类，但为了信息交流的方便和实现信息共享，应尽可能做一些统一的分类规定。

1.2.3　建设工程项目信息编码

编码由一系列符号（或文字）和数字组成，编码是信息处理的一项重要的基础工作。编码可以简化信息传递的形式，以提高信息传递的效率和准确度；编码也可以对信息单元的识别提供一个简单、清晰的代号，以便于信息的存储与检索；编码还可以显示信息单元的重要意义，以协助信息的选择和操作。一个建设工程项目有不同用途的信息，为了有组织地存储信息，方便信息的检索和信息的加工整理，必须对项目的信息进行编码。

1. 建设工程项目信息编码的基本原则

(1) 合理性。编码的方法必须是合理的，能够适合使用者和信息处理的需要，项目信息编码结构应该与项目信息分类体系相适应。

（2）可扩展性。项目信息编码时要预留足够的位置，以适应发展变化的需要。

（3）唯一性。每一编码都代表一个确定的信息内容，每一信息都有一个确定的编码表示。

（4）简单性。项目信息编码的结构必须易为使用者了解和掌握，长度尽量短，以提高信息处理的效率。

（5）适用性。项目信息编码必须建立和不断完善编码标准化体系，以避免混乱和误解。

（6）规范性。在同一个工程项目中的编码，要求编码一致，代码的类型、结构、编写格式统一。

2. 建设工程项目信息编码的方法　建设工程项目信息的编码可以有很多种，如：建设项目的结构编码，建设项目管理组织结构编码，建设项目的政府主管部门和各参与单位编码（组织编码），建设项目实施的工作项编码（建设项目实施的工作过程的编码），建设项目的投资项编码（业主方）/成本项编码（施工方），建设项目的进度项（进度计划的工作项）编码，建设项目进展报告和各类报表编码，合同编码，函件编码，工程档案编码等。这些编码是因不同的用途而编制的，如投资项编码（业主方）/成本项编码（施工方）服务于投资控制工作/成本控制工作；进度项编码服务于进度控制工作。但是有些编码并不是针对某一项管理工作而编制的，如投资控制/成本控制、进度控制、质量控制、合同管理、编制建设项目进展报告等，都要使用建设项目的结构编码，因此需要进行编码的组合。建设项目信息编码的主要方法如下：

（1）建设工程项目的结构编码。依据项目结构，对项目结构的每一层的每一个组成部分进行编码。

（2）项目管理组织结构编码。依据项目管理的组织结构，对每一个工作部门进行编码。

（3）建设工程项目的政府主管部门和各参与单位的编码。包括：政府主管部门，业主方的上级单位或部门，金融机构，工程咨询单位，设计单位，施工单位，物资供应单位和物业管理单位等。

（4）建设工程项目实施的工作项编码。建设项目实施的工作项编码应覆盖项目实施的工作任务目录的全部内容，它包括：设计准备阶段的工作项，设计阶段的工作项，招投标工作项，施工和设备安装工作项及项目动用前准备工作项等。

（5）建设工程项目的投资项编码。该编码并不是概预算定额确定的分部分项工程的编码，它应综合考虑概算、预算、标底、合同价和工程款的支付等因素，建立统一的编码，以服务于项目投资目标的动态控制。

（6）建设工程项目成本项编码。它不是预算定额确定的分部分项工程的编码，而应综合考虑预算、投标价估算、合同价、施工成本分析和工程款的支付等因素，建立统一的编码，以服务于项目成本目标的动态控制。

（7）建设工程项目的进度项编码。应综合考虑不同层次、不同深度和不同用途的进度计划工作项的需要，建立统一的编码，服务于建设项目进度目标的动态控制。

（8）建设工程项目进展报告和各类报表编码。应包括建设项目管理形成的各种报告和报表的编码。

（9）合同编码。应参考项目的合同结构和合同的分类，应反映合同的类型、相应的项目结构和合同签订的时间等特征。

（10）函件编码。应反映发函者、收函者、函件内容所涉及的分类和时间等，以便函件的查询和整理。

（11）工程档案的编码。应根据有关工程档案的规定、建设项目的特点和建设项目实施单位的需求而建立。

1.3 建设工程信息管理

建设工程信息管理贯穿于建设工程全过程，发生在建设工程各个阶段、各个参与方的各个方面。伴随着物质生产过程，也是信息的产生、处理、传递及其应用的过程。项目的建设过程离不开信息，建设工程信息管理工作的好坏直接影响到工程建设的成败。

建设工程信息管理指的是信息传输的合理组织和控制。通过对各个系统、各项工作和各种数据的管理，使建设项目的信息能方便和有效地获取、存储、存档、处理和交流。信息管理的目的就是通过有组织的信息流通，使决策者能及时准确地获得相应的信息。为了达到信息管理的目的，就要把握好信息管理的各个环节。

1.3.1 建设工程信息管理的基本环节

建设工程信息管理的基本环节有：信息的收集、传递、加工、整理、检索、分发和存储。建设工程信息的加工、整理和存储是数据收集后的必要过程。收集的数据经过加工、整理后产生信息。信息是指导施工和工程管理的基础，要把管理由定性分析转到定量管理上来，信息是不可或缺的要素。

1. 建设工程项目信息的收集　建设工程参建各方对数据和信息的收集是不同的，有不同的来源、不同的角度、不同的处理方法，但要求各方相同的数据和信息应该规范。其参建各方在不同时期对数据和信息的收集侧重点也有所不同，也要求规范信息行为。建设工程的不同阶段，如项目决策阶段、项目设计阶段、项目施工招投标阶段、项目施工阶段等，决定了不同的信息内容。但无论项目信息内容有何不同，人们获取信息的来源、信息采集的途径、信息采集的方法却是相同的。

（1）项目决策阶段的信息收集。应该在进入工程咨询期间就进行项目决策阶段相关信息的收集，主要是工程项目外部的宏观信息，从时间跨度上要收集过去、现代和未来的与项目相关的信息。这一阶段的信息具有较多的不确定性。

在项目决策阶段信息收集主要从以下几个方面进行，项目相关市场方面的信息，项目资源相关的信息，自然环境相关方面的信息，新技术、新工艺、新材料等专业配套能力方面的信息，整治环境，社会治安状况，当地法律、政治、教育的信息等。

（2）项目设计阶段的信息收集。该阶段是工程建设的重要阶段，在设计阶段决定了工程的规模及其建筑形式、工程的概预算等技术的先进性、实用性及标准化程度等一系列具体的要素。设计阶段信息收集的范围广、来源较多、不确定因素多、外部信息较多、难度较大，要求信息收集人员要有较高的技术水平和较广的知识面，还要有一定的设计相关经验、投资管理能力和信息综合处理能力。

在设计阶段的信息收集主要从以下几个方面进行：如可行性研究报告，同类工程相关信息，拟建工程所在地相关信息，勘察、测量、设计单位相关信息，工程所在地政府相关信息，设计中的设计进度计划，设计质量保证体系，设计合同执行情况，偏差产生的原因，专业间设计交接情况，设计概算结果，各设计工序对投资的控制等。

（3）项目施工招投标阶段的信息收集。该阶段的信息收集，有助于协助建设单位编制招标书，有助于建设单位选择施工单位和项目经理、项目班子，有利于签订施工合同。要求信息收集人员充分了解施工设计和施工图预算，熟悉法律法规、招投标程序、合同示范范本，特别是要求在了解工程特点和工程量分解上有一定的能力。

项目施工招投标阶段的信息收集主要从以下几个方面进行，如工程地质、水文勘察报告，施工图设计及施工图预算，设计概算，设计、地质勘察、测绘的审批报告等信息；设计单位建设前期报审文件，工程造价的市场变化情况，当地施工单位情况，本工程实用的相关规范、规程等信息，有关招投标的规定和代理信息，以及建设过程采用的新技术、新设备、新材料、新工艺等。

（4）施工阶段的信息收集。可以从施工准备期、施工期、竣工保修期三个子阶段分别进行。

1）施工准备期。该阶段信息来源较多、复杂，由于参建各方相互了解还不够，信息渠道没有建立，信息收集有一定困难。应组建工程信息合理的流程，确定合理的信息源,规范各方的信息行为,建立必要的信息秩序。该阶段信息收集的主要方面包括:施工图及施工图预算,监理大纲,工程预算体系和施工合同;施工单位项目经理部的组成,施工进场情况,安全措施,现场环境情况,施工图会审及交底情况,本工程需遵循的相关建筑法律、法规,质量检验验收标准等。

2)施工实施期。该阶段信息来源相对比较稳定,主要是施工过程中随时产生的数据,由施工单位逐层收集上来,比较单纯,容易实现规范化。但关键是施工单位、监理单位和建设单位在信息形式上和汇总上不统一,应对此加以规范。统一建设各方的信息格式,实现标准化、代码化、规范化。施工实施期收集的信息应该分类由专门的部门或专人分级管理。信息收集的主要方面包括:施工单位人员、设备、水、电、气等能源的动态信息,施工期的气象信息,建筑材料、半成品、成品、构配件等工程物资的进场、保管等信息,项目经理部的相关信息,施工中须执行的国家和地方相关的规范、规程等,施工中发生的工程数据,建筑材料相关试验检测数据,设备安装时运行和测试信息,施工索赔相关信息等。

3)竣工保修期。该阶段信息是建立在施工期日常信息积累基础上,是参建各方最后的汇总和总结。要收集的信息主要包括:工程准备阶段文件,监理文件,施工资料、竣工图,竣工验收资料等。

2. 建设工程项目信息的加工及整理　建设工程项目信息的加工、整理主要是把建设各方得到的数据和信息进行鉴别、选择、核对、合并、排序、更新、计算、汇总、转储,生成不同形式的数据和信息,提供给不同需求的各类管理人员使用。

在信息加工时,要按照不同的需求、不同的加工方法分层进行加工。对项目建设过程中的施工单位提供的数据要加以选择、核对,进行必要的汇总,对动态的数据要及时更新,对于施工中产生的数据要按照单位工程、分部工程、分项工程组织在一起,每一个单位、分部、分项工程又把数据分为进度、质量、成本等方面分别组织。

(1)建设工程项目信息的筛选。信息的筛选是根据用户的需要,从社会信息流中把符合既定标准的一部分挑选出来,使信息内容、传递时机、获取方式等信息流诸要素与用户需要相匹配。由于客观条件的限制,或者是受人的主观因素的影响,在初始信息采集活动中经常会出现信息失真、信息老化甚至信息混乱等问题。因此,要对从各类信息源采集来的信息进行优化选择。

优化选择的依据是信息使用者的最终需要,但用户的信息需要是复杂多变的,所以只能是优化选择的原则性依据,而不是具体的标准。对于不同的用户,优化选择的标准不同,而同一用户因时间、地点和环境条件的不同,其选择标准也是变化的。一般应从信息内容与用户提问的关联程度、信息内容能否正确地反映客观现实、信息内容的新颖性、信息成果的领先水平、信息适合用户需要、便于当前使用的程度等方面考虑，对初始信息进行鉴别、筛选和剔除。其主要任务是去粗取精、去伪存真，使信息流具有更强的针对性和时效性。可采用的方法包括：比较法、分析法、核查法、引用摘录法和专家评估法等。

（2）工程项目信息的加工。信息加工是为了便于人们在需要时能够通过各种方便的形式查询、识别并获取信息。

1）数据项的确定。数据项是描述信息外表特征或内容性质并构成数据库记录的最小单位和基础。任何一个数据项都有可能成为数据库检索入口，数据项的选择关系到能否准确地描述信息，影响到数据库的功能和检索效果。数据项的选取应考虑完整性、标准化、方便性、低冗余和灵活性的原则，充分发挥每一个数据项的实用功能。

2）信息外表特征的加工。是对存在于一定物理载体信息的外表特征和物质形态进行描述的过程。对文献型信息，国内外均有许多信息加工条例和标准，对各类数据项选取和描述分别作了规定或说明；对于非文献型信息的加工，一种方法是将口头信息和实物信息转化为文献型信息，然后依据格式进行加工；另一种方法是直接描述事物的名称、外形、内容、性能、生产者及生产时间、地点等，按规定格式记录下来，形成数据库之类的信息产品。

3）信息内容特征的加工。在对信息内容进行分析的基础上，根据一定规则给信息的内容属性以标识，并进行描述，也称信息标引。这是通过分析信息的主题概念、内容性质等特征，赋予其能够揭示有关特征的简明代码，从而为信息揭示、组织和检索提供依据。信息标引可以分为以学科分类代码作为信息标识的分类标引和以主题词符号作为信息标识的主题标引。

3. 工程项目信息的分发和检索　在对收集的数据进行分类加工处理产生信息后，要及时提供给需要使用数据和信息的部门，信息和数据的分发要根据需要来分发，信息和数据的检索则要建立必要的分级管理制度，确定信息使用权限。一般由实用软件来保证实现数据和信息的分发、检索，还必须按一定规则和方法把所有信息记录组织排列成一个有序的整体，为人们获取所需信息提供方便。

4. 建设工程项目信息的存储　信息的存储一般需要建立统一的数据库，各类数据以文件的形式组织在一起，组织的方式要考虑规范化。可以按工程进行组织，同一工程按照投资、进度、质量、合同等组织，各类信息进一步按照具体情况细化；各参建方协调统一存储方式，在国家技术标准有统一代码时尽量采用统一代码，文件名命名也应规范化；尽量通过网络数据库的形式存储数据，达到建设各方数据共享，减少数据冗余，保证数据的唯一性。

1.3.2　建设工程信息管理的作用

大型工程建设项目均具有投资大、周期长、技术难、接口多、管理协调复杂等特点，信息管理对于改进工程项目管理、提高工效和工作质量、降低造价、积累信息财富、提高企业市场竞争能力具有重要的作用。具体体现在以下方面：

1. **辅助决策** 针对工程项目管理过程中积累的大量信息，借助信息化手段建立起信息存储、管理、交流的平台，可以实现跨地域的同步交流与管理。计算机信息系统为项目参与各方随时提供工程的进度、安全、质量和材料采购情况，及时收集、追踪各种信息，减少人工统计数据的片面性和误差，使信息传递更加快捷、开放。项目管理者可以通过项目数据库，方便、快捷地获得需要的数据，通过数据分析，减少决策过程中的不确定性、主观性，增强决策的合理性、科学性及快速反应能力。

2. **提高管理水平** 借助信息化工具对建设工程项目的信息流、物流、资金流进行管理，可以及时准确地提供各种数据，基本杜绝由于手工和人为因素造成的错误，保证流经多个部门的信息的一致性，避免由于口径不一致或版本不一致造成的混乱。同时，利用信息管理平台、电子邮件等信息化手段，可以把工程项目参与各方紧密联系起来，利用项目管理数据库提供的各种项目信息，实现异地协调与控制。

3. **再造管理流程** 建设工程项目管理是通过环环相扣的业务流程，把各项投入变成最终产品。在同等人、财、物投入的情况下，不同的业务流程所产生的结果是不同的。传统的项目组织结构及管理模式存在多等级、多层次、沟通困难、信息传递失真等弊端。以信息化建设为契机，利用成熟系统所蕴含的先进管理理念，对项目管理进行业务流程的梳理及变革，将有效地促进项目组织管理的优化。使用信息化系统减少了管理层次、缩短了管理链条，精简了人员，使决策层与执行层能直接沟通，缩短了管理流程，加快了信息传递。

4. **降低成本，提高工作效率** 工程项目信息化管理，可以大大降低管理人员的劳动强度。通过网络进行各种文件、资料的传送和查询，节约了沟通的成本。如采用计算机系统管理材料物资，可对施工中所需的各种材料进行有效的采购、供应、分析和核算。进行网上采购，可节约采购成本；利用库存信息，合理进行材料调配，减少了库存，节约了劳动力和经营成本。

5. **提高管理创新能力** 成熟的信息系统，都是某种先进管理理念的体现。通过信息化可以借鉴这些理念，建立规范制度，提升管理水平。同时，利用网络资源，可以方便、快捷、广泛地获取新技术、新工艺、新材料信息，为创建优质工程提供条件。

1.3.3 建设工程信息管理的基本要求

目前，工程建设项目越来越多地应用信息技术进行辅助管理，但大多还是限于一些局部过程。随着工程建设项目信息化管理的推进和实现，信息技术在工程项目生命周期管理中应用将会得到越来越多地重视和越来越广泛地普及。因此，对建设工程实现信息化管理提出如下具体要求：

(1) 建设工程项目管理过程中的所有信息的采集、存储、检索、加工、传递、利用等各个信息处理环节均实现数字化、系统化,项目经理部配置必要的计算机硬件系统,并应用与工程建设项目相关的软件进行信息处理。实现信息处理各环节的数字化和系统化是信息管理的基础。图1-1给出了工程项目信息管理系统典型的系统配置方案。

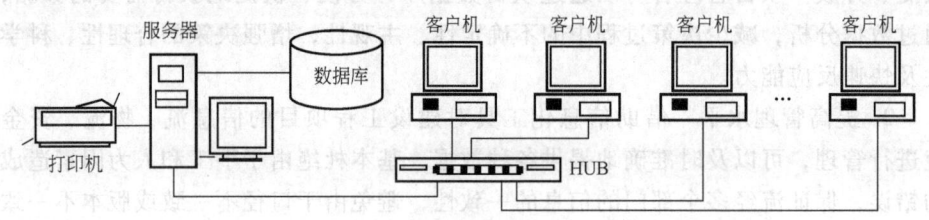

图1-1 工程项目信息管理系统典型的系统配置方案

(2) 工程建设项目各参与方均应实现信息化,要求工程建设项目的各参与方都要建立起各自的工程项目管理信息系统。由于建设工程项目大量数据处理的需要,在当今的时代应重视利用信息技术的手段进行信息管理,真正实现整个工程建设项目管理全方位的信息管理,应建立工程项目参与各方进行信息交流和信息共享的平台和工具,其核心的技术是基于网络的信息处理平台。以此为工程项目参与各方创造共同语言环境和氛围。改变以往只是局部实现信息化,从而克服产生"信息孤岛"的问题。图1-2给出了工程项目参与各方信息交换平台的示意图。

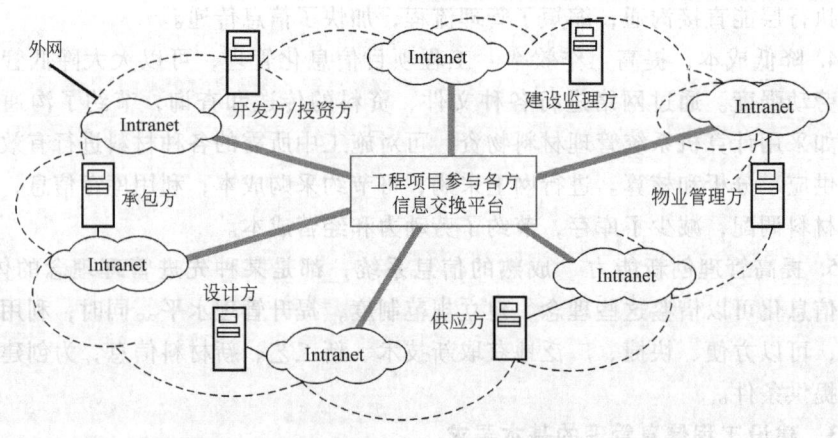

图1-2 工程项目参与各方信息交换平台示意图

(3) 为充分利用和发挥信息资源的价值、提高信息管理的效率、实现有序的和科学的信息管理,业主方和项目参与各方都应编制各自的信息管理手册,以规范信息管理工作。信息管理手册的主要内容包括:信息管理的任务,信息管理的任务分工表和管理职能分工表，信息的分类，信息的编码体系和编码，信息输入输出模型，各项信息管理工作的工作流程图，信息处理的流程图，信息处理的工作平台及使用规定，各种报表和报告的格式及报告周期，项目进展的月度报告、季度报告、年度报告和工程总报告的内容及其编制，工程档案管理制度，信息管理的保密制度等。

（4）为确保信息管理工作的顺利进行，在国际上许多建设工程项目都专门设立信息管理部门（或称为信息中心），也有一些大型建设工程项目专门委托咨询公司从事项目信息动态跟踪和分析，从宏观上和总体上对项目的实施进行控制。信息管理部门专门从事信息管理工作，其主要工作任务是：主持编制信息管理手册，在项目实施过程中进行信息管理手册的必要的修改和补充，检查和督促执行；协调和组织项目管理班子中各个工作部门的信息处理工作；信息处理工作平台的建立和运行维护；与其他工作部门协同组织收集信息、处理信息和形成各种反映项目进展和项目目标控制的报表和报告；工程档案管理等。

（5）建设工程信息管理的实施需培养一大批复合型人才。为了充分利用高新技术来实现信息管理的特点，需要一批既懂建设工程技术，又会应用现代信息技术的复合型人才。这就要求项目参与各方对传统的、落后的管理思想、管理方式进行改造，优化组织机构，推行知识优化政策，大力引进和培养复合型人才，重视对员工的培训，提高全员信息化意识和运用信息技术的能力。

1.4 建设工程管理信息化

信息化是人类社会发展过程中的一种特定现象，表明人类对信息资源的依赖程度越来越高。信息化最初是从生产力发展的角度来描述社会形态演变的综合性概念，信息化和工业化一样，是人类社会生产力发展的新标志。

在建设工程管理领域，信息化管理早期体现在建设工程管理软件应用，如在建设工程管理的各个阶段使用的各类软件，包括项目管理软件，这些软件主要用于收集、综合和分发建设工程管理过程的输入和输出信息。但一个软件不可能包含建设工程全过程的所有功能，一般来说，每个软件都有自己的主要功能，因此，将这些软件的功能集成、整合在一起，即构成了建设工程管理信息系统。

目前，国内外建设项目规模不断扩大，科技含量不断增加，研究、开发、建设、运行各环节逐渐相结合，建设项目越来越需要全过程的控制。建设项目管理模式和管理理念也在不断发展变革，项目管理越来越呈现出信息化、集成化和虚拟化的特点，全寿命周期集成管理将成为建设工程管理的重要发展方向之一。

1.4.1 信息技术对建设工程管理的影响

信息技术的高速发展和不断应用，其影响已波及到传统建筑业的方方面面。

随着信息技术（尤其是计算机软硬件技术、数据存储与处理技术及计算机网络技术）在建筑业中的应用，建设工程管理的手段不断更新和发展。建设工程的手段与建设工程思想、方法和组织不断互动，产生了许多新的管理理论，并对建设工程的实践起到了十分深远的影响。项目控制、集成化管理、虚拟建筑都是在此背景下产生和发展的。具体而言，信息技术对工程项目管理的影响表现在如下几个方面：

（1）建设工程系统的集成化。包括各方建设工程系统的集成以及建设工程系统与其他管理系统（项目开发管理、物业管理）在时间上的集成。

（2）建设工程组织虚拟化。在大型项目中，建设工程组织在地理上分散，但在工作上协同。

（3）在建设工程的方法上，由于信息沟通技术的运用，项目实施中有效的信息沟通与组织协调使工程建设各方可以更多地采用主动控制，避免了许多不必要的工期延迟和费用损失，目标控制更为有效。

建设工程任务的变化，使信息管理更为重要。甚至产生了以信息处理和项目战略规划为主要任务的新型管理模式——项目控制。

1.4.2 建设工程管理信息化的意义

建设工程管理信息化是近年来顺应工程项目日趋扩大，技术日趋复杂，对工程质量、工期、费用的控制日益严格的形势而发展起来的一门新兴学科。其研究对象可以是项目决策阶段的宏观管理，也可以是项目实施阶段的微观管理。在工程建设项目管理中引入现代信息技术，是促进建设工程项目管理现代化、科学化的基本保证。

1. 促进了工程管理变革　现代信息技术作为当代社会最具活力的生产力要素，其广泛应用而引发的信息化和全球化正在迅速地改变着传统建筑业的面貌。信息技术在工程管理中的应用以工程管理信息系统的出现为标志，大大提高了工程管理中信息的处理、存储的效率，也极大地提高了工程管理工作的有效性。

（1）工程管理手段的变革。现代信息技术在工程管理中的应用直接改变了工程管理的手段，工程管理信息系统已经成为工程管理专业人士的基本工作手段。现代工程管理中的许多问题是由于信息无法正确、及时地在项目参与各方中传递造成的。为了解决这些问题，需要对传统的工程管理手段进行改革。现代信息技术的出现有力地促进了这一变革的实现。目前许多大型项目中，在地域上分布的项目参与各方通过 Internet/Intranet 技术联系在一起，使用电子邮件系统、视频会议系统等进行信息传递和沟通。许多公司开发的商品化工程管理信息系统软件都实现了与 Internet/Intranet 的无缝集成，网络化、集成化已成为工程管理手段变化的发展趋势。

（2）工程管理组织的变革。现代信息技术的应用引起了工程管理组织中信息传递方式的变化,组织内部更多地通过水平、对等的信息传递方式来沟通、协调项目各参与方之间的关系,如图 1-3 所示。大型项目中地理上相距遥远的参与各方通过计算机网络联系起来,组成在业务过程中相互协助的虚拟工作团队。这样的虚拟工作团队突破了传统组织结构的有形界限,按照共同的目标来建立柔性、灵活、动态的工程管理组织,使工程管理组织具有较强的目标一致性和更合理的资源配置。

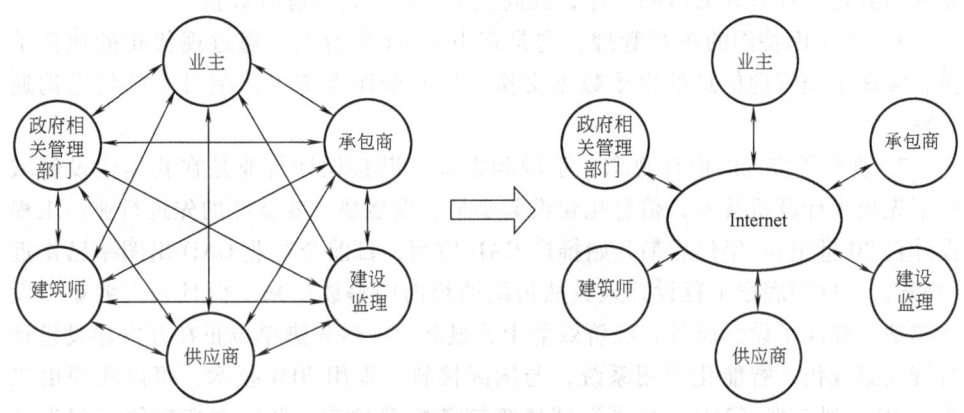

图 1-3　信息传递方式的变化

（3）工程管理思想方法的变革。传统工程管理的方法基于动态控制原理,是一种被动控制的方法,它是在问题发生后才采取控制措施。信息技术的广泛应用使这一切发生了根本性的变化。工程管理者借助先进的信息处理和沟通工具,可以提高项目实施前的决策科学性。工程管理正经历着由以被动控制为主向以风险管理为主的方式转变,风险管理理论和辅助工具将在工程管理中发挥更大的作用。

信息时代工程管理的思想也发生了深刻的变化。发达的数字化信息网络平台、集成化的工程管理信息系统不仅使项目参与各方能方便地沟通,而且实现了项目信息的共享,使项目参与各方在信息透明的环境中协同工作,那种由于"信息不对称"而产生的片面压价、高估冒算、弄虚作假甚至是欺骗等道德败坏的现象从根本上得到好转。工程管理的思想将突破以往的时空观,从传统的狭隘利益观中解放出来,"项目利益高于一切"的思想将统一项目参与各方的传统项目管理目标,信任、合作、平等、协商、风险共担、利益共享等高尚的管理理念将在强大的信息技术支撑下成为现实。

（4）新的工程管理理论。信息技术对工程管理的变革作用只是信息时代工程管理发展的大趋势,其变革不可能是自然实现的,它需要一系列的理论、技术和工具作为支持。其中新的工程管理理论支持尤为重要。目前,由于现代信息技术在建筑业中的应用，产生了一些新的工程管理理论和方法，主要有：

1）项目控制，它是工程管理咨询与信息技术相结合的产物。主张在大型工程项目中设立独立的业主方咨询者，咨询者的工作内容超脱日常项目管理业务，重点着手工程项目的信息处理和战略规划，从战略高度指导项目的整个实施过程。

2）集成化管理，主要通过建立集成化的工程管理信息系统来实现工程管理系统与其他管理系统的协同工作，提高整个工程项目的综合效益。

3）基于因特网的项目管理，它是在 Internet 平台上，通过现代化的通信手段，实现工程管理信息的电子数据交换，从而全面提高工程项目中的信息沟通效率。

2. 改变了传统的设计观念、手段和方式　勘察设计行业是在我国建设领域中率先应用计算机技术，信息化建设起步早、发展快、效益高的先进行业。工程设计自 20 世纪 80 年代后期开始推广 CAD 应用，目前全行业 CAD 出图率已接近 100%，不仅彻底把工程设计人员从传统的绘图中解放出来，而且大大缩短了设计周期，提高了设计质量，经济效益十分显著。一些先进单位正在开发建设设计与管理集成化、智能化应用系统，与国际接轨。采用 BIM 技术，可以实现由二维（2D）到三维（3D），由图形到建筑信息模型过渡，彻底改变建筑工程设计信息的创建过程。使传统的设计观念、手段和方式发生了根本的变化，使方案的比选、优化更为直观，对提高设计质量和水平发挥了重要作用。

3. 实现了建筑业从纵向一体化向横向一体化生产模式的转变

（1）纵向一体化生产模式。所谓纵向一体化生产模式，是指承包公司对承包的大型工程项目的所有环节，即可行性分析与立项、融资与投资、规划与设计、采购与施工、现场组织与管理、技术培训、试运行、售后服务等都亲自参与并完成，或以控股、兼并等方式直接控制其他企业来完成承包项目的所有环节。在过去相当长的一段时间里，我国的建筑企业在纵向一体化方面发展很快，大而全、中而全、小而全的企业越来越多。纵向一体化的信息流主要在企业内部流动，企业内部有效的生产控制与调配成为完成承包工程的关键。

（2）横向一体化生产模式。随着社会化大生产的发展，生产专业化的发展，特别是信息技术所创造的条件，使建筑生产的横向一体化生产模式得到了迅速发展。所谓横向一体化生产模式，是指众多的承包商在进行充分的外部环境和内部条件分析的基础上，确定出各自在完成承包工程所必须进行的若干环节中拥有的相对竞争优势、可以获得超出行业水平平均利润率的战略环节，然后彼此结成动态的战略联盟，共同完成承包工程。横向联合生产模式的信息流主要在战略联盟企业间流动。基于企业之间信息沟通的项目实施的有效控制与协作是完成承包工程的关键。横向一体化的优势体现在如下几个方面：

1)经营领域中承揽工程的优势。信息技术,特别是基于 Internet 的电子商务,使业主、承包商、分包商、供应商之间及内部能够实现几乎实时而且廉价的信息沟通,不仅加快了信息发布与收集、盟友选择、工程控制等过程,而且大大降低了交易成本。另外,完善的电子商务系统可以实现历史上所有的"盟友"进行超大容量的存储,并通过竞争性信息挖掘技术,在现实的及历史的数据海洋中挖掘出承包商所需要的决策背景信息,并通过决策支持系统,辅助承包商迅速完成"盟友"的选择,以实现承包工程中的战略联盟。

2)生产领域中施工组织与管理方面的优势。多媒体的通信手段,可以使异地监控成为可能;电子货币、数字签名、电子结算方式的应用使异地控制与支付,及横向联合模式下的总分包更为方便和有效。承包商可以凭借信息流对工程进行科学地管理,电子商务提供了物流向信息流转换的平台,使大型项目的生产优化成为可能。各联盟企业可在优化的施工方案的指导下,科学合理地并行施工,以大大缩短工期。这不仅减少了投资的不确定性,也提高了战略联盟作为更有效的生产组织模式在国际承包市场中的竞争优势。另外,战略联盟中的各承包商由于只涉及自己具有相对竞争优势的生产环节,只承担自己最拿手的部分工程任务,从而保证了工程的质量。

3)风险及效益优势。在横向联盟中,由于承包商只需负担自己承包部分工程所需的投资,大大减少了大型项目带来的风险。

4. 加速信息化施工的进程 所谓信息化施工,简单地说,就是指将信息技术应用于施工,以便于缩短工期、降低成本、提高工程质量的过程,其重点是对施工过程进行信息化控制,主要表现在如下几个方面:

(1) 传感技术、分析计算以及控制技术在具体施工过程中的应用。例如,计算机用于大体积混凝土施工中的温度控制监测,大型隧道、边坡施工监测与快速分析,预应力混凝土斜拉桥拉索式长挂篮臂施工控制,大型桥梁时域模态识别,大型桥梁损伤识别及最优监测点布置,混凝土中氯离子扩散系数的快速测定,正常大气环境下混凝土中钢筋腐蚀的预测,高拱坝有无限地基动力相互作用的时域分析,高拱坝横隧结构非线性响应分析及横裂控制等。在上述的某些方面中,我国已经取得了国际领先的成果。

(2) 施工过程中使用虚拟仿真技术。虚拟仿真技术是用计算机生成一种模拟现实环境,用户可以通过视觉和听觉与虚拟环境进行交互对话。例如,中国建筑三局三公司与华中科技大学有关专家和工程技术人员采用基于 CAD 数据的快速三维建模、多边形和纹理造型、快速精确地创建地貌特征、三维实时动态仿真、有限元分析等关键技术,联合开发了一套施工虚拟仿真系统。该系统被成功地应用于上海正大广场项目,实现了虚拟显现建筑物建成后的环境,在计算机上完成了模拟各种构件装配、吊装方案的安装演示,预知了最优的设计方案,并将该设计方案在施工中可能出现的问题及时进行纠正，确保了正式施工的万无一失。

(3) 一批成熟的单项软件产品的应用。这些软件产品的种类包括工程投标报价系统，建筑工程概预算软件，工程量、钢筋自动计算软件以及针对某些特殊施工过程的管理系统等。

5. 推进了建筑企业信息化　工程项目管理信息化要求工程项目各参与方均实现信息化，客观上对建筑企业信息化产生了巨大的需求，进而推进了建筑企业信息化的进程。目前，建筑系统的企业正在进行以优化结构、提高经济效益为目标的企业改组和改造，各建筑企业充分利用信息技术提升企业的技术、管理水平，达到提高产品质量、提高服务水平、提高企业效率、提高企业竞争力的目的。一般上档次的建筑企业内各职能部门大多拥有计算机和配有相应的应用软件，拥有自己的服务器，联成内部网络，并在国际互联网上注册公司域名。有些基层单位的办公基地内的电脑也联成了小型网络。大多数计算机能通过调制解调器拨号上网。应该说，硬件配置已基本具备了信息化实施的条件。

另外，现在已经有各种各样的应用软件投入使用。就施工管理软件而言，有钢筋混凝土结构施工项目管理信息系统、钢结构施工项目管理信息系统、网络计划软件、工程量计算软件、投标报价软件、施工详图绘制软件等。这些软件都可以很好地用于解决企业内的局部信息化问题。

1.4.3 建设工程管理信息化的实施

为了真正实现工程建设项目信息化管理，必须使工程项目生命周期管理中按数字化设计所有产品，通过分享内容，共同合作。通过协同作业，改善信息的创建、管理和共享，从而达到提高决策准确度、提高运营效率、提高项目质量和提高用户获利能力的目标。基于互联网的工程项目信息管理系统，是实现现代工程建设项目管理信息化的基本途径。

基于 Internet 的工程建设项目信息管理系统不是某一个具体的软件产品或信息系统，而是国际上工程建设领域基于 Internet 技术标准的项目信息沟通系统或远程协同工作系统的总称。该系统可以在项目实施的全过程中，通过共用的文档系统和共享的项目数据库，对项目参与各方产生的信息和知识进行集中式管理，主要是项目信息的共享和传递，而不是对信息进行加工和处理。项目参与各方可以在其权限内，通过 Internet 浏览、更新或创建统一存放于中央数据库的各种项目信息。因此，它是一个信息管理系统，而不是一个管理信息系统，其基本功能包括文档信息和数据信息的分类、存储、查询。该系统通过信息的集中管理和门户设置为项目各参与方提供一个开放、协同、个性化的信息沟通环境。

1. 基于 Internet 的工程建设项目信息管理系统的特点

(1) 以 Internet 作为信息交换工作的平台，其基本形式是项目主题网。与一般的网站相比，它对信息的安全性有较高的要求。

（2）采用 B/S 结构，用户在客户端只需要一台装有浏览器的电脑即可。浏览器界面是通往全部项目授权信息的唯一入口，项目参与各方可以不受时间和空间的限制，通过定制来获得所需的项目信息。

（3）系统的核心功能是项目信息的共享和传递，而不是对信息进行加工、处理。但这方面的功能，可通过与项目信息处理系统或项目管理软件系统的有效集成来实现。

（4）该系统不是一个简单的文档管理系统和群件系统，它可以通过信息的集中管理和门户设置，为项目参与各方提供一个开放、协同、个性化的信息沟通环境。

2. 系统的逻辑结构　一个完整的基于互联网的建设工程信息管理系统的逻辑结构应具有八个层次，从数据源到信息浏览界面分别为：

（1）基于 Internet 的项目信息集成平台，可以对来自不同信息源的各种异构信息进行有效集成。

（2）项目信息分类层，对信息进行有效的分类编目以便于项目各参与方的信息利用。

（3）项目信息搜索层，为项目各参与方提供方便的信息检索服务。

（4）项目信息发布与传递层，支持信息内容的网上发布。

（5）工作流支持层，使项目各参与方通过项目信息门户完成一些工程项目的日常工作流程。

（6）项目协同工作层，使用同步或异步手段使项目各参与方结合一定的工作流程进行协作和沟通。

（7）个性化设置层，使项目各参与方实现个性的界面设置。

（8）数据安全层，通过安全保证措施，用户一次登录就可以访问所有的信息源。

3. 系统的功能结构　基于 Internet 的建设工程信息管理系统的功能分为基本功能和拓展功能两部分，基本功能是大部分商业和应用服务所具备的功能，是核心功能；拓展功能是部分应用服务商在其应用平台上所提供的服务，如基于工程项目的 BtoB 电子商务，这些服务代表了未来的发展趋势。基于 Internet 的建设工程信息管理系统的功能结构如图 1-4 所示。在应用中应结合工程实际情况进行适当的选择和扩展。

4. 基于 Internet 的工程项目信息管理系统的实现方式　基于 Internet 的工程项目信息管理系统主要有如下三种实现方式：

（1）自行开发。用户聘请咨询公司和软件公司针对项目的特点自行开发，完全承担系统的设计、开发及维护工作。

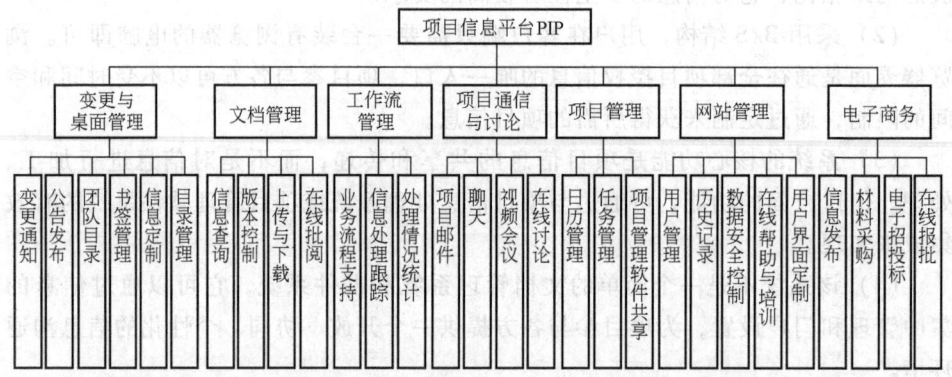

图 1-4 基于互联网的建设工程信息管理系统的功能结构

（2）直接购买。业主或总承包商等项目的主要参与方出资购买（一般还需要二次开发）商品化的项目管理软件，安装在公司的内部服务器上，并供所有的项目参与方共同使用。

（3）租用服务。即 ASP（Application Service Provider，应用服务供应商）模式。租用 ASP 已完全开发好的项目信息管理系统，通常按租用时间、项目数、用户数、数据占用空间大小收费。

以上三种实现方式的比较如表 1-1 所示。

表 1-1 基于互联网的工程项目信息管理系统实现方式的比较

	自行开发	直接购买	租用服务（ASP 模式）
优点	对项目的针对性最强，安全性和可靠性最好	对项目的针对性较强，安全性和可靠性较好	实施费用最低，实施周期最短，维护工作量最小
缺点	开发费用最高，实施周期最长，维护工作量较大	购买费用较高，维护费用较高	对项目的针对性最差，安全性和可靠性较差
适用范围	大型工程项目，复杂性程度高的工程项目，对系统要求高的工程项目	大型工程项目	中小型工程项目，复杂性程度低的工程项目，对系统要求低的工程项目

5. ASP 模式　ASP 作为一种业务模式，是指在共同签署的外包协议或合同的基础上，企业客户将其部分或全部与业务流程的相关应用委托给服务提供商，由服务商通过网络管理和交付服务并保证质量的商业运作模式。服务商将保证这些业务流程的平稳运转，即不仅要负责应用程序的建立、维护与升级，还要对应用系统进行管理。所有这些服务的交付都是基于互联网的，客户则是通过互联网远程获取这些服务。

（1）ASP 与传统 IT 模式的比较。参与主体发生了比较大的变化，随之各主体负责的内容或承担的责任也发生了非常大的变化。传统IT模式下，企业除了需要向软件厂商采购应用软件外，还需采购系统运行所需数据库（如DB2、Oracle、Sybase、MS SQL等）、服务器（一般包括应用服务器App Server、数据库服务器DB Server、Web服务器、Mail服务器等）、网络设备（如路由器、交换机等）、防火墙防病毒软硬件，企业还得进行日常运行维护（包括数据的备份与恢复等）。软件厂商则主要是开发提供应用软件、进行系统的使用培训、系统安装和实施，并提供升级服务。在ASP模式下，企业不再需要购买应用软件，也不需要采购服务器、数据库、网络设备、防火墙防病毒的软硬件，更不需要关心日常的维护，而是全交给合作伙伴。由于ASP模式基于Internet运行，基础设施需经过电信部门，这样就引入了第三方主体——电信部门。但对用户而言，一切是透明的，用户需要做的只是输入相应的网址登录系统并使用系统，而不用管服务器放在哪儿、数据存放在何地。一般电信部门提供网络、服务器和防火墙防病毒软硬件等，而ASP厂商则提供数据库和针对每个客户配置的如ERP、CRM等应用系统及应用系统和数据库的升级和维护。系统可以做到按需要变换组织、自选模块、自定义流程和自由制定数据格式。图1-5给出了传统IT运作模式与ASP运作模式的比较。

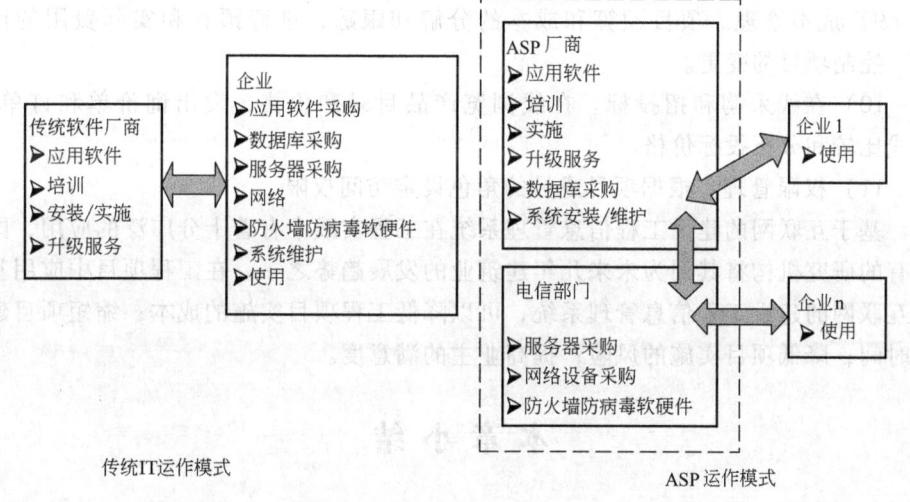

图1-5　传统IT运作模式与ASP运作模式的比较

（2）面向工程项目管理的ASP。由于工程项目的一次性、单件性、流动性的特点，ASP模式越来越受到大多数业主、项目管理公司、建筑工程公司等的欢迎。在美国，目前已经有超过200家的ASP服务供应商提供面向项目管理的ASP服务。典型的如Autodesk公司的Buzzsaw（www.Buzzsaw.com）等。

（3）面向项目管理的 ASP 使用功能。根据选择的应用模式和厂商的不同，ASP 提供的功能也会有所差异。综合起来看，成功的面向工程项目管理的 ASP 一般提供如下功能：

1）文档管理。集中存放工程项目相关文档，如：工程项目图样、合同、工程照片、工程资料、成本数据等。允许项目成员集中管理和跟踪文档资料。

2）工作流程自动化。允许项目成员按照事先定义好的工作流程自动化处理业务流程，如业务联系单、提交单、变更令等。

3）项目通信录。集中存放项目成员的通信录，方便项目参与人员查找。

4）集中登录和修改控制。使用个人用户名和密码集中登录信息门户，跟踪文档的上传、下载和修改。

5）高级搜索。允许项目成员根据关键字、文件名和作者等查找文件。

6）在线讨论。为项目成员提供了一个公共的空间，项目参与者可以就某个主题进行讨论。项目成员可以发布问题、回复和发表意见。

7）进度管理。在线创建工程进度计划，发送给项目相关责任方，并根据项目进展进行实时跟踪、比较和更新。如项目出现延误可以自动报警。

8）项目视频。通过设在现场的网络摄像机，可以通过互联网远程查看项目现场，及时监控项目进度，远程解决问题。

9）成本管理。项目预算和成本的分解和跟踪，进行预算和实际费用的比较，控制项目的变更。

10）在线采购和招投标。在线浏览产品目录和价格，发出询价单和订单，在线比较和分析投标价格。

11）权限管理。根据项目成员的角色设定访问权限。

基于互联网的建设工程信息管理系统在工程实践中有着十分广泛的应用，国外有的研究机构将其列为未来几年建筑业的发展趋势之一。在工程项目中应用基于互联网的建设工程信息管理系统，可以降低工程项目实施的成本；缩短项目建设时间；降低项目实施的风险；提高业主的满意度。

本章小结

信息是客观世界中各种事物的运动状态和变化的反映，是客观事物之间相互联系和相互作用的表征，表现的是客观事物运动状态和变化的实质内容。信息具有客观性、普遍性、依附性、价值性、时效性、可传递性、可存储性、可扩散性、共享性、可加工性、可增值性等特征。信息资源由信息生产者、信息、信息技术三大要素组成。信息技术是关于信息的产生、发送、传输、接收、变换、识别和控制等应用技术的总称，包括信息基础技术、信息处理技术、信息应用技术和信息安全技术等。

建设工程信息是指在整个建设工程项目生命周期内产生的反映和控制工程项目管理活动的所有组织、管理、经济、技术信息,其形式为各种数字、文本、报表、声音、图像等。建设工程信息的特点是数量庞大、类型复杂、来源广泛、存储分散、始终处于动态变化之中,应用环境复杂,具有非消耗性、系统性和时空上的不一致性。建设工程信息可以分别按内容属性、项目实施的过程、建设工程的目标、建设工程项目信息的来源以及信息的稳定程度进行分类。一个建设工程项目有不同用途的信息,为了有组织地存储信息,方便信息的检索和信息的加工整理,必须对项目的信息进行编码。

建设工程信息管理贯穿于建设工程全过程,发生在建设工程各个阶段、各个参建方的各个方面。建设工程信息管理的基本环节有:信息的收集、传递、加工、整理、检索、分发和存储。大型工程建设项目均具有投资大、周期长、技术难、接口多、管理协调复杂的特点,信息管理对于改进工程项目管理、提高工效和工作质量、降低造价、积累信息财富、提高企业市场竞争能力具有重要的作用。

建设工程项目管理过程中的所有信息的采集、存储、检索、加工、传递、利用等各个信息处理环节均应实现数字化、系统化,项目经理部配置必要的计算机硬件系统,并应用与工程建设项目相关的软件进行信息处理。工程建设项目各参与方均应实现信息化,要求工程建设项目的各参与方都要建立起各自的工程项目管理信息系统。为充分利用和发挥信息资源的价值,提高信息管理的效率,实现有序的、科学的信息管理,业主方和项目参与各方都应编制各自的信息管理手册,以规范信息管理工作。为确保信息管理工作的顺利进行,在国际上许多建设工程项目都专门设立信息管理部门(或称为信息中心);建设工程信息管理的实施需培养一大批复合型人才。

作为国民经济的主要支柱产业之一,传统的建筑业也不断受到信息化的冲击和影响,世界各国都在建筑业信息化方面进行深入地研究开发与工程实践。当前,国内外建设项目规模不断扩大,科技含量不断增加,研究、开发、建设、运行逐渐相结合,建设项目越来越需要全过程的控制。建设项目管理模式和管理理念也在不断发展变革,项目管理越来越呈现出信息化、集成化和虚拟化的特点,全寿命周期集成管理将成为工程管理的重要发展方向之一。

思 考 题

1. 什么是信息?信息具有哪些性质?
2. 信息资源的含义及特征是什么?
3. 如何理解信息管理?信息管理具有哪些特征?

4. 信息管理的职能包括哪些？
5. 信息管理活动应遵循哪些原则？
6. 未来信息管理的发展趋势有哪些？
7. 建设工程信息的特点有哪些？
8. 建设工程信息如何分类？
9. 建设工程信息编码的原则有哪些？
10. 建设工程信息管理有哪些基本环节？
11. 建设工程信息管理的作用有哪些？
12. 建设工程信息管理的基本要求是什么？
13. 信息技术对建设工程信息管理有哪些影响？
14. 建设工程管理信息化的意义有哪些？
15. 如何实现建设工程管理信息化？

第2章 建设工程项目信息模型

2.1 建设工程项目全寿命周期管理

建设工程项目从开始到结束的整个过程中，经历了前期决策、设计、招投标、施工、试运行和正式运营、项目结束等多个阶段，涉及到投资方、开发方、监理方、设计方、施工方、供货方、项目使用期的管理方等多方参与。

2.1.1 建设工程项目全寿命周期的概念

建设工程项目的全寿命周期是指从项目构思与设想到项目废除的全过程，它包括项目的决策阶段、实施阶段和使用阶段（运行阶段或运营阶段），如图2-1所示。

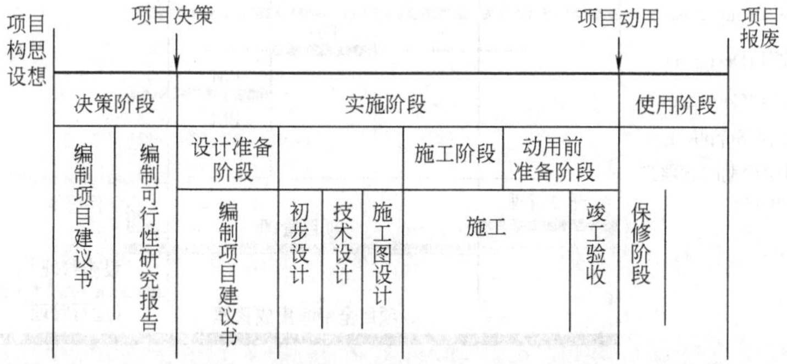

图2-1 建设工程项目的全寿命周期

决策阶段的主要任务是确定项目的定义，即确定项目建设的任务和确定项目建设的投资目标、质量目标和工期目标等；建设工程项目的实施阶段，包括设计准备阶段、设计阶段、施工阶段、动用前准备阶段和保修阶段。招投标工作分散在设计准备阶段、设计阶段和施工阶段中进行，因此可以不单独列为招投标阶段。实施阶段的主要任务是完成建设任务，并使项目建设的目标尽可能好地实现；使用阶段的主要管理任务是确保项目的运行或运营，使项目能保值和增值。

本书中建设工程项目信息管理是指建设工程项目全寿命周期的信息管理，而施工项目信息管理是指项目施工阶段和动用前准备阶段的信息管理。

2.1.2 建设工程项目的参与方及其分工

建设工程项目全寿命周期管理大体可分为项目前期的开发管理 DM（Development Management)、项目实施期的项目管理 PM（Project Management）、项目使用期的物业管理 FM（Facility Management）。在这些过程中，涉及到投资方、开发方、监理方、设计方、施工方、供货方、项目使用期的管理方等多方参与，全寿命管理中各参与方的分工及参与的时间范畴如图 2-2 所示。其中 DM 属于投资方和开发方的管理工作，FM 属于项目使用期管理方（可能是业主方，或由业主方委托的设施管理单位）的工作，而项目管理则涉及项目各参与方的管理工作，包括投资方或开发方（业主方）、监理方、设计方、施工方和供货方等的项目管理。因此，建设工程管理不仅仅是业主方的管理，它涉及建设工程项目的各个参与单位对工程的管理。

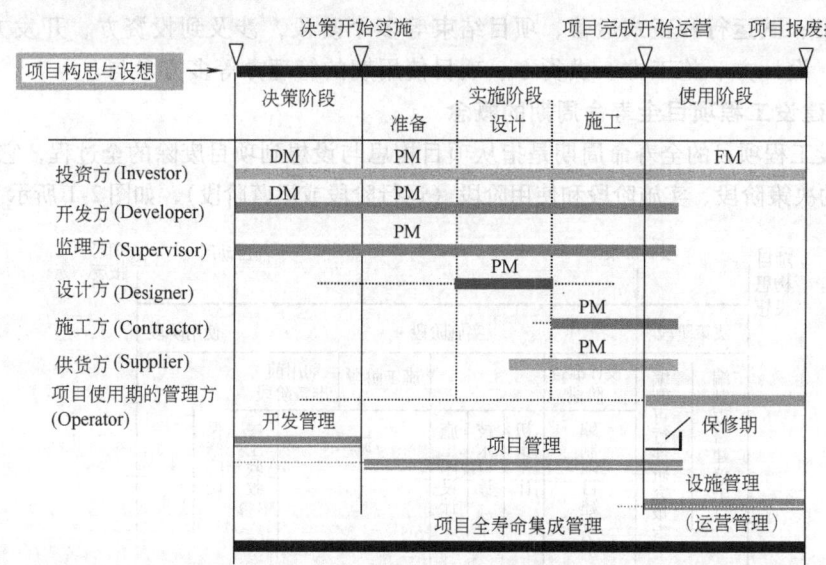

图 2-2 工程项目生命周期管理中所涉及的各参与方

工程建设过程各参与方的参与程度同样体现在不同的承发包方式上，如图 2-3 所示。在不同的承发包方式下，开发方、设计方、咨询或监理方扮演了不同的角色或有不同的管理侧重。

2.1.3 建设工程项目各阶段的管理

1. 开发管理（DM） 即建设工程项目决策阶段的管理，其主要任务是定义开发或建设的任务和意义，其管理的核心是对所要开发的项目进行策划，它包括下述工作：建设环境和条件的调查与分析，项目建设目标论证与项目定义，项目结构分析，与项目决策有关的组织、管理和经济方面的论证与策划，与项目决策有关的技术方面的论证与策划，项目决策的风险分析等。

建设工程项目实施阶段也有策划工作，其主要任务是定义如何组织开发或建设，包括下述工作：项目实施的环境和条件的调查与分析，项目目标的分析和再

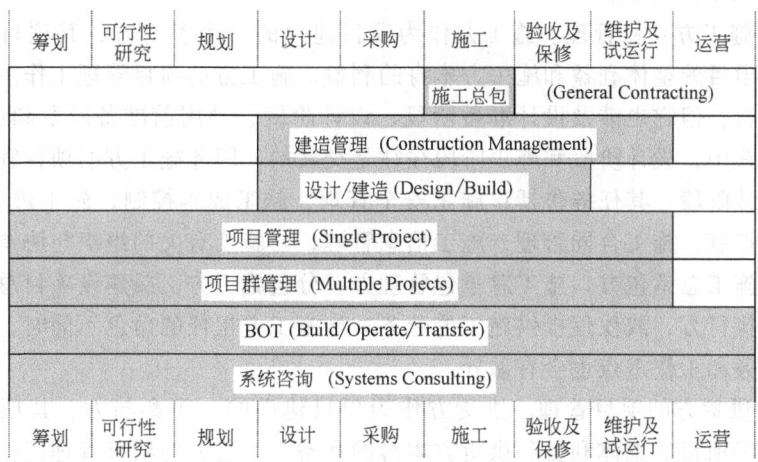

图 2-3 各种承发包方式涉及的项目参与方示意图

论证,项目实施的组织策划,项目实施的管理策划,项目实施的合同策划,项目实施的经济策划,项目实施的技术策划,项目实施的风险策划等。

2. 项目管理（PM） 其内涵是从项目开始至完成,通过项目策划和项目控制,使项目的费用目标、进度目标和质量目标得以实现。按建设工程生产组织的特点,一个项目往往由许多参与单位承担不同的建设任务,而各参与单位的工作性质、工作任务和利益不同,因此就形成了不同类型的项目管理。由于业主方是建设工程项目生产过程的总集成者——人力资源、物质资源和知识的集成,业主方也是建设工程项目生产过程的总组织者,因此对于一个建设工程项目而言,虽然有代表不同利益方的项目管理,但是,业主方的项目管理是管理的核心。

（1）业主方的项目管理。业主方项目管理服务于业主的利益,其项目管理的目标包括项目的投资目标（总投资目标）、进度目标（项目动用的时间目标）和质量目标。业主方的项目管理工作涉及项目实施阶段的全过程,即在设计前的准备阶段、设计阶段、施工阶段、动用前准备阶段和保修期分别进行安全管理、投资控制、进度控制、质量控制、合同管理、信息管理、组织和协调等工作。

（2）设计方的项目管理。设计方作为项目建设的一个参与方,其项目管理主要服务于项目的整体利益和设计方本身的利益。项目的投资目标能否得以实现与设计工作密切相关。设计方的项目管理工作主要在设计阶段进行,但它也涉及设计前的准备阶段、施工阶段、动用前准备阶段和保修期。设计方项目管理包括：与设计工作有关的安全管理,设计成本控制和与设计工作有关的工程造价控制,设计进度控制,设计质量控制,设计合同管理,设计信息管理,与设计工作有关的组织和协调等。

（3）施工方项目管理。施工方作为项目建设的一个参与方，其项目管理主要服务于项目的整体利益和施工方本身的利益。施工方的项目管理工作主要在施工阶段进行，但它也涉及设计准备阶段、设计阶段、动用前准备阶段和保修期。在工程实践中，设计阶段和施工阶段往往是交叉的，因此施工方的项目管理工作也涉及设计阶段。其任务包括：施工安全管理，施工成本控制，施工进度控制，施工质量控制，施工合同管理，施工信息管理，与施工有关的组织与协调。施工方可能是施工总承包方、施工总承包管理方、分包施工方，或建设项目总承包的施工任务执行方，或仅仅提供施工的劳务。当施工方担任的角色不同时，其项目管理的任务和工作重点也会有差异。

（4）供货方的项目管理。供货方作为项目建设的一个参与方，其项目管理主要服务于项目的整体利益和供货方本身的利益。供货方的项目管理工作主要在施工阶段进行，但它也涉及设计准备阶段、设计阶段、动用前准备阶段和保修期。其任务包括：供货的安全管理，供货方的成本控制，供货的进度控制，供货的质量控制，供货合同管理，供货信息管理，与供货有关的组织与协调。

3. 设施管理（FM）　其目的是使建设工程项目在使用期（运营期，或运行期）能保值和增值。设施管理工作应尽可能在项目的决策期和实施期就介入，以利于在决策期和实施期充分考虑项目使用的需求。在项目决策阶段，设施管理的主要工作是参与项目定义的工作过程，并对决策阶段的重要问题参与讨论。在设计准备阶段和设计阶段，设施管理的主要工作是参与设计任务书的编制，并从设施管理的角度跟踪设计过程。在施工阶段，设施管理的主要工作是参与设计变更的确定，并跟踪施工过程。

2.1.4　建设工程全寿命管理（BLM）的产生

工程项目建设从开始到结束的整个过程中，与项目有关的技术、经济、管理、法律等各方面的信息从无到有，从粗到细，经历了复杂的不断积累增加的变化过程。

由于建设工程项目的特殊性，项目建设周期长，参与到项目中来的多个单位、各种人员在项目建设前没有直接关系，而在项目建设中需了解工程项目的要求，要掌握相应的信息，产生并处理新的工程信息。随着设计、投标、施工等各阶段工作的逐渐展开，与建设工程有关的信息得到不断的增加并逐渐深化和系统化。当一个阶段工作结束，下一个阶段工作开始时，新的人员开始参与到项目中来，对于这些人员，原有的信息绝大多数是未知的。如果没有统一的信息平台，就会使得工程建设各阶段衔接中产生大量的信息丢失，从而降低工程的效率，如图2-4中折线所示。

如何避免工程建设过程信息的流失所造成的负面影响，已成为建设领域信息化的一个主要工作任务。国内外 IT 技术的最新发展从信息化的角度为避免信息流失和减少交流障碍提供了两方面的可能性：一方面是推行建设工程设计、施工和管理工作中的工程信息的模型化和数字化，即建筑信息模型（BIM，Building Information Modeling）的概念；另一方面是提高建设工程信息在参与建设工程各个单位和个人

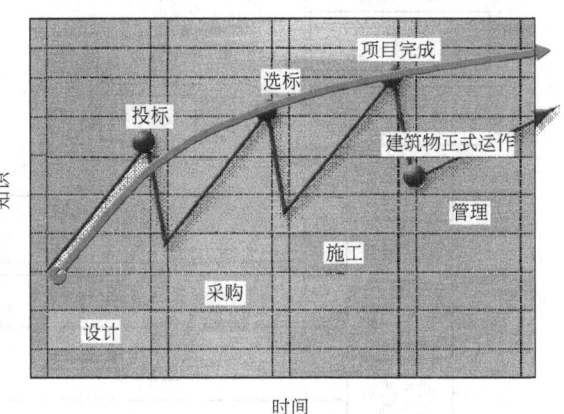

图 2-4 工程建设各个阶段信息丢失比较

之间共享的程度，减少信息在这些界面之间的交流障碍，即建设工程全寿命管理（BLM，Building Lifecycle Management）的概念。建设工程全寿命管理是将工程建设过程中包括规划、设计、招投标、施工、竣工验收及物业管理等作为一个整体，形成衔接各个环节的综合管理平台，通过相应的信息平台，创建、管理及共享统一完整的工程信息，减少工程建设各阶段衔接及各参与方之间的信息丢失，提高工程的建设效率，如图 2-4 中曲线所示。

2.2 传统建设工程项目信息模型

2.2.1 建设工程信息流程

建设工程是一个由多个单位、多个部门组成的复杂系统，这是建设工程的复杂性决定的。参加建设的各方要能够实现随时沟通，必须规范相互之间的信息流程，组织合理的信息流，保证工程数据的真实性和信息的及时产生。

建设工程信息流由参与各方的信息流组成，如图 2-5 所示。而图 2-6 给出了按工程建设过程描述的信息关系图。

2.2.2 建设工程信息模型

基于国际通用的 FIDIC 合同条件的建设工程信息模型，如图 2-7 所示。在该模型中，一级实体代表工程建设中的主要三方，即业主、工程师和总承包商。同时描述了二级实体与一级实体的信息交换关系。该模型是按主体描述的信息关系图。

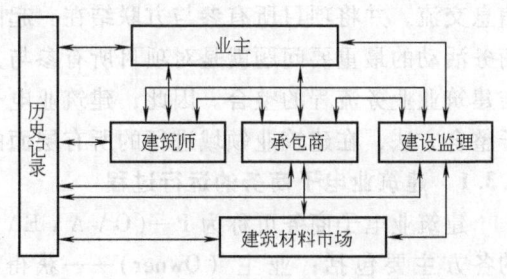

图 2-5 工程建设参与各方信息关系流程图

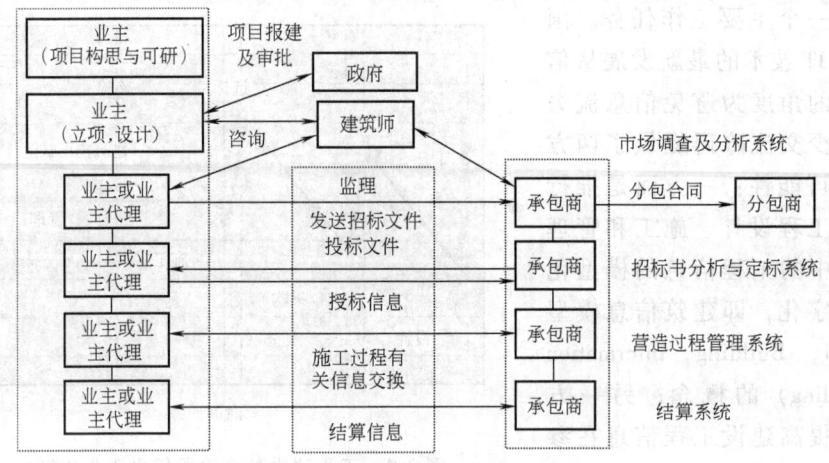

图 2-6 项目建设过程信息关系图

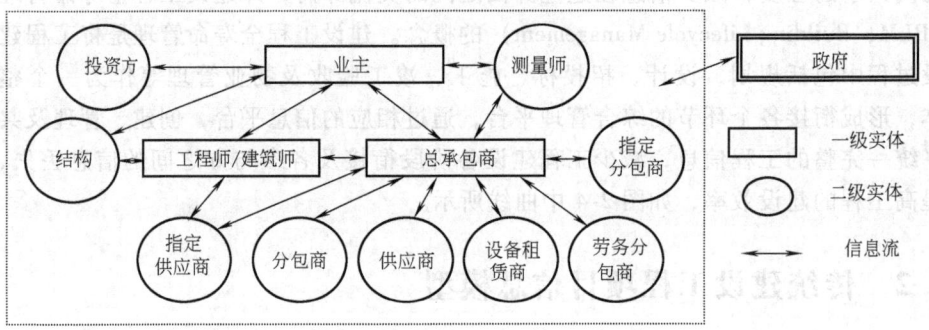

图 2-7 基于 FIDIC 合同条件的建设工程信息模型

2.3 基于电子商务的建设工程信息模型

建筑业电子商务是对建设工程项目建设周期实行全过程、动态化、多层次的信息交流，并将项目所有参与方联结在一起的复杂的电子交易系统。而实现电子商务活动的最重要问题就是对项目所有参与方信息资源的整合，以及对信息技术与建筑业业务流程的整合。因此，建筑业电子商务可理解为：基于网络，运用电子整合方法，在建筑业领域进行的所有层面的商务处理活动。

2.3.1 建筑业电子商务的运行过程

建筑业电子商务可称为 P—(O \ A \ E \ G \ S \ T \ L) 电子商务。参与交易的各方主要包括：业主（Owner）——获得最终建筑产品，建筑师（Architecture）——提供设计方案及图样，工程师（Engineer）——提供包括项目前期论证、技术管理咨询及监理等咨询服务，总承包商（General Contractor）——提供总包服务，各专业及劳务分包商（Subcontractor）——提供各种分包服务，材料及商品等供应商（Trade Contractor）——提供工程所需的各种材料及商品等，设备及工具租赁商（Leasing Contractor）——提供租赁设备等。由以上七方构成的基于电子商务的工程信息模型可参见图2-8。按完成项目的过程，建筑业的电子商务可分为两个阶段，即竞标阶段的电子商务和履约阶段的电子商务。在普通承发包方式（包括设计建造方式）下，第一阶段的电子商务结束于签订总承包合同；第二阶段的电子商务是以完成修复活动和最后支付为结束标志。

1. 竞标阶段的电子商务　在图2-8中，第一阶段的电子商务是以获得合同为目的的电子商务活动。电子商务系统中的七方在Internet环境下通过频繁的信

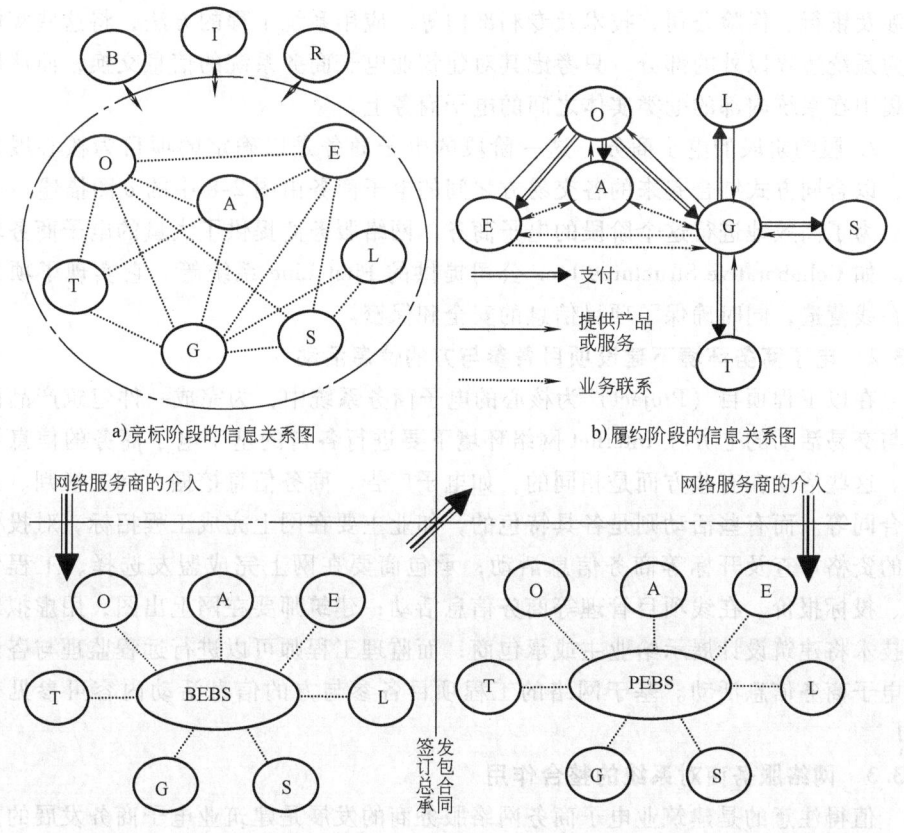

图2-8　基于电子商务的工程信息模型
O—业主　A—建筑师　E—工程师　G—总承包商　S—分包商　T—供应商
L—租赁商　B—银行　I—保险公司　R—技术研究及专利部门
BEBS—竞标阶段电子商务系统　PEBS—履约阶段电子商务系统

息交换进行如下业务联系。

（1）业主为获得称职的设计及营造商需要进行大量的信息挖掘。

（2）总承包商在工程估价时，利用网络实时与分包商、材料及商品供应商、设备租赁商等沟通，以获得最新的分包商报价、最新的材料及商品价格和设备租赁价格等，以使自己的投标价更具有竞争力。

（3）建筑师为使自己的限额（这里指投资额）设计方案更容易夺标，需要实时了解各种材料及商品的价格和新材料、新方法的应用情况。

电子商务系统中的各交易方在第一阶段进行的复杂业务联系由图2-8中的a图描述。图中各个节点之间复杂的连线表示其业务及信息联系。在竞标阶段的电子商务中，也需要了解有关金融、保险、专利及新技术等信息。因此交易信息同样涉及银行、保险公司、技术及专利部门等。应用系统工程的方法，将这些实体作为系统边界以外的部分，只考虑其对建筑业电子商务系统的信息交换，而使研究集中在系统内部的七类实体之间的电子商务上。

2. 履约阶段的电子商务　这一阶段的电子商务是以确定的项目为核心展开的，以合同方式结合起来的各交易方之间的电子商务由图2-8中的c图描述。

为了高效地进行这个阶段的电子商务，网络服务商提供了大量的电子商务软件。如 Collaborative Structures Inc. 公司提供的 First Line 系统等。它实现了项目的在线营造，同时确保了项目信息的安全和保密。

2.3.2　电子商务环境下建设项目各参与方的信息活动

在以工程项目（Project）为核心的电子商务系统中，为完成一件建筑产品而参与交易活动的七方在 Internet 网络环境下要进行各自的基于电子商务的信息活动。这些活动在有些方面是相同的，如电子广告、商务信息挖掘、网上谈判、订立合同等。而有些活动则是各具特色的，如业主要在网上完成工程招标，对投标商的资格审查及开标等商务信息活动；承包商要在网上完成盟友选择、工程估价、投标报价、在线项目管理等商务信息活动；建筑师要在网上出图，用虚拟现实技术将建筑设计展示给业主或承包商；而监理工程师可以进行远程监理与咨询等电子商务信息活动。基于网络的工程项目各参与方的信息活动内容可参见表2-1。

2.3.3　网络服务商对系统的整合作用

值得注意的是建筑业电子商务网络服务商的发展是建筑业电子商务发展的重要方面，建筑业电子商务网络服务商把系统七类实体之间复杂的电子交易活动聚集在一个高效的网络节点上，使建筑业电子商务的交易各方能快速地找到其交易伙伴，获得各方面的信息咨询。它将承发包市场、建筑材料市场、设备租赁市场、建筑劳务市场、建筑技术市场，甚至资金市场及技术培训市场等聚合在一起，成为建筑业电子商务中心。例如，最近出现了美国建筑业资源中心（www.

表 2-1　基于网络的工程项目各参与方的信息活动内容

代号	交易方		电子商务信息活动内容
O	业主	电子广告	工程招标、资格审查、开标及项目控制等
A	建筑师	网上商务	网上出图,虚拟现实技术的设计方案展示等
E	工程师	信息挖掘	远程监理与咨询等
G	总包商	网上谈判	盟友选择、网上估价、网上投标、在线项目管理等
S	分包商	订立合同	盟友选择、网上估价报价、在线项目管理等
T	供应商	（定单）	网上商品及材料展示等
L	租赁商	网上结算	网上设备及工具展示等

consource.com），就是一家有代表性的建筑业电子商务网络服务商。它提供了美国所有的承包商及各种专业分包商的网站入口信息。

2.4　建设工程项目全寿命管理的信息模型

建设工程全寿命管理（BLM）的信息模型从动态上分析是一个循环的模型，如图2-9所示。该图形象地表示了工程项目生命周期内的信息生命过程的行为本质：创建、管理、共享。信息创建，是要创建建设工程灵活的三维设计数据，从而作为信息管理和共享的基础条件；信息管理，是要建立建设工程智能的电子项目文档，使工程信息资料能够充分使用和有效保存；信息共享，是要在建设工程全寿命周期内，使工程参与各方能够进行在线的信息交流与协同工作。BLM的目标是通过协同工作，改善信息的创建、分享与过程管理，从而达到提高决策准确度、提高运营效率、提高项目质量和提高用户获

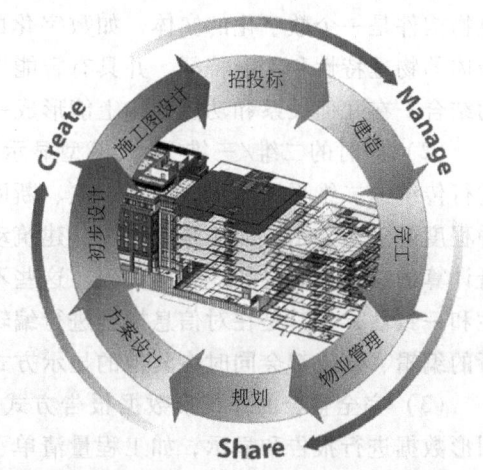

图 2-9　建设工程全寿命管理（BLM）模型

利能力的目标，是工程建设领域信息化发展的方向。

建设工程全寿命管理模型从结构上分析是一个层次模型，包括基于数据层面的协同工作和基于沟通层面的协同工作。

2.4.1　基于数据层面的协同工作

通过采用建筑信息模型（BIM, Building Information Modeling）技术，改善信

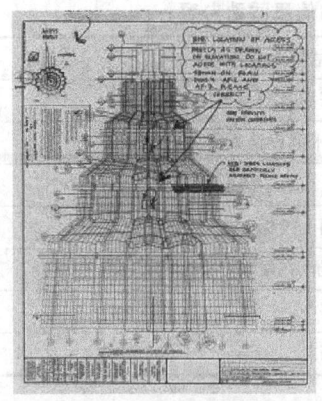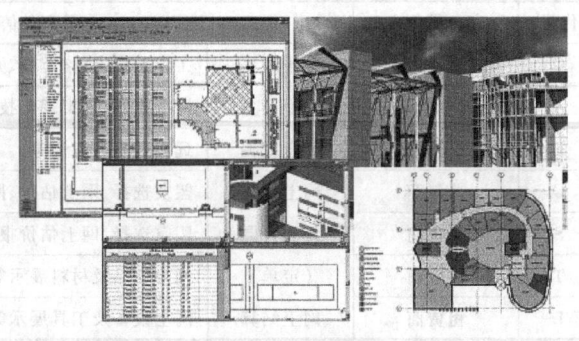

图 2-10 BIM（建筑信息模型）技术的信息创建过程

息"创建"过程，实现从二维（2D）到三维（3D），从图形（Drawing）到模型（Model），如图 2-10 所示。

1. BIM 模型的特征　BIM 是随着信息技术在建筑业中应用的深入和发展而出现的，将数字化的三维建筑模型作为核心应用于建设工程的设计、施工等过程中的一种工作方法。这种模型的特征是：

（1）由参数定义的、互动的建筑物构件。作为建筑信息模型基本元素的建筑物构件是一个数字化的实体，如数字化的门、窗、墙体等，能表现出门、窗、墙体的物理特性和功能特征，并具有智能性的互动能力。门、窗和墙体之间能自动结合，在几何关系和功能结构上能形成一个整体。

（2）即时的二维/三维/参数模型显示和编辑。信息模型在表现形式上既能进行传统的二维平面显示，如平、立、断面图等，又能进行三维的立体显示和某种程度的动态显示，如建筑效果图、建筑动画等，以及在某种特定情况下用于分析计算的参数显示，如建筑构件表。这些不同的显示方式之间应保持高度的相关性和一致性，尤其是在对信息模型进行编辑、修改时，在任何一种显示方式下进行的编辑、修改都会同时在其他的显示方式中如实地显示出来。

（3）完全整合的非图形数据报告方式。信息模型能完整地、系统性地对非图形数据进行报告和显示，如工程量清单、门窗列表、造价估算等，这些信息都可以通过表格的形式显示出来，对信息模型的任何编辑和修改都会即时、准确、全面地反映在这些表格中。

2. BIM 数据的产生　BIM 的数据产生于项目实施的整个过程，产生数据的工具是项目实施过程中使用的软件工具。目前主要是一些以三维信息模型为核心的工程设计软件，如 Autodesk 公司开发的 Revit（应用于建筑设计）和 Civil3D（应用于土木工程设计）等。工程设计人员在工作中像通常一样进行设计，在电脑中制图，形成建筑物的梁、柱、楼地面、屋顶、门窗等。不同于以往的计算机制图软件，在工程设计中绘制出点阵、线条、符号等图形信息，此类工程设计软件通过上述的操作在其内部数据库中形成包含各种建筑物实体和构件信息的数据文件，即数字信息，也就是信息模型。

然而，受工程设计软件功能和实际用途的限制，所产生数据的核心部分主要是有关建筑物实体和构件的数据，基本上没有涉及到技术、经济、管理及其他方面的附属数据。随着建设工程信息化的深入和发展，应该有越来越多的建设工程应用软件，如造价估算软件、进度计划软件、采购软件、工程管理软件等，利用信息模型中的基本数据，在不同的工作环节中产生出相应的工程项目实施的数据，并能将这些数据整合到最初的信息模型中，对信息模型进行补充和完善，形成信息模型中的附属数据。

3. BIM 数据的共享　　在项目实施的过程中，自始至终应该有一个唯一的建筑信息模型，包含完整的建筑物和工程数据。不论将什么样的软件应用在项目实施中，不同的软件之间应保持高度的兼容性，相互之间的数据应该有高度的互操作性，从而保证唯一的建筑信息模型的完整性、准确性和系统性。传统上，不同的数据库管理系统往往要求不同的数据格式和数据传输方式，而各种应用软件必须满足这些要求才能和数据库进行指令和数据的交换。BIM 数据的完全共享会是一个较长的发展过程。但随着建设工程数据共享程度的逐步提高，与工业自动化的发展过程相似，建设工程领域的管理和技术人员会在各种应用软件的帮助下，逐渐摆脱琐碎的工程数据的束缚，将精力真正集中到工程项目的本质问题上来。

2.4.2　基于沟通层面的协同工作

通过采用项目全寿命管理（BLM）技术，改善信息"管理"和"共享"过程，在技术上实现从工程项目各参与方杂乱无序的沟通方式到有序的在线协同工作，如图 2-11 所示。Autodesk 公司的产品 Buzzsaw 和 DWF Composer 软件实现了从原来用 Email 传输文件转变到通过 Buzzsaw 传输文件，从原来以 DWG 格式传输（具有流量大、速度慢等特点）转变为以 DWF 传输（具有方便和流量小等优点）。

1. 基于网络平台的工程管理软件 Buzzsaw　　建设工程的建设过程是一个多方合作的过程。然而，在建设工程实践领域，与建设工程相关的各参与方的管理、相互之间的接触往往是对立的。CAD 技术出现以后，虽然工程设计人员基本上已经采用这一技术进行设计和出图，但是其后续的工作，包括审图、招投标管理、整理和传送建筑资料等，还依然是全手工和没有整合的。而工程建设过程，从建设工程项目的概念形成、设计、实施，一直到项目的竣工，以及使用和维护，建设工程全寿命周期所有各项工作都会涉及信息的交流和协同工作的问题。基于互联网的工程项目合作工具能够更好地实现信息的交流和共享，以克服在实施过程中因各参与方的对立而产生的问题。

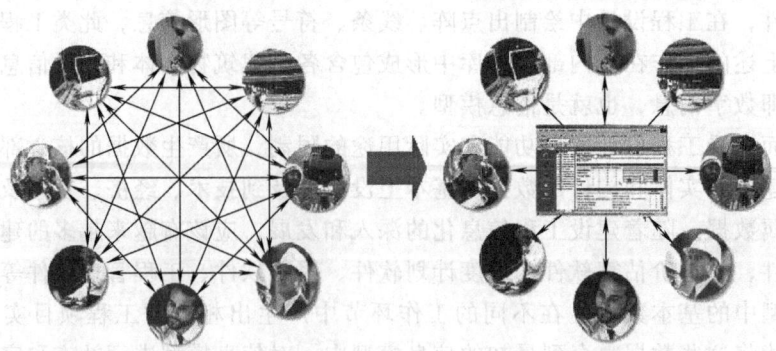

图 2-11　由杂乱无章的传统方式向集中一致的协同工作方式转换

Autodesk 公司是世界领先的设计资源和数字化产品生成工具的供应服务商之一，提供设计类软件和互联网专业门户站点的综合服务，以便于客户充分及时地利用强大的设计优势发展业务。创立了一些门户服务型网站，用于网上工程项目协作及其相关的专业数据资源服务和电子商务等，如在建筑业 BtoB 电子商务方面的大型综合信息门户网站 www.buzzsaw.com。

建筑活动是一项需要业主、总包、分包、建筑师和工程师各方共同努力才能完成的工作。然而，这些项目往往由于信息的误解和错误导致工作杂乱无章和麻烦频出，从而造成成本上升、进度拖延以及其他问题。Buzzsaw 旨在通过为这些参与方搭建一个虚拟平台，以便各方之间的交流，了解各自的工作情况来解决以上问题。它的技术服务涵盖了从设计到施工的整个建筑过程；这样，项目管理者和承包商就能够监视建筑工地的进展，而无需离开他们的办公桌，节约了时间和费用。Buzzsaw 所提供的服务包括一系列软件工具和网站资源，利用它们可以让无论处在哪个建筑过程——从策划、设计、施工到竣工的工作更灵活、更快捷。尤其是针对特定的工作环节或工作信息，Buzzsaw 的功能和特点显得更为突出。

2. DWF 文件格式的信息共享　Autodesk 公司所开发的 DWF（Design Web Format）文件格式，为浏览和使用 BIM 的数据提供了非常直接和方便的方法。DWF 是一种类似于图形文件的文件格式，它将信息模型的原始数据或工程设计软件，如 AutoCAD 等的文件数据进行压缩，转化为可视的图形文件，供浏览、打印以及网络上的共享。但另一方面，不同于一般的图形文件，DWF 格式文件又在一定程度上保留了原始文件数据的完整性和互动性，如在文件上作标注、写评语、加图签等，使这些文件在工程人员之间的共享和交流非常方便。同时，它也考虑到了对原始数据的保护，一般的修改、标注、评语等都按照其过程顺序记录了下来，而文件中的原始数据则不可编辑，并有密码保护。

结合了建筑信息模型 BIM 和在线协同工作的 BLM 技术被认为是未来改进建筑设计、施工、管理过程的重要推动力量。基于互联网的协同工作服务已经成为主流技术,是能够大大提高项目管理效率和降低成本的主要因素。BLM的特点可从三个方面体现,一是基于模型的设计系统,加快了设计进度、减少了错误、改善了可视化程度;二是在线协同工作系统,降低信息交换成本、增强项目的可控制性和可追踪性、提高项目质量;三是项目全寿命管理,减少低效因素、优化各环节的衔接、减少项目生命周期的风险。

2.5 建设工程项目中的信息沟通管理

2.5.1 建设工程项目信息沟通

理想的集成化生产过程不但需要过程与过程之间的直接信息传递,而且需要参建各方之间的直接信息沟通,在传统工程建设模式中普遍存在信息沟通的障碍,使工程建设过程中产生信息孤岛现象及孤立生产状态,造成工程建设过程中的变更、返工、拖延、浪费、争议、索赔甚至诉讼。从而导致工程建设成本增加、工期拖延、质量下降。因此,国内外许多未来建设工程项目信息管理发展趋势研究,都把信息沟通置于非常重要的位置。

1. 建设工程项目信息沟通的内涵 信息沟通就是交换和共享数据、信息和知识的过程,也就是建设工程参与各方在项目建设过程中,运用现代信息和通信技术及其他合适的手段,相互传递、交流和共享项目信息和知识的行为和过程。其目的是在建设项目参与各方之间共享项目信息和知识,使之做到在恰当的时间、恰当的地点,为恰当的人及时提供恰当的项目信息和知识。

信息沟通可以在建设项目各组成部分、各实施阶段、各参与方之间随时随地获得所需要的各种项目信息。用虚拟现实的、逼真的工程项目模型指导建设工程项目的决策、设计与施工全过程。减少距离的影响,使项目团队成员相互沟通时有同处一地的感觉。并对信息的产生、保存及传播进行有效管理。

2. 信息沟通的技术 以计算机网络为代表的现代信息和通信技术(IT技术)所具有的强大功能,改善了建设工程中的信息沟通及信息管理工作。应用IT技术可以使工程人员相互之间很好地沟通,灵活地交换信息,并且可以很好地协调各专业高层人员之间的活动,处理或减少工程中的不确定性,如项目信息系统、基于知识的专家系统等对解决问题很有帮助。

IT技术不仅能利用自动手段捕获、保存和检索数据,利用有效的信息处理方法把数据处理成信息,而且能利用功能强大的网络通信技术以丰富的形式,快速、大量地传输各种形式的数据、信息和知识等。如条形码技术(Bar Code Technology)能自动地获取和保存数据;数字地图(Digital Mapping)和文件扫描(Document Imaging)技术能使图形转变为数字形式;三维视图及动画技术能有效地以可视方式及友好的用户界面描绘、检索及传输数据;数字照相机、数字录像机、数字探头等数字化设备可以方便地将施工现场的任何影像数字化。

另外，数据、信息和知识还能方便地以物理方式传输。如传输图像、声音、影像等的多媒体（Multimedia）技术；基于 Internet/Intranet/Extranet 的各种 E-mail（包括声音 Mail、传真 Mail、图像 Mail、多媒体 Mail 等）技术、群组技术（Groupware）（如问题讨论组、白板技术等）、电子数据交换（EDI）、共享数据库技术、视频会议（VC）技术、虚拟现实（VR）技术、4D 技术等，这些基于现代信息网络的沟通技术能满足以物理方式传输文本文件和声音及图像等非文本文件的各种需求。可根据建设工程管理的功能和具体项目管理的需要选择合适的 IT 技术。

建设工程信息还可以通过因特网在建设系统相关网站进行收集。其主要来自如下三方面的网站。

(1) 政府相关部门的网站。如建设部和专业部委的网站，有关行业协会的网站，各地政府或地方相关部门的网站。通过这些网站，可以了解到政府颁布的最新法律法规、规程、规范、技术标准、政策文件、建设行业动态及建设工程的招标信息等。

(2) 相关企业的网站。包括国内外建筑类网站，施工单位、监理咨询单位的企业网站，材料供应单位的网站等。

(3) 各类信息的通用网站。主要有商业性网站和各地城市网、物业小区信息网等。

2.5.2 工程项目信息门户

项目信息门户是项目各参与方为信息交流、共同工作、共同使用的和互动的管理工具。是在对项目全寿命过程中项目参与各方产生的信息和知识进行集中管理的基础上，为项目参与各方在互联网平台上提供一个获取个性化项目信息的单一入口，从而为项目参与各方提供一个高效率信息交流和共同工作的环境。其核心功能是：项目各参与方的信息交流、项目文档管理和项目各参与方的共同工作。

1. 项目信息门户的类型　项目信息门户按其运行模式可分为 PSWS 模式和 ASP 模式两种类型。

PSWS 模式（Project Specific Website）：为一个项目的信息处理服务而专门建立的项目专用门户网站，也即专用门户。采用 PSWS 模式，项目的主持单位应购买商品门户的使用许可证，或自行开发门户，并需购置供门户运行的服务器及有关硬件设施和申请门户的网址。

ASP 模式（Application Service Provide）：由 ASP 服务商提供的为众多单位和众多项目服务的公用网站，也可称为公用门户。ASP 服务商有庞大的服务器群，一个大的 ASP 服务商可为数以万计的客户群提供门户的信息处理服务。采用

ASP 模式，项目的主持单位和项目的各参与方成为 ASP 服务商的客户，它们不需要购买商品门户产品，也不需要购置供门户运行的服务器及有关硬件设施和申请门户的网址。国际上项目信息门户应用的主流是 ASP 模式。

2. 项目信息门户在建设工程管理中的应用

（1）项目决策期。项目决策期建设工程管理的主要任务是：建设环境和条件的调查与分析，项目建设目标论证（投资、进度和质量目标）与确定项目定义，项目结构分析，与项目决策有关的组织、管理和经济方面的论证与策划，与项目决策有关的技术方面的论证与策划，项目决策的风险分析等。为完成这些任务，会有许多政府有关部门和国内外单位参与项目决策期的工作，如投资咨询、科研、规划、设计和施工单位等。各参与单位和个人往往处于不同的工作地点，在工作过程中有大量信息交流、文档管理和共同工作的任务，项目信息门户的应用必将会为项目决策期的建设工程管理增值。

（2）项目实施期。项目实施期包括设计准备阶段、设计阶段、施工阶段、动用前准备阶段和保修期，在整个项目实施期往往有比项目决策期更多的政府有关部门和国内外单位参与工作，工作过程中有更多的信息交流、文档管理和共同工作的任务，项目信息门户的应用为项目实施期的建设工程管理增值无可置疑。

（3）项目运营期。项目运营期建设工程管理在国际上称为设施管理，它比我国现行的物业管理的工作范围深广得多。在整个设施管理中要利用大量项目实施期形成和积累的信息。设施管理过程中，设施管理单位需要和项目实施期的参与单位进行信息交流和共同工作，设施管理过程中也会形成大量工程文档。因此，项目信息门户不仅是项目决策期和实施期建设工程管理的有效手段和工具，也同样可为项目运营期的设施管理服务。

2.5.3 信息交换的标准化

1. 信息交换标准的作用　　工程信息交换标准是工程管理信息化的基础工作之一，信息分类编码是信息交换标准体系的重要组成部分，信息交换标准主要有信息表示标准、信息分类编码、传输协议等等。信息表示标准一般包括名词标准、度量标准、制图标准、图式符号标准等，用以规范信息表示方法，避免不同的人描述同一信息时使用不同的表示方法，造成混乱。

信息分类编码标准是进行信息交换和实现信息资源共享的重要前提，是实现管理工作现代化的必要条件，是信息标准化工作的一项重要内容。信息分类必须遵循科学性、系统性、可扩展性、兼容性、综合实用性等原则。信息分类编码是为了保证信息交换唯一性的必要手段，是根据信息内容的属性或特征，将信息按一定的原则和方法进行区分和归类，并建立排列顺序规则，以便管理和使用信息。

工程信息交换标准体系的建立最主要的意义在于建立了工程信息交换和共享

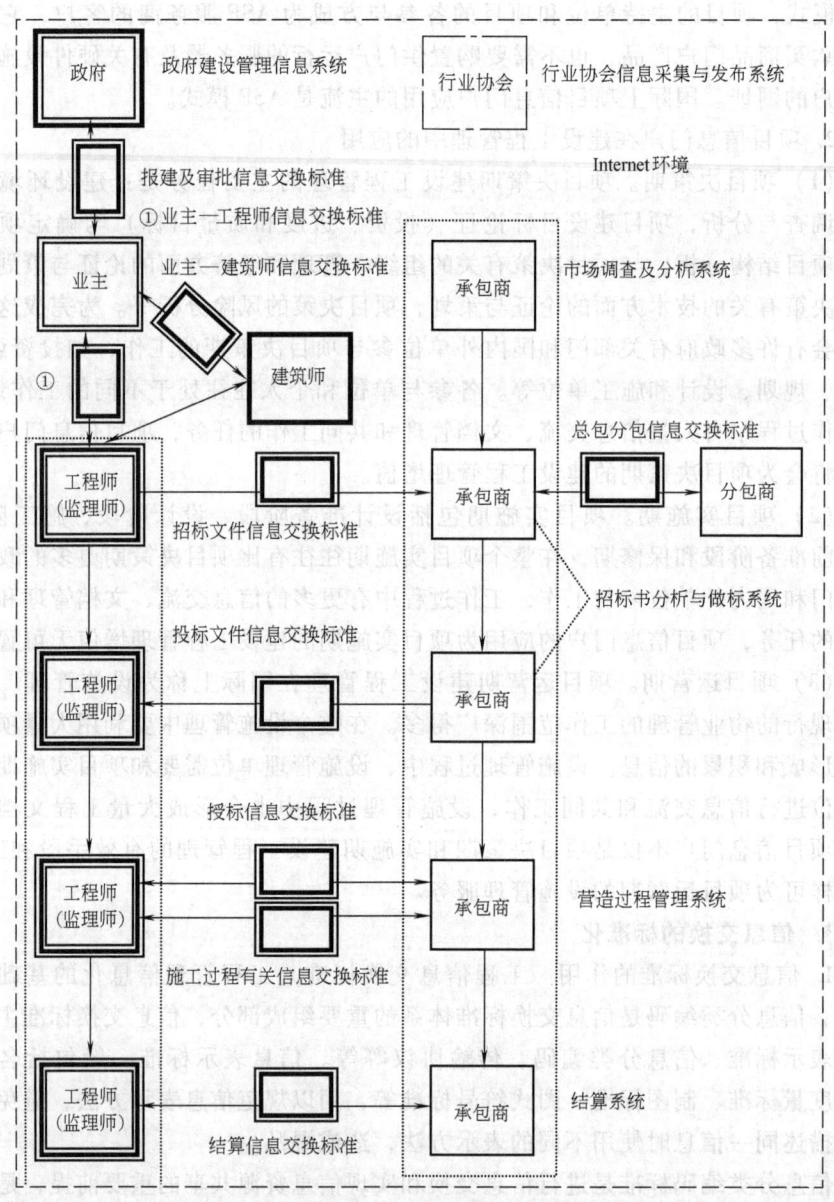

图 2-12 建筑业主要信息交换标准图

的基础条件。为改变以往工程各个参与方使用各自的信息编码规则，许多基础信息重复整编、各不统一、无法共享的局面提供了可能。随着工程管理信息化工作的展开，信息交换标准将发挥其应有的作用。

2. **信息交换标准体系** 工程建设信息交换标准是建筑业信息化的基础。由于建筑业生产的复杂性和需要多方协作才能完成的特殊性，决定了建筑业信息

(数据)交换的复杂性和信息交换标准的复杂性。图2-12描述了建筑业各主体之间信息交换的过程和所需要的主要信息交换标准。基于Internet、Intranet及Extranet的建筑业信息交换标准体系，由九大信息交换标准构成。这些标准包括：业主同政府主管部门之间的报建及审批信息交换标准；业主与建筑师之间的有关建筑规划及设计方面的信息交换标准；业主与工程师（包括监理师）之间的用于项目监理、了解和控制工程项目按质按量按期按投资要求完成的有关信息交换标准；委托招标方和参加投标方之间有关招标文件标准化的信息交换标准；投标方与招标委托之间有关投标文件标准化的信息交换标准；招标方与中标方之间的授标信息交换标准，包括体现业主与承包商之间基于各种承发包方式的各种标准合同文本体系的信息交换标准；工程师（或监理师）与承包商之间在整个营造过程中有关信息的交换标准，包括设计变更、工期变动、各种索赔等信息的交换标准；结算信息交换标准，不仅包括了有关所完工程的工程量表的确认及支付，而且考虑了与会计系统信息交换的一致性，是工程控制系统与会计系统的一个结合点；另外，总包与分包之间的主要信息交换，包括有关合同等信息，构成了相应的总包分包信息交换标准。这些信息交换标准构成了一个信息交换标准系统。

本章小结

工程项目建设从开始到结束的整个过程中，经历了前期决策、设计、招投标、施工、试运行和正式运营、项目结束等多个阶段，涉及到投资方、开发方、监理方、设计方、施工方、供货方、项目使用期的管理方等多方参与。工程全寿命管理（BLM）是将工程全寿命中由各个参与方完成的各项活动，包括规划、设计、招投标、施工、竣工验收及物业管理等作为一个整体，形成衔接各个环节的综合管理平台，通过相应的信息平台，创建、管理及共享统一完整的工程信息，实现工程项目的综合管理。

建设工程是一个由多个单位、多个部门组成的复杂系统，这是建设工程的复杂性决定的。参加建设的各方要能够实现随时沟通，必须规范相互之间的信息流程，组织合理的信息流，保证工程数据的真实性和信息的及时产生。

建筑业电子商务参与交易的各方主要包括：业主、建筑师、工程师、技术管理咨询及监理等咨询服务、总包商、各专业及劳务分包商、材料及商品等供应商、设备及工具租赁商等。按完成项目的过程，建筑业的电子商务可分为两个阶段，即竞标阶段的电子商务和履约阶段的电子商务。

建设工程全寿命管理模型从结构上分析是一个层次模型，包括基于数据层面的协同作业和基于沟通层面的协同作业。

工程项目的信息沟通主要通过信息沟通管理体系和信息沟通的技术来完成。信息沟通管理体系包括沟通计划编制、信息分发、工程报告和管理收尾。以计算机网络为代表的现代信息和通信技术（IT技术）作为信息沟通的重要技术和手段，改善了建设工程中信息沟通的质量和效率。实现了工程各参与方之间准确和方便灵活的信息交换，从而提高了工程管理的效率。

工程建设信息交换标准是工程管理信息化的基础。基于Internet、Intranet及Extranet的建筑业信息交换标准体系，由九大信息交换标准构成。

思 考 题

1. 什么是工程项目的全寿命周期？
2. 建设工程项目全寿命周期涉及哪些参与方？如何分工？
3. 建设工程项目全寿命周期各阶段管理的任务是什么？
4. 建设工程全寿命管理的含义是什么？
5. 如何理解基于FIDIC合同条件的建设工程信息模型？
6. 如何理解基于电子商务的建设工程信息模型？
7. 基于网络的工程项目各参与方的信息活动有哪些？
8. 从动态分析的角度如何理解建设工程全寿命管理（BLM）的信息模型？
9. 如何理解建设工程全寿命管理层次模型中基于数据层面的协同工作？
10. 如何理解建设工程全寿命管理层次模型中基于沟通层面的协同工作？
11. 建设工程项目信息沟通的内涵是什么？
12. 信息沟通技术有哪些？
13. 什么是项目信息门户？项目信息门户的两种运行模式各有什么特点？
14. 项目信息门户在建设工程管理中是如何应用的？
15. 建筑业信息交换标准体系如何构成？

第 3 章　施工项目信息管理

施工项目管理是一项复杂的现代化的管理活动，需要依赖大量信息进行决策，同时也要对大量信息进行管理。因此，现代化的施工项目管理迫切需要先进的信息处理手段来驾驭。随着计算机在施工项目上的广泛使用和相关人才的培养，施工项目信息管理的环境会逐步成熟，施工项目的信息化管理会逐步得到认可和普及。

3.1　施工项目信息管理概述

3.1.1　施工项目管理的特点

建筑施工的目的，是形成具有一定功能的建筑产品。建筑产品具有位置固定、形式多样、结构复杂和体积庞大等基本特征，这决定了建筑施工具有生产周期长，资源使用的品种多、用量大，空间流动性高等特点。对建筑施工过程本身以及施工过程中涉及到的人力、物力和财力进行有效的计划、组织和控制，是建筑施工项目管理的主要内容。建筑施工项目管理的特点主要体现在：

1. 涉及面广　建筑施工项目管理是一个多部门、多专业的综合全面的管理。它不但包括施工过程中的生产管理，还涉及到技术、质量、材料、计划、安全和合同等方方面面的管理内容。

2. 工作量大　一个建筑物的形成，需要消耗的物资种类繁多，需要大量的施工活动共同参与。对所有这些施工环节及其用到的资源都做到管理上的深入到位，可以想象到建筑施工项目管理工作的复杂与繁重程度，而这些仅仅是项目管理中的生产管理和材料管理两个侧面。

3. 制约性强　建筑施工项目管理不仅要符合建筑工程有关规范规定的要求，还要做到各施工专业彼此协作、安排有序。

4. 信息流量大　任何一项管理活动，都离不开某种信息的处理工作。建筑施工项目各方面的管理活动并不孤立，它们之间存在相互依赖、相互制约的联系。于是，各管理活动之间必然需要信息的交流与传递，而且建筑施工项目管理工作的复杂与繁重程度，直接决定了项目管理中信息流动的复杂和频繁等特点。

3.1.2　施工项目信息管理的内涵与任务

1. 施工项目信息管理的内涵　信息管理是施工项目管理的重要内容之一。它是利用信息技术，以建筑施工项目为中心，将政府行政管理、工程设计、工程施工过程（经营管理和技术管理）所发生的主要信息有序、及时、成批地存储。它以部门间信息交流为中心，以业务工作标准为切入点，采用工作流程和数据后处理技术，解决工程项目从数据采集、信息处理与共享到决策目标生成等环节的信息化。简单地说，施工项目信息管理是在信息管理的基础上进行管理的信息化。这里包含两层含义：

（1）信息管理。施工项目信息管理是在施工项目实施过程中，对信息收集、整理、处理、储存、传递与应用等环节进行的管理。

（2）管理的信息化。在信息管理的基础上利用计算机及网络技术实现项目管理，目的就是为预测未来和为正确决策提供科学依据，借以提高管理水平，实现高水准的施工项目管理。

2. 施工项目信息管理的任务　信息管理是手段，是信息化管理的基础，而管理信息化是目的，是信息管理的延伸。根据上述概念，施工项目信息管理的任务是：

（1）准备和组织信息。按照项目的任务、项目的实施要求，设计项目实施和项目管理中的信息，确定它们的基本要求和特征，并保证信息的使用过程中的准确性和完整性。在此基础上实现施工项目信息的数字化。

（2）建设和运用项目管理信息系统。按照项目实施、项目组织、项目管理工作的过程建立项目管理信息系统，对项目进行信息化管理，采取有效的信息化组织管理措施，对建设项目的工期、质量、投资三大目标实施动态控制，确保三大目标得到最合理的实现。

3.1.3 建筑施工中应用信息技术的必要性

在传统的建筑施工项目管理模式中，项目中各种信息的存储，主要是基于表格或单据等纸面形式，信息的加工和整理完全由大量的手工计算来完成；信息的交流，绝大部分是通过人与人之间的手工传递甚至口头传递；信息的检索，则完全依赖于对文档资料的翻阅和查看。信息从它的产生、整理、加工、传递到检索和利用，都是以一种较为缓慢的速度在运行，这容易影响信息作用的及时发挥而造成项目管理工作中的失误。随着现代工程建设项目规模的不断扩大，施工技术的难度与质量的要求不断提高，各部门和单位交互的信息量不断扩大，信息的交往与传递变得越来越频繁，建筑施工项目管理的复杂程度和难度越来越突出。由此可见，传统的项目管理模式在速度、可靠性以及经济可行性等方面已明显地限制了施工企业在市场经济激烈竞争环境中的生存和可持续发展。

近年来，一些具备一定实力的建筑施工企业率先应用先进的计算机技术来辅助参与进行某些项目管理工作。例如，使用概预算软件编制施工概预算，使用网络计划软件安排施工进度，使用AutoCAD图形软件绘制竣工图等。通过这些软件的使用，建筑施工项目管理的质量和效率有了显著改善和提高。这说明在建筑施工中应用信息技术是非常必要的。

（1）基于信息技术提供的可能性，对管理过程中需要处理的所有信息进行高效地采集、加工、传递和实时共享，减少部门之间对信息处理的重复工作，共享的信息为管理服务、为项目决策提供可靠的依据。

（2）使监督检查等控制及信息反馈变得更为及时有效，使以生产计划和物资计划为典型代表的计划工作能够依据已有工程的计划经验而变得更为先进合理，使建筑施工活动以及项目管理活动流程的组织更加科学化，并正确引导项目管理活动的开展，以提高施工管理的自动化水平。

3.1.4 施工项目信息管理的意义

施工项目信息管理的意义主要体现在以下几个方面：

（1）利用信息技术提供的便利，减轻了项目参与人日常管理工作的负担。例如，它为各项目参与人提供完整、准确的历史信息，方便浏览并支持这些信息在计算机上的粘贴和复制，使部位不同而内容上基本一致的项目管理工作效率得到了极大提高，减少了传统管理模式下大量的重复抄录工作。

（2）可以提供一个机制，使各项目参与者很好地协同工作。例如，它在信息共享的环境下通过自动地完成某些常规的信息通知，减少了项目参与人之间需要人为信息交流的次数，并使信息的传递变得迅捷、及时和通畅。

（3）适应建筑施工项目管理对信息量急剧增长的需要，允许将每天的各种项目管理活动信息数据进行实时采集，并提供对各管理环节进行及时便利地督促与检查，实行规范化管理，从而促进了各项目管理工作质量的提高。

（4）建筑施工项目的全部信息以系统化、结构化的方式存储起来，便于施工后的分析和数据复用。因此，对建筑施工项目实行信息化管理，可以有效地利用有限的资源，用尽可能少的费用、尽可能快的速度保证优良的工程质量，获取项目最大的社会经济效益。

3.1.5 施工项目信息管理的作用

施工项目信息管理的作用主要体现在预算的指导作用、物料的主控作用、进度的监控作用和成本的核算作用四个方面。

1. 预算的指导作用

（1）量的控制作用。预算首先定的是量，如果完全撇开价格，预算就蜕化成对完成一定工程实物量下消耗量的分析。无论采用何种承包形式，这种预算都是必须做的，这也是预算所应有的本意，即预算成为确定消耗量的依据。在信息化管理中必须实现预算对消耗量的控制作用，其关键在量的标准是否合理，因此预算中的消耗量应当建立在科学合理的基础数据的统计和分析上，这必须借助信息化的分析处理手段。

（2）价的借鉴作用。从市场经济发展来看，政府制定的计划单价是要取消的，但预算的价格因素仍存在。从近期来看，在逐步取消的过渡期内，由政府或行业主管提供的定额单价，包括材料单价，仍是在工程招投标及工程结算中的主要参照依据；从长期来看，在发包方与承包方之间始终存在对单价或报价的认定。在信息化的管理中必须针对不同的阶段对预算中的价进行适当有效的处理。一方面在实现量、价分离的同时，对价格的确认要灵活方便；另一方面在大量控制工程价格信息的基础上建立适宜的统计分析模型，得出分部分项工程的综合单价，并依据市场变化及企业自身经营水平的改变，随时调整综合单价。

(3) 生产经营水平的衡量作用。预算定额是某地区或行业在一定时期的社会生产力水平的反映。施工定额是体现企业市场竞争力及盈利能力的综合指标，建立在企业自身施工定额基础上的施工预算既是企业生产技术水平的直接反映，又对其经营管理水平有决定性影响。施工定额是施工企业信息管理的一个重要环节，在参考行业或地区预算定额的基础上，通过对企业已完成工程的有关信息的统计分析，制定自身的施工预算定额，并随着企业经营方式的转变，新技术、新工艺、新材料的利用，技术素质水平的提高而及时调整。

2. 物料的主控作用 在工程成本中物料成本可高达70%，控制了物料的消耗也就控制了项目成本。这必须借助信息化的管理手段和方法，从用料计划、库存及采购、仓库管理、账务管理等各个环节中形成有序的信息流，从避免材料浪费上节省直接成本，从提高周转材料利用率、降低库存等来降低流动资金占有率。

(1) 物料采购。简单地讲，采购计划根据需求来定，优化原则是库存量最小、流动资金占用量最小，但需求、库存、资金占用都是动态的，信息化管理必须自动处理相关的信息，形成阶段性的采购计划。以工程（可细化到分部分项工程）实物量及相应的消耗量为依据形成需求计划表，与库存材料对应比较可确定采购计划的量，采购时间则需根据施工组织计划来确定。

(2) 物料管理的基础信息。物料管理的基础信息来自仓库的出入库管理，要求需填写多种凭证，它是物料信息化管理中最为关键的环节，一方面对物料的动态管理信息来源于出入库凭单；另一方面，正因为出入库管理的简单，使得施工企业仓库管理人员的年龄结构、技术素质、生产观念等都相当落后，给物料信息化管理的推广带来了很大的阻力。

(3) 物料管理的控制作用。

1) 限额领料。针对占工程成本比重较大，且大量消耗的材料，限额一般到分部分项工程，依据是工程实物量、施工预算的消耗量及所需的材料级配。一次限额可多次领用，依次扣减，如超出限额系统会警示并禁止领料，只有经一定的许可手续方可扩大限额。限额领料，不仅可以实时查明材料冒用的原因，减少乃至杜绝因对材料管理不严产生的浪费，还可将成本核算中最大比重的材料费用细化到每一个分部分项工程。从更深的层次上，通过对限额量与实用量差额的统计分析，信息化管理系统可以对确定限额用量的定额消耗量进行修正，这种意义及作用已超出了在某一个具体工程中对材料量及成本的控制，而上升到对整个行业生产技术水平的改善与提高。

2）成本核算。根据物料的分类、使用方式等的不同，确定相应的成本核算方式。

3. 进度的监控作用　从理论上，在工程项目管理中以进度为主线可以协调许多方面。进度控制的工具是网络计划技术，国内外均有专门针对建筑行业的产品，但国内的使用效果远远未达到产品的功能。国内施工企业网络计划有两个用处：一是招投标标书中表示工程进展的网络计划图；二是施工现场中显示工程进度及主要工种作业的横道图，这都是"形象"上的。从现状考虑，网络计划即使不能很好地起到主线控制的作用，可以有效地发挥监督控制的作用。

（1）节点控制。即使不能以网络计划全面控制工程施工各环节，也可以或必须控制节点进程。控制节点的层次及数量可根据项目规模、持续时间、生产技术水平、现场管理方式、技术装备、人员素质等多方面因素综合确定。表面上看节点控制是满足工期要求，实则对节点间的施工技术方案、资源安排、资金计划等具有很好的预测性。只要节点控制得当，整个工程就不会出现失控。

（2）配合协调。对内形象化且不失控的网络计划可以为工程施工的工种配合、分包管理、场地布置等提供必要的依据，对外与工程承包有关各方面的协调（如设计方、业主、监理、供应商、职能部门或行业主管等），在工程施工中是时常发生的，而且在施工的不同阶段会有不同的侧重，因此在一个工程的进度计划中非显性地表达了与相关方的协调计划。

（3）相关作用。进度控制不是孤立的，信息化管理系统中的进度计划要与其他项目实现相关信息的交互利用。在确定工序所需资源时，需利用该工序的工程实物量、消耗及施工方案，在确定资源的同时又受资源的约束。进度与资金也相互影响，加快进度会加大资金投入，而合理的进度安排会提高资金的利用率，因此信息管理不能仅从网络计划本身去安排进度，还要考虑到其他方面的影响。

4. 成本的核算作用

（1）事前测算。在工程开始之前对两种成本进行测算对比：一是预算成本，来源于施工图预算（设计预算），承包方与发包方商定的承包成本；二是计划成本，来源于承包方根据自身的施工定额，结合承包项目所制定的施工方案得出的施工预算，这是承包方内部成本核算的主要依据。通过两算对比，得出预算成本与计划成本之间的差异，使其对承包效益有基本把握。

（2）事中控制。在施工过程中对每项支出进行核算，核算方式采用计划成本与实际成本的比较。实际成本是在工程施工预算和施工方案已定的情况下，分别汇总出材料、人工及机械耗量，再结合实际价格确定各项费用。各项费用的对比及控制是实时的。成本控制员主要进行的是事中控制，工程成本管理的效益都体现在其中。信息化的成本管理系统可以将事中成本控制分时、分段、分主体进行，时间上可分解到月、周；可按分部工程或分部分项工程；可按各施工工种、施工队及分包等。真正体现出成本管理的实时控制的效果。

（3）事后核算。事后核算在常规意义上即是盘点结算。信息化的成本管理还要对工程的成本控制结果进行统计分析，不仅找出其盈亏点，还要分析盈亏与预算成本、计划成本、实际成本三者之间的关联，这对承包方提高工程施工的技术水平和管理水平都非常有益。

3.2 施工项目中的信息流与信息构成

3.2.1 施工项目中的信息流

1. 项目中的信息流及其关系　在施工项目的实施过程中产生如下几种主要流动过程：

（1）工作流。由施工项目的结构分解得到项目的所有工作，分包合同则确定了这些工作的实施者，再通过项目计划具体安排它们的实施方法、实施顺序、实施时间以及实施过程中的协调。这些工作在一定时间和空间上实施，便形成项目的工作流。工作流即构成项目的实施过程和管理过程，主体是劳动力和管理者。

（2）物流。工作的实施需要各种材料、设备、能源，它们由外界输入，经过处理转换，最终得到项目产品，由工作流引起物流。物流表现为项目的物资运动过程。

（3）资金流。资金流是工作过程中价值的运动形态。例如，从资金变为库存的材料和设备，支付工资和各项费用，通过项目的运营取得收益。

（4）信息流。项目的实施过程不断产生大量信息。这些信息伴随着上述几种流动过程按一定的规律产生、转换、变化和被使用，并被传送到相关部门（单位），形成项目实施过程中的信息流。项目管理者设置目标、作决策、作各种计划、组织资源供应、领导、激励、协调各项目参加者的工作，控制项目的实施过程都是靠信息来实施的；靠信息了解项目实施情况，发布各种指令，计划并协调各方面的工作。

这四种流动过程之间既相互联系、相互依赖又相互影响，共同构成了项目实施和管理的总过程。在这四种流动过程中，信息流对项目管理有特别重要的意义。信息流将项目的工作流、物流、资金流、管理职能、项目组织、项目与环境结合在一起。它反映而且控制和指挥着工作流、物流和资金流。所以它是项目的神经系统。只有信息流通畅、有效率，才会在顺利的、有效率的基础上实施过程。

2. 施工项目中的信息交换过程　施工项目信息流中的信息交换，主要包括项目与外界的信息交换和项目内部的信息交换。

（1）项目与外界的信息交换。项目作为一个开放系统，它与外界有大量的信息交换。包括：由外界输入的信息，例如环境信息、物价变动的信息、市场状况信息，以及外部系统（如企业、政府机关）给项目的指令、对项目的干预等；项目向外界输出的信息，如项目状况的报告、请示、要求等。

（2）项目内部的信息交换。即项目实施过程中项目组织者因进行沟通而产生的大量信息。项目内部信息交换主要包括：

1）正式的信息渠道。它属于正式的沟通，信息通常在组织机构内按组织程序流通。一般有三种信息流：由上而下的信息、由下而上的信息和横向信息。

① 由上而下的信息是指上级通知下级的有关情况。为了很好地完成所分担的工作任务，下级人员必须了解的信息包括：项目目标及约束条件，项目组织系统及与该下级有关的工作部门和单位，项目内部各工作部门的任务和职责，项目开展的程序、进度、结束时间，项目有关的工作条例、标准、规定等；下级应该了解的信息包括与该级有关的工作进展情况，项目目标及约束条件的变化情况以及与该下级有关的工作中出现的问题和困难等；下级想要了解的信息包括项目的特殊情况，以及近期的安排与原因。

② 项目经理进行决策的过程中，需要依赖大量的信息，其中来自下层的项目执行及进展情况最为关键，由下而上的信息为项目经理提供了最基本的信息渠道。作为项目经理，起码应掌握以下几方面的信息：项目目标及约束条件的实现情况（任务量、进度、成本、质量）；人力、物力等资源计划的干扰因素及变化情况；下级较大的错误决策；参加项目或涉及的有关单位和部门造成的困难是哪些，以及项目内部成员的工作情况。

③ 横向信息指的是同一层的两个不同工作部门之间的信息关系。必须指出的是横向信息关系不是正常流，只有在特殊、紧急的情况下为节约时间才允许发生。如果规定不允许横向流的话，这对线性组织系统来讲，两个工作部门之间的信息关系要通过由下向上再自上向下的信息路线来沟通，这就增加了信息流的时间。

2）非正式的信息渠道。如闲谈、小道消息、非组织渠道地了解情况等，属于非正式的沟通。

3.2.2　施工项目信息分类

由于一个施工项目可能会包含若干个单位工程，因此，项目信息是项目中若干单位工程信息的集合。其中，公共信息是可用于所有项目的信息，项目信息是属于某一项目的个体信息。

1. 施工项目信息分类体系　项目信息按照不同用途有不同的分类方法，可按信息来源分、按项目控制目标、按管理信息的层次分。

（1）按信息来源划分。包括项目内部信息和外部信息。项目内部信息主要有工程项目概况、工程合同和协议、项目施工规划、成本控制目标和措施、进度控制目标和措施、质量控制目标和措施等；项目外部信息主要是国家有关政策和法规、自然条件、技术经济条件、市场信息、相关企业信息和类似工程信息。

（2）按项目控制目标划分。包括成本控制信息、质量控制信息、安全控制信息和进度控制信息。成本控制信息主要有投资估算指标和定额、项目施工成本规划、工程概预算、建筑材料价格、机械设备台班费、人工费、运输费等；质量控制信息主要有国家有关质量标准、项目施工质量规划、质量控制措施、质量抽样检查结果等；安全控制信息主要有国家有关安全法规、项目安全责任、项目安全计划、项目安全措施、项目安全检查结果等；项目进度控制信息主要有施工定额、项目施工进度规划、分部分项工程作业计划、进度控制措施、进度记录等。

（3）按管理信息的层次划分。包括决策层信息、管理层信息和实施层信息。决策层信息主要有工程概况、项目投资总额、项目总工期和项目分包单位概况等；管理层信息主要有项目年度进度计划、项目年度财务计划、项目年度材料计划、项目施工总体方案和项目三大目标控制等；实施层信息主要有分部分项工程作业计划、分部分项工程施工方案、分部分项工程成本控制措施、分部分项工程进度控制措施、分部分项工程质量控制措施、分部分项工程质量检测数据、分部分项工程材料消耗量计划、分部分项工程材料实际消耗量等。

2. 施工项目信息框架　施工项目信息包括项目公共信息和项目信息，可用目录结构图来表达施工项目信息框架，如图3-1所示。

3.2.3　施工项目信息内容

1. 法规和部门规章信息　法规和部门规章采用编目管理，也可建立计算机文档存入计算机。无论哪种管理方式，都应在施工项目信息管理系统中建立法规和部门规章表，表中包括：编号、题目名称、颁发单位、解释单位、颁布日期、性质（法规、规范、标准、定额、文件、施工技术、管理、制度、条例等）、主题词、内容提要、密级、收到日期、保管人等。

2. 市场信息　市场信息包括：材料价格表，材料供应商表，机械设备供应商表，机械设备价格表，新材料、新技术、新工艺、新管理方法信息表。

（1）材料价格表包括：厂商编号、厂商名称、材料编号、材料名称、材料规格、质量等级、保质期、产品特性、单位、报价、报价有效截止日期等。

（2）材料供应商表包括：厂商编号、厂商名称、邮编、地址、Email、网址、单位法人、业务联系人、企业性质、企业资质等级、固定资产额、流动资金、信

第 3 章 施工项目信息管理

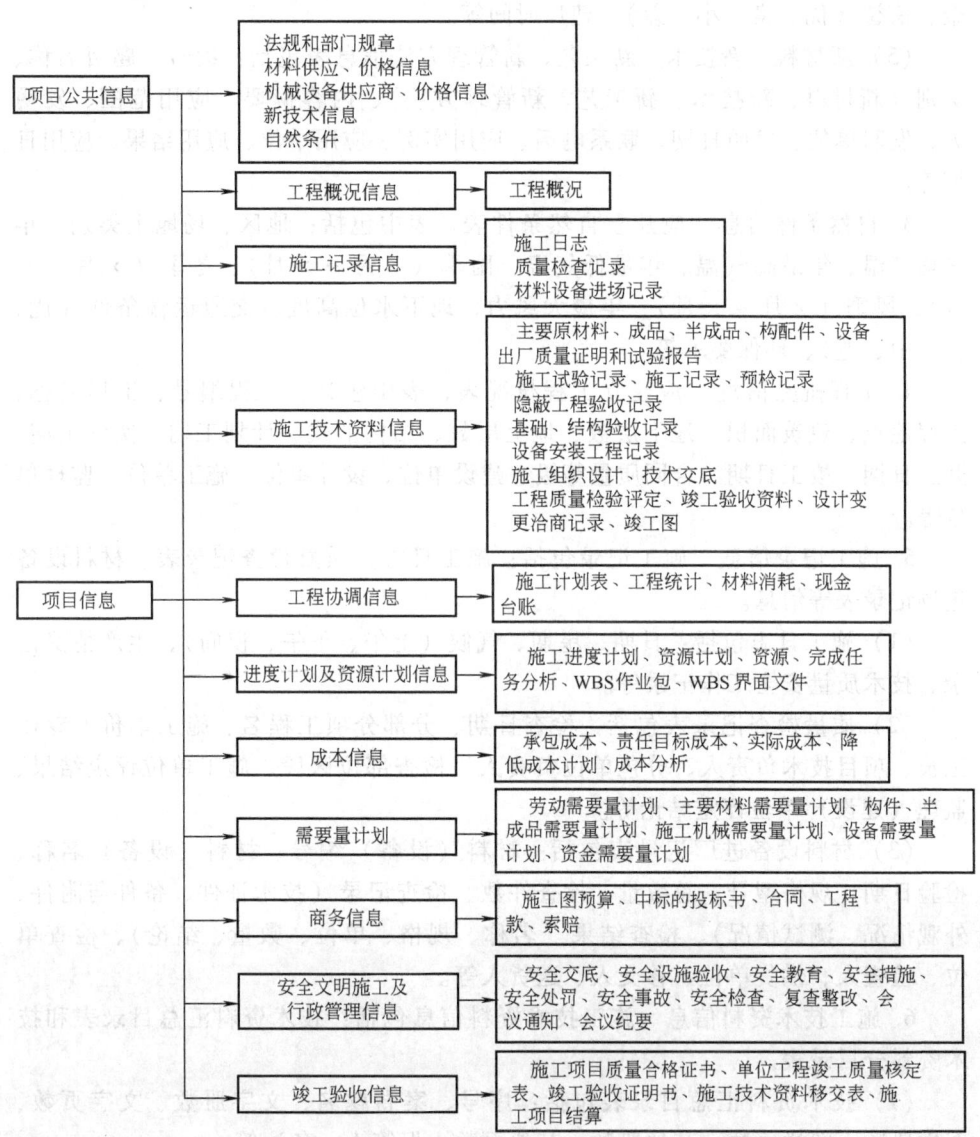

图 3-1 施工项目信息构成

誉（优、良、中、差）、建厂时间等。

（3）机械设备价格表包括：厂商编号、厂商名称、机械设备编号、机械设备名称、机械设备规格、质量等级、产品特性、单位、报价、报价有效截止日期等。

（4）机械设备供应商表包括：厂商编号、厂商名称、邮编、地址、Email、网址、单位法人、业务联系人、企业性质、企业资质等级、固定资产额、流动资金、信誉（优、良、小、差）、建厂时间等。

（5）新材料、新技术、新工艺、新管理方法信息表包括：编号、题目名称、类别（新材料、新技术、新工艺、新管理方法）、内容摘要、应用范围、发明人、发明单位、发明日期、联系电话、应用实例、应用单位、应用结果、应用日期等。

3. 自然条件信息　应建立自然条件表，表中包括：地区、场地土类别、年平均气温、年最高气温、年最低气温、雨季（×月～×月）、冬季（×月～×月）、风季（×月～×月）、年最大风力、地下水位高度、交通运输条件（优、良、中、差）、环保要求等。

4. 工程概况信息　应建立工程概况表，表中包括：工程编号、工程名称、工程地点、建筑面积、地下层数、地上层数、结构形式、计划工期、实际工期、开工日期、竣工日期、合同质量等级、建设单位、设计单位、施工单位、监理单位等。

5. 施工记录信息　施工记录包括：施工日志、质量检查记录表、材料设备进场记录表等信息。

（1）施工日志包括：日期、星期、气候（上午、下午、夜间）、生产情况记录、技术质量安全工作记录等。

（2）质量检查记录表包括：检查日期、分部分项工程名、施工单价、专业工长、项目技术负责人、分包单位负责人、检查部位区段、施工单位评定结果、监理（建设）单位评定结论等。

（3）材料设备进厂记录表包括：材料（设备）编号、材料（设备）名称、检验日期、规格型号、总数量、检查件数、检查记录（技术证件、备件与附件、外观情况、测试情况）、检查结果（名称、规格、单位、数量、结论）、检查单位、检查人、供货单位、移交人、送货人等。

6. 施工技术资料信息　施工技术资料信息包括：技术资料汇总目录表和技术资料分目录表。

（1）技术资料汇总目录表包括：序号、案卷题名、文字册数、文字页数、图样册数、图样页数、其他册数、其他页数、保管人、备注等。

（2）技术资料分目录表。技术资料分目录表包括：序号、单位工程名称、分目录名称、资料编号、资料日期、案卷题名、主题词、内容摘要、文字册数、文字页数、图样册数、备注等。

7. 工程协调信息　工程协调信息包括：日施工计划表、工程统计表、材料消耗表和现金台账等。

（1）日施工计划表包括：工作名称、日期、分部工程名、分项工程名、施工部位、单位、计划工程量、负责人、施工单位、专业工种及人数等。

(2) 工程统计表包括：工作名称、分部工程名、分项工程名、施工部位、单位、完成工程量、负责人、施工单位、日期、备注等。

(3) 材料消耗表包括：工作名称、单位、工程量、材料单位、材料定量、材料编号、材料名称、规格型号、领用数量、单价、运费单价、领用日期、负责人等。

(4) 现金台账表包括：工作名称、日期、摘要、费用类别（人工费、材料费、机械费、其他直接费、施工管理费）、增减、余额等。

8. 施工进度控制信息　施工进度控制信息包括：工作进度计划表、资源计划表、资源表、完成工作分析表、WBS作业报表和WBS界面文件表。

(1) 施工进度计划表包括：序号、工作序号、工作名称、单位、工程量、人工日、工期、开工日期、完成日期、可宽限时间、总可宽限时间、WBS编码、附注等。

(2) 资源计划表包括：序号、工作序号、工作名称、资源编号、资源名称、单位、用量、正常工作日、加班工日等。

(3) 资源表包括：资源编号、资源名称、单位、数量、加班单价、一次计价、结算方式（开始、按比例、结束）、费用类别（人工费、材料费、机械费、其他直接费、施工管理费）、备注等。

(4) 完成工作分析表包括：工作名称、工程量、完成百分率、计划开始日期、计划完成日期、可宽限时间、总可宽限时间、提前或延误天数等。

(5) WBS作业报表包括：WBS编码、工作名称、工期、作业内容、目标要求、前提条件、工艺描述、责任人、参加者、所需资源、计划质量要求、评定质量等级、计划费用、实际费用、计划开工日期、计划竣工日期、实际开工日期、实际竣工日期、版本号、编制日期等。

(6) WBS界面文件表包括：WBS编码、工作名称、单位甲名称、单位甲负责人、单位甲职责范围、单位甲施工技术要求、单位甲工作完工日期、单位甲工作成本、单位甲工作质量、单位乙名称、单位乙工作完工日期、单位乙工作成本、单位乙工作质量、版本号、编制日期等。

9. 成本信息　成本信息包括：承包成本表、责任目标成本表、实际成本表、降低成本计划和成本分析。

(1) 承包成本表包括：序号、工作名称、合计、其中人工费、材料费机械费、其他直接费、施工管理费等。

(2) 责任目标成本表包括：序号、工作名称、合计、其中人工费、材料费、机械费、其他直接费、施工管理费。

(3) 实际成本表包括：序号、工作名称、合计、其中人工费、材料费、机械费、其他直接费、施工管理费。

(4) 降低成本计划由成本降低率表、成本降低额表、施工和管理费降低计划表组成。其中成本降低率表包括：费用项目名称（人工费、材料费、机械费、其他直接费、施工管理费）、预算成本、计划成本、计划降低额、计划降低率；成本降低额表包括：序号、工作名称、降低额合计、其中人工费、材料费、机械费、其他直接费、施工管理费；施工管理费降低计划表包括：序号、施工管理费名称、预算成本、计划成本、计划降低额。

（5）成本分析由计划偏差表、实际偏差表、目标偏差表和成本现状分析表组成。其中计划偏差表、实际偏差表和目标偏差表分别包括：序号、工作名称、偏差合计、其中人工费、材料费、机械费、其他直接费、施工管理费；成本现状分析表包括：序号、工作名称、单位、工程量、完成百分率、计划成本、实际消耗成本、节超额、日期等。

10. 资源需要量计划信息　资源需要量计划信息包括：劳动力需要量计划表、主要材料需要量计划表、构件和半成品需要量计划表、施工机械需要量计划表、设备需要量计划表、资金需要量计划表。

（1）劳动力需要量计划表包括：序号、工种名称、数量、需要时间（×月上旬、中旬、下旬）、备注等。

（2）主要材料需要量计划表包括：序号、材料编号、材料名称、规格型号、单位、数量、供应日期、备注等。

（3）构件和半成品需要量计划表包括：序号、构件半成品名称、规格型号、单位、数量、使用部位、加工单位、供应日期、备注等。

（4）施工机械需要量计划表包括：序号、施工机械名称、规格型号、单位、数量、供应单位、开始使用日期、结束使用日期、备注等。

（5）设备需要量计划表包括：序号、设备名称、规格型号、单位、数量、使用部位、供应单位、供应日期、备注等。

（6）资金需要量计划表包括：序号、使用时间、合计、其中人工费、材料费、机械费、其他直接费、施工管理费等。其中"使用时间"可按需要给出，如旬、月、季、年等。

11. 商务信息　商务信息包括：施工预算（或工程量清单及其单价）、中标的投标书、合同、工程款、索赔。

（1）施工预算表至少包括：分部（分项）工程名称、单位、工程量、单价（其中人工费、材料费、机械费）、总价、施工管理费率、风险利润率等。

（2）中标的投标书。应建立标书工程量表和标书主文件表。其中，标书工程量表包括：序号、项目名称、单位、工程量、单价、总价、简要说明等。标书中必须写明下列各项：总标价、成品综合价（如房屋：×元/m^2；道路：×元/km；管道：×元/m……）、总标价的构成（按工程项目分列）、工期、工程质量标准及主要施工技术组织措施、主要材料指标、要求建设单位提供的配合条件、其他需说明的事项。

(3) 合同。应建立管理合同表和合同文件。其中管理合同表包括：编号、合同名称、内容、提要、合同类别、签订日期、合同总价、纠纷次数、违约原因、变更次数、变更原因、合同文件名等。

(4) 工程款。参考现金台账表。

(5) 索赔。包括索赔管理表和索赔文件，其中索赔管理表包括：编号、索赔主要事项、索赔具体内容、索赔依据、索赔计算凭证、索赔日期、执行结果、备注。索赔文件主要内容包括：索赔主要事项、索赔具体内容及合法依据、索赔计算凭证、索赔总额等。

12. 安全文明施工及行政管理信息　在施工项目活动中，安全文明施工及行政管理信息的主要内容有：安全交底、安全设施验收、安全教育、安全措施、安全处罚、安全事故、安全检查、复查整改记录、会议通知、会议记录。

(1) 安全交底、安全设施验收、安全教育、安全措施、安全处罚、安全事故、安全检查和复查整改记录，应建立安全信息表以编目方式进行管理。安全信息表包括：编号、题目名称、类别（交底、验收、教育、处罚、事故、检查、复查、整改）、正文、原因、发出单位、发出人、接受单位、接收人、发出日期、处理结果、处理日期、备注等。

(2) 会议通知、会议记录，应建立会议文件表以编目方式进行管理。会议文件表包括：编号、题目名称、类别（会议、通知……）、内容提要、发出单位、密级、抄报送单位、抄报送人、接收单位、接收人、发出日期、负责人意见、处理结果、处理日期、备注等。

13. 交工验收信息　在施工项目活动中，交工验收信息的主要内容有：施工项目质量合格证书、单位工程交工质量核定表、交工验收证明书、施工技术资料移交表、施工项目结算、回访与保修等。

(1) 施工项目质量合格证书、单位工程交工质量核定表、交工验收证明书、施工技术资料移交表等信息管理参考技术资料汇总目录表和技术资料分目录表进行处理。

(2) 施工项目结算表包括：序号、工作名称、合计、其中人工费、材料费、机械费、其他直接费、施工管理费、结算日期等。

(3) 回访与保修表包括：序号、回访与保修内容范围、日期、处理方法、处理结果、用户意见等。

3.3　施工项目管理信息系统

施工项目管理的主要任务就是采取有效的组织管理措施，对施工项目的工期、质量、投资三大目标实施动态控制，确保三大目标得到最合理的实现。施工项目管理信息系统就应该能够辅助项目管理人员完成上述任务，为此，施工项目管理信息系统的基本结构应包括如下子系统：进度控制子系统、质量控制子系统、成本控制子系统、合同管理子系统、文档管理子系统和管理决策子系统。各子系统之间既相

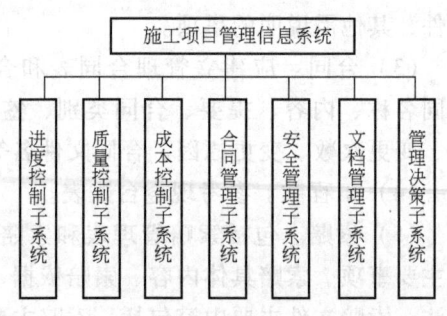

图 3-2 施工项目管理信息系统的基本功能

互独立，各有其自身目标控制的内容和方法，又相互联系，互为其他子系统提供信息。其基本功能如图 3-2 所示。

3.3.1 进度控制子系统

1. 进度控制子系统的功能　建设项目进度控制子系统不仅要辅助项目管理人员编制和优化建设项目进度计划，更要对建设项目的实际进展情况进行跟踪检查，并采取有效措施调整进度计划进行纠正偏差，从而实现建设项目进度的动态控制。为此，本系统应具有以下功能：

（1）输入原始数据，为建设项目进度计划的编制及优化提供依据。

（2）根据原始数据编制进度计划，包括横道计划、网络计划及多级网络计划系统。

（3）进行进度计划的优化，包括工期优化、费用优化和资源优化。

（4）工程实际进度的统计分析。即随着工程的实际进展，对输入系统的实际进度数据进行必要的统计分析，形成与计划进度数据有可比性的数据。同时，可对工程进度做出预测分析，检查项目按目前进展能否实现工期目标，从而为进度计划的调整提供依据。

（5）实际进度与计划进度的动态比较。即定期将实际进度数据同计划进度数据进行比较，形成进度比较报告，从中发现偏差，以便及时采取有效措施加以纠正。

（6）进度计划的调整。当实际进度出现偏差时，为了实现预定的工期目标，就必须在分析偏差产生原因的基础上，采取有效措施对进度计划加以调整。

（7）各种图形及报表的输出。图形包括：网络图、横道图、实际进度与计划进度比较图等。报表包括：各

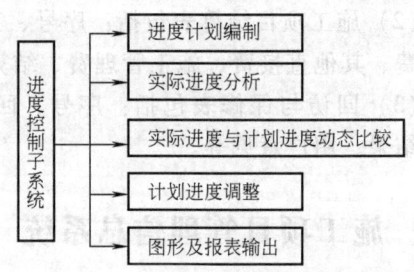

图 3-3 进度控制子系统的逻辑结构

类计划进度报表、进度预测报表及各种进度比较报表等。

2. 进度控制子系统的组成　根据上述功能，建设项目进度控制子系统的逻辑结构如图3-3所示。

（1）工程进度计划的编制。工程进度计划的编制，就是根据输入系统的原始数据，编制横道计划或网络计划（对于大型复杂的工程项目，需编制多级网络计划系统）。然后在此基础上，根据实际需要，通过不断调整网络计划，进行网络计划的优化，最终求得最优进度计划方案。工程进度计划编制子系统的逻辑结构包括如下几部分：

1）输入原始数据。为了编制工程进度计划，应该首先输入建设项目的各类原始数据。这些数据包括：工程概况数据、建设项目名称、建设工期、计划开工日期和计划竣工日期等；工程原始数据是建设项目中所包含的各项工作的原始数据，包括：工作编号、工作名称、持续时间及其逻辑关系等，它们是编制初始网络计划的基础数据。

2）生成网络图。根据工作编号及逻辑关系生成单代号搭接网络图或双代号网络图，对于大型复杂的工程项目还应生成群体多级网络，以便于按层次进行分级管理、分级控制。其次，对所生成的网络图进行必要的检查，主要是根据网络图的基本规则，检查所生成的网络图是否存在逻辑错误。例如，网络图中是否存在循环回路，是否存在孤立节点等，要指出错误发生的位置，并对其正确性进行确认。

3）计算。包括网络计划时间参数的计算和日历时间转换。网络计划的时间参数主要包括：各项工作的最早开始时间、最早完成时间、最迟开始时间、最迟完成时间、总时差、自由时差、已经工作与今后工作之间的时间间隔等。此外，还需要确定网络计划的关键线路。当采用群体多级网络计划时，除了计算各个子网络的时间参数外，还需要计算总网络的时间参数。在实际工作中，通常习惯于采用日历时间表达各项工作的进度安排，而网络计划中各项工作的时间参数是以开工时间为零或某一特定数值计算而来的。为了便于使用，系统需按照工程项目的开工日期，把各项工作的时间参数（主要指开始时间和完成时间）转换为日历时间。在系统进行日历时间转换的同时，还可根据实际需要自动扣除节假日休息时间。

4）网络计划的优化。所谓网络计划的优化，就是在满足既定约束条件下，通过不断改善网络计划的初始方案，按某一目标寻求满意方案。根据优化目标的不同，网络计划的优化又分为工期优化、费用优化和资源优化三种。

（2）实际工程进度统计与分析。实际工程进度的统计与分析，就是在统计实际进度数据的基础上检查目前工程项目进展情况，判断项目总工期及后续工作是否会受到影响。在分析判断总工期及后续工作是否会受到影响时，其主要根据就是网络计划中有关工作的总时差和自由时差。

(3) 实际进度与计划进度的动态比较。实际进度与计划进度的动态比较，就是将计划进度数据和实际进度数据进行比较，从而产生进度比较报告或横道图、S形曲线等进度比较图。

(4) 工程进度计划的调整。通过计划进度与实际进度的动态比较，当发现实际进度有偏差时，就应在分析原因的基础上采取有效措施对工程进度计划进行调整，其调整原理与工期优化基本相同。

(5) 图形及报表的输出。图形报表的输出，使之以图形和报表的形式输出建设项目进度控制过程中所产生的大量信息。

3.3.2 质量控制子系统

1. **质量控制子系统功能** 项目管理人员为了实施对建设项目质量的动态控制，需要施工项目质量控制子系统提供必要的信息支持。该系统具有以下功能：

(1) 存储有关设计文件及设计修改、变更文件，进行设计文件的档案管理，并进行设计质量的评定。

(2) 存储有关工程质量标准，为项目管理人员实施质量控制提供依据。

(3) 运用数理统计方法对重点供需进行统计分析，并绘制直方图、控制图等管理图表。

(4) 处理分项工程、分布工程、隐蔽工程及单位工程的质量检查评定数据，为最终进行建设项目质量评定提供可靠依据。

(5) 建立计算机管理台账，对主要建筑材料、设备、成品、半成品及构件进行跟踪管理。

(6) 对工程质量事故和工程安全事故进行统计分析，并能提供多种工程事故统计分析报告。

2. **质量控制子系统的组成** 根据上述功能，质量控制子系统的逻辑结构如图3-4所示。

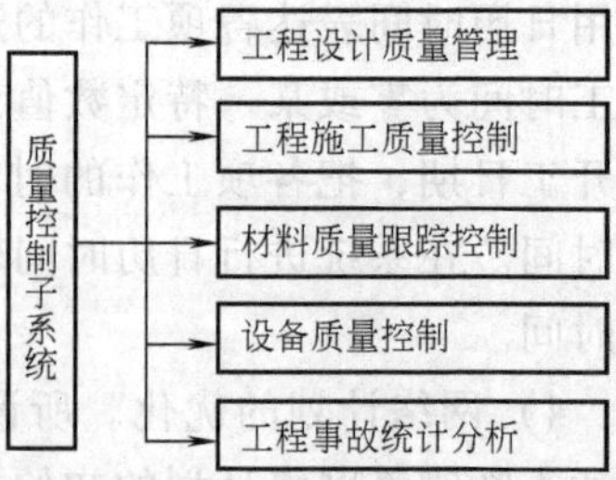

(1) 工程设计质量管理。工程设计质量管理就是记录设计文件的交付情况，并将设计文件及设计修改、变更等文件存放在计算机中，以便于查询统计。此外，还要根据有关设计质量标准对设计质量进行评定。因此，工程设计质量管理模块的主要功能包括：设计文件交付情况，设计质量评定，设计修改、变更情况。

图 3-4 质量控制子系统的逻辑结构

(2) 工程施工质量控制。工程施工质量控制是项目管理人员控制建设项目质量的重点。工程施工质量控制模块主要功能包括：工程质量控制规程，它是项目管理人员实施建设项目质量控制的主要依据，利用电子计算机将其存储起来，便于查询统计;工序质量统计分析,它是运用数理统计方法,对重点工序进行统计分析,通过绘制直方图、控制图等管理图表,实现工程施工质量的动态控制,质量检验评定记录,工程质量报表输出等。

(3) 材料质量跟踪管理。材料质量跟踪管理是指对主要建筑材料、成品、半成品等进行跟踪管理。材料质量跟踪管理模块主要功能包括:现场材料验收情况和材料分配记录等。

(4) 设备质量管理。设备质量管理主要是对大型设备及其安装调试进行质量管理。大型设备的供应方式有定购和委托加工两种。定购设备的质量管理包括开箱检验、安装调试和试运行三个环节,而委托加工的设备还包括设计控制和设备监造等环节。因此,设备质量管理模块的主要功能就是存储上述各环节的有关数据,并能根据实际需求提供有关报表。

(5) 工程事故统计分析。工程事故统计分析就是存储重大工程事故报告、记录一般事故摘要,并能根据实际需求提供工程事故统计分析报告。

3.3.3 成本控制子系统

施工项目的成本控制是承包商在项目形成过程中对生产经营和管理所消耗的人力资源、物质资源和费用开支而进行的指导、监督、调节和限制,及时纠正偏差,在完成预定项目目标的同时把总成本控制在计划范围内。

然而,项目失控现象十分普遍。现代项目管理不仅要解决跨地区、跨行业、远程控制问题,而且要解决多项目之间的协调和合理分配问题,这是因为:工程项目系统复杂、规模大、投资大、技术要求高,不进行有效的控制,预定的计划就很难实施。项目失去控制,必然会导致成本失控。另外,参加项目实施的单位多,专业化分工细,项目各参加者由于自己的利益,容易造成各单位在目标、时间、空间上协调困难或分离,项目参加者的疏忽、失误不仅会影响自己所承担的工作,而且会使项目实施过程中断或受到干扰。

1. 成本控制子系统应具有的功能 成本控制子系统用于收集、存储和分析施工项目成本有关的信息,在项目实施的各个阶段制定成本控制计划,收集成本相关信息,从而实现建设项目成本的动态控制。为此,本系统应具有以下功能:

(1) 输入计划成本数据,从而明确控制的目标。

(2) 根据实际情况,调整有关价格和费用,以反映控制目标的变动情况。

(3) 输入实际成本参数,并进行数据的动态比较。

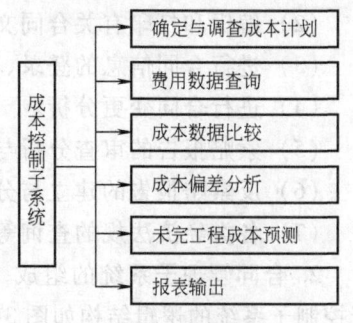

图 3-5 成本控制子系统的逻辑结构

（4）进行费用偏差分析。
（5）对未完工程进行成本预测。
（6）输出有关报表。

2. 成本控制子系统的组成　根据上述功能，成本控制子系统的逻辑结构如图 3-5 所示。

（1）确定与调整成本计划。确定与调整成本计划就是输入成本构成中的相关费用的估计数据，并根据实际情况对其进行调整。

（2）费用数据查询。费用数据查询就是查询建设项目的概算数据、预算数据、标底数据、合同价数据以及实际已发生的成本数据，其中合同价数据和实际已发生的成本数据还可以分别按项目、按合同和按承包商进行查询。

（3）成本数据比较。成本数据比较就是进行概算数据、预算数据、标底数据、合同价数据以及实际已发生的成本数据之间的比较。其中合同价与已发生的成本数据之间的比较，既可以按项目进行比较，也可以按合同进行比较，还可以按承包商进行比较。

（4）成本偏差分析。成本偏差分析就是对各项费用偏差的大小、程度、类型、偏差原因、发生的频率及影响程度等进行分析。

（5）未完工程成本预测。未完工程成本预测就是选择各种适宜的预测方法对未完工程的成本进行预测，并对不同方法的预测结果进行分析比较。

（6）报表输出。报表的输出就是输出成本计划、实际已发生成本、成本数据比较和偏差分析等报表。此外，还可以输出有关成本比较曲线。

3.3.4　合同管理子系统

1. 合同管理子系统功能　合同管理子系统主要是通过公文处理及合同信息统计等方法辅助项目管理人员进行合同的起草、签订，以及合同执行过程中的跟踪管理。为此，本系统应具有以下功能：

（1）提供常规合同模式，以便于项目管理人员进行合同模式的选用。
（2）编辑和打印有关合同文件。
（3）进行合同信息的登录、查询及统计。
（4）进行合同变更分析。
（5）索赔报告的审查分析与计算。
（6）反索赔报告的建立与分析。
（7）各类经济法规的查询等。

2. 合同管理子系统的组成　根据上述功能，投资控制子系统的逻辑结构如图 3-6 所示。

（1）合同文件编辑。合同文件编辑就是提供和选用合同结构模式，并在此基础上进行合同文件的

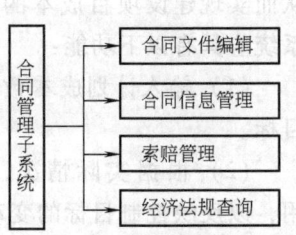

图 3-6　投资控制子系统的逻辑结构

补充、修改和打印输出。

(2) 合同信息管理。合同信息管理就是对合同信息进行登录、查询及统计，以便于项目管理人员随时掌握合同的执行情况。

(3) 索赔管理。索赔管理是合同管理中的一项极其重要的工作，该模块应能辅助项目管理人员进行索赔报告的审查、分析与计算，从而为项目管理人员的科学决策提供可靠支持。

(4) 经济法规查询。经济法规查询就是将国内经济法规及国际经济法规存储在系统中，以便于项目管理人员随时查询。

3.3.5 管理决策子系统

1. **系统的特征与结构** 在工程建设的实施过程中，由于受许多因素的影响，即使是经过优化的计划，在实施过程中的变化也是不可避免的。为了辅助项目管理人员实施有效的控制，施工项目管理决策支持系统不仅要能利用知识库中的知识审核项目实施计划，并能编制合理的项目实施计划，而且要能定期检查工程建设的实施情况，并在分析偏差产生原因的基础上，辅助项目管理人员提出相应的控制措施。因此，建设项目管理决策支持系统是一个动态控制系统。

建设项目管理的基本任务是采取有效措施，确保建设项目三大目标（进度、质量、成本）的实现。而由于进度、质量、成本三大目标之间存在着项目制约关系，使得项目管理人员的任何决策都必须以三者之间的最佳匹配为目标。由此可见，建设项目管理决策支持系统应是一个多目标的动态优化控制系统。

2. **系统功能分析** 建设项目管理的核心工作就是使工期、质量和成本始终控制在预期目标之内。因此，建设项目管理决策支持系统应具有如下功能：

(1) 工程进度计划的审核与编制。利用专家知识对承包方提交的工程进度计划进行审核，提出修改及意见。并在必要时编制工程建设总进度计划。

(2) 工程进度动态控制。定期收集实际进度数据，在分析统计的基础上与计划进度数据进行比较，如果出现偏差，则进行计划调整与控制决策。同时，对工程未来进展趋势进行预测，并制定进度预控措施。

(3) 质量控制与评定。选定质量控制标准，确定合理的质量要求方案，通过制定质量控制措施对建设项目的质量进行全面控制，最后进行质量评定。

(4) 成本的控制。根据建设项目的结构及进度计划，进行成本控制，建立成本控制目标体系。

(5) 实际费用支出的动态分析与预测。随着工程的进展，定期收集实际费用支出数据，将之与计划成本目标进行对比分析，找出偏差及其产生的原因。同时对费用支出总额进行预测，并制定成本预控措施。

(6) 工程索赔分析与决策。进行工期索赔分析和费用索赔分析，为项目管理人员的科学决策提供可靠依据。

（7）组织协调策略的制定。利用专家知识制定组织协调策略。

3. **系统模块结构** 建设项目管理决策支持系统的结构框架是一个三库结构，它包括数据库、模型库和知识库。其中知识库应包括事实和规则两部分。由于建设项目管理决策支持系统中大量的事实均由数据库和模型库提供，所以在该系统中，由数据库、模型库及规则库的联合才构成一个知识库系统如图3-7所示。

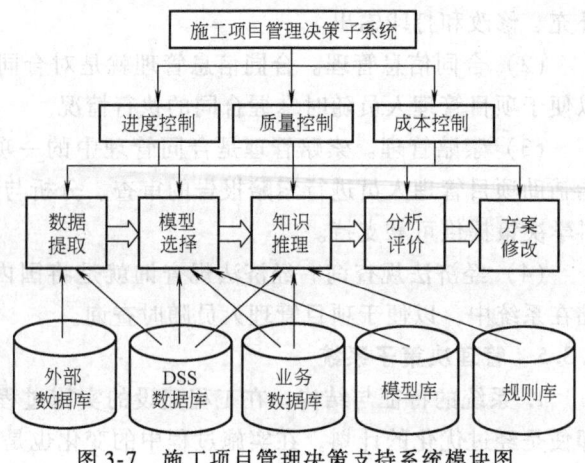

图3-7 施工项目管理决策支持系统模块图

本章小结

项目中的信息流包括工作流、物流、资金流和信息流。项目中的信息流的两个最主要的信息交换过程包括：项目与外界的信息交换和项目内部的信息交换。

施工项目信息管理的含义是：利用信息技术，以建筑施工项目为中心，将政府行政管理、工程设计、工程施工过程（经营管理和技术管理）所发生的主要信息有序、及时、成批地存储。它以部门间信息交流为中心，以业务工作标准为切入点，采用工作流程和数据后处理技术，解决工程项目从数据采集、信息处理与共享到决策目标生成等环节的信息化。

工程施工信息数字化管理的作用表现在四个方面：预算的指导作用、物料的主控作用、进度的监控作用和成本的核算作用。

施工项目管理信息系统的主要任务就是采取有效的组织管理措施，对施工项目的工期、质量、成本等三大目标实施动态控制，确保三大目标得到最合理的实现。施工项目管理信息系统的基本结构包括进度控制子系统、质量控制子系统、成本控制子系统、合同管理子系统和管理决策子系统。

思 考 题

1. 建筑施工项目管理的特点主要体现在哪些方面？
2. 如何理解施工项目中的信息流动关系？
3. 如何理解施工项目信息框架？
4. 施工项目信息的内容包括哪些方面？

5. 如何理解施工项目信息管理的内涵？
6. 施工项目信息管理的任务是什么？
7. 建筑施工中应用信息技术的必要性有哪些？
8. 施工项目信息管理的作用主要体现在哪四个方面？
9. 施工项目管理信息系统由哪些子系统构成？各子系统应具有哪些功能？

第 2 篇 开 发 篇

采用管理信息系统作为建设工程管理的基本手段,不仅可以提高建设工程信息处理的效率,而且可以在一定程度上规范建设工程管理流程、增强项目管理工作效率和目标控制工作的有效性。然而,要想利用计算机改善建设工程管理,首先面临着建立以计算机为基础的管理信息系统的问题,即系统开发问题。

本篇主要介绍管理信息系统开发的基本理论和开发过程,包括管理信息系统开发概述、管理信息系统规划、管理信息系统分析、管理信息系统设计和管理信息系统实施等五章。管理信息系统开发概述主要介绍管理信息系统的概念、功能和特点、管理信息系统的分类、管理信息系统的结构等理论基础,管理信息系统开发的条件及原则、管理信息系统开发的硬软件要求,数据库技术、计算机网络技术等管理信息系统的技术基础,几种典型的系统开发方法,以及管理信息系统开发的过程管理;管理信息系统规划主要介绍系统规划的内容、框架结构,系统规划的步骤,系统可行性研究,系统规划的常用方法,业务流程重组的相关概念和实施;管理信息系统分析主要介绍系统分析的任务、步骤及结构化系统分析方法,系统调查的原则、内容和方法,组织结构与业务流程分析,数据流程分析,建立新系统逻辑模型,以及系统分析报告等内容;管理信息系统设计主要介绍系统设计的目标与原则,划分子系统、系统功能模块设计、系统平台设计等系统概要设计内容,代码设计、输入输出设计、数据存储设计、处理过程设计等详细设计的内容;管理信息系统实施主要介绍硬软件系统的建立,管理信息系统测试的过程、技术及方法,用户测试、人员培训及系统转换等,管理信息系统评价指标及评价报告等内容。

通过本篇的学习,可以熟悉管理信息系统开发的基本理论,了解管理信息系统开发的组织实施过程,掌握管理信息系统开发的技术基础、开发方法及系统开发的过程管理,掌握管理信息系统规划、系统分析、系统设计、系统实施等系统开发生命周期各阶段的任务、步骤、方法及实施的全过程。

第4章 管理信息系统开发概述

管理信息系统是一门综合了管理科学、信息科学、系统科学、计算机科学和通信技术等的新兴学科。采用管理信息系统作为建设工程管理的基本手段，不仅可以提高工程信息处理的效率，而且在一定程度上规范了工程管理流程、增强了项目管理工作效率和目标控制工作的有效性。然而，要想利用计算机改善建设工程管理，首先面临着建立以计算机为基础的管理信息系统的问题，即系统开发问题。而系统开发工作的好坏，直接影响到整个计算机辅助管理工作的成败。采用何种方式进行系统开发及如何组织开发过程是一个管理信息系统能否成功的关键所在。

4.1 管理信息系统的理论基础

管理信息系统是一个不断发展的概念。从发展过程来看，管理信息系统是在传统的电子数据处理系统的基础上发展起来的。它避免了电子数据处理系统在管理领域应用时的弊端，在处理方法、手段、技术等方面都有较大的发展，因而有着广泛的应用领域。

4.1.1 管理信息系统的概念

作为一门新的学科，管理信息系统的学科理论基础尚不完善，国内外学者给管理信息系统所下的定义至今尚不统一。但却反映出人们对管理信息系统的认识在逐步加深，其定义也同样在逐渐发展和成熟。大体上可以从广义和狭义两个方面叙述。

1. 广义的管理信息系统　从系统论和管理控制论的角度，认为管理信息系统是存在于任何组织内部，为管理决策服务的信息收集、加工、存储、传输、检索和输出的系统，即任何组织和单位都存在一个管理信息系统。

2. 狭义的管理信息系统　它是指按照系统思想建立起来的以计算机为工具，为管理决策服务的信息系统。体现了信息管理中现代管理科学、系统科学、计算机技术及通信技术，向各级管理者提供经营管理的决策支持。强调了管理信息系统的预测和决策功能，而且是一个综合的人机系统。

管理信息系统既能用计算机进行一般的事务工作来代替信息管理人员的繁杂劳动，又能为组织决策人员提供辅助决策功能，为管理决策科学化提供应用技术和基本工具。因此，可以理解为管理信息系统是一个以计算机为工具，具有数据处理、预测、控制和辅助决策功能的信息系统。管理信息系统首先是一个信息系统，应具备信息系统的基本功能。同时，管理信息系统又具备它特有的预测、计划、控制和辅助决策功能。可以说，管理信息系统体现了管理现代化的标志，即系统的观点、数学的方法和计算机应用三要素的集合。

4.1.2 管理信息系统的功能和特点

1. 管理信息系统的功能　管理信息系统的功能主要有以下几个方面：

（1）数据处理功能。能够进行数据的收集和输入，数据传输，数据存储，数据加工处理，以供查询；能够完成各种统计和综合处理工作，并及时提供各种信息。

（2）预测功能。能够运用现代数学方法、统计方法或模拟方法，根据过去的数据预测未来的情况。

（3）计划控制功能。根据各职能部门提供的数据，对计划的执行情况进行监控、检查、比较执行与计划的差异，对差异情况进行分析，辅助管理人员及时进行控制。

（4）决策优化功能。采用各种经济数学模型和所存储在计算机中的大量数据，辅助各级管理人员进行决策，以期合理利用人、财、物和信息资源，取得最大经济效益。

2. 管理信息系统的特点　由以上管理信息系统的概念和功能，可以看出管理信息系统具有如下特点：

（1）面向管理决策。管理信息系统是为管理服务的信息系统，它能够根据管理的需要，及时提供所需的信息，为组织各管理层次提供决策支持。

（2）综合性。管理信息系统是一个对组织进行全面管理的综合系统，从开发管理信息系统的角度看，在一个组织内可根据需要先开发个别领域的子系统，然后进行综合，最后达到应用管理信息系统进行综合管理的目标，产生更高层次的管理信息，为管理决策服务。

（3）人机系统。管理信息系统的目标是辅助决策，而决策是由人来做的，所以管理信息系统是一个人机结合的系统。在管理信息系统的构成中，各级管理人员既是系统的使用者，又是系统的组成部分。因此，在系统开发过程中，要正确界定人和计算机在系统中的地位和作用，充分发挥人和计算机各自的优势，使系统总体性能达到最优。

（4）现代管理方法和管理手段的结合。管理信息系统的应用不仅仅是简单地采用计算机技术提高处理速度，而是在开发过程中融入了现代化的管理思想和方法，将先进的管理方法和管理手段结合起来，真正实现管理决策支持的作用。

（5）多学科交叉的边缘学科。管理信息系统作为一门新兴的学科，它的基本理论来自于计算机科学与技术、应用数学、管理理论、决策理论、运筹学等学科的相关理论，其学科体系仍处于不断发展和完善的过程之中，是一个具有自身特色的边缘学科，同时它也是一个应用领域。

4.1.3 管理信息系统的分类

管理信息系统是一个广泛的概念，从不同的角度有不同的分类方法。从系统的功能和应用上可以分成如下几类：

1. 国家经济信息系统　国家经济信息系统是一个包含综合统计部门（如国家发展计划委员会、国家统计局）在内的国家级信息系统。在国家经济信息系统下，纵向联系各省、市、地、县及重点企业的经济信息系统，横向上联系外贸、能源、交通等各行业信息系统，形成一个纵横交错、覆盖全国的综合经济信息系统。其主要功能是：收集、处理、存储和分析与国民经济有关的各类经济信息，及时、准确地掌握国民经济运行状况，为各级经济管理部门提供统计分析和经济预测信息，同时也为各级经济管理部门及企业提供经济信息。

2. 企业管理信息系统　企业管理信息系统面向工厂、企业，如制造业、商业企业、建筑企业等，主要进行管理信息的加工处理，是一类最复杂的信息系统，一般应具备对工厂生产监控、预测和决策支持的功能。大型企业的管理信息系统一般都包括"人、财、物"、"产、供、销"以及质量、技术等，同时技术要求也很复杂，因而，常被作为典型加以研究，有力地促进了管理信息系统的发展。

3. 事务型管理信息系统　事务型管理信息系统面向事业单位，主要进行日常事务的处理，如医院管理信息系统、饭店管理信息系统、学校管理信息系统等。由于不同应用单位处理的事务不同，管理信息系统的逻辑模型也不尽相同，但基本处理对象都是管理事务信息，要求系统具有较高的实用性和数据处理能力，决策工作相对较小，而且数学模型使用也较少。

4. 行政机关办公型管理信息系统　国家各级行政机关办公管理自动化，对提高领导机关的办公质量和效率，改进服务水平具有重要意义。办公型管理信息系统的特点是办公自动化和无纸化，在行政机关办公型管理信息系统中，主要应用局域网、打印、传真、印刷、微缩等技术，提高办公事务效率。行政机关办公型管理信息系统对下要与各部门下级行政机关信息系统互联，对上要与上级行政主管决策服务系统整合，为行政主管领导提供决策支持信息。

5. 专业型管理信息系统　专业型管理信息系统是指从事特定行业或领域的管理信息系统，如人口管理信息系统、物价管理信息系统、科技人才管理信息系统、房地产开发管理信息系统等。这类信息系统专业性强，信息相对专业，主要功能是收集、存储、加工、预测等，技术相对简单，规模一般较大。

还有一类专业性更强的信息系统，如铁路运输管理信息系统、电力建设管理信息系统、银行管理信息系统、民航信息系统、邮电信息系统等。它们的特点是综合性强，包括了上述各种管理信息系统的特点，因此，被称为"综合型"的管理信息系统。

4.1.4 管理信息系统的结构

管理信息系统的结构是指管理信息系统各组成部分所构成的框架，由于对不同组成部分的不同理解，就构成了不同的结构方式。主要包括概念结构、层次结构、功能结构和硬件结构等。

1. 管理信息系统的概念结构 从总体概念上看，管理信息系统由四大部分组成，即信息源、信息处理器、信息用户和信息管理者。它们之间的关系如图4-1所示。

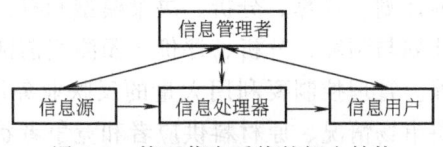

图 4-1 管理信息系统的概念结构

信息源是信息的产生地，即管理信息系统的数据来源；信息处理器主要进行信息的接收、传输、加工、存储、输出等任务；信息用户是信息的使用者，包括企业内部不同管理层次的管理者；信息管理者则依据信息用户的要求负责管理信息系统的设计开发、运行管理与维护。

2. 管理信息系统的层次结构 由于一般的组织管理均是分层次的，如战略管理、管理控制、作业管理等，为其服务的信息处理与决策支持也相应分为三层，这三个层次构成了管理信息系统的纵向结构。另一方面，从横向来看，任何企业都可以按照各个管理组织或机构的职能组成管理信息系统的横向结构，如销售与市场、生产管理、物资管理、财务与会计、人事管理等。从处理的内容及决策的层次来看，信息处理所需资源的数量随管理任务的层次而变化。一般基层管理的业务信息处理量大，层次越高，信息量越小，形成如图4-2所示的金字塔式

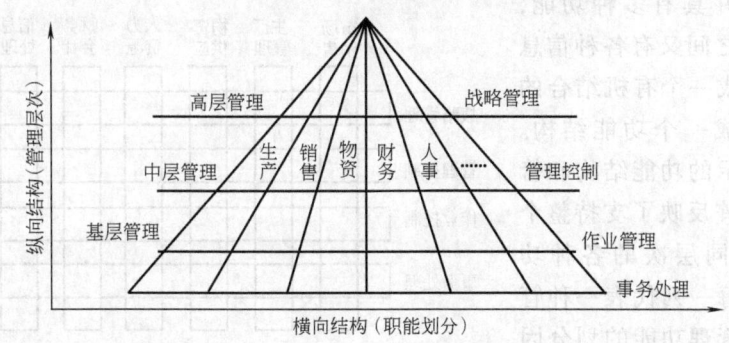

图 4-2 管理信息系统的金字塔结构

管理信息系统结构。管理信息系统按照自下而上的层次结构可分为事务处理、作业管理、管理控制和战略管理四个层次。

（1）事务处理。主要处理日常工作中的各类统计、报表、信息查询和文件档案管理等。

（2）作业管理。主要协助管理者合理安排各项业务活动的短期计划，如生产日程安排等。根据计划实施情况进行调度、控制，以及对日常业务活动进行分析、总结、提出报告等。其主要信息来源是企业的内部环境信息，特别是反映当前业务活动情况的信息。

（3）管理控制。根据企业的整体目标和长期规划制定中期生产、供应和销售活动计划，运用各种计划、预算、分析、决策模型和有关信息，协助管理者分析问题，检查和修改计划与预算，分析、评价、预测当前活动及其发展趋势，以及对企业目标的影响等。管理控制要利用大量的反映业务活动状况的内部信息，同时，也需要大量反映市场情况、原材料供应者和竞争者状况的外部信息。

（4）战略管理。协助管理者根据外部环境信息和有关模型方法确定和调整企业目标，制定和调整长期规划、总行动方针等。战略管理要利用下层各层次信息处理的结果，同时要使用大量的内外部信息，如用户、竞争者、原材料供应者的情况，国家和地区社会经济状况与发展趋势，国家和行业管理部门的各种方针、政策。政治、心理因素、民族、文化背景等对战略管理也都有重要影响。从信息处理层次上看，越靠近金字塔的顶端，信息处理的非结构化程度越强，信息量越少，信息用于满足企业高层决策者的需求；而在金字塔的中部和底部，信息量越来越大，信息处理的结构化程度也越来越强，这些信息用于满足企业的中层和基层管理人员及操作人员的需求。在金字塔的不同层次之间存在着信息的交流，高层的信息处理以底层的信息为基础，通过对底层信息的综合、提炼和加工得到上层信息。同时，上层信息指导和控制底层信息的处理过程。

3. 管理信息系统的功能结构　　管理信息系统从使用者的角度看，总是有一个目标，并具有多种功能，各种功能之间又有各种信息联系，构成一个有机结合的整体，形成一个功能结构。图 4-3 所示的功能结构和管理活动矩阵反映了支持整个组织在不同层次的各种功能。图中每一列代表一种管理功能，管理功能的划分因组织的规模不同而不同，没

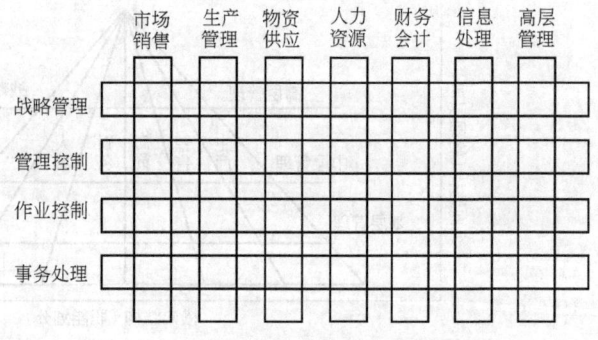

图 4-3　管理信息系统功能/层次矩阵

有标准的分法；图中每一行表示一个管理层次，行列交叉表示每一种功能子系统。各子系统的功能如下：

（1）市场销售子系统。市场销售功能通常包括产品的销售和推销以及售后服务的全部活动。业务处理有销售定单和推销定单的处理；作业控制活动包括雇佣和培训销售人员、销售和推销日常调度，还包括按区域、产品、顾客的销售数量的定期分析等；在管理控制方面，包括总的销售成果和市场计划的比较，它要用到有关客户、竞争者、竞争产品和销售力量等方面的数据；在战略管理方面包括新市场的开拓和新市场的战略，它使用的信息有顾客分析、竞争者分析、顾客调查信息、收入预测和技术预测等。

（2）生产管理子系统。包括产品的设计、生产设备计划、生产设备的调度与运行、生产工人的雇佣与培训、质量的控制与检查等。在该子系统中，典型的业务处理是生产指令、装配单、成品单、废品单和工时单等的处理。作业控制要求把实际进度与计划比较，找出瓶颈环节。管理控制需要概括性报告，反映进度计划、单位成本、所用工时等项目在整个计划中的绩效变动情况；战略管理要考虑加工方法及各种自动化方案的选择。

（3）物资供应子系统。包括采购、收货、库存控制、分发等管理活动。业务处理数据如购货申请、购货定单、加工单、收货报告、库存票、提货单等；作业控制要求把物资供应情况与计划进行比较，产生库存水平、采购成本、出库项目和库存营业额等分析报告。管理控制信息包括计划库存与实际库存的比较，采购成本、缺货情况及库存周转率等。战略管理主要涉及新的物资供应战略，对供应商的新政策以及"自制与外购"的比较分析等，此外，还有新的供应方案、新技术等信息。

（4）人力资源子系统。包括人力资源计划，职工档案管理，员工的选聘、培训、岗位调配、业绩考核、工资福利，职工的退休和解聘等。其业务处理要产生有关聘用条件、工作岗位职责说明、培训说明、人员基本情况数据、工资、业绩变化、工作时间、福利和终止聘用通知等。管理控制主要进行实际情况与计划比较，找出差距制定调整措施，产生各种报告和分析结果，用以说明在岗工人的数量、招工费用、技术专长的构成、应付工资、工资率的分配及是否符合政府就业政策等。战略管理包括人力资源状况分析、人力资源战略和方案评价、人力资源政策的制定。人力资源子系统适用的信息除了本企业综合性信息外，还包括国家的人事政策、工资水平、教育情况和世界局势等。

（5）财务会计子系统。财务与会计有着不同的工作目标和工作内容，但它们之间有着密切的联系。财务的目标是保证企业的财务要求，并使其花费尽可能低。会计则是把财务业务分类、总结，编制标准财务报表，制定预算及对成本数据的分类与分析。运行控制关心每天的差错和异常情况报告、延迟处理的报告和未处理业务的报告等。管理控制包括预算计划和成本数据的分析比较（如财务资源的实际成本、处理会计数据的成本和差错率）、综合财务状况分析、改进财务运作的途径等。战略管理关心的是投资理财效果，对企业战略计划的财务保证能力以及中长期的投资、融资、成本和预算系统计划等。

（6）信息处理子系统。该子系统集中管理企业的信息资源，保证企业各职能部门获得必要的信息资源和信息处理服务。包括管理信息系统的规划建设、软件和硬件的维护管理、企业网站的建设与日常管理、响应各类信息需求、为其他子系统提供技术支持等。典型的业务处理是处理请求、控制管理信息系统的运行、报告硬件和软件的故障、网站内容的更新等。运行控制包括软件和硬件故障维护、信息安全保障等。管理控制要求分析信息系统运行状况，如设备费用、程序员的能力、项目开发的实施计划等情况的比较，找出差距并制定改进的方案等。战略管理关心信息功能的组织，信息系统的总体规划，硬件和软件的总体结构，系统运行效果，信息保证能力，提出管理信息系统建设的长远规划。办公自动化可以看作是与信息处理系统合一的子系统，也可作为一个独立的子系统。

（7）高级管理子系统。每个组织都有一个高层领导层，如公司总经理和各职能领域的副总经理组成的委员会，高层管理子系统为高层领导服务。业务处理和运行控制活动主要是信息的查询和决策的支持，日常公文处理、会议安排、内部指令发送及外部信息交流等。管理控制层要求进行各功能子系统执行计划的总结和计划的比较分析，找出问题并提出调整方案。最高层的战略管理活动需要确定企业的定位和发展方向，制定竞争策略和融资投资战略等，它要求综合外部和内部的信息。外部信息包括：竞争者信息、区域经济指数、顾客偏好、提供服务的质量等。

4. 管理信息系统的软件结构　在管理信息系统的功能/层次矩阵的基础上进行纵横综合，纵向上把不同层次的管理业务按职能综合起来，横向上把同一层次的各种职能综合在一起，做到信息集中统一，程序模块共享，各子系统功能无缝集成，由此可以形成一个完整的一体化的系统，即管理信息系统的软件结构，如图4-4所示。

显然，管理信息系统是由各功能子系统组成的，每一个功能子系统又可以分为事务处理、作业控制、管理控制、战略管理四个主要信息处理部分。每个功能子系统都有自己的文件，即图中每个方块是一个程序块或一个文件，例如生产管理的软件系统是由支持战略管理的模块、支持管理控制、运行控制以及业务处理的模块所组成的系统，并带有它自己的专用数据文件。整个系统有供全系统共享的数据和程序，包括为多个职能部门服务的公用文件、公用程序、为多个应用程序共用的分析与决策模型的公用模型库及数据库管理系统等。

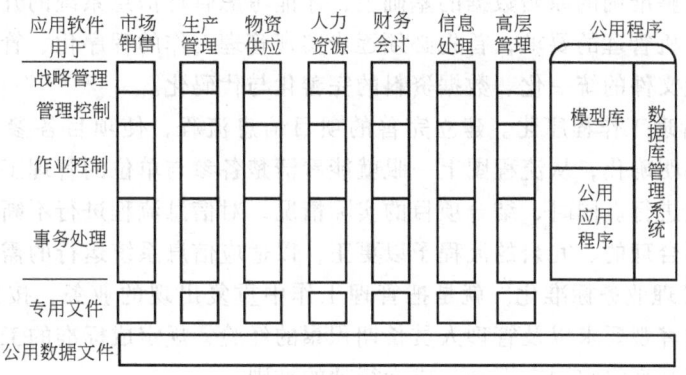

图 4-4 管理信息系统的软件结构

4.2 管理信息系统开发的组织实施

管理信息系统的开发是建立管理信息系统过程中最重要和必不可少的工作。纵观国内外系统开发成功的经验和失败的教训，可以知道开发管理信息系统首先要具备一定的基础和条件，合理运用相应的开发技术，并要遵循系统开发的原则。

4.2.1 管理信息系统开发的条件

在我国管理信息系统的成功实施，不仅应具备一套适用的信息管理软件和性能可靠的计算机硬件平台，还应建立一整套与计算机的工作手段相适应的、科学合理的管理信息系统的组织体系，采取相应的组织措施，建立相应的信息管理制度，保证管理信息系统软硬件正常、高效的运行。

1. **领导者的重视与业务部门的支持** 管理信息系统开发是一项庞大的系统工程，周期长，耗资大，涉及整个管理体制、管理方法、人事调动等诸多因素，这些问题单靠系统分析员和他领导的一个小组是无力解决的。按照管理信息系统中一把手原则，必须主要领导亲自抓，从领导的角度，综观全局，协调各方面的关系，有始有终地把管理信息系统从分析、设计到实施抓到底，才能取得成功。领导者充分重视是建立管理信息系统的重要条件。

管理信息系统的开发更离不开各业务管理部门的支持，因为各级业务部门的管理人员最熟悉本部门的业务管理活动和信息需求，熟悉本部门的业务流程，了解本部门的工作特点。因此，吸收他们参与管理信息系统的开发，才能满足用户的需求。

2. **具有一定科学管理工作基础** 管理信息系统是在科学管理的基础上发展起来的。只有在合理的管理体制、完善的规章制度、稳定的生产秩序、科学的管理方法和完整准确的原始数据的基础上，才能考虑管理信息系统的开发问题。为了适应计算机管理的要求，首先必须逐步实现管理工作的程序化、管理业务的标准化、报表文件的统一化、数据资料的完善化与代码化。

（1）管理工作程序化。建立完善的项目信息流程，使项目各参与单位之间的信息关系明确化，从流程图上一眼就能看清楚各参与单位的管理工作是如何一环扣一环地进行。同时，结合项目的实际情况，对信息流程进行不断的优化和调整，找出不合理的、冗余的流程予以更正，以适应信息系统运行的需要。

（2）管理业务标准化。就是把管理工作中重复出现的业务，按照现代化生产对管理的客观要求以及管理人员长期积累的经验，规定成标准的工作程序和工作方法，用制度将它固定下来，成为行动的准则。

（3）基础数据管理制度化。注重基础数据的收集和传递，建立基础数据管理的制度，保证基础数据的全面、及时、准确地按统一格式输入信息系统，这是建设工程信息管理系统的基础所在。

（4）报表文件的统一化。对信息系统的输入/输出报表进行规范和统一，要设计一套通用的报表格式和内容，并以信息目录表的形式固定下来。

（5）数据资料代码化。建立统一的项目信息编码体系，包括项目编码、项目各参与单位组织编码、投资控制编码、计划年度控制编码、质量控制编码、合同管理编码等。

3. 建立一支专业队伍　在建立和使用管理信息系统过程中，既要培养一批对管理信息系统和建设项目管理理论有较深理解的领导者队伍，又要形成一支既精通管理理论又掌握信息系统开发规律的高素质的系统分析员队伍。同时还要培训一大批熟悉计算机应用和数据处理的信息系统使用者队伍。为了建立这支专业队伍，必须做好选择和培训工作。包括：

（1）项目领导者的培训。项目管理者对待管理信息系统的态度是管理信息系统实施成败的关键因素，对项目领导者的培训主要侧重于管理信息系统的认识和现代项目管理思想和方法的学习。

（2）开发人员的学习和培训。从具有实践经验的人员中培养系统分析员，能在较短的时间内开始系统分析和系统设计工作。此外，因为很难在短期内培养起一个"全能"的系统分析员，所以组织几个各有专长的专家成立一个系统分析和系统设计小组，来担负整个管理信息系统的分析、设计和实施任务，是较为现实的做法。当然为了相互配合，协调一致，有共同的语言是很重要的，故对这些专家也必须有针对性地加以培训，包括建设项目管理人员对信息技术和系统开发方法的学习和软件开发人员对工程项目管理知识的学习。

（3）使用人员的培训。对系统使用人员的培训直接关系到系统实际运行的效率，培训的内容包括信息管理制度的学习、计算机软硬件基础知识的学习和操作系统的学习。结合我国实际情况，对于建设工程管理信息系统使用人员的培训应投入较大的时间和精力。

4. 具备一定的资金能力　管理信息系统开发要有一定的物质基础。管理信息系统开发是一项投资大、风险大的系统工程。企业在管理信息系统开发过程中，需要购买机器设备，购买软件，消耗各种材料，发生人工费用、培训费用以及其他一些相关的费用，这些费用对企业来说是一个不小的负担。为了保证管理信息系统开发的顺利进行，开发前应有一个总体规划，进行可行性论证，对所需资金应有一个合理的预算，制定资金筹措计划，保证资金按期到位，开发过程中要加强资金管理，防止浪费现象的发生。

4.2.2　管理信息系统开发的原则

建设工程项目是一个人工、动态、开放的系统，工程管理信息系统从信息流的角度反映项目管理系统，这个系统应该具有目的性、整体性、相关性、环境适应性等一般系统的特征。管理信息系统的开发过程本身也是一个系统原则和思想的应用过程。因此，系统工程理论应该是系统开发的方法论基础，对应的指导原则为：

1. 创新原则　不是简单地用计算机模仿传统的手工作业方式，而是要充分发挥计算机的各种能力去改革传统的工作。如果从一开始就只想用计算机代替人去干那些一般事务性工作，最后肯定弥补不了开发管理信息系统所耗的巨大费用。所以在建立管理信息系统时，一开始就要寻找管理中的薄弱环节，分析它所带来的损失，想办法用计算机来克服它们。特别是过去人们一直认为应该干而又不能干的工作，如果用计算机来完成，一定会收到良好效果。

2. 面向用户原则　这是系统目的性的体现，管理信息系统的目的是及时、准确地收集项目的数据，并加工成信息，保证信息的畅通，为项目管理各项决策、计划和控制活动提供依据，使项目管理各参与单位和施工各环节联结为一个统一的整体。它是为管理工作服务的，建成的系统要由管理人员（用户）来使用。系统开发的成功与否取决于是否符合用户的需要，满足用户的要求是开发工作的出发点和归宿；用户是否满意是衡量系统开发质量的首要标准。

但是，用户的要求一般难以用简单的语言表达，而是随着开发工作的进展而不断明确和具体化的。因此，在系统开发的整个过程中，开发人员应始终与用户保持密切联系，不断地、及时地了解用户的要求和意见。同时，要得到广大管理人员的支持，并组织他们参加到开发小组中，这是开发工作取得成功的必要条件之一。

3. 整体性原则　系统的整体性，主要体现在功能目标的一致性和系统结构的有机化。为此，首先要坚持统一规划、严格按阶段分步实施的方针，采用先确定逻辑模型，再设计物理模型的开发思路，其次要注重继承与发展的有机结合。

传统的手工信息处理，由于处理手段的限制，是采用各职能部门分别收集和保存信息、分散处理信息的形式。计算机化的信息系统如果只是改变处理手段，仍然模拟人工的处理形式，就会把手工信息分散处理的弊病带到新系统中来，使信息大量重复（冗余），不能实现资源共享，信息难以畅通，不能形成一个完整的系统。为了使所开发的新系统既能实现原系统的基本功能和新的用户功能需求，又能摆脱手工系统传统工作方式的影响，必须寻求系统的整体优化。

4. 相关性原则　管理信息系统是由多个子系统（功能）组成的，整个系统是一个不可分割的整体，整个系统的功能并不是各子系统的简单加和，其功能应比所有子系统的功能总和还要大得多。组成管理信息系统的各子系统都有其独立功能，同时又相互联系、相互作用，通过信息流把它们的功能联系起来。如果它们之中的一个子系统发生了变化，其他子系统也要相应地进行改变和调整，因此，不能不考虑其他子系统而设计某一子系统。整个系统为层次结构，系统可分解为多个子系统，子系统同样又可分解为更细一级的子系统。系统、子系统均有自身的目标、界限、输入、输出和处理内容，但它们不应该被孤立看待和处理。

5. 动态适应性原则　随着企业发展规模的扩大以及外界环境的不断变化，会出现新的管理内容，旧的管理内容也会有所变动。为了适应这种变化，管理信息系统必须具有良好的可扩展性和易维护性。能够经常与外界环境保持最佳适应状态的系统，才是理想的系统，不能适应环境变化的系统是没有生命力的。开发管理信息系统必须具有开放性、超前性的眼光，使系统具备较强的动态适应性。因而，要求在设计管理信息系统时，一定要留有充分的余地。各种编码、记录、文件程序等都要便于今后的变动和更新。

6. 工程化、标准化原则　管理信息系统的开发走过很长一段弯路，主要是因为在开发管理过程中随意性太强所造成的。因此，系统的开发管理必须采用工程化和标准化的方法，即科学划分工作阶段，制定阶段性考核标准，分步组织实施，所有的文档和工作成果要按标准存档。这样做的好处：一是在系统开发时便于开发人员沟通，形成文字的东西不容易产生"二义性"；二是系统开发的阶段性成果明显，可以在此基础上继续前进，目的明确；三是有案可查，使未来系统的修改、维护和扩充比较容易。

4.2.3　管理信息系统开发的软硬件要求

管理信息系统的成功实施，应具备一套先进适用的管理信息系统软件和性能可靠的计算机硬件平台。

1. 开发和引进管理信息系统软件　软件是建设管理信息系统的核心，开发先进适用的管理信息系统软件不仅是软件开发人员的工作，也成为整个管理界的一项重要课题。因此，开发管理信息系统软件应注意以下问题：

(1) 统一规划，分步实施。管理信息系统软件的开发是一个长期渐进的过程，要做好统一的开发规划，由行业主管部门进行协调分步实施，避免低水平的重复开发。

（2）开发队伍的合理构成。合理组织开发人员，安排有深厚管理知识背景的系统分析员作为领导者，开发队伍中既要包括管理的专业人士，也应包括专业的软件开发人员。

（3）注意开发方法和工具的选择。管理信息系统软件的开发应考虑到实际需求，开发过程自始至终都应得到用户的积极参与，选择合适的开发方法和工具有利于提高用户的参与程度、提高系统开发的效率。

（4）注重现代管理理论的支撑和渗透作用。现代化的管理思想和方法是管理信息系统的核心，缺乏现代管理理论支撑的软件只能是原手工工作流程的模拟，其作用是十分有限的。因此，必须注意这方面知识的积累和渗透。

（5）引进成熟的商品化软件。在现有条件下引进国际上成熟的商品化软件也是一种很好的解决方案，但需要注意结合应用环境，选择较高性能价格比的应用软件，注意二次开发，包括软件的汉化和与原有软件的集成，注意引进软件在购买和使用中的知识产权问题，同时还要注意人员培训。

2. 建立管理信息系统的硬件平台　建立管理信息系统的硬件，应能满足软件正常运行的需要，需注意以下问题：

（1）注意有关设备性能的可靠性。不论是服务器、工作站还是各种网络设备的选择，首先应考虑其运行的可靠性，这是系统正常运行的基础。

（2）采用高性能的网络硬件平台。目前大型管理信息系统软件已不局限于单机的数据处理，多数是采用基于局域网或使用 Web 技术。在一些大型工程项目中使用 Web 技术，建立基于 Browser/Server 体系结构的 Intranet 网络平台是一个十分有效的解决方案，它可以十分方便地连接到 Internet，如图 4-5 所示。

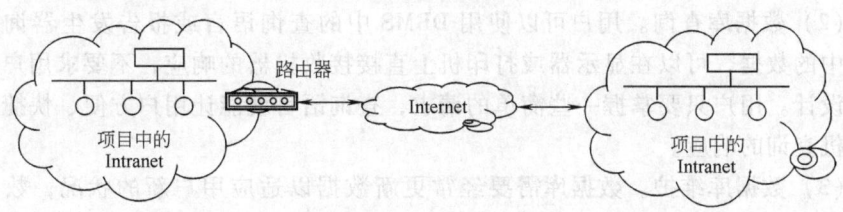

图 4-5　基于 Web 技术构建的项目网络平台示意图

4.3　管理信息系统的技术基础

管理信息系统的开发是建立在数据库技术、计算机网络通信技术的基础上的，在此介绍这方面的相关知识。

4.3.1 数据库技术

1. 数据库系统的构成 数据库系统是由计算机系统、数据、数据库管理系统和有关人员组成的具有高度组织的总体。其组成部分有：

（1）计算机系统。指用于数据库管理的计算机硬件系统，数据库需要大容量的主存储器，以存放和运行操作系统、数据库管理系统程序和应用程序等；需要大容量的直接存储设备及较高的网络功能。

（2）数据库。包括存放实际数据的物理数据库和存放数据逻辑结构的描述数据库。

（3）数据库管理系统。是一组对数据库进行管理的软件，通常包括数据定义语言及其编译程序、数据操纵语言及其编译程序和数据管理例行程序。

（4）人员。指对数据库进行有效控制的数据库管理员、设计数据库管理系统的系统程序员及用户。

2. 数据库管理系统 数据库管理系统（DBMS）是一组计算机程序，控制组织和用户的数据库生成、维护和使用。其主要功能如图 4-6 所示。

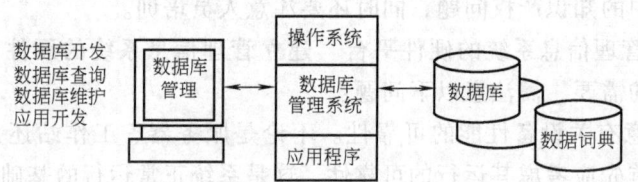

图 4-6 数据库管理系统的主要功能

（1）数据库开发。数据库管理软件允许用户很方便地开发他们自己的数据库，DBMS 也允许数据库管理员在专家的指导下对整个组织的数据库开发进行控制，以此改善组织数据库的完整性与安全性。

（2）数据库查询。用户可以使用 DBMS 中的查询语言或报告发生器询问数据库中的数据，可以在显示器或打印机上直接接收机器的响应，不要求用户进行程序设计。用户只要掌握一些简单的请求，查询语言就能让用户方便、快捷地得到联机查询的响应。

（3）数据库维护。数据库需要经常更新数据以适应用户新的状况，数据库数据的变化需要进行各种修改以保证数据的准确性。这种数据库维护处理是在 DBMS 的支持下，由传送处理程序及其他用户应用软件实现的。

（4）应用与开发。DBMS 的一个重要作用是应用开发，可以利用 DBMS 软件包提供的内部程序设计语言开发完整的应用程序。

（5）数据词典。数据词典是数据库管理的重要工具，是超越数据的计算机分类与目录，词典的内容是关于数据的数据。数据词典含有管理数据定义的数据库，其内容包括组织数据库的结构、数据元素及其他特征。数据词典由数据库管理员控制、管理和维护。

3. 数据库设计　数据库设计在信息系统开发中占有重要的地位,数据库设计的质量将影响信息系统的运行效率及用户对数据使用的满意度。如何根据用户的需求及企业生存环境,在指定的数据库管理系统上设计数据库的逻辑模型,最终建成用户数据库,是从现实世界向计算机世界转换的过程。

(1) 信息的转换。信息是人们提供关于现实世界客观存在事物的反映,数据则是用来表示信息的一种符号。要将反映客观事物状态的数据,经过一定的组织,转换成为计算机内的数据,将经历四个不同的状态,如图4-7所示。

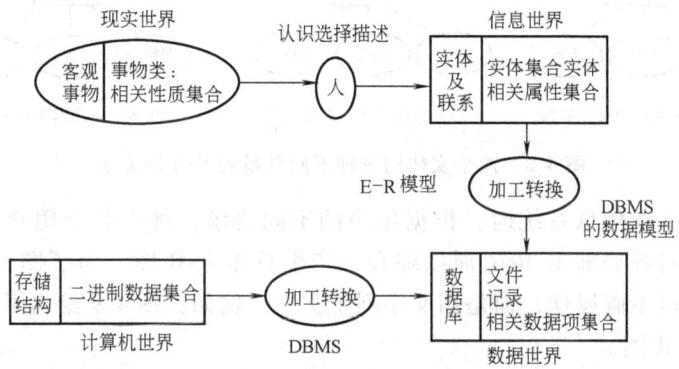

图4-7　信息的转换过程

从现实世界、客观(信息)世界到数据世界是一个认识的过程,也是抽象和映射的过程。相应的数据库设计也要经历类似的过程,即数据库设计也要包括用户需求分析、概念结构设计、逻辑结构设计和物理结构设计四个阶段。概念结构设计是根据用户需求设计的数据库模型,也称概念模型,可以用实体联系模型(E-R模型)表示;逻辑结构设计是将概念模型转换成某种数据库管理系统支持的数据模型;物理结构设计是为数据模型在设备上选定合适的存储结构和存取方法。

(2) E-R信息模型的设计。E-R(Entity Relationship approach)方法,即实体—联系方法,该方法通过E-R图形表示信息世界中的实体、属性、关系的模型。

实体可以是人,也可以是物或抽象的概念,可以指事物之间的联系,如一个人、一件物品、一个部门等都可以是实体;属性是指实体具有的某种特性,如学生实体可由学号、姓名、年龄、性别、专业、年级等属性来描述;联系是指反映到信息世界中现实世界的事物存在这样或那样的联系,在信息世界中,事物之间的联系可分为实体内部的联系和实体之间的联系两种。

在E-R图中,实体、联系、属性分别用方框、菱形和椭圆形表示。作为标识，框内填入相应的实体名、联系名及属性名。图 4-8 所示为两个实体间三种不同的联系方式。

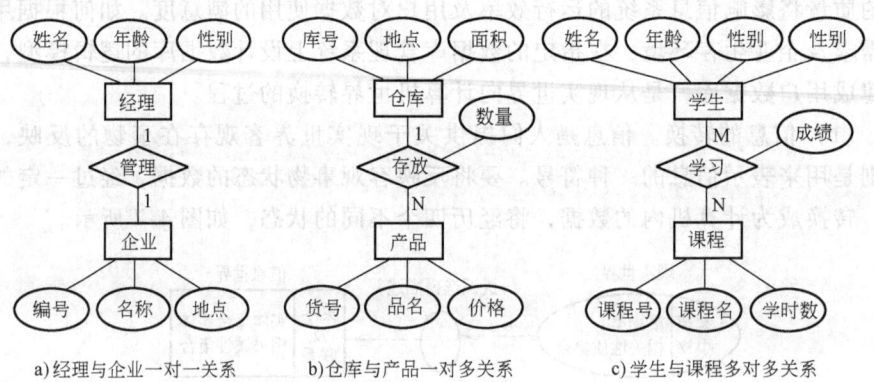

图 4-8　两个实体间三种不同联系的 E-R 图表示

在分析企业信息系统时，根据用户的不同要求，画出各个用户的局部 E-R 图，然后再对各局部 E-R 图加以综合，产生总体 E-R 图。为了图示简明起见，一般图中可以不画属性，而是用文字列于文中。例如：图 4-9 给出了某企业物资入库管理 E-R 图。

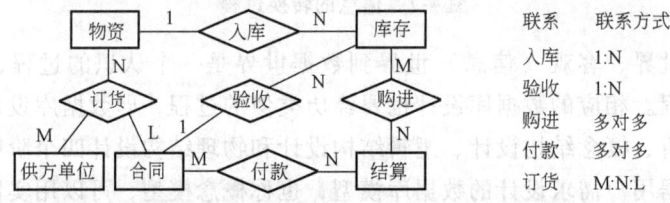

图 4-9　某企业物资入库管理 E-R 图

图中实体之间的联系可以这样理解：一种物资可以分多次入库，所以入库是一对多联系；一份合同订购的物资可以分多次验收，所以验收也是一对多联系；一次购进的物资可以经多次结算，而一次结算可以承办多次购进的物资，所以是多对多的联系，其属性值为：入库号、结算编号、数量、金额；付款也是多对多的联系，其属性值为：结算编号、合同号、数量、金额；订货是一个数量超过两个的不同类型实体之间的联系。在订货业务中，一种物资可以由多家供应，产生多笔合同。反之，一个供应单位可供应多种物资，产生多笔合同，所以在图中用 M:N:L 的结构来表示。订货联系的属性为：物资代码、单位号、合同号、数量、单价。实体的属性为：供货单位（单位号、单位名、地址、联系人、邮政编码），物资（物资代码、名称、规格、备注），库存（入库号、日期、货位、数量），合同（合同号、数量、金额、备注），结算（结算编号、用途、金额、经手人）。

E-R图直观易懂，能比较准确地反映出现实世界的信息联系，并从概念上表示了一个数据库的信息组织情况，数据库系统设计人员可根据E-R图，结合具体DBMS所提供的数据模型类型，再演变为DBMS所能支持的数据模型。

4. 数据模型　　数据模型是对客观事物及其联系的数据化描述。在数据库系统中，对现实世界中数据的抽象、描述以及处理等都是通过数据模型来实现的。模型能使数据以记录的形式组织在一起，综合反映企业组织经营活动的各种业务信息，它既能使数据库含有各个用户所需要的信息，又能在综合的过程中去除不必要的冗余。数据模型是数据库系统设计中用于提供信息表示和操作手段的形式构架，是数据库系统实现的基础。目前，实际数据库系统中支持的数据模型主要有三种：层次模型、网状模型和关系模型。图4-10给出了三种数据模型的示意。

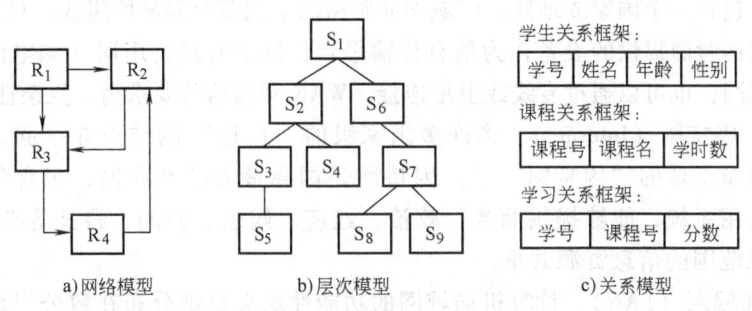

图4-10　三种数据模型

在上述三种模型中，关系模型是最重要的模型，它的特点是用人们最熟悉的表格数据形式描述数据记录之间的联系，是以数学中的关系理论为基础的。该模型简化了程序开发及数据库建立的工作量，因而应用广泛，并在数据库系统中占据了主导地位。

4.3.2　计算机网络

管理信息系统是由计算机技术、网络通信技术、信息处理技术、科学管理方法和人组成的综合系统，在这个系统中，计算机网络是整个系统结构的主体和系统运行的基础。计算机网络是指空间位置（尤其是地理位置）不同，具有独立功能的多个计算机系统，用通信技术（通信设备和线路）连接起来，并以网络协议、网络操作系统等网络软件实现网络资源（硬件、软件及信息或数据）共享的技术系统。一个企业或组织中的信息系统大多都是分布式的，利用通信设备和线路将地理位置不同、功能独立的多个计算机系统互连起来，以功能完善的网络软件实现网络中资源共享和信息传递，是管理信息系统的主要运行方式。

1. 计算机网络类型　　计算机网络的分类方法很多，通常按网络的覆盖范围可分为局域网、城域网、广域网和因特网。

（1）局域网（Local Area Network，LAN）。局域网是在有限范围内，将各种计算机和外围设备（如打印机）连接而成的网络。其传输距离在0.1~10km，传输速率一般为10Mbps/100Mbps，传输速率与计算机和设备连接用的介质及局域网软件有关。局域网是计算机网络中近年来发展最快的，其传输速率可达到1000Mbps，已经在企、事业单位中发挥了重要作用。

（2）城域网（Metropolitan Area Network，MAN）。城域网的范围可以覆盖一个城市或是相连的几个小城市，物理距离在50km之内。当要连接的计算机超出局域网的范围之后，城域网就出现了。城域网使用局域网的拓扑结构和广域网的某些协议。如同局域网一样，城域网不使用公共电话系统传输数据。一般的城域网使用光纤作为传输介质，以100Mbps/1000Mbps的速度传输数据。

（3）广域网（Wide Area Network，WAN）。广域网是一种跨地区的数据通信网络，通常包含一个国家或地区。广域网通常由两个或多个局域网组成。计算机常常使用电信运营商提供的设备作为信息传输平台，例如通过公用网（如电话网）连接到广域网，也可以通过专线或卫星连接。WAN对通信的要求高，复杂性也高。

（4）因特网（Internet）。将许多国家级的"广域"网结合在一起，就形成了目前遍布全球的"因特网"了。因特网是国际最大的互联网，包含各种不同领域的应用系统，能够提供商务、政治、经济、娱乐、新闻、科技等各类信息，实现全球范围的信息资源共享。

2. 局域网（LAN） 计算机局域网的功能性定义是把分布在数公里范围内的不同物理位置的计算机设备连在一起，在网络软件的支持下可以相互通信和资源共享的网络系统。被广泛应用在办公自动化、计算机辅助企业管理等方面。LAN的技术性定义为由特定类型的传输媒体（如电缆、光缆和无线媒体）和网络适配器（亦称为网卡）互连在一起的计算机，并受网络操作系统监控的网络系统。

功能性和技术性定义之间的差别是很明显的，功能性定义强调的是外界行为和服务；技术性定义强调的则是构成LAN所需的物质基础和构成的方法。LAN的名字本身就隐含了这种网络地理范围的局域性。由于较小的地理范围的局限性，LAN通常要比WAN具有高得多的传输速率。

（1）局域网的拓扑结构。LAN的拓扑结构目前常用的是总线型、环型和星型。

1）总线型。一般采用分布式媒体访问控制方法，可靠性高、扩展性能好、比较容易安装，只需铺设主干电缆，使用电缆较少，成本低；是实现局域网最通用的拓扑结构。比较容易增加或删除节点。当可接受的分支点达到极限时，就必须重新铺设主干；总线型拓扑结构维护比较困难，若主干电缆发生故障，整个网络将会瘫痪，并且当网上站点较多时，会因数据冲突增多而使效率降低。

2）环型。初始安装时比较简单；随着网上节点的增加，也会增加重新配置的难度；也是采用分布式媒体访问控制方法，控制简单、信道利用率高、通信电缆长度短，不存在数据冲突问题，在局域网中应用较广泛。环型拓扑结构对结点接口和传输线要求较高,一旦接口发生故障可能导致整个网络不能正常工作。

3)星型。网络容易进行重新配置,只需增加、移去和改变中心设备的某个端口的联接即可;维护比较容易,如果某台计算机发生故障,整个网络不受影响;对中心节点的可靠性要求较高,如中心节点设备(如集线器或交换机)发生故障,将影响到整个网络。常采用集中式媒体访问控制方法,结构简单、实现容易、信息延迟确定。但通信电缆总长度长,传输媒体不能共享。

(2)局域网的组成。局域网一般由传输介质、网络连接设备、网络服务器、网络工作站和网络软件组成。

1)传输介质。局域网使用的传输介质主要是双绞线、同轴电缆和光纤。此外还有一些传输介质附属设备,主要指将传输介质与通信设备进行连接的网络配件。

2)网络连接设备。主要包括网络适配器、集线器(Hub)、交换机等。网络适配器是网络系统中的通信控制器,用于连接计算机和电缆线,计算机之间通过电缆进行高速数据传输。微型计算机局域网中的网络适配器通常是一块集成电路板(也称网卡),安装在微型计算机主机的扩展槽上,通过网络配件与传输介质相联。集线器(Hub)是一种特殊的中继器,作为网络传输介质间的中央节点,能够提供多端口服务。交换机是组成网络系统的核心设备,是用来控制数据通信的设备,它过滤出不是发往特定网络内计算机的数据流,因而大大提高了通信效率。交换机限制不必要的通信任务,相当于增强了其他通信任务的数据传输能力。通过交换机可以显著提高整个用户网络的应用性能。

3)网络服务器。网络服务器是网络的运行和资源管理中心,通过网络操作系统对网络进行统一管理,支持用户对大容量硬盘、共享打印机、系统软件、应用软件和数据信息等共享资源的存取和访问,实现网络的功能。网络服务器可以是高性能微型计算机、工作站、小型计算机或中大型计算机,一般具有通信处理、快速访问和安全容错等功能。

4)网络工作站。它是网络的前端,用户通过网络工作站进行网络通信、共享网络资源和接受各种网络服务。网络工作站一般采用微型计算机,除了进行网络通信外,工作站本身也具有一定数据处理能力。

5)网络软件。包括网络协议软件、通信软件和网络操作系统。网络软件功能的强弱直接影响到整个网络的性能。协议软件主要用于实现物理层和数据链路层的某些功能,如网卡中的驱动程序。通信软件用于管理多工作站的信息传输。网络操作系统管理整个网络范围内的任务和资源的管理和分配,监控网络的运行状态,对网络用户进行管理,并为网络用户提供各种网络服务。

(3)无线局域网(WLAN)。WLAN利用电磁波在空气中发送和接受数据,而无需线缆介质。WLAN的数据传输速率现在已经能够达到1000Mbps,传输距离可远至20km以上。无线联网方式是对有线联网方式的一种补充和扩展,使网上的计算机具有可移动性，能快速、方便地解决以有线方式不易实现的网络联通问题。与有线网络相比，WLAN 具有以下优点：

1）安装便捷。一般在网络建设当中，施工周期最长、对周边环境影响最大的就是网络布线的施工了。在施工过程中，往往需要破墙掘地、穿线架管。而 WLAN 最大的优势就是免去或减少了这部分繁杂的网络布线的工作量，一般只要安放一个或多个接入点（Access Point）设备就可建立覆盖整个建筑或地区的局域网络。

2）使用灵活。在有线网络中，网络设备的安放位置受网络信息点位置的限制。而一旦 WLAN 建成后，在无线网的信号覆盖区域内任何一个位置都可以接入网络，进行通信。

3）经济节约。由于有线网络中缺少灵活性，要求网络的规划者尽可能地考虑未来发展的需要，这就导致需要预设大量利用率较低的信息点。而一旦网络的发展超出了设计规划时的预期，又要花费较多费用进行网络改造。而 WLAN 可以避免或减少以上情况的发生。

4）易于扩展。WLAN 有多种配置方式，能够根据实际需要灵活选择。这样，WLAN 能够胜任只有几个用户的小型局域网到上千用户的大型网络，并且能够提供像"漫游（Roaming）"等有线网络无法提供的特性。

由于 WLAN 具有多方面的优点，其发展十分迅速。在最近几年里，WLAN 已经在医院、商店、工厂和学校等不适合网络布线的场合得到了广泛的应用。

3. 因特网（Internet） 因特网（Internet）又称国际计算机互联网，是目前世界上影响最大的国际性计算机网络。它以 TCP/IP 网络协议将各种不同类型、不同规模、位于不同地理位置的物理网络联接成一个整体。它也是一个国际性的通信网络集合体，融合了现代通信技术和现代计算机技术，集各部门、各领域的各种信息资源为一体，从而构成网上用户共享的信息资源网。

（1）Internet 的接入方式：

1）公共电话交换网（PSTN）。PSTN 是一种线路交换的网络，即通过电话线，使用调制解调器（Modem）进行连接。调制解调器的功能是进行"模$\Longleftrightarrow$数"转换，其主要技术指标是传输速率。

2）综合业务数字网（ISDN）。是以综合数字电话网 IDN 为基础发展起来的通信网络，即数字交换和数字传输结合形成了综合数字电话网。综合数字网的关键在于数字化技术综合的实现，随着光纤技术、多媒体技术、高分辨率动态图像与文件传输技术的发展，人们对数据传输速率的要求越来越高。可通过网络终端 NT、ISDN 终端适配器、ISDN 代理服务器、专用 ISDN 路由器等设备接入 Internet。ISDN 具有节省投资、使用方便、传输速率高、质量好等特点。

3）数字用户线路（xDSL）。即 DSL 的统称，它们是以铜电话线为传输介质的，采用点对点的接入技术，常用的有 HDSL 和 ADSL。HDSL 主要用于数字交换机的连接、高带宽视频会议、远程教学、蜂窝电话基站连接、专线网络建立等方面；ADSL 适合双向带宽要求不一致的传输，如 Web 浏览、多媒体点播以及消息发布等。

4) 光纤接入。以光纤作为传输媒介，利用光载波传送信号的接入网。由于光纤传输系统的容量大、损耗小、抗电磁干扰力强、成本逐步降低，光纤接入将是全业务接入网的主要发展方向，并且将以光纤到户成为主要服务形式。

5) 光纤/铜线混合接入网（HFC）。该技术是在传统的同轴电缆（CATV）技术基础上发展起来的，CATV 技术的要点是在有线电视台的前端把电视图像用光纤和同轴电缆组合起来的方式传送到各家各户。但这种系统是单向下行的，HFC 是在此基础上实现双向传输。利用 HFC 接入网进行高速访问的通信设备是电缆调制解调器（Cable Modem），其本身不是单纯的调制解调器，而是一个协调器和加密设备，还起到路由器和网卡的部分作用。

6) 无线接入网络。目前有卫星通信、数字微波通信、移动通信系统等几种方式。

(2) Internet 的关键技术：

1) TCP/IP 技术。TCP/IP 是 Internet 的核心，利用 TCP/IP 协议可以方便地实现多个网络的无缝连接。

2) 主机 IP 地址。为了确保通信时能相互识别，连在 Internet 上的每台主机都必须有一个唯一的标识，即主机的 IP 地址。现在国际上使用的 IPv4 地址由 32 位（即 4 字节）二进制数组成，例如某台主机的主机号码（32 位二进制数的 IP 地址）是：11001010011000110110110000010001100，为了书写方便，将其分成 4 组，每组 8 位，用小数点隔开，每一组数译成十进制数，其范围为 0～255，如：202.193.64.34。新的 IPv6 地址用 128 位二进制数组成，带来更多的可用地址。IPv6 正处于不断发展和完善的过程中，不久的将来将取代目前被广泛使用的 IPv4，到时，一台电视，一台冰箱，小到一个手机都会有一个自己的 IP 地址。

3) 域名系统。IP 地址是 Internet 主机的数字型标识，数字型标识对于计算机网络来说当然是有效的，但对于使用网络的人来说，一个很大的缺点就是不容易记忆。为此，人们研究出了一种字符型标识，这就是域名。域名如同人的名字，电话的号码一样，是 Internet 网络上的一个服务器或一个网络系统的名字。在全世界没有重复的域名，一般来说，域名分为三部分，其格式为："商标名（或企业名），单位性质代码，国家代码"，如：hit.edu.cn。在 Internet 上，把域名翻译成 IP 地址的软件称为域名系统，即 Domain name system，简称 DNS，它是一种能够实现名字解析的分层结构数据库。

4) 统一资源定位器。即 Uniform Resource Locator（URL），是专门为标识 Internet 网上资源位置而设的一种编址方式。URL 是一个简单的格式化字符串，它包含有被访问资源的类型，服务器的地址及文件的位置等，又称之为"网址"。它一般由四部分组成："传输协议：//主机 IP 地址或域名地址/资源所在路径/文件名",例如:http://www.hit.edu.cn/about/profile.htm,就可以进入哈尔滨工业大学学校简介页面。

(3) Internet 的应用:

1) 万维网(World Wide Web,WWW)。万维网是无数个网络站点和网页的集合,它们的集合构成了 Internet 最主要的部分。它实际上是多媒体的集合,即集文本、声音、图像、视频等多媒体信息于一身的全球信息资源网络,是由超级链接而成的,通过网络浏览器上网观看的就是万维网的内容。

2) 电子邮件(E-mail)。E-mail 是 Internet 上使用最早、最广泛的一种服务。用户只要能与 Internet 连接,具有收发电子邮件的程序及个人的 E-mail 地址,就可以与 Internet 上已有 E-mail 地址的所有用户方便、快速、经济地交换电子邮件。电子邮件改变了人们的通信方式,提高了交流的效率。

3) 讨论组(Usenet)。是一个由众多趣味相同的用户共同组织起来的各种专题讨论组的集合,通常也称为全球性的电子公告板系统(BBS),用于发布公告、新闻、评论等各种文章供网上用户使用和讨论。它实际上是一个协议,描述如何将讨论的内容存储在计算机上,并在计算机之间传输。

4) 文件传输协议(File Transfer Protocol,FTP)。协议是 Internet 上文件传输的基础,通常所说的 FTP 是基于该协议的一种服务,是一个描述在本地计算机与远程计算机之间进行文件传输的协议。通过该协议,用户可以从一个 Internet 主机向另一个 Internet 主机复制文件。FTP 曾经是 Internet 中的一种重要的交流形式。目前,我们常常用它来从远程主机中复制所需的各类软件。在 Internet 上,绝大多数提供 FTP 文件访问的计算机都支持匿名 FTP,即允许任意一台计算机上任意一个用户访问公用文件,同时还提供大量免费或收取少量费用的软件。

4.4 管理信息系统的开发方法

管理信息系统的开发是一项艰巨的工作,需要大量的人力、财力和时间的投入。随着管理信息系统应用的不断深入和应用规模的扩大,有相当一部分信息系统开发失败,出现了很多问题。管理信息系统开发的效率、质量、成本及用户的满意程度,除了管理、技术等方面的因素外,很大程度上取决于系统开发方法的选择。即系统开发必须遵循一定的方法和规律,才能解决开发过程中面临的各种问题。

合理选择管理信息系统开发方法是为了使管理信息系统能正确反映管理需要,满足用户需求。使所开发的管理信息系统能为管理决策提供信息支持,有效地管理系统开发过程,降低费用;充分利用软件技术,尽快跟上硬件发展速度,以便最大限度地发挥和挖掘硬件的功能,合理组织和充分利用人力、物力和财力等资源。信息系统的开发方法很多,常用的有结构化开发方法、原型法、面向对象的方法和信息工程方法等。

4.4.1 结构化系统开发方法

1. 结构化系统开发方法的含义　结构化系统开发方法（Structured System development methodologies），亦称为结构化生命周期法，是指用系统工程的思想和工程化的方法，按照用户至上的原则，自顶向下整体性分析与设计和自底向上逐步实施的系统开发过程。

结构化系统开发方法是系统工程思想和工程化方法在系统开发领域的运用。它是先将整个信息系统开发过程划分出若干个相对独立的阶段，如系统规划、系统分析、系统设计、系统实施等，再严格规定每一阶段的任务和工作步骤，同时提供便于理解和交流的开发工具方法（图表）。在系统分析时，采用自顶向下、逐层分解，由抽象到具体的逐步认识问题的过程；在系统设计时，先考虑系统整体的优化，然后再考虑局部的优化问题；在系统实施时，则坚持自底向上，先局部后整体，通过标准化模块的链接形成完整的系统。

结构化系统开发方法是效果良好的经典方法之一，尽管当今系统开发工具有了很大的革新与进步，但结构化系统开发方法在系统需求分析和逻辑设计方面仍不失为一种最有效的方法。

2. 系统开发的生命周期　用结构化系统开发方法开发一个系统，可将整个开发过程划分为若干个首尾相连接的阶段，每一个阶段内部又包含若干前后关联的工作步骤，一般称之为系统开发的生命周期。生命周期各阶段的划分不尽相同，如三阶段、四阶段、五阶段、六阶段等，但人们对整个开发过程所完成的主要工作认同一致。图 4-11 给出了管理信息系统生命周期的五阶段划分方法。

系统开发生命周期各阶段的主要工作内容为：

（1）系统规划阶段。这一阶段的任务是对企业的环境、目标、现行系统的状况进行初步调查，明确问题，确定信息系统的发展战略，对建设新系统的需求做出分析和预测，分析建设新系统所受的各种约束，研究建设

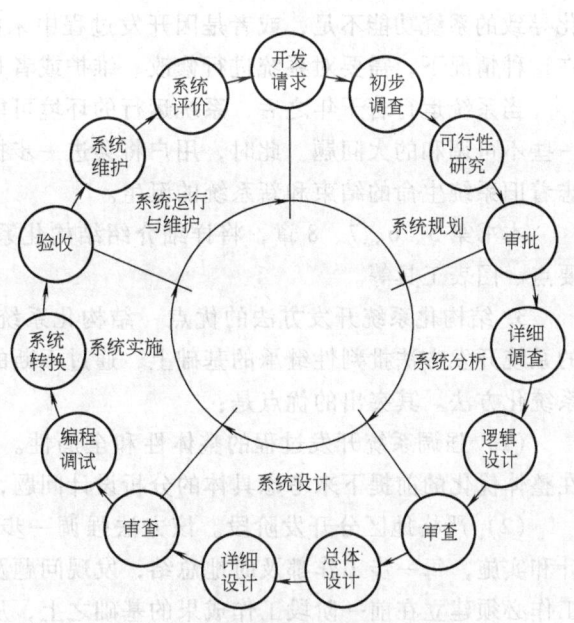

图 4-11　管理信息系统的生命周期

新系统的必要性和可能性。根据需要和可能，给出拟建系统的备选方案，从技术和经济角度对方案进行可行性分析，写出可行性分析报告，提交用户批准后，将系统建议方案及实施计划编写成系统开发任务书，进入系统分析阶段。

(2) 系统分析阶段。该阶段的主要任务是对现行系统进行详细调查，在此基础上进行组织机构功能分析；管理业务流程分析；数据与数据流程分析；功能与数据之间的关系分析；建立新系统逻辑模型；形成综合性的系统分析报告，并提交用户讨论审核，然后转入系统设计阶段。

(3) 系统设计阶段。在系统分析的基础上，以系统分析报告为依据，进行总体结构设计，然后分别进行代码设计、数据库/文件设计、输入输出设计、模块结构与功能设计。与此同时，根据总体设计的要求，购置有关设备，并安装调试。最终给出系统的物理模型和系统设计报告。提交用户讨论审核，批准确认后，转入系统实施阶段。

(4) 系统实施阶段。系统实施是将设计的系统付诸实现的阶段。这一阶段的工作包括：程序设计，程序调试（单调、分调、总调），计算机等设备的购置、安装与调试，人员培训，数据准备和初始化，系统调试与转化，最后投入试运行并进行完善性维护。

(5) 系统运行与维护阶段。该阶段是系统开发成功后，交付用户正式使用、发挥效益的时期。其主要工作内容包括：系统的日常运行管理、维护；系统综合评价及系统开发项目的监理审计等。在系统运行过程中，可能会出现由于环境变化导致的系统功能不足，或者是因开发过程中未能发现或无法解决的功能要求，在这种情况下，需要对系统进行修改、维护或者是局部调整。

当系统运行若干年之后，系统运行的环境可能会发生根本性的变化，出现了一些不可调和的大问题。此时，用户将会进一步提出开发新系统的要求，也就标志着旧系统生命的结束和新系统的诞生。

本书第5、6、7、8章，将详细介绍结构化系统开发方法的实施步骤、工作要点、图表工具等。

3. 结构化系统开发方法的优点　结构化系统开发方法是在对传统的、自发的系统开发方法批判性继承的基础上，通过不断的理论和实践探索而形成的一种系统化方法。其突出的优点是：

(1) 强调系统开发过程的整体性和全局性。结构化系统开发方法特别强调在整体优化的前提下来考虑具体的分析设计问题，即自顶向下的观点。

(2) 严格地区分开发阶段。该方法强调一步一步严格地进行系统分析、设计和实施，每一步工作都及时地总结，发现问题及时地反馈和纠正，后一阶段的工作必须建立在前一阶段工作成果的基础之上，从而使每一阶段的工作都有可靠的依据，避免了开发过程的盲目混乱状态，极大地提高了系统开发的成功率。

4. 结构化系统开发方法的缺点　随着计算机应用的深入以及计算机软硬件的迅速发展，对系统开发的时间要求越来越高，管理信息系统更新的步伐越来越快，时间短、费用低不仅已成为系统开发的基本要求，而且随着功能强大的辅助开发软件的不断涌现而成为可能。面对这种新的趋势，强调规范化、标准化的结构化系统开发方法已逐渐暴露出了很多缺点和不足，主要表现在以下几个方面：

（1）开发周期过长。严格的阶段划分和文档要求误时费事，致使开发周期延长。

（2）难以适应迅速变化的环境。由于开发周期长，而且不能随时变更前一阶段的工作成果，可能导致后一阶段工作无法及时把环境变化的要求反映到开发方案中来，致使最终开发出的系统可能脱离现实。

（3）使用的工具落后。大量的分析设计图表难以采用计算机完成，而必须通过手工绘制，费事费时。

（4）有违认识事物的规律性。要求系统开发者在调查中就要充分掌握用户需求、管理状况以及预见可能发生的变化，这不大符合人们循序渐进地认识事物的规律性。

必须指出的是，尽管结构化系统开发方法存在一些缺点，但其严密的理论基础和系统工程方法仍然是系统开发中不可缺少的。而且，对于复杂系统的开发往往必须采用结构化方法。此外，随着大量开发工具的引入，开发工作效率大大提高，使得结构化方法的生命力越来越强。因此，目前它仍然是一种被广泛采用的系统开发方法，特别是当这种方法与其他方法结合使用时效果更好。

4.4.2　原型法

原型法（Prototyping Approach，PA）是 20 世纪 80 年代随着计算机软件技术的发展，特别是在关系数据库系统、第四代程序设计语言和各种功能强大的辅助系统开发工具产生的基础之上，提出的一种具有全新的设计思想和开发工具的系统开发方法。

1. 原型与原型法概念　所谓原型，是指由系统分析设计人员与用户合作，在短期内定义用户基本需求的基础上，开发出的一个只具备基本功能、实验性的、简易的应用软件。它不同于只是逻辑意义上的、不可运行的"模型"。实际上，原型就是一个实实在在的、可运行的管理信息系统软件，只不过由于对用户需求把握尚不全面和准确，软件的功能并不十分完善而已。

原型法是指借助于功能强大的辅助系统开发工具，按照不断寻优的设计思想，通过反复的完善性试验而最终开发出符合用户要求的管理信息系统的过程和方法。即首先快速开发一个原型，然后运行这个原型，再通过对原型的不断评价和改进，使之逐步完善，直至用户满意为止。

原型法的基本思想是：在投入大量的人力、物力之前，在限定的时间内，用最经济的方法，开发出一个可实际运行的系统原型。原型法被引入工业生产的设计阶段和生产阶段中试制样品的管理，可解决需求规格确立困难的问题。在原型系统的运行中，用户发现问题并提出修改意见，技术人员完善原型，使它逐步满足用户的要求。因此，用户的需求是通过不断的运行和评价原型而逐步明确的。在原型系统开发过程中，用户不再面对难以理解的图表，而是直观的软件，在演示或使用中提出需求，避免了需求表达不清等问题，使系统开发真正体现面向用户的原则。其开发过程是分析、设计、编程、运行、评价、多次重复，不断演进的过程，如图4-12所示。

原型法的开发必须满足四个条件，即开发周期必须短且成本低，要求用户参与评价原型，原型必须是可运行的，原型要易于修改。

2. 原型法的软件支持环境　原型法的运用必须有一个前提，那就是要有一个强有力的软件支持环境，没有功能强大的辅助系统开发工具的支持，原型法的优势难以变成现实。一般认为，原型法所需要的软件支撑环境主要有：方便灵活的关系数据库系统（RDBS），它具有高度适用性，允许直接进行数据的模型化和简化程序开发；与RDBS相对应的、方便灵活的数据词典描述工具，它具有存储所有实体和控制信息的功能；与RDBS相对应的快速查询系统，能支持任意非过程化的（即交互定义方式）组合条件查询；用以支持结构化程序的软件工具（如第四代程序设计语言或信息系统开发生成环境等），并且允许采用交互的方式迅速地进行书写和维护，产生任意程序语言的模块（即原型）；非过程化的报告或屏幕生成器，允许设计人员详细定义报告或屏幕输出样本；自动文档编排，提供与数据词典相联系的自动文档功能。

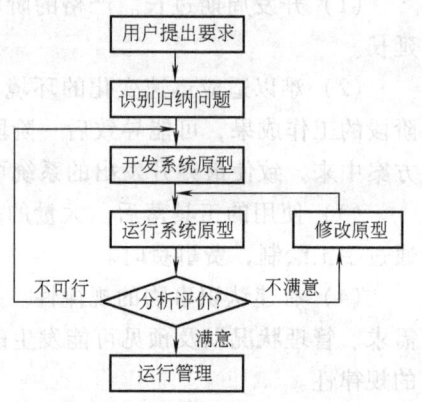

图4-12　原型方法的工作流程

3. 原型法的特点　上述原型方法无论原理还是流程都十分简单，并无任何高深的理论和技术，因而备受推崇，并在实践中获得巨大的成功。这主要是由于原型法更多地遵循了人们认识事物的规律，更容易为人们所普遍接受。其特点如下：

（1）认识论上的突破。从认识论的角度来看，人们认识事物都不可能一次就完全了解，开发过程是一个循环往复的反馈过程，它符合用户对计算机应用的认识逐步发展、循序渐进的过程。人们对于事物的描述，往往都是受环境的启发而不断完善的，开始时用户和设计者对于系统功能要求的认识是不完整的、粗糙的，通过建立原型、演示或使用原型、修改原型的循环过程，设计者以原型为媒介，及时取得来自用户的反馈信息，不断发现问题，反复修改、完善系统，确保用户的要求得到较好的满足。

（2）改进了用户和系统设计者的信息交流方式。原型方法将模拟手段引入系统分析的初期阶段，有用户的直接参与，所有问题的讨论都是围绕某一个确定原型而进行的，这样可以直接而又及时地发现问题，并进行修正。能够及早地暴露出系统实现后存在的一些问题，可以减少信息系统的设计错误，开发人员在开发过程中就能对系统做出改进。在大多数情况下，设计中的错误是对用户需求的一种不完善或不准确的理解造成的，实质上也是一种信息交流上的问题。当用户和开发人员采用原型法后，改善了信息的沟通状况，设计错误必然大大减少。另外，原型法使用户能很快地接触和使用系统，容易为不熟悉计算机应用的用户所接受，可提高用户参与系统开发的积极性。

（3）更加贴近实际，提高用户满意程度。借助于原型系统，为用户建立正确的信息模型和功能模型，由用户和系统设计者、编程人员共同制定出合理的解决方案。由原型法得出的最终系统的需求来自于原型系统的运行经验，为用户建立了正确的信息模型，完全符合用户的需求，当用户并不相信初始系统的需求时，采用现实系统原型做试验，要比参加系统分析设计会议、依靠阅读难懂的图表想象待开发的目标系统更有意义，有助于激发用户主动参与的积极性，提高对系统的满意程度。

（4）降低开发风险及开发成本。由于使用原型系统来测试开发思想及方案，只有当风险程度通过原型使用户和开发人员意见一致时，才能继续开发最终系统，因而减少了开发失败的可能性。在原型法的应用中无需多余的文档资料，还可以充分利用最新的软件工具，摆脱了老一套的工作方法，使系统开发的时间、费用大大减少了，效率、技术等方面都大大地提高了。同时，还减少了用户培训时间，简化了管理，因而也就降低了系统开发成本。

4. 原型法的局限性　原型法比起结构化系统开发方法固然有其时代的优越性，但它不能取代结构化开发方法，它的应用有一定的局限性，主要表现在以下几个方面：

（1）开发工具要求高。原型法需要有现代化的开发工具支持，否则开发工作量太大、成本过高，就失去了采用原型法的优势。应该说开发工具的水平是原型法能否顺利实现的第一要素。

（2）解决复杂系统和大系统问题很困难。对于大型的系统，如果不经过系统分析来进行整体性划分，想要直接用屏幕来一个一个地模拟是很困难的。对于复杂系统（如复杂的控制系统），功能种类多、技术复杂、实现困难，与性能仿真模拟工具和应用业务领域知识密切相关，进入实用阶段的很少，所以原型法很难解决大系统和复杂系统问题。

（3）管理水平要求高。如果原系统的基础管理不善、信息处理过程混乱，将使原型法的运用产生困难，首先是由于对象工作过程不清，构造原型有一定困难；其次是由于基础管理不好，没有科学合理的方法可依，系统开发容易走上机械地模拟原来手工系统的做法。

（4）系统的交互方式必须简单明了。对于大量运算的、逻辑性较强的程序模块，原型方法很难构造出模型来供人评价，因为这类问题没有那么多的交互方式，也不是三言两语就可以把问题说清楚的。另外，对于有大量批处理的系统，由于交互方式问题，使用原型法也会遇到某些困难。

值得指出的是，从严格意义上说，目前的原型法不是一种独立的软件工程方法，它只是一种系统开发思想，并没有专门配套的开发工具方法，它只支持在软件开发早期阶段快速生成后期产品样品的过程，并没有确定在这种过程中必须使用哪种开发方法，因此它不是完整意义的方法论体系。这就注定原型法必须与其他系统开发方法（如结构化系统开发方法）结合使用，才能发挥其效能。

4.4.3 面向对象的开发方法

面向对象的开发方法（Object Oriented, OO）是从20世纪80年代各种面向对象的程序设计方法（如Smalltalk, C++等）逐步发展而来的。面向对象方法不像那种功能分解方法，只能单纯反映管理功能的结构状态，数据流程模型只是侧重反映事物的信息特征和流程，信息模拟只能被动地迎合实际问题需要的做法，而是从面向对象的角度进行系统的分析与设计，为我们认识事物，进而为开发系统提供了一种全新的思路和方法。

1. 面向对象方法的基本思想　客观世界是由各种各样的对象组成的，对象是一个独立存在的实体，从外部可以了解它的功能，但其内部细节是"隐蔽"的，它不受外界干扰。每种对象都有各自的内部状态和运动规律，不同的对象之间相互作用和联系构成了各种不同的系统。面向对象方法的基本思想是基于所研究的问题，对问题空间（软件域）进行自然分割，识别其中的对象及其相互关系，建立问题空间的信息模型，在此基础上进行系统设计，用对应对象和关系的软件模块构造系统。使系统的开发过程能像硬件组装那样，由"软件集成块"来构筑。当设计和实现一个信息系统时，如能在满足需求的条件下，把系统设计成由一些不可变的（相对固定）部分组成的最小集合，这个设计就是最好的。它把握了事物的本质，因而不再会被周围环境（物理环境和管理模式）的变化以及用户没完没了的需求变化所左右。这些不可变的部分就是所谓的对象。面向对象方法可以简单地解释为：

（1）客观事物都是由对象组成的。对象（object）是在原事物基础上抽象的结果，任何复杂的事物都可以通过对象的某种组合构成。

（2）对象由属性和方法组成。属性（attribute）反映了对象的信息特征，如：特点、值、状态等，方法（method）则是用来定义改变属性状态的各种操作。

（3）对象之间的联系通过传递消息来实现。传递消息（message）的方式是通过消息模式（message pattern）和方法所定义的操作过程来完成的。

（4）对象可按其属性进行归类。类（class）有一定的结构，类上可以有超类（superclass），类下可以有子类（subclass），这种对象或类之间的层次结构是靠继承关系维系着的。

（5）对象是被封装的实体。所谓封装（encapsulation），即指严格的模块化。这种封装了的对象满足软件工程的一切要求，而且可以直接被面向对象的程序设计语言所接受。

2. 面向对象方法的开发过程　通常认为，面向对象方法的开发过程包括系统调查和需求分析（定义问题）、分析问题的性质和求解问题（识别对象）、详细设计问题和程序实现四个步骤。

（1）系统调查和需求分析。对系统将要面临的具体管理问题及用户对系统开发的需求进行调查研究，确定系统目标，对所要研究的系统进行系统需求调查分析，先弄清系统要干什么问题。

（2）分析问题的性质和求解问题。根据系统目标分析问题和求解问题，在众多的复杂现象中抽象地识别出我们需要的对象，弄清对象的行为、结构、属性等；弄清可能施于对象的操作方法；为对象与操作的关系建立接口。这一阶段被称为面向对象的分析。

（3）详细设计问题。给出对象的实现描述。整理问题、详细地设计对象，对分析结果作进一步的抽象、归纳、整理，最后以范式的形式确定对象。这一阶段被称为面向对象的设计。

（4）程序实现。采用面向对象的程序设计语言实现抽象出来的范式形式的对象，使之成为应用程序软件。这一阶段被称为面向对象的程序设计。

3. 面向对象方法的评价　面向对象方法的出发点和所追求的基本目标是使分析、设计和实现一个系统的方法尽可能接近人们认识一个系统的方法，也就是使描述问题的问题空间和解决问题的方法空间在结构上尽可能一致。这一目标的实现，首先是通过对问题空间进行自然分割（对象及其关系），从而以接近人类思维的方式建立问题域模型；然后对客观实体进行结构模拟和行为模拟，从而使设计出的软件尽可能直接地描述现实世界，构造出模块化的、可重用的、应变能力和维护性好的软件，并达到控制软件的复杂性和降低开发维护费用的目的。其特点如下：

（1）需要一个详细的需求分析报告。不管使用何种设计方法，成功的关键在于对应用的深刻理解。在使用面向对象方法进行系统分析与设计的时候,同样也需要有一个详细的需求分析报告。这和结构化方法的要求是相同的。

(2) 从小到大、自下而上的分析过程。在有了需求分析以后,面向对象方法从面向对象的角度帮助我们认识事物,将系统中存在的对象抽象出来加以描述,进而开发整个系统。面向对象方法是从系统应该"做什么"的角度出发,在需求分析的基础上提炼解决问题的对象。所分析对象实体的属性、功能是很具体的,即面向对象方法是从小到大、自下而上的。这个思路与结构化分析方法的思路正好相反。面向对象方法中首要的就是找出对象及其关系,并将其模块化,然后通过把这些基本单元进行不同组合,最终便产生了应用软件。所以,从某种意义上说,面向对象方法比结构化方法和其他方法更接近于现实世界。

(3) 完成从对象客体的描述到软件结构之间的转换。面向对象的方法以对象为基础,利用特定的软件工具直接完成从对象客体的描述到软件结构之间的转换,这是面向对象的方法最主要的特点。面向对象方法的应用解决了传统结构化开发方法中客观世界描述工具与软件结构的不一致性问题,缩短了开发周期,解决了从分析和设计等到软件模块结构之间多次转换映射的繁杂过程。但是,同原型法一样,面向对象方法需要功能强大的软件支持环境才可以应用。

(4) 必须与其他方法综合运用才能充分发挥其优势。在大型的信息系统开发中,如果不经过自顶向下的整体划分,而是一开始就自底向上地采用面向对象方法开发系统,很难得出系统的全貌,就会造成系统结构不合理、各部分关系失调等问题。因此,面向对象方法必须与其他方法(如结构化开发方法)综合运用才能充分发挥其优势。

4.4.4 信息工程方法

信息工程方法的开发过程同结构化生命周期法类似,也是分阶段进行的。该方法引入了知识库的概念,从业务分析到系统制作的每一过程都离不开知识库的支撑。

1. **信息工程方法的开发阶段** 信息工程方法分为信息战略规划、业务分析、系统设计、系统制作等阶段,自顶向下按阶段逐步进行,如图4-13所示。

2. **各阶段的工作内容** 信息工程方法中的各阶段的概念和原理同结构化生命周期法基本相同,但其工作内容却有不同。

(1) 信息战略规划阶段。该阶段是基

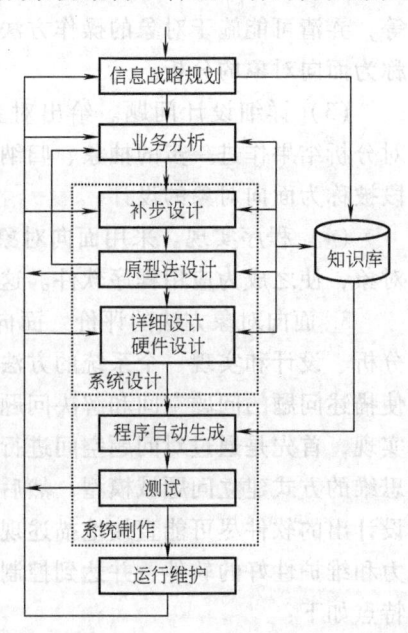

图4-13 信息工程方法的开发阶段

于企业信息系统的开发要根据企业的整体情况、环境及经营管理和业务技术的各个方面,来制定企业信息系统的总体开发这一指导思想。其目的是使所开发的信息系统能支持企业领导的经营管理及其决策,能支持实现企业经营管理的方针和策略,保证系统在统一的目标和要求下按计划开发。具体开发工作包括:初步调查企业的内外环境、优势和劣势、经营方针、目标,明确实现方针目标的条件及关键成功因素(CSF);在此基础上决定系统开发的目的和开发规划、总体框架及体系结构、企业基本模型、数据基本模型、业务处理模型、技术规范、系统开发的优先次序、资金、人员、开发进度等,并将其规划内容存入知识库中。

(2) 业务分析阶段。该阶段的工作内容是从知识库中取出规划阶段存入的信息,对业务处理的数据和处理过程进行分析,总结出详细的数据模型和处理模型及两者之间的关系,存入知识库中。

(3) 系统设计阶段。从知识库中取出分析阶段存入的信息,进行数据流程、数据结构、输入/输出设计,并将结果存入知识库中。

(4) 系统制作阶段。从知识库中取出设计阶段存入的信息,用程序生成器,自动生成程序代码,并进行调试和测试。

4.4.5 计算机辅助开发(CASE)方法

计算机辅助开发是一种自动化和半自动化的方法,它集图形处理技术、程序生成技术、关系数据库技术和各类开发工具于一身,能够全面支持系统调查以外的每一个开发步骤。严格地讲,CASE 并不是真正意义上的独立方法。目前,CASE 仍是一个发展中的概念,各种 CASE 软件也较多,没有统一的模式和标准。但就 CASE 工具的发展和它对整个开发过程所支持的程度来看,又不失为一种实用的系统开发方法。

1. CASE 方法的基本思路 采用 CASE 工具进行系统开发,必须结合一种具体的开发方法,如前面所述的结构化开发方法、面向对象的开发方法或原型化方法等。CASE 方法只是为具体的开发方法提供了支持每一过程的专门工具。也就是把原先手工完成的开发过程转变为以自动化工具和支撑环境支持的自动化开发过程。

如果自对象系统调查后,系统开发过程中的每一步都可以在一定程度上形成对应关系的话,就完全可以借助于专门研制的软件工具来实现上述各种开发方法的一个个开发过程。这些系统开发过程中的对应关系包括:结构化方法中的业务流程分析、数据流程分析、功能模块设计、程序实现、业务功能一览、数据分析/指标体系、数据/过程分析、数据分布和数据库设计、数据库系统等;面向对象方法中的问题抽象、属性结构和方法定义、对象分类、确定范式、程序实现等。由于在实际开发过程中,上述几个过程很可能只是在一定程度上对应,故这种专门研制的软件工具暂时还不能一次"映射"出最终结果,还必须实现其中间过程，即对不完全一致的地方由系统开发人员再做具体修改。

2. CASE 的特点　与其他方法相比，CASE 方法具有如下特点：

(1) 解决了从客观对象到软件系统的映射问题，支持系统开发全过程。

(2) 自动检测方法提高了软件质量和软件重用性。

(3) 简化了软件开发的管理和维护。

(4) 加速了系统开发过程，功能进一步完善。

(5) 自动生成开发过程中的各种文档。

从方法学的特点来看，它具有前面所述方法的各种特点，同时又具有其自身的独特之处，即高度自动化。值得注意的是，在这个方法的应用以及 CASE 工具自身的设计中，自顶向下、模块化、结构化是贯穿始终的。这从 CASE 自身的文档和其生成系统的文档中都可以看出。

通过以上介绍可以看出，结构化开发方法、原型法和面向对象方法各有千秋。结构化的系统开发方法是经典的开发方法，强调从系统出发，自顶向下、逐步求精地开发系统。开发过程中始终贯穿着这个思想，开发过程规范，思路清楚。但是在总体思路上比较保守，是以不变应万变来适应环境的变化。原型法强调开发方与用户的交流，是从动态的角度来看待系统变化，采用的是以变应变的思路，从思路上看比结构化的系统开发方法要先进。原型法对计算机的开发工具要求比较高，对于中小型的信息系统开发应该说效果很好，但对于大型的、复杂的系统在原型的制作上有相当的困难。在实际应用中，通常是与结构化方法结合起来一起使用。面向对象的方法是从另外一个全新的角度来看问题。即从系统的基本构成入手，从现实世界中抽象出系统组成的基本实体（对象）。对象是构成要开发的信息系统的最基本要素。如果把这些对象描述清楚了，就能够以比较大的自由度来构建信息系统，当外界环境发生变化后，可以通过重新组合对象来应对环境的变化。面向对象方法的局限性在于对计算机工具要求高，在没有进行全面的系统性调查分析之前，把握这个系统的结构有困难。因此，目前该方法的应用也是需要与其他方法相结合的。

综上所述，只有结构化系统开发方法是真正能较全面支持整个系统开发过程的方法。其他几种方法尽管有很多优点，但都只能作为结构化系统开发方法在局部开发环节上的补充，暂时都还不能替代其在系统开发过程中的主导地位。

4.5　管理信息系统开发的过程管理

管理信息系统开发周期长、耗费大，涉及到管理思想、管理方法的转变，必须加强对管理信息系统开发过程的控制和管理，否则将导致系统开发的失败。因此，为了保证系统开发成功，并取得很好的经济效益和社会效益，必须对系统开发的全过程进行精心的组织和管理。

4.5.1 管理信息系统的开发方式

管理信息系统的开发有多种方式，如自行开发、委托开发、合作开发、咨询开发和外购软件等。自行开发是完全以企业自己的力量进行开发。委托开发也称交钥匙工程，即企业将开发项目完全委托给一个开发单位，系统建成后再交付企业使用。合作开发企业与外部的开发单位合作，双方共同开发。咨询开发，以企业自己的力量为主，外请专家进行咨询的方式，主要是系统分析员进行咨询指导，如帮助做系统的总体规划和系统分析，而系统的实施由企业自己进行。咨询开发方式是对自行开发方式的一种补充。

根据建设工程项目管理的特殊性，工程管理信息系统的开发方式不同于企业管理信息系统，主要采用以下三种方式：

1. **购买成熟的商品化软件** 近年来，随着软件产业的发展，购买成熟的商品化软件，然后根据项目的实际情况进行二次开发和人员培训。这些商品软件一般以一个子系统的功能为主，兼顾实现其他子系统功能。比较典型的有PRIMAVERA公司的P3软件，它以工程进度控制为主，也可以进行资源和成本的动态管理与控制。这种开发方式既节省时间，又能保证软件的质量，成功率高。

2. **自行开发专有系统** 根据所承担项目的实际情况开发的专有系统，一般由专业的咨询公司开发，基本上可以满足项目实施阶段的各种目标控制需要，经过适当改进，这些专有系统也可以用于其他项目中。这种开发方式对咨询公司的实力和开发人员的知识背景有较高要求。这种方法的优点是：易于协调，可以保证进度；开发人员熟悉项目情况，可以较好地满足用户的需求；方便运行与维护；可以满足特殊需要等。缺点是：开发周期较长；系统的技术水平和规范程度往往不高。

3. **购买商品软件与自行开发相结合** 这种方法可以把专用系统集成起来，满足项目目标控制的需要。如MESA公司开发的MESA/VISTA系统，通过开发集成化的通信环境，将多个通用的商品化软件集成起来。这也是一种比较常见的模式，很多建设工程咨询公司都是采用这种方式。这种方式结合了以上两种方式的优点，更加有利于业务人员熟悉和维护系统，也能借助开发单位的经验，有利于提高系统水平，因而这种方式被普遍采用。

上述方式各有优点和不足之处，一般根据资源、技术力量、外部环境等各种因素进行选择。不论哪种方式都需要结合所承担项目的实际情况和公司的综合能力，包括人员构成、资金实力和公司在工程领域的知识积累程度等。

4.5.2 管理信息系统开发的计划与控制

1. **进度计划与控制** 在总体规划阶段就应制定系统开发大致的进度计划，随着系统分析、系统设计的不断深入，再制定系统详细的开发进度计划，并指定专人负责。在今后执行过程中，项目负责人要对各项任务进行定期检查。系统开发的进度计划以甘特图的形式表示，见表4-1，按计划定期检查，确保系统按计划进行。

表4-1　某企业管理信息系统开发进度安排

序号	工作项目	进度安排 2007年 6 7 8 9 10 11 12	进度安排 2008年 1 2 3 4 5 6 7 8 9 10 11 12	完成者	提交的文档
1	总体规划	■■		分析设计组	可行性研究报告
2	系统分析	■■■		系统分析组	系统分析说明书
3	系统设计	■■■		系统设计组	系统设计说明书
4	硬件安装测试		■■	硬件组	硬件测试报告
5	进度控制子系统开发		■■	程序组	程序说明书
6	成本控制子系统开发		■■	程序组	程序说明书
7	质量控制子系统开发		■■	程序组	程序说明书
8	财务子系统开发		■■	程序组	程序说明书
9	人员培训		■■	分析软件组	人员培训计划
10	系统总调		■	各小组	测试报告
11	系统试运行		■	各小组	运行结果
12	系统评价		■	各小组	总结

2. 阶段性评审　系统各阶段完成后，要进行评审，审核各阶段的工作，然后进入后一阶段工作。尤其要做好系统分析阶段的评审工作，把好质量关，为系统的成功开发打下基础。

4.5.3　管理信息系统开发的组织与项目管理

管理信息系统的开发是在用户和各类开发人员共同努力下完成的，如何正确处理各类人员之间的关系，使开发工作能按时、保质并在经费许可的范围内完成，是系统开发组织与项目管理的重要内容。

1. 系统开发的组织　系统开发涉及的人员较多，为了确保领导与协调有力，分工与职责明确，需要建立相应的组织机构，通常的做法是成立两个小组，即系统开发领导小组和系统开发工作小组。

（1）系统开发领导小组。系统开发领导小组的任务是制定管理信息系统规划，在开发过程中，根据客观发展情况进行决策，协调各方面的关系，控制开发进度。小组成员应包括一名企业领导、系统开发项目负责人、有经验的系统分析师，以及用户各主要部门的业务负责人。领导小组不负责开发的具体技术工作，其组成成员中有的可能并不具备计算机应用的知识和经验。领导小组的职责是：

1) 提出建立新系统的目标、规划和总的开发策略。
2) 保证满足企业不同部门对新系统的需求。
3) 对开发工作进行监督与控制，对开发项目的目标、预算、进度、工作质量进行监督与控制，审查和批准系统开发各阶段的工作报告，组织阶段验收，提出继续开发或暂停开发的建议。
4) 协调系统开发中有关的各项工作。
5) 向上级组织报告系统开发工作的进展情况。
6) 组织系统的验收。
7) 负责主要成员的任用和规定各成员的职责范围等。

（2）系统开发工作小组。该小组由系统分析员，即系统工程师负责。其任务是根据系统目标和系统开发领导小组的指导开展具体工作。这些工作包括：开发方法的选择，各类调查的设计和实施，调查结果的分析，撰写可行性报告，系统的逻辑设计，系统的物理设计，系统的具体编程和实施，制定新旧系统的交接方案，监控新系统的运行等，如果需要，协助组织进行新的组织机构变革和新的管理规章制度的制定。这个小组的成员主要是由负责开发的一方组成，即若干系统分析和设计人员。组织中应该有一个通晓全局的管理者参加，负责具体的联络和沟通。小组的生命周期应该是从系统的设想提出之日起直至系统正式交付运行。

2. **系统开发的项目管理**　系统开发的项目管理也是一项系统工程，它要负责协调各类开发人员和各级用户之间的关系，做好文档的管理工作，控制系统开发的进度、项目的经费开支和经费控制等，以保证开发过程有条不紊地进行。一般而言，系统开发项目管理的内容包括以下四方面：

（1）计划管理。主要工作内容为：制定总体计划，确定系统开发范围，估算开发所需资源，划分系统开发阶段，分步实施，同时要明确系统开发重点；制定阶段计划，分解阶段任务，估算阶段工作，规划阶段工作进度；工程计划执行情况检查，找出无法按计划完成的原因并提出相应建议，以对计划做出相应调整。

（2）技术管理。主要工作内容为：标准化管理，确定所依据的标准，确定自定标准范围；安全管理，制定安全保密制度，排除不安全因素，进行安全保密教育。

（3）质量管理。主要工作内容为：贯彻系统开发过程质量管理原则；确定系统质量管理指标体系；保证系统的可使用性、系统的正确性、系统的适用性、可维护性以及文档完整性；系统开发周期内的质量管理，分阶段确认工程质量指标，实行质量责任制，对各项任务进行质量检查，分阶段质量评审，分析影响阶段质量的原因。

（4）资源管理。主要工作内容为：人员管理，制定各类专业人员需求计划，对人员进行合理组织和使用，进行人员培训；软件资源管理，明确软件需求和软件来源，合理使用软件，重视软件的日常维护；硬件资源管理，熟悉系统运行环境和硬件系统配置，制定硬件安全使用制度，重视硬件维护保养，加强对辅助设备的管理；资金管理，严格执行投资概算，包括硬件软件投资、系统开发费用、运行维护费用，做到资金使用平衡，定期编制资金使用报表。

3. 系统开发的有关人员及分工　在系统开发过程中，涉及到各级各类的开发人员和工程管理人员，如何做好组织管理工作，使全体人员各尽所能，相互配合，体现集体协作的力量，是保证信息系统开发成功的关键因素。直接参加系统开发的人员包括企业高层领导、项目主管、系统分析员、程序设计员和管理人员五类，具体分工如下：

（1）企业高层领导。一个企业要开发信息系统，高层领导重视是关键，最重要的是企业第一把手对这个问题的认识。信息系统的开发必然要涉及企业中组织结构的变动，而对于组织结构的变动，实际上就是对于人的权力和职责的再分配。这种工作在一个组织中，如果没有第一把手的首肯，是不可能做好的。另外，对于信息系统这种组织中的神经中枢系统，其目标必须与组织的战略目标相一致，否则系统建立之后是无法运作的，而组织战略目标与信息系统目标的结合也只有最高领导才能把握。所以组织中的高层领导必须是系统开发小组的领导成员，并且要在把握大方向时切实地投入时间和精力。

（2）项目主管。项目主管是实际系统开发的业务领导者与组织者。项目主管在系统开发中起着举足轻重的作用，他要主持整个系统开发，确定工作目标以及确定实现目标的具体方案。一个成功的项目主管需要会管理和懂技术两方面工作的才能。会管理需要项目主管有很强的管理能力和与人进行交流的能力。而技术方面的工作才能包括对计算机科学技术的掌握和应用，有能力制定系统开发时有关问题的技术解决方案与技术路线。

（3）系统分析员。系统分析员的主要任务是研究用户对信息系统的需求，进行可行性研究，进行系统分析与设计，负责对新系统的安装、测试和技术文件的编写。系统分析员不仅应当具备计算机硬件、软件的知识，懂得企业管理的业务，还应当了解现代化管理方法以及各种经济数学模型在企业管理中的应用，并且应当具有理论联系实际、灵活运用上述知识的能力。系统分析员也要善于处理人际关系，能与各类人员建立良好的合作关系；能正确理解各级管理人员提出的需求，灵活运用现代管理方法，将这些需求经过分析和逻辑抽象转换为计算机系统的设计方案，成为编写程序的依据。

（4）程序设计员。程序设计员的主要任务是按照系统分析员所提出的设计方案编制程序、调试程序、修改程序，直到新系统投入运行。在系统交付使用以后，企业的程序设计员还要担负系统的运行维护工作，负责程序的改进任务。程序设计员应该有较强的逻辑思维能力，要掌握计算机软件的基本知识，熟练掌握数据库及程序设计语言。

（5）企业管理人员。参加系统开发的企业管理人员代表用户，他们的角色在系统开发的前期和后期起着非常重要的作用。在前期他们要把自己的需求非常准确和全面地提供给系统分析员，在与计算机工作人员进行沟通时，要把业务流程和系统功能阐述得很透彻。在后期系统的雏形出来之后，能够根据系统的功能，对系统进行客观的评价，找出系统改进方向。因此，参与系统开发的管理人员必须是业务骨干，要了解自己的部门或者自己工作的关键点和难点是什么，更重要的是能够对未来信息系统的构成和添加哪些新功能有自己的看法。

另一方面，由于新系统的采用，势必造成原来管理方法和思路的改变，企业管理人员应按照新系统的要求，组织基础管理工作的整顿，提供新系统运行所需的各种基础数据，积极参与新系统开发所需要的培训，尽快适应新系统的工作思路和流程。

总之，系统的计算机开发人员和各级管理人员必须发挥各自的专业特长，注重实际经验的研究，注重沟通，要进行正确的分工与合作，发挥各自的优势，取长补短，明确各自的责任，保证开发工作的顺利进行。

经过以上讨论，我们可以清楚地认识到系统开发的关键要素应该是先进的思路、不同人员的配合协调、科学的组织管理和现代化的系统开发方法。

本章小结

管理信息系统是一门正在发展的新兴的边缘学科。从广义上看，管理信息系统是存在于任何组织内部，为管理决策服务的信息收集、加工、存储、传输、检索和输出系统。狭义的管理信息系统是指按照系统思想建立起来的以计算机为工具，为管理决策服务的信息系统。管理信息系统的功能主要有：数据处理、预测、计划控制和决策优化。其特点是：面向管理决策、综合性、人机系统、现代管理方法和管理手段的结合，是多学科交叉的边缘学科。管理信息系统从系统的功能和应用上可以分为：国家经济信息系统、企业管理信息系统、事务型管理信息系统、行政机关办公型管理信息系统、专业型管理信息系统。管理信息系统包括概念结构、层次结构、功能结构和软件结构。

系统开发和采用何种方式进行系统开发是一个信息系统能否成功的关键。成功开发管理信息系统必须具有正确的指导思想、必要的开发条件、科学的组织管理、合理地选择开发方式和方法。系统开发的指导性原则实际上是给出了系统开发者应该具备的思维方式。首先应该将系统开发和系统开发的过程看做一个系统工程。在这个前提下，要注意从目的性、整体性、相关性、环境适应性和科学的管理开发过程出发，去思考问题和解决问题。系统开发的主要特点是复杂性高、创造性强、质量要求高、产品是无形的和开发的历史短。这些特点在系统开发时必须加以注意，并据此来设计系统开发的过程和选定开发方法。

管理信息系统的开发是建立在数据库技术、计算机网络通信技术的基础上的。数据库系统是由计算机系统、数据、数据库管理系统和有关人员组成的具有高度组织的总体。数据库管理系统（DBMS）是一组计算机程序，控制组织和用户的数据库生成、维护和使用。数据库设计在信息系统开发中占有重要的地位，数据库设计的质量将影响信息系统的运行效率及用户对数据使用的满意度；计算机网络是指空间位置不同，具有独立功能的多个计算机系统，用通信技术链接起来，并以网络协议、网络操作系统等网络软件实现网络资源共享的技术系统。计算机网络的分类方法很多，通常按网络的覆盖范围可分为局域网、城域网、广域网和因特网。

结构化开发方法是指用系统工程的思想和工程化的方法，按照用户至上的原则，由顶向下整体性的分析与设计和自底向上逐步实施的系统开发过程。将整个开发过程划分为系统规划、系统分析、系统设计、系统实施、系统运行五个首尾相连接的阶段，每一个阶段内部又包含若干前后关联的工作步骤，一般称之为系统开发的生命周期；原型法是指借助于功能强大的辅助系统开发工具，按照不断寻优的设计思想，通过反复的完善性试验而最终开发出符合用户要求的管理信息系统的过程和方法；面向对象方法的基本思想是基于所研究的问题，对问题空间（软件域）进行自然分割，识别其中的对象及其相互关系，建立问题空间的信息模型，在此基础上进行系统设计，用对应对象和关系的软件模块构造系统。其开发过程包括定义问题、识别对象、详细设计问题和程序实现四个步骤。

系统开发的组织和管理必须是科学的，要从组织上成立开发领导小组和开发工作执行小组，要采用科学管理方法和工具进行项目管理。项目管理的内容包括计划管理、技术管理、质量管理、资源管理四个方面。参加开发工作的主要人员包括：组织的领导者、系统分析员、程序设计员和项目管理者。常见的系统开发方式有：自行开发、委托开发、合作开发、咨询开发和外购软件等。每种方式均有其适应条件和优缺点，企业可以根据自身的条件和能力选择其中的一种。

思 考 题

1. 试从广义和狭义的不同角度叙述管理信息系统的概念。
2. 管理信息系统具有哪些功能？它的特点是什么？
3. 试从系统的功能和应用上对管理信息系统进行分类。
4. 试用文字描述管理信息系统的金字塔型结构。

5. 如何理解管理信息系统的功能/层次矩阵？
6. 试述系统开发的条件、任务、特点和原则。
7. 管理信息系统开发主要应当具备哪些技术基础？
8. 何谓系统的生命周期？试述管理信息系统生命周期的组成及各阶段的工作内容。
9. 如何看待结构化系统开发方法？
10. 原型法的基本思想是什么？如何应用原型法开发系统？
11. 简述原型法的优缺点。
12. 何谓对象和类？其基本特征如何？
13. 面向对象法的基本思想是什么？如何应用面向对象法开发系统？
14. 信息工程方法包括哪些开发阶段？
15. 什么是计算机辅助开发（CASE）方法？
16. 比较几种开发方法的优劣。
17. 管理信息系统的开发方式有哪些？
18. 在系统开发中需建立什么组织？各自的职责如何？
19. 系统开发项目管理的内容有哪些？
20. 系统开发人员有哪几类？他们是如何分工的？

第 5 章 管理信息系统规划

5.1 系统规划概述

5.1.1 系统规划的重要性

系统规划是企业信息系统的长远发展规划，是决策者、管理者和开发者共同制定和共同遵守的建立信息系统的纲领，是企业战略规划的一个重要组成部分。系统规划也称为总体规划或战略规划。制定系统规划的主要目的是保证建立的目标系统的科学性、经济性、先进性和适用性，其重要性体现在如下四个方面。

1. 系统规划是系统开发的前提条件　管理信息系统的开发是一项耗资巨大、历时较长、技术复杂且涉及面广的庞大的系统工程。它涉及到由高层到低层、由整体到局部、由决策到执行等各个层次、多个管理部门，以及企业人、财、物等各种资源的配置等，如果没有一个总体规划来统筹安排和协调，而盲目地进行开发，必将造成资源的浪费和开发的失败。因此，系统规划是建立管理信息系统的先期工程，是开发的前提条件。

2. 系统规划是系统开发的纲领　系统规划涉及的内容明确规定了系统开发的任务、方法、步骤以及系统开发的原则，系统开发人员与系统管理人员共同遵守的准则和系统开发过程的管理和控制的手段等。这些都是指导系统开发的纲领性文件。

3. 系统规划是系统开发成功的保证　总体规划把企业的远期目标和近期目标、外部环境和内部环境、整体效益和局部效益、自动业务和手工业务等诸方面的关系统筹协调起来。使系统的开发严格地按计划有序地进行，同时对开发过程中出现的各种偏差进行微观调控、及时修改、完善计划，从而可以有效地避免由于开发中、后期发生错误所造成的巨大损失，甚至失败的后果。

4. 系统规划是系统验收评价的标准　新系统建成后，应对系统运用的情况加以测定验收，对系统的目标、功能、特点等方面进行评价。这些工作是以系统规划中规定的内容为标准的，符合系统规划标准的系统开发是成功的，否则就是失败的。

系统规划的重要性可用如下关系概述：

好的系统规划 + 好的开发 = 优秀的系统

好的系统规划 + 一般的开发 = 好的系统

差的系统规划 + 好的开发 = 差的系统

差的系统规划 + 一般的开发 = 不好使用的系统

5.1.2 系统规划的内容及框架结构

1. 系统规划的内容　系统规划是管理信息系统生命周期的第一阶段，这一阶段的主要目标是制定出管理信息系统的长期发展方案，并决定管理信息系统在整个生命周期内的发展方向、规模以及发展进程。信息系统规划主要包括以下几方面的内容：

(1) 信息系统的总目标、发展战略与总体结构的确定。应根据企业的战略目标和内外约束条件，确定信息系统的总目标和总体结构，使管理信息系统的战略与整个企业的战略和目标协调一致。信息系统的总目标规定信息系统的发展方向；发展战略规划提出衡量具体工作完成的标准；总体结构则提供系统开发的框架。

(2) 企业现状分析。包括对计算机软件、硬件、产业人员、开发费用及当前信息系统的功能、应用环境和应用现状等情况进行充分的了解和评价。

(3) 进行可行性研究。在现状分析的基础上，从技术、经济和社会因素等方面研究并论证系统开发的可行性。可行性研究的目的是用最小的代价在最短的时间内确定问题是否能够得到解决。即所给定问题是否现实，目标系统是否存在可行的解决方案，或目标系统的建立所带来的收益是否大于建立系统的费用。这些问题的回答要通过客观准确的分析才能得到解决。

(4) 业务流程重组。对业务流程现状、存在问题和不足进行分析，使流程在新技术条件下重组。业务流程重组是根据信息技术的特点，对手工方式下形成的业务流程进行根本性的重新考虑和重新设计。

(5) 对相关信息技术发展的预测。信息系统规划必然受到信息技术发展的影响。因此，对规划中涉及的软硬件技术、网络技术、数据处理技术和方法论的发展变化及其对信息系统的影响应做出预测。

(6) 资源分配计划。制定为实现系统开发计划而需要的软硬件资源、数据通信设备、人员、技术和资金等计划，给出整个系统建设的概算，并进行可行性分析。

2. 系统规划的框架结构　系统规划的框架结构是指由系统规划的层次及其内容要素组成的系统规划矩阵，如图 5-1 所示。

在系统规划框架图中，行表示系统规划的层次，分为公司级、管理级（业务级）和作业级（执行级）。列表示系

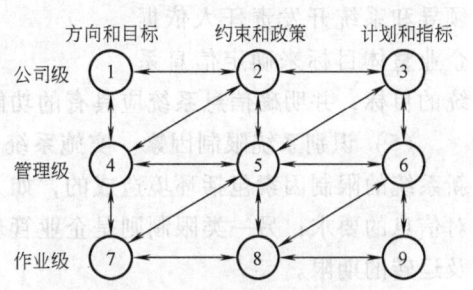

图 5-1　系统规划的框架结构

统规划的内容，分为方向和目标、约束和政策、计划和指标。它们之间的关系为：上下是上下级的集成关系，左右是相互引导的关系，左下和右上是相互影响的关系。例如，管理级要确定自己的目标④时，要考虑上级的目标①和公司级的约束和政策②，还要考虑对管理级的约束和政策⑤及作业级的目标⑦。

5.1.3 系统规划的步骤

管理信息系统规划从开始到结束一般分为九个步骤，如图5-2所示。每一步骤的具体内容为：

（1）确定规划的基本问题。明确规划的年限、规划的方法、规划的方式以及规划的策略等内容。

（2）收集初始信息。包括从各级主管部门、市场同行业竞争者、本企业内部各管理职能部门，以及相关各种文件、书籍和杂志中收集信息。

（3）评价系统状态和识别计划约束。包括分析MIS目标、开发方法、功能结构、信息部门的情况、风险度和政策等；识别系统现存的设备、软件及其质量；根据企业的财务情况、人力和物力等方面的限制，定义MIS的约束条件和政策。

（4）设置目标。由企业领导和系统开发责任人依据企业整体目标来确定信息系

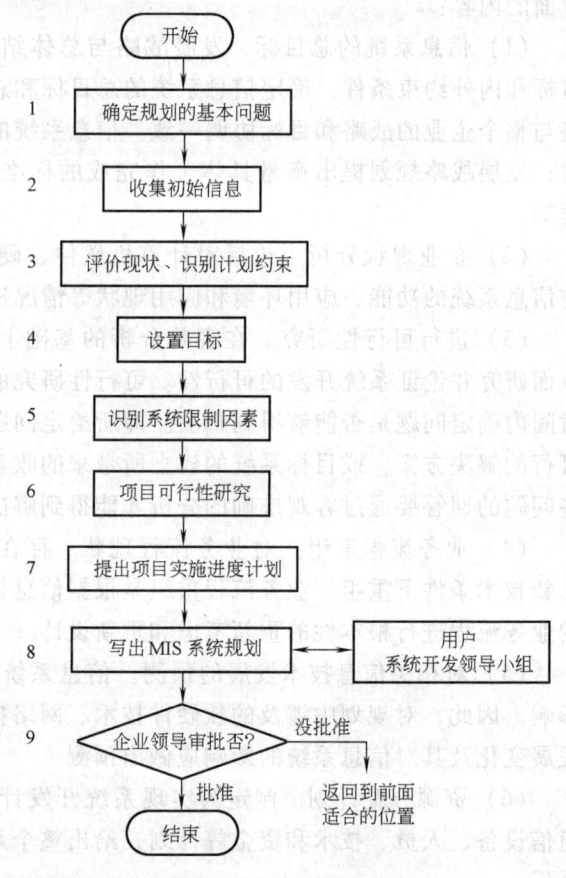

图5-2 系统规划的步骤

统的目标，并明确信息系统应具有的功能、服务的范围和质量等。

（5）识别系统限制因素。实施系统目标，新系统的运作不可能不受到限制，新系统的限制因素包括环境造成的，如上级主管部门、税收部门、市场及客户等对信息的要求；另一类限制则是企业管理造成的，如现有的硬件设备、系统完成及运转的期限。

（6）进行可行性研究。在上述分析的基础上，对待开发的系统从经济、

技术和社会因素等方面进行可行性研究。运用技术经济理论与方法,分析系统开发的必要性与开发方案的可行性,以得出是否继续开发的明确结论,并对新系统实现的投入与产出做出全面的评估。

(7) 提出项目的实施进度计划。根据项目的优先权、成本费用和人员情况,编制出项目的实施进度计划,列出开发进度表。

(8) 写出管理信息系统规划。通过不断与用户、系统开发领导小组成员交换意见,将管理信息系统规划书写成文。

(9) 上报企业领导审批。将系统规划上报企业领导审批。系统规划只有经过企业领导批准后才能生效,否则只能返回到前面某一步骤重新进行。

5.1.4 信息系统发展的阶段模型——诺兰模型

将计算机引入到一个企业的管理中,大致需要经历从开始到成熟的成长过程。美国哈佛大学教授诺兰(R. Nolan)在1974年首次提出将此过程划分为四个阶段,被称为信息系统发展的诺兰模型。到1980年,诺兰对该模型作了进一步的修改和完善,把信息系统的成长过程划分为如图5-3所示的六个阶段。

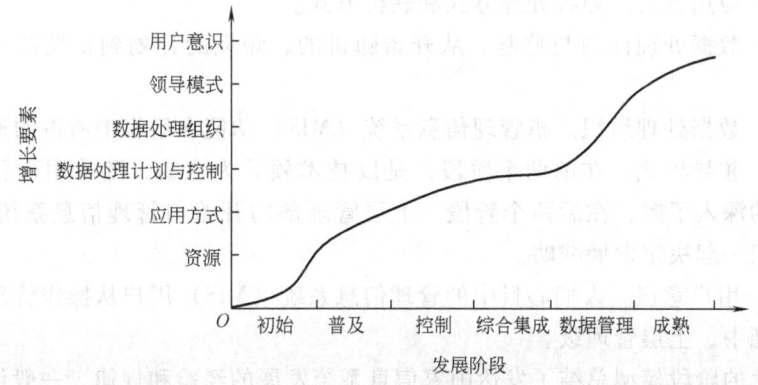

图5-3 诺兰的阶段模型

图5-3中,水平轴列出了发展阶段,垂直轴列出了增长要素,曲线表示六个阶段的管理信息系统(MIS)预算。

1. **初始阶段** 从企业购置第一台计算机开始,一般是在财务或统计部门应用。该阶段的特点是组织中只有少数人使用计算机,计算机是分散控制的,没有统一的计划。

2. **普及阶段** 随着计算机的应用见到了成效,应用面迅速扩大,从企业少数部门扩散到各个部门,以至于在对信息系统的管理和费用方面都产生了危机。并且,在此阶段,计算机的数据处理能力得到了飞速发展,但同时在组织内部又出现了大量数据冗余、数据不一致,以及数据无法共享等许多问题。

3. **控制阶段** 组织开始制定管理方法,控制对计算机的随意使用,使得计算机的使用正规化、制度化，推行成本-效益分析方法，但这种控制可能会影响到一些潜在效益的实现。针对已开发的应用系统的不协调和数据冗余等问题，建立统一的计划。

4. 综合集成阶段　经过控制阶段的全面分析、引入数据库技术、建立数据通信网技术等，使数据处理系统进入一个高速发展阶段。建立了集中式的数据库和能够充分利用及管理组织各种信息资源的系统。

5. 数据管理阶段　诺兰认为，在集成化、综合系统实现之后，才会进入数据管理阶段，此阶段中数据成为组织的重要资源。但在20世纪80年代，美国尚处在第四阶段，因此，诺兰没能对该阶段进行详细的描述。

6. 成熟阶段　信息系统的成熟表现在它与组织的目标完全一致，可以满足组织中各管理层次的要求，能适应任何管理和技术的新的变化，从而真正实现信息资源的管理。

图5-3所示的六种增长要素的含义如下：

（1）资源。主要是指计算机的软硬件资源。

（2）应用方式。如批处理方式和联机方式。

（3）数据处理计划与控制。从开始随机的、短期的计划到长期的、战略的计划。

（4）数据处理组织。指管理信息系统（MIS）功能在组织中所占的地位。

（5）领导模式。在前两个阶段，是以技术领导为主的，随着用户和上层管理人员的深入了解，在后两个阶段，上层管理部门开始与管理信息系统（MIS）管理部门一起决定发展战略。

（6）用户意识。人们心目中的管理信息系统（MIS）用户从操作管理级的用户发展到中、上层管理级。

诺兰的阶段模型总结了发达国家信息系统发展的经验和规律。一般认为，模型中的各阶段都是不能跳跃的。因此，无论在确定开发管理信息系统的策略，或者在制定管理信息系统规划的时候，都应首先明确本企业当前处于哪一发展阶段，进而根据该阶段的特征指导信息系统的建设。

诺兰的发展阶段理论是说明企业信息化发展程度的有力工具。在20世纪80年代，美国有相当多的人接受了诺兰的观点。它在概念层次上对组织中信息化的计划制定过程是很有帮助的。另外，诺兰模型是第一个描述信息系统的发展阶段的抽象化模型，在这一点上该理论具有重要的意义。

5.1.5　可行性研究

在通过系统规划找出了企业需要改善和建设的信息系统应用项目后，还需要对项目的可行性进行研究。可行性研究（Feasibility Study）也称可行性分析，是任何一项大型工程正式投入力量之前必须进行的一项工作。这对于保证资源的合理使用、避免浪费是十分必要的，也是项目一旦开始以后能顺利进行的必要保证。

管理信息系统开发也是一项耗资大、周期长、风险大的复杂工程。因此，在新系统开发的大规模行动之前，必须从技术、经济、社会等多个方面进行调查和分析，收集必要的资料，判断信息系统开发项目是否具有可行性。

1. 可行性研究的内容　管理信息系统的可行性研究一般从以下三个方面进行。

（1）技术可行性。技术可行性分析的目的是评价是否可以通过购买或开发软硬件、建立数据库、建设通信网络等技术性措施来解决问题。考察技术上的可行性，主要根据现有的技术设备条件以及准备投入的技术力量和设备，分析系统在技术上实现的可能性。在设备条件方面，主要考虑计算机系统的内存容量、外存容量、运行速度、计算精度、稳定性和可靠性等是否能满足系统的需要，以及数据库实现、数据传送、通信设备和网络等是否有能力解决。在技术力量方面，主要考虑从事本系统开发与维护工作的技术人员的技术水平。在系统开发和维护的各个阶段，需要各种各样的技术人员参加，如系统分析人员、系统设计人员、程序员、操作员、软硬件维护人员等。是否具有一支技术水平较高的专业系统开发人员队伍，是系统开发的关键。没有足够技术人员的支持，或者单纯依靠外部力量进行系统的开发，都会降低系统开发的成功率。

（2）经济可行性。经济可行性分析就是要评价项目的收益是否能够超过成本。在评价时，时间的投入和资金的投入一样要正确的记入成本；同时还要尽量完整地计算项目收益，包括可以量化的部分和不容易量化的部分。经济可行性主要解决两个问题：资金的许可性和经济合理性。如果不能提供所需的经费，或不能改善企业效益状况，在一定期限内不能收回投资，就不必开发该项目。

1）资金的许可性。需要先估算成本，计算项目的投资总额，包括初始成本与日常维护费用。系统的初始成本包括：各种软、硬件及辅助设备的购置、运输、安装、调试费用；机房及附属设施费用，如电源、通信、地板等；其他费用，如差旅、办公、不可预见费用。日常维护费用包括：系统维护费用，如软件、硬件和通信维护；人员费用；易耗品，如表格、磁盘、磁带等；内务开销，如公用设施、建筑物、远程通信、动力；其他。在费用估计时，切忌估计过低。不要只算设备，不算人力；只算硬件，不算软件；只算主机，不算外部设备；只算开发费用，不算维护费用；只算一次性投资，不算经常性开支。费用估计过低，会使可行性研究的结论不正确，会使开发与维护工作中途夭折。

2）经济合理性。经济合理性就是预期管理信息系统建成后将带来的效益。效益分为直接经济效益和间接经济效益。直接经济效益是系统投入运行后对利润的直接影响，可以用货币形式表示。对管理信息系统来说，直接经济效益一般可以从以下几个方面作定量估计：①单位能量的利用率提高了多少；②单位流动资金占用量节约了多少；③节省了多少人力；④生产管理费用减少了多少；⑤生产资金的周转加快了多少；⑥产品成本降低了多少；⑦单位的年利润增长了多少等。把这些效益与系统投资、运行费用相比，可以估算出投资回收期。间接经济效益是指难以用货币形式表示出来的效益。例如，系统运行后，能够提供准确、及时的信息，为管理者提供决策支持服务，从而增加企业的竞争力。根据国外的统计，信息系统的间接效益，按其重要性排列如下：①提供以前提供不了的统计报表与分析报告；②提供比以前准确、及时、适用、易理解的信息；③为领导决策提供有力支持；④促进体制改革，提高工作效率；⑤减少人员费用；⑥改进服务，增强顾客信任，增强企业的竞争地位；⑦改善工作条件；⑧未来发展的潜力。

（3）社会可行性。社会可行性是指建立的管理信息系统能否在该企业实现，在当前操作环境下能否有效地运行，即组织内外是否具备接受和使用新系统的条件。从组织内部来讲，能否承受由于信息系统的建立而导致的管理体制的变动、人事变更等；对于应用新的系统，高级管理层的态度是积极参与还是怀疑、旁观；企业中下层由于惰性或习惯反对采用新技术，这些都是影响管理信息系统成功运行的关键因素。从组织的外部来讲，管理信息系统运行后，各类报表、票据格式的改变能否为相关部门接受、认同，也是社会可行性的一个方面。

2. 可行性研究报告　总体规划的最后阶段是撰写可行性研究报告，可行性研究报告主要包括总体方案和可行性论证两个方面，一般内容有以下几点：

（1）引言。该部分说明系统的名称、系统目标和系统功能、项目的由来。

（2）系统建设的背景、必要性和意义。要详细说明总体规划调查、汇总的全过程，要使人信服调查是真实的，汇总是有根据的，规划是可信的。

（3）拟建系统的候选方案。提出计算机的逻辑配置方案，写出一个主要方案和多个辅助方案。

（4）可行性论证。从社会、经济和社会三个方面对规划进行论证。

（5）方案比较。

若结论是可行的，则给出系统开发的计划，包括各阶段人力、资金、设备的需求，用PERT网络图或甘特图表示开发进度。

5.2　系统规划的常用方法

管理信息系统的规划方法有很多种，其中主要包括关键成功因素法（CSF）、战略集合转移法（SST）和企业系统规划法（BSP）。其他还有目的/方法分析法（E/M）、企业信息分析与集成技术法、投资回收法（ROI）等。下面仅介绍应用最多的三种方法。

5.2.1 关键成功因素法（Critical Success Factors，CSF）

1970年，哈佛大学William Zani教授在MIS模型中用到了关键成功变量，这些变量是确定MIS成败的因素。过了10年，麻省理工学院（MIT）的John Rockart教授把关键成功因素提高成为MIS战略。关键成功因素法的主要思想是"抓主要矛盾"，这是用以弥补在广泛的全面调查中，难以获得最高领导信息需求的一个有效方法和技术，并且在访问谈话中解释这一方法和进行信息需求调查所需的时间较少。虽然CSF是从信息系统设计角度提出来的，但它也被用于企业计划的制定和评价方面。

1. CSF的基本概念　关键成功因素是指在一个组织中的若干能够决定组织在竞争中获胜的区域（或部门）。如果这些区域（或部门）的运行结果令人满意，组织就能在竞争中获胜，否则，组织在这一时期的努力将达不到预期的效果。不同的行业或同一行业中的不同组织可以有不同的关键成功因素。

可以说，关键成功因素在组织的目标和完成这些目标所需要的浩瀚信息之间起着一种引导和中间桥梁的作用。通过对关键成功因素的识别，可以找出弥补所需的关键性信息集合，去建立那些重点的信息系统。

2. CSF应用步骤　关键成功因素法主要包括以下几个步骤：

（1）目标识别。了解企业或MIS的目标。

（2）识别所有的成功因素。可以使用逐层分解的方法引出影响企业或MIS目标的各种因素和影响这些因素的子因素，此步骤可以使用的工具是树枝因果图。例如，某企业的目标是提高产品竞争力，可以用树枝因果图画出影响它的各种因素，以及影响这些因素的子因素，如图5-4所示。

（3）确定关键成功因素。对识别出的所有成功因素进行评价，并根据企业或MIS的现状以及目标确定其关键成功因素，此步骤可以使用专家调查法或模糊综合评价方法等。

（4）明确性能指标和评估标准。给出各关键成功因素的性能指标和评估标准。

图5-5所示的是用CSF方法进行数据库分析的步骤。

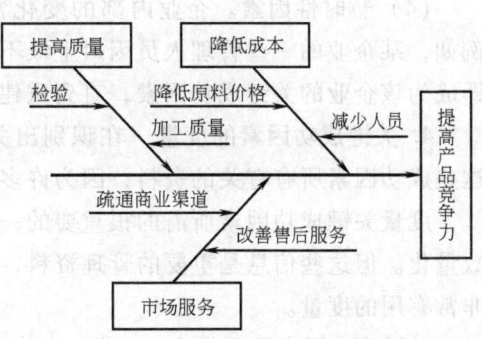

图5-4　识别成功因素的树枝因果图

3. 关键成功因素的来源　对于一个企业来说，关键成功因素有两类：一是企业所在行业的成功因素；二是企业自身的成功因素。具体来说，企业的关键成功因素有以下四种来源：

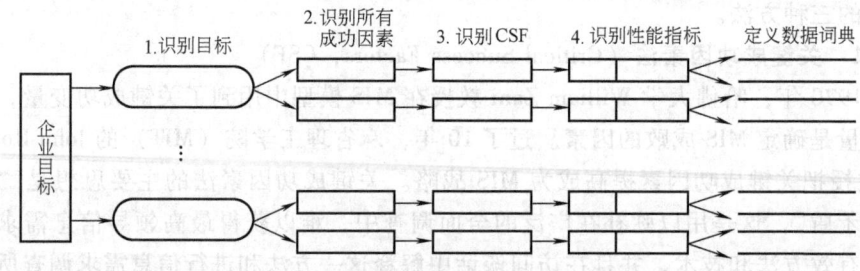

图 5-5　用 CSF 方法进行数据库分析的步骤

（1）行业的特殊结构。行业的性质可能会决定某些关键成功因素。例如，在汽车工业中，制造成本控制就是一项非常重要的关键成功因素；而在超级市场业，产品的组合和产品价格则是其关键成功因素。

（2）竞争策略、行业地位和地理位置。特定行业的竞争策略也会决定关键成功因素。例如，对于具有相似目标的两家公司，一个是享有极高声誉的百货公司，它会将优质的客户服务、商品的新潮款式以及质量控制作为竞争的关键成功因素；而另一个是以打折闻名的百货公司，它会将商品定价、广告效力等作为竞争的关键成功因素。另外，一个企业在同一行业中处于不同的地位，或者同一行业中位于不同地理位置的企业都会有不同的关键成功因素。

（3）环境因素。这里的环境是广义的概念，如国民生产总值、世界经济形势、国家行业政策等，这些因素的变化将会导致许多企业的关键成功因素发生变化。例如，东南亚发生的金融危机，促使许多国际企业改变了其关键成功因素。

（4）暂时性因素。企业内部的变化常会引起企业暂时性的关键成功因素。例如，某企业的一些管理人员因对上级不满提出辞职，这时重建企业管理班子立即成为该企业的关键成功因素，直到重建工作结束。

4. 关键成功因素的度量　在识别出关键成功因素后，还需要讨论和分析与这些成功因素所有有关的资料，因为许多成功因素的度量需要组织外部的信息。

度量关键成功因素所需的很重要的一部分信息来源于主观评价，它们不能被数量化。但这些信息是重要的管理资料，高层管理人员也习惯于使用这些软的但非常有用的度量。

关键成功因素可以分成两大类：一类是"监督"型的，另一类是"建设"型的。高层管理在当前经营状态下感受到的竞争压力越大，就越需要高水平"监督"型的关键成功因素，这是为了监督当前的工作。组织的经济压力越小或权力越分散，"建设"型的关键成功因素就越多，这主要是想通过改革方案来使组织适应未来的环境。表 5-1 给出了一个打折百货公司的关键成功因素及其度量。

表 5-1　某打折百货公司的关键成功因素及其度量

关键成功因素	主　要　度　量
定价	各种产品系列的库存更新率
季节性商品返销	今年与去年同期产品库存分析
广告效力	各种产品系列各占有的市场份额

关键成功因素法与企业的战略规划紧密相关，企业战略规划描述的是企业期望目标，关键成功因素则提供了达到这些目标的关键性能指标及其评估标准。一个企业要想长期发展下去，就必须对关键成功因素进行认真和不断的选择和度量，并在需要的时候进行适当调整。

5.2.2 战略集合转移法（Strategy Set Transformation，SST）

系统规划的一个最重要的任务是确定 MIS 的战略和目标，使它们与组织总的战略和目标保持一致。在这些战略和目标指导下开发的信息系统，能支持组织长期战略的需要。1978 年，William King 提出了战略集合转移法，该方法是把组织的总战略看成一个"信息集合"，包括使命、目标、战略以及其他战略变量（如管理的复杂性、对计算机应用的经验、改革的习惯以及重要的环境约束等），管理信息系统的战略规划就是要把组织的这种战略集合转化为管理信息系统的战略集合，该战略集合由系统目标、环境约束和战略计划组成，图 5-6 给出了实现管理信息系统战略规划的过程。

图 5-6　管理信息系统战略规划过程

SST 方法的应用基本包括以下两个步骤：

1. 识别组织的战略集　组织的战略集应是在该组织的战略及长期计划的基础上进一步归纳形成的。但在很多情况下，组织的目标和战略不是由书面给出的，或者它们所取的形式对信息系统的总体规划用处不大。为此，信息系统的战略规划者就需要一个明确的战略集元素的确定过程。组织的战略集合的构造过程可按如下步骤进行：

（1）刻画出组织的关联集团。关联集团是与该组织有利害关系者，如顾客、持股票人、雇员、管理者、供应商等。

（2）确定关联集团的要求。组织的使命、目标和战略就是要反映每个关联集团的要求，为此要对每个关联集团要求的特性作定性描述，并且还要对他们这些要求被满足程度的直接和间接度量给予说明。

(3) 定义组织相对于每个关联集团的任务和战略。在每个关联集团要求的特性被确定以后,相对于这些关联集团的组织的任务和战略就要确定下来。

(4) 解释和验证组织的战略集。识别组织的战略后,应立即交给企业组织负责人审阅,收集反馈信息,经修改后进行下一步工作。

2. 将组织的战略集转化成管理信息系统的战略集　将组织战略集转化成管理信息系统的战略集的过程应该是一一对应的,包括目标、约束和设计原则,最后得到一个完整的管理信息系统的结构。图 5-7 所示的是某企业运用 SST 方法进行 MIS 战略规划的过程。

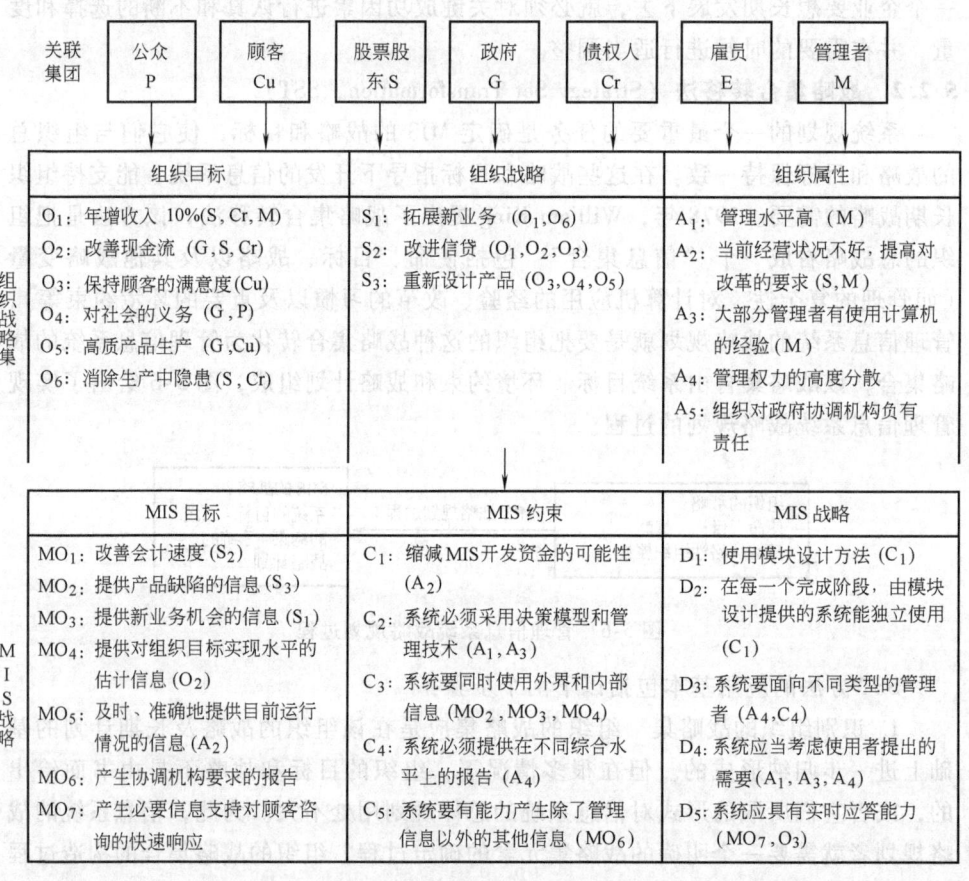

图 5-7　战略目标集转化法

在使用 SST 方法确定 MIS 的战略和目标时,把两个战略集之间的关系完全表示出来是非常困难的。图 5-7 所示的例子只是表明两个战略集的关系,指出它们由关联集团推导出来的过程。例如 MIS 目标中的提供新业务机会的信息 (MO_3) 是由组织的拓展新业务 (S_1) 的战略导出的, 这一战略又是组织目标中的年增收入10%（O_1）和消除生产中隐患（O_6）所要求的，其中年增收入10%（O_1）是关联集团股票股东、债权人和管理者要求的反映；消除生产中隐患（O_6）是关联集团股票股东和债权人要求的反映。又如MIS设计战略中的使用模块设计方法（D_1）是由MIS约束中的缩减MIS开发资金的可能性（C_1）导出，缩减MIS开发资金的可能性（C_1）与组织属性中的当前经营状况不好，提高对改革的要求（A_2）有关，而这一组织属性又是关联集团股票股东和管理者的要求。

管理信息系统的战略规划并不是一经制定就再也不发生变化。事实上，各种内外部环境因素的变化都可能随时影响整个规划的适应性。因此，管理信息系统战略规划总是要做不断的修改，以适应变化的需要。

5.2.3 企业系统规划法（Business System Planning，BSP）

BSP是美国IBM公司在20世纪70年代初用于企业内部系统开发的一种方法。这种方法是基于用信息支持企业运行的思想，首先是自上而下地识别系统目标、识别企业的过程、识别数据，然后再自下而上地设计系统目标，最后把企业的目标转化为管理信息系统规划的全过程。

1. **BSP方法的主要原则** 使用BSP方法的前提是企业内部有改善目前计算机信息系统，以及为建设新系统而建立总的战略的需求。BSP是一个企业在长时间内构造、综合和实施信息系统所使用的规划方法，其基本概念与企业内的信息系统的长期目标密切相关。它的主要概念和原则如下：

（1）信息系统必须支持企业的目标。系统规划的一个最重要的任务是确定管理信息系统的战略和目标，并使它们与企业的战略和目标保持一致。信息系统是一个企业的有机组成部分，对企业的总体有效性起非常重要的作用，而且信息系统的开发和维护将需要大量的资金和人力，所以信息系统必须要支持企业的真正需要和企业的目标。并且重要的是要让企业高级管理者认识到这一原则，只有这样才能获得他们的大力支持和参与，从而保障系统规划使用BSP方法的顺利进行。

（2）系统的规划应当表达出企业各管理层次的需求。企业的管理过程有三个层次：战略规划、管理控制和操作控制。确定企业的目标，以及为达到目标决定所使用的资源等属于战略规划的内容；管理控制是企业在实现其目标的过程中，为有效获得和使用企业资源而进行的管理活动；操作控制则是为保证有效完成具体的任务而进行的管理活动。系统规划应能表达出企业的各个层次的需求，特别是对管理有直接影响的决策的支持。

（3）信息系统能向整个企业提供一致的信息。信息的一致性是对信息系统的最基本的要求。由于传统的数据处理系统采用"自下而上"的开发方法，没有统一的规划，会造成信息冗余、数据不一致，以及数据难以共享。因此，将数据作为企业的资源来管理是非常必要的,由企业的数据管理部门统一组织和协调,在总体规划时采用"自上而下"的规划方法,对数据的域定义、结构定义和记录格式、更新时间及更新规则等进行统一的制定,从而保证系统结构的完整性和信息的一致性,并在信息一致性的基础上为企业的各个部门所使用。

(4) 信息系统对组织机构和管理体制的变化具有适应性。信息系统应当实现对主要业务流程的改造和创新,并能够在组织机构和管理体制改变时保持工作能力。因此,要有适当的信息系统的设计技术,这种技术要独立于组织机构的各种因素。BSP方法采用了业务流程的概念,同任何组织体系和具体管理职责无关。对任一企业,可以从逻辑上定义一组流程,只要企业的产品和服务基本不变,则过程的改变就会极小。

(5) 信息系统的战略由信息系统总体结构中的子系统开始实现。一般来说,支持整个企业的总信息系统的规模太大,不可能一次完成,而自下而上的建设信息系统存在严重问题(例如数据不一致,难以共享,数据冗余,等等),因而有必要建立信息系统的长期目标。BSP方法采用了自上而下的系统规划,自下而上的系统实现,如图5-8所示。

2. BSP法的工作步骤 使用BSP法进行系统规划是一项系统工程,其具体步骤如图5-9所示。

(1) 立项。需要企业最高领导者的赞同和批准,明确研究的范围和目标以及期望的成

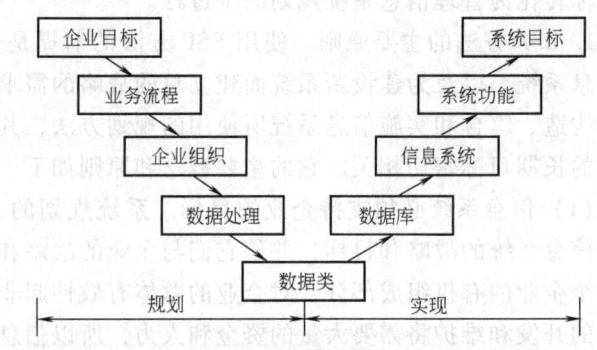

图5-8 自上而下的分析和自下而上的实施

果;成立研究小组,选择企业主要领导人之一担任组长,并应保证此领导人能用其全部的时间参加研究工作和指导研究小组的活动。

(2) 准备工作。对参加研究小组的成员和企业管理部门的管理者进行一定深度的培训;制定BSP的研究计划,画出总体规划工作的PERT图或甘特图;准备好各种调查表和调查提纲。

(3) 调研。研究小组成员收集各方面有关的资料;通过查阅资料,深入分析和了解企业有关决策过程、组织职能和部门的主要活动以及存在的主要问题;并对目前存在的和计划中的信息系统有一全面理解。

(4) 定义业务过程(又称定义企业过程或定义管理功能)。定义业务过程是BSP方法的核心。业务过程指的是企业管理中必要且逻辑上相关的、为了完成某

种管理功能的一组活动。定义业务过程的目的是了解信息系统的工作环境，以及建立企业的过程–组织实体间的关系矩阵。

（5）业务流程重组。业务流程重组是在业务过程定义的基础上，找出哪些过程是正确的、哪些过程是低效的，需要在信息技术支持下进行优化处理，哪些过程不适合计算机信息处理的特点应当取消。

（6）定义数据类。在总体规划中，把系统中密切相关的信息归成一类数据，称为数据类，如客户、产品、合同等，都可称为数据类。主要应按业务过程进行数据的分类。

（7）分析现行系统支持。分析现行系统在开发新系统过程中所能提供的支持条件，从而对未来的系统提出建议。

（8）提出判断和结论。对资料的进一步完善和理解，以及对问题的分析，并采用问题/过程矩阵等方法将数据和企业过程关联起来，以便解决信息系统的改进问题。

（9）定义信息系统总体结构。数据类和业务过程都被识别出来后，就可以定义信息系统的总体结构了。定义信息系统总体结构的目的是刻画未来信息系统的框架和相应的数

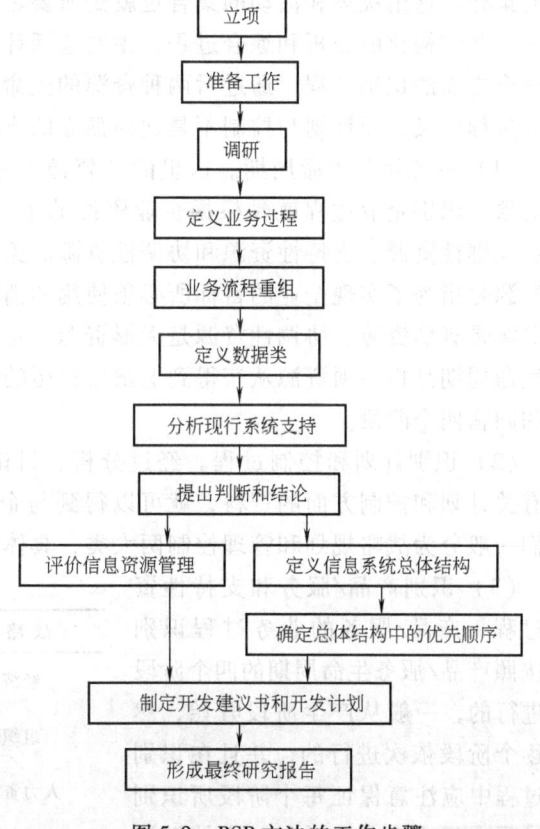

图 5-9 BSP 方法的工作步骤

据类，主要工作就是划分子系统，具体实现可使用功能/数据类（U/C）矩阵。

（10）确定总体结构中的优先顺序。由于资源的限制，系统的开发总有个先后次序，而不可能全面进行。划分子系统之后，就需根据企业目标和技术约束确定子系统实现的优先顺序。一般来讲，对企业贡献大的、需求迫切的、容易开发的优先开发。

（11）评价信息资源管理。为完善信息系统，使其能有效地和高效率地开发，应对与信息系统相关的信息资源的管理加以评价和优化，并使其适应企业战略的变化。

（12）制定开发建议书和开发计划。建议书用于帮助管理部门对所建议的项目作出决策；开发计划确定具体的资源、日程和工作规模等。

（13）形成最终研究报告。完成 BSP 研究的最终报告，整理研究成果。

下面将对 BSP 方法的主要工作进行描述。

3. 定义业务过程　　定义业务过程是指识别企业逻辑上相关的一组决策和活动的集合。这组决策和活动的集合也就是所要定义的业务过程。业务过程的识别是一个非结构化的分析和综合过程，主要包括计划与控制、产品和服务、支持资源三个方面的识别过程。通过后两种资源的生命周期分析，可以给出它们相应的业务过程定义，而计划与控制不是面向孤立的产品或资源，因此需单独考虑。

（1）资源及其生命周期。这里的"资源"是一个广义的概念，是指被管理的对象。识别企业过程就是根据企业资源的生命周期进行的。企业资源共分三类：关键性资源、支持性资源和协调性资源。关键性资源是指产品和服务；支持性资源是指为了实现企业的目标所必须使用和消耗的人员、资金和设备等，这两种资源是有形资源。协调性资源是无形资源，是指企业的计划和控制。所谓的资源生命周期是指一项资源从获得到退出所经历的阶段，一般分为产生、获取、服务和归宿四个阶段。

（2）识别计划和控制过程。经过分析、讨论和研究，在前几个阶段收集到的有关计划和控制方面的资料，就可以得到与企业计划和控制有关的业务过程。它们一般分为战略规划和管理控制两大类，具体如表 5-2 所示。

（3）识别产品/服务和支持性资源过程。产品/服务的业务过程识别是按照产品/服务生命周期的四个阶段来进行的，一般从产生阶段开始，然后逐个阶段依次进行的，并且在识别的过程中应注意保证每个阶段所识别的过程在层次上是一致的。支持性资源的业务过程识别与产品/服务的过程识别相同。过程的识别，实际上就是

表 5-2　计划和控制过程

战略规划	管理控制
经济预测	市场/产品预测
组织计划	工作资金计划
人力资源开发	职工培训计划
发展目标制定	预算
产品设计计划	测量和评价

表 5-3　产品/服务过程的示例

产　生	获　取	服　务	归　宿
·市场计划	·产品设计和开发	·合同处理	·销售策略
·市场研究	·生产调度	·库存控制	·顾客订货
·产品开发计划	·工作计划	·包装储运	·运输管理
·产品/市场预测	·工程记录	·产品服务管理	·售后服务

根据以上资源的生命周期模型找到相应阶段上的必要的管理活动。对于识别出的过程个数一般没有要求，可根据企业的规模和管理活动的多少而定。表 5-3 是产品/服务过程的例子，表 5-4 是支持性资源过程的例子。

表 5-4 产品/服务和支持性资源过程的示例

过程\资源 生命周期	支持性资源			
	材料	资金	人员	设备
产生阶段	·需求计划	·财务计划 ·成本计划 ·投资计划	·人事计划 ·工资管理	·设备计划 ·设备更新
获取阶段	·材料采购 ·进库	·资金接受 ·贷款	·招聘 ·转业	·设备采购 ·设备接收 ·基建
服务阶段	·库存控制 ·材料调配	·成本核算 ·管理会计 ·银行业务	·人员培训 ·人事管理	·设备维修
归宿阶段	·材料回收 ·应付款项	·分配管理 ·应付款项	·终止合同 ·解雇 ·退休	·设备折旧 ·设备报废

（4）建立企业过程和组织关系。识别的业务过程经过汇总分析，减少层次上的不一致性，以及进行功能的归类后，就可以与企业的组织机构联系起来了。建立企业业务过程与组织关系的目的是进一步明确管理组织的职责功能，为进一步收集数据提供信息。对于企业业务过程和组织之间的联系，可以使用过程/组织矩阵来表示，如表 5-5 所示。

表 5-5 过程/组织矩阵

关系\过程 组织	市场			销售			人员			财务		材料			……
	研究	预测	计划	地区管理	销售	订货服务	人员计划	培训	考勤	财务计划	成本计算	采购	库存控制	发运	
财务科	×		×			/		×		¤	¤	×			
技术科		/							/						
销售科	¤	¤	¤	¤	¤					/			×		
规划科	×		×				¤								
人事科				/											
……															

注：¤ 表示主要负责；× 表示主要参加；/ 表示一般参加。

4．定义数据类　数据类是指支持业务过程所必需的逻辑相关的数据。识别数据类的目的在于了解企业目前的数据状况和数据要求，以及数据与企业实体、业务过程之间的联系，查明数据共享的情况，建立功能/数据类矩阵，为定义信息系统总体结构提供基本依据。其中，企业实体是指企业实施管理的对象，一般可按人、地点、物体、概念和事件进行分类，如企业员工、设备、产品和材料等。数据类的定义可分为如下三步。

(1) 分解数据类。根据资源的管理过程可以将数据分解成计划型、统计型、文档型和业务型四类，每个实体可以由这四种数据类型来描述。每种数据类型所反映的内容包括：计划型反映目标计划值；统计型反映企业的综合状况；文档型反映实体的现状；业务型反映生命周期各阶段过渡过程相关文档型数据的变化。根据企业各组织机构的输入/输出数据的调查资料，将实体/数据类按数据的四种类型绘制在一个表内，就得到实体/数据类矩阵，如表5-6所示。

表5-6 实体/数据类矩阵

类型 数据类 实体	计划型	统计型	文档型	业务型
产品	生产计划 质量计划 新产品开发计划	产品质量汇总 产成品入库汇总	产品质量标准 成品质检报告	订货合同 提货单 产品检验单
客户	市场计划 销售计划	销售合同汇总 营销历史数据	客户档案 客户订货数据	发运记录
设备	设备计划 维修计划	设备利用率	设备使用数据 设备维修数据	固定资产盈亏报表 设备购进记录
材料	原材料需求计划 原材料采购计划	材料月消耗表 库存材料汇总表	原材料质量日报 用料计算表	材料采购记录 入库出库单据
资金	财务计划	资产负债表 企业财务报表	会计报表 产成品价格表	应收应付业务 采购借款单
人员	工资计划 培训计划	劳动生产率 职工人数统计	职工档案	人事调动记录 劳动定额通知
其他	工作计划	工伤事故统计	企业规章制度	样品调拨单

(2) 数据/信息转换。将实体/数据类矩阵中的数据与企业业务过程联系起来，通过对每个过程标示其输入、输出数据，可以得到综合性的辅助决策信息，即数据类。图5-10所示是数据/信息转换的一个示例。

(3) 绘制功能/数据类矩阵。在分解数据类和数据/信息转换的基础上，就可以绘制功能/数据类矩阵，功能/数据类矩阵也称作U/C矩阵。将数据类作为列，功能（或过程）作为行，用功能与数据类交叉点上的符号C（create）表示这类数据由相

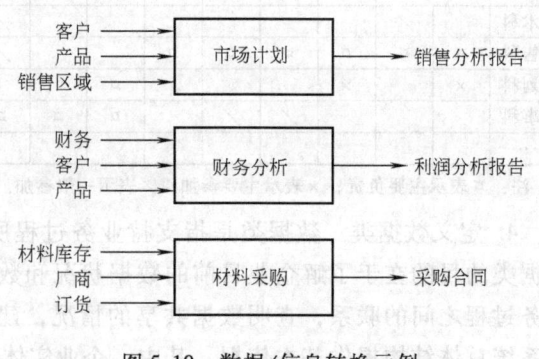

图5-10 数据/信息转换示例

应的功能产生，用交叉点上的 U（use）表示这类功能使用相应的数据类，空着不填表示功能与数据无关。例如，表 5-7 所示的是由企业内各项管理功能组和数据类之间的关系形成的 U/C 矩阵，"经营计划"功能需要使用有关"成本"和"财务"的数据，则在这些数据下面的"经营计划"行上标记符号 U，而产生的是"计划"数据，则在"计划"下"经营计划"行上标记符号 C。

5. 定义信息系统总体结构　BSP 方法将功能和数据类两者作为定义企业信息系统总体结构的基础，具体做法是利用功能/数据类矩阵。定义信息系统的结构，即划分子系统的步骤如下：

（1）调整功能/数据类矩阵。首先，将功能这一列按功能组排列，功能组是指同类型的功能，如"经营计划"、"财务计划"和"资产规模"属计划类型，归入到"经营计划"功能组。然后，调换"数据类"的横向位置，使得矩阵中的符号 C 最靠近对角线。最后，画出功能组对应的方框，并给框起一个名字，每个框就是一个子系统。例如，将表 5-7 功能/数据类矩阵进行调整，得到表 5-8 所示的子系统构成。

表 5-7　功能/数据类矩阵

数据类 功能	客户	产品	订货	成本	操作顺序	材料表	零件规格	材料库存	职工	成品库存	销售区域	财务	机器负荷	计划	工作令	材料供应
经营计划				U								U		C		
财务计划				U					U			U		C		
资产规模														C		
产品预测	U	U								U				U		
产品设计	U	C				U	C									
产品工艺		U				C	C	U								
库存控制							C	C							U	U
调度	U												U		C	
生产能力计划					U								C			U
材料需求		U				U										C
操作顺序					C								U	U		
销售区域管理	C	U	U													
销售	U	U	U									U				
订货服务	U	U	C													
发运		U	U							U						
通用会计	U	U							U							
成本会计			U	C												
人员计划									C							
人员考核									U							

表 5-8 划分子系统

功能	数据类	计划	财务	产品	零件规格	材料表	材料库存	成品库存	工作令	机器负荷	材料供应	操作顺序	客户	销售区域	订货	成本	职工
经营计划	经营计划	C	U													U	
经营计划	财务计划	C	U												U	U	U
经营计划	资产规模			C													
技术准备	产品预测	U		U									U	U			
技术准备	产品设计			C	C	U											
技术准备	产品工艺			U	C	C	U										
生产制造	库存控制						C	C	U		U						
生产制造	调度			U					C	U							
生产制造	生产能力计划									C	U						
生产制造	材料需求			U		U					C						
生产制造	操作顺序								U	U	U	C					
销售	销售区域管理			U									C	U			
销售	销售			U									U	C	U		
销售	订货服务			U									U	U	C		
销售	发运			U				U							U		
财会	通用会计			U									U				U
财会	成本会计														U	C	
人事	人员计划																C
人事	人员考核																U

利用 BSP 方法划分子系统应遵循如下几条原则：在功能上，子系统应具有相对的独立性，一般一个子系统不应横跨两个或两个以上的业务过程；在数据上，子系统应具有自身的完整性，通常情况一个数据类只能由一个子系统生成；在结构上，子系统应具有规模的适中性，子系统在规模上不易太复杂。

（2）确定子系统之间的关系。用箭头把落在框外的符号 U 与子系统连接起来，表示子系统之间的关系。例如，"计划"数据类由"经营计划"子系统产生，"技术准备"子系统将用到此数据类，见表 5-9。为了表达清楚，需要将流程图简化。去掉字母 C 和 U 并使用双向箭头（需要的时候可以适当移动功能组和数据类），最后得到的子系统结构图，见表 5-10 所示。

第 5 章 管理信息系统规划

表 5-9 子系统之间的联系

功能＼数据类	计划	财务	产品	零件规格	材料表	材料库存	成品库存	工作令	机器负荷	材料供应	操作顺序	客户	销售区域	订货	成本	职工
经营计划	C	U	U												U	
	C		U												U	U
			C													
技术准备	U			U								U	U			
			C	C	U					U						
			U	C	C	U										
生产制造						C	C	U	U							
			U					C	U							
								C	U	U						
			U		U			U	U	U	C					
销售				U								C	U	U		
				U								U	C	U		
				U								U	U	C		
				U			U					U	U	U		
财会			U													U
												U		C		
人事															C	U

表 5-10 子系统结构图简化

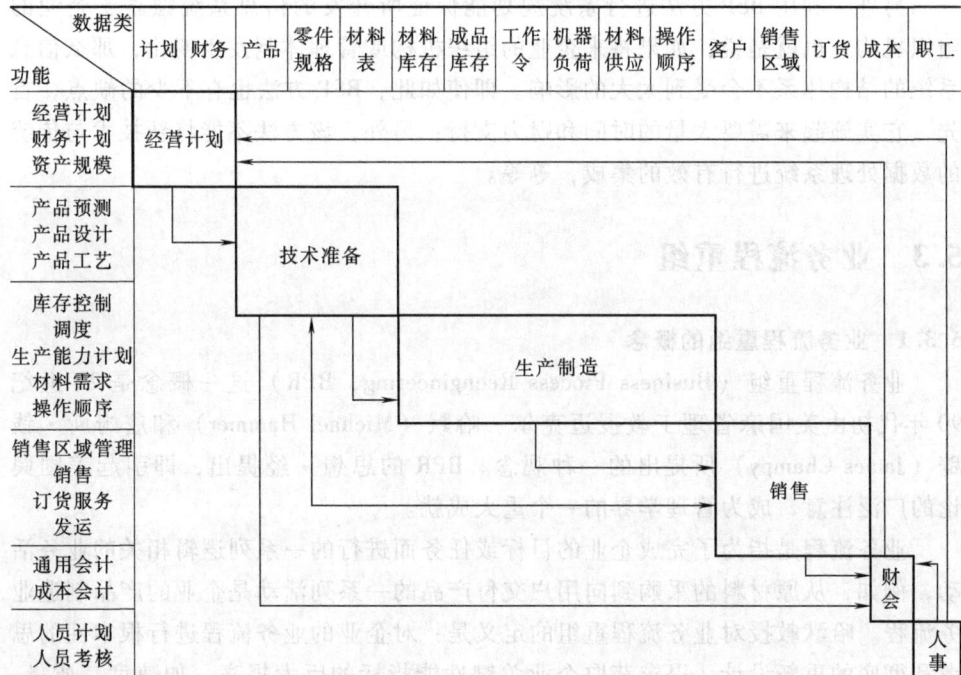

6. 资源分配 企业用于 MIS 开发的资源总是有限的，因此应针对这些项目的优先顺序进行合理分配。

一般来说，确定项目的优先顺序应按照如下四类标准进行考虑：

（1）潜在效益。在近期内项目的实施是否可节省开发费用，长期看是否对投资回收有利，是否可明显增强竞争优势。

（2）对组织的影响。是否是组织的关键成功因素或亟待解决的主要问题。

（3）成功的可能性。从技术、组织、实施时间、风险情况以及可利用资源等方面考虑项目成功的可能性程度。

（4）需求。用户的需求、项目的价值以及它与其他项目间的关系。例如，有些项目是其他项目实施的前提，则这些项目就应该优先实施。

对构成信息系统的各项目按上述四类标准进行分析，并按 1～10 十个等级打分，分数的高低排列即为项目实施的优先顺序。

7. BSP 方法的意义 BSP 方法是最易理解的信息系统规划技术之一，相对于其他方法，它的优势在于其强大的数据结构规划能力，包括确定业务处理过程、列出支持每个处理过程的信息需求以及建立所需的数据项。通过使用 BSP 方法，可以确定出未来信息系统的总体结构，明确系统的子系统组成以及子系统开发的先后顺序，并对数据进行统一规划、管理和控制，明确各子系统之间的数据交换关系，从而保证信息的一致性。

另外，利用 BSP 方法进行系统规划能保证所开发的信息系统独立于企业的组织机构，也就是说，如果将来企业的组织机构或管理体制发生变化，那么信息系统的结构体系不会受到太大的影响。即使如此，BSP 方法也有不少的缺点，首先，它实施起来需要大量的时间和财力支持；另外，该方法不能将新技术与传统的数据处理系统进行有效的集成，等等。

5.3 业务流程重组

5.3.1 业务流程重组的概念

业务流程重组（Business Process Reengineering，BPR）这一概念是 20 世纪 90 年代初由美国麻省理工教授迈克尔·哈默（Michael Hammer）和詹姆斯·钱辟（James Champy）所提出的一种观念。BPR 的思想一经提出，即引起美国舆论的广泛注意，成为管理学界的一个重大成就。

业务流程是指为了完成企业的目标或任务而进行的一系列逻辑相关的业务活动，例如，从原材料的采购到向用户交付产品的一系列活动是企业的产品制造业务流程。哈默教授对业务流程重组的定义是：对企业的业务流程进行根本性的思考和彻底的重新设计，以求获取企业关键性能指标的巨大提高，如速度、质量、服务和成本（TQSC）。目前，对于业务流程重组有许多不同的说法和译法，例如核心过程再设计（Core Process Redesign）、企业经营过程重组、企业过程再造等。

业务流程重组的定义包含四个方面的关键信息。

1. 业务流程　重组的内容是企业的业务流程，而不是企业的组织等其他方面。然而，现在的企业组织是建立在亚当·斯密的分工理论基础上的，企业的完整业务活动被组织机构所分割和掩盖，人们熟悉的是部门、科室等机构，而对业务流程不够熟悉。另一方面，组织机构分工明确、界限清楚，可以非常清晰明了的画出来，而流程却不同，流程不仅看不到、没有名称，通常也没有被有效地管理。

但是，业务流程重组的实施将导致企业组织的变化。业务流程重组后，企业为完成工作所需要的真正组织机构将变得明确、清晰，企业原有部门、科室的分工将会改变，一些组织结构会被合并或撤销。

2. 根本性的思考　实施业务流程重组关心的是事物本来的样子，而不关心现在的样子。所以，提出的问题是"我们为什么要做现在的事？为什么要以现在的方式做事？现在的工作方式有什么不足？有没有别的工作方式？"，而不是"如何把现在的事情做得更好？"。提出诸如此类的根本性的问题，促使人们对管理企业方法所基于的习惯和假设进行观察、分析和思考。通过仔细的观察、深入地分析和思考，往往会发现这些习惯和假设中有一部分已经过时，甚至是错误的、不适用的。

在企业实施流程重组的最初阶段，不需要任何条条框框的限制，同时还必须抛弃一般已经认可的习惯和假设。例如，提出"如何才能更加有效地完成客户信用的审查工作？"。这个问题本身就需要分析和思考，因为提出这个问题的前提是已经假设了必须审查客户信用，然而在许多的情况下，信用审查的费用实际上可能已超过了审查工作可避免的损失。

3. 彻底的重新设计　彻底的重新设计意味着追根溯源，从根本上重新设计企业的经营过程或业务流程，而不仅仅是做表面的改变或修补，是完全抛弃旧有的结构和过程，创造出新的工作方法。

业务流程与企业的运行方式、组织的协调合作、人的组织管理、新技术的应用与融合等密切相关，所以业务流程重组是彻底的、全方位的重组。它涉及到企业的人、经营过程、技术、组织结构和企业文化等各个方面，包括观念的重组、流程的重组和组织的重组，以新型企业文化代替旧的企业文化，以新的业务流程代替原有的业务流程，以扁平化的企业组织代替金字塔形的企业组织，等等。但是，其中的信息技术的应用是流程重组的核心，它既是流程重组的出发点，同时也是流程重组最终目标的体现。

4. 巨大业绩　进行业务流程重组的目标不是为获得小的改善，而是要取得业绩的巨大进步。如果企业只是需要对现有业绩的小的提高，那么即使它不实施 BPR 也可以达到目标，因为有许多传统的方法可以采用，例如，激励员工的积极性或是扩大产品宣传力度，开展产品促销活动，等等。只有当企业需要彻底改变时，才可以实施业务流程重组。因为实现业务流程重组是有风险、有阻力的重大改革。

一般来说，有三种类型的企业需要实施 BPR：第一类是企业发现自身已经陷入了困境之中，不进行彻底的改变，就有倒闭的可能；第二类是企业目前经营状况良好，但已感到了来自竞争对手的压力，产生了危机感，并预测将来企业的经营状况可能会变坏；第三类是企业当前的经营状况非常好，处于鼎盛的时期，并且企业在现在或可预见的将来都不存在明显的困难和危机。

从实施业务流程重组的需要来看，第一类企业是最适合，也是最急需的。而第二类企业只是为了摆脱潜在的困境而提前实施 BPR。对于第三类企业，该企业的管理者是为了保持其领先的地位而实施 BPR。并且他们把实施 BPR 看作是提高企业竞争力的一种机会、一种手段，通过实施 BPR 来提高自己的业绩，加大企业的竞争优势，从而使竞争对手的经营更加困难，给其以极大的压力。

5.3.2　业务流程重组的实施

1. BPR 实施中有关人员的选择　BPR 的实施关系到企业的每一个人，企业的各级管理者、每个工作人员都有可能直接参与到 BPR 工作中。正确的选择和合理的组织这些人，是企业顺利开展 BPR 的关键，有时决定着 BPR 实施的成功与否。一般而言，有五种角色直接从事 BPR 的工作，即：领导者、工程总监、项目主任、团队成员和指导委员会成员。

(1) 领导者。作为业务流程重组的领导者，其主要职责是规划业务重组的总目标，进行全局管理和协调工作，并明确企业中每个人员的工作目标和工作责任。领导者应是一名资深主管，具有足够的权威和影响力。领导者一般从企业的高级管理者中选择。若进行小规模的重组，则也可以由部门的管理者担任。

(2) 工程总监。主要负责企业 BPR 中所有相应的技术工作，作为 BPR 领导者的总参谋，工程总监同样也是从企业的高级管理者中选择。

(3) 项目主任。主要负责企业 BPR 中某一项目，提供此项目所需的资源，并与此项目相关的企业各组织机构交涉、协调，以获得必要的支持。项目主任由 BPR 的领导者任命。

(4) 团队成员。参与企业 BPR 某一具体项目的人员。他们的主要工作是提出重组的建议和想法，并制定具体计划和方案，以及实施批准后的计划和方案。一个团队一般有 5~10 个内外部成员组成，内部成员是指正在被重组的业务中工作过的人员，外部成员是指没有在此重组业务中工作过的人员。内部成员熟悉业务，外部成员不受习惯所束缚和影响，具有创新精神，因此，团队成员最好由这两类人共同组成。

（5）指导委员会成员。一般指导委员会可根据具体情况设立或不设立，设立时其成员可由非项目主任的企业高级管理人员组成，主要负责各 BPR 项目之间的问题协调事务。

2. BPR 实施的工作阶段　业务流程重组实际上是站在信息的高度，对业务流程的再思考和重新设计，这是一个非常复杂的系统工程。为了有效地实施业务流程重组，Michael Hammer，Thomas H. Daverport 等学者把实施的过程分成若干阶段，被称为"BPR 生命周期"。

（1）启动。企业实施 BPR 是一场深刻的变革，通常情况下都会遇到来自企业的各种阻力，如企业员工的抵制、经理等高级管理者的不配合等。为保证 BPR 的顺利进行，必须做好沟通工作，使企业的全体员工能充分理解重组的必要性，并达成共识。此阶段的主要相关活动包括：任命领导者并成立专门的重组委员会；获得高层经理人员对业务重组的支持；准备计划书：定义重组的范围、确定重组的目标、实施的方法和进度的安排；组建并培训重组团队的成员等。

（2）选择再设计的流程。一般而言，一个企业不会同时对其全部的主要业务流程进行再设计。因此，首先应识别出准备改变的主要业务并评估如果不进行改变将产生的后果，然后选择需要重组的业务流程。选择需要再设计的流程时，一般从以下三个方面考虑：迫切性，即哪些流程遇到了最大的困难；重要性，即哪些流程对客户的影响最大；可行性，即哪些流程可成功地进行再设计。

（3）流程分析。流程分析就是对需要重新设计的流程进行分析，建立该流程的理想目标。一般而言，目标有如下几种：降低成本、提高质量、缩短处理的时间、增进客户的满意度和增强企业的竞争力。

（4）重新设计。重新设计业务流程是对现行制度及其背后的假设提出挑战。重新设计时先进行简化工作，减少不必要的工作环节，并将散乱无章的工作步骤整合成有条理、有效率的过程，最后是应用信息技术。此阶段的主要相关活动包括：利用创造性思维建立设计的方案；定义新的流程模型并用流程图描述这些流程；设计与新流程适应的组织机构模型；定义技术需求，选择能够支持新流程的平台等。

（5）评估。应用功能经济分析工具建立有关成本、效益等方面的评估标准，评估各可行方案，选择出最合适的方案。

（6）执行。在实施流程重组时，最好先有选择性地建立一个原型系统进行小范围的实验，通过试运行取得满意成果后，再进行大规模的推广。

具体实施过程中，将涉及许多方面的内容。如与员工就新的方案进行有效沟通，制定并实施变更管理计划，制定阶段性实施计划并实施，制定新业务流程和系统的培训计划并对员工进行培训，等等。

5.3.3 业务流程重组与MIS的关系

1. 信息技术与业务流程重组　业务流程重组是一种管理思想，一种经营变革的理念。而信息技术是一种技术，BPR可以独立于信息技术而存在，这种独立是相对的，在BPR由思想到现实的转变中，信息技术起到了一种良好的催化剂作用。从管理信息系统的角度来认识，BPR主要是指利用信息技术，对组织内或组织之间的工作流和业务过程进行分析和再设计，并主要用于减少业务的成本、缩短完成时间和提高质量的一系列技术。

在管理信息系统建设中，仅仅用计算机系统去模拟原手工管理的过程，并不能从根本上提高企业的竞争能力，重要的是重组业务流程。按现代化信息处理的特点，对现有的业务流程进行重新设计，已成为提高企业运行效率的重要途径。业务流程重组的本质就在于根据新技术条件下信息处理的特点，以事物发生的自然过程寻找解决问题的途径。

企业在实现信息化的过程中，首先要实施BPR，再利用信息技术促进BPR的实现，这样的企业信息化过程，实际上也是管理创新的过程。要处理好企业信息化和业务流程重建的关系，不能把两者等同起来。企业信息化需要先做好业务流程重建，而信息技术对新业务流程的重建是有极大促进作用的。

2. 基于流程重组的信息系统规划　BSP方法为MIS的规划提供了规范的步骤和方法，然而，BSP方法是在企业现有流程的基础上进行的，在定义业务流程的过程中没有面向流程的创新、重组和规范化设计。因此，这样规划的信息系统难以适应企业经营环境的变化以及MIS的发展，是最终导致信息技术成为组织僵化的原因。而在系统规划阶段引进业务流程重组可以有效地解决这一问题。这种面向流程的信息系统规划模型如图5-11所示。

从图5-11可以看出，此规划模型结合了业务流程重组的思想，将系统规划分为五个阶段。

(1) 系统战略规划。首先要定义企业的战略目标，认清企业的发展方向，然后进行业务流程调查，确定实施企业战略的成功因素，在此基础上定义业务流程远景和MIS战略规划，以保证业务流程重组、MIS目标与企业的目标保持一致。这里的流程远景是指对未来流程应该如何运行以及运行程度的具体描述。

(2) 系统流程规划。此阶段是面向流程的信息系统规划的重点，其主要任务是选择核心业务流程并进行分析，对依然可行的直接画出业务流程图，对需要改进的进行业务流程重构后再画出它的业务流程图，最终形成流程规划方案。

(3) 系统数据规划。在这一阶段的任务是对上一步得到的主要业务流程所产生和使用的数据进行识别和分类。首先是定义数据类，然后进行数据的规划，

第 5 章 管理信息系统规划

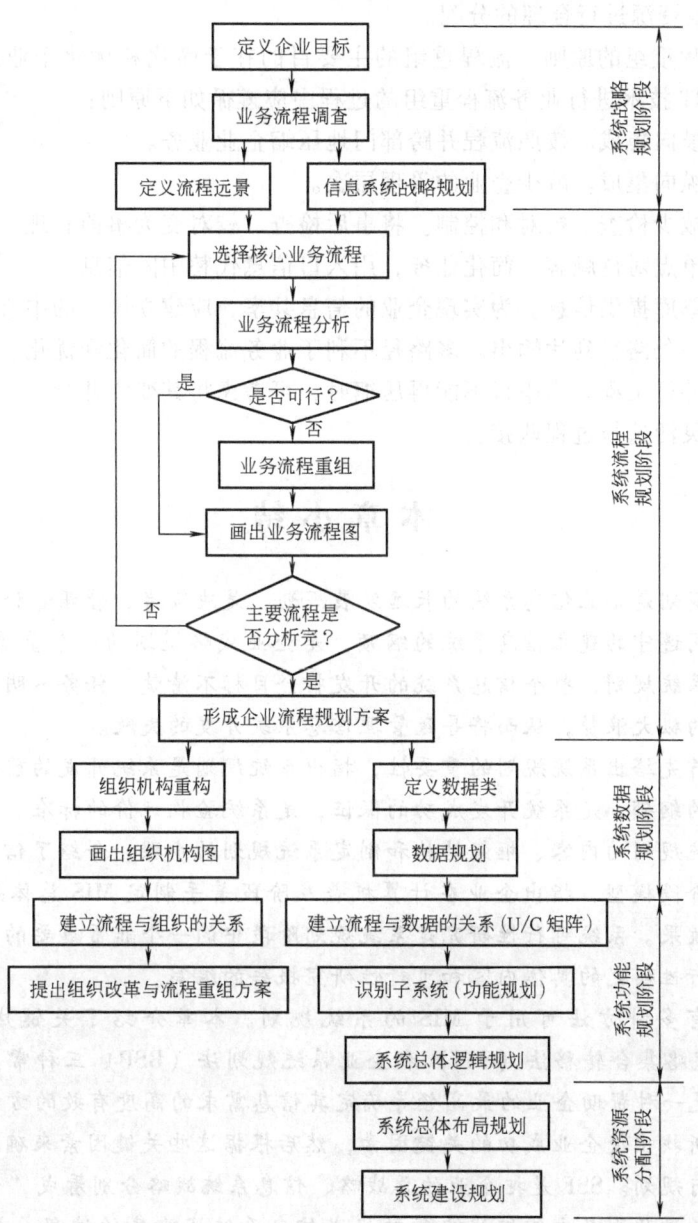

图 5-11 面向流程的信息系统规划模型

按时间长短、数据是否可共享以及数据的用途进行分类。

（4）系统功能规划。通过使用 U/C 矩阵建立数据类过程的关系矩阵，并通过此矩阵识别 MIS 的子系统以及系统的功能模块。

（5）系统资源分配。根据应用项目的优先顺序以及资源分配评价的标准将企业的有限资源进行合理的分配。

3. 流程重组的原则　流程重组的主要目的在于简化和优化企业的业务，企业在利用IT技术进行业务流程重组的过程中应遵循如下原则：

（1）横向集成。按照流程并跨部门地压缩企业业务。

（2）纵向集成。减少企业的管理层次。

（3）减少检查、校对和控制。将事后检查、校对变为事前管理。

（4）单点对待顾客。简化业务，用入口信息代替中间信息。

（5）单库提供信息。为实现企业的信息共享，应建立统一的中心数据库。

（6）一条路径到达输出。多路径不利于业务流程的简化和优化。

（7）并行工程。当串行不能再压缩时，可考虑将其变为并行。

（8）灵活选择过程联接。

本 章 小 结

系统规划是企业信息系统的长远发展规划，是决策者、管理者和开发者共同制定和共同遵守的建立信息系统的纲领，是企业战略规划的一个重要组成部分。没有进行系统规划，整个信息系统的开发将会目标不清楚、任务不明确，并造成开发资源的极大浪费，从而将导致管理信息系统开发的失败。

本章首先给出系统规划的重要性，指出系统规划是系统开发的前提条件，是系统开发的纲领，是系统开发成功的保证，是系统验收评价的标准。然后，本章介绍了系统规划的内容、框架结构和制定系统规划的步骤，介绍了信息系统发展的诺兰六阶段模型，指出企业在计算机普及阶段着手制定MIS总体规划会取得非常好的效果。系统可行性研究是系统规划阶段中的一个非常重要的内容，本章介绍了可行性研究的具体内容和可行性研究报告的编写。

目前有多种方法可用于MIS的系统规划。本章介绍了关键成功因素法（CSF）、战略集合转移法（SSF）和企业系统规划法（BSP）三种常用方法，其中，CSF是一种帮助企业的最高领导确定其信息需求的高度有效的方法，此方法是通过分析找出使企业成功的关键因素，然后根据这些关键因素来确定系统的需求，并进行规划。SSF是把企业的总战略、信息系统战略分别看成"信息集合"，系统规划的过程则是由组织战略集转换成信息系统战略集的过程。美国IBM公司的BSP是为规划内部信息系统而提出的一种总体规划的模式，它通过全面调查，分析企业信息需求，制定信息系统的总体方案，并划分子系统和确定各子系统实施的先后顺序。

业务流程重组（BPR）是20世纪90年代管理学界的一个重大成就，是对企业的业务流程进行根本性的思考和彻底的重新设计。本章阐述了业务流程重组的有关概念，并讨论了其与 MIS 之间的关系，以及流程重组的原则。

思 考 题

1. 试述在 MIS 开发中，系统规划的重要意义。
2. 系统规划的主要内容包括哪几方面？
3. 系统规划一般分几个步骤？每一步骤的具体内容是什么？
4. 在诺兰的阶段模型中，把信息系统的成长过程划分为哪几个阶段？
5. 什么是可行性研究？可行性研究的内容有哪些？
6. 什么是关键成功因素法？在具体应用时包括哪几个步骤？
7. 试述战略集合转移法的具体步骤。
8. 什么是 BSP 方法？使用 BSP 方法应遵循哪些主要原则？
9. 试述 U/C 矩阵的建立方法及其在系统规划中的作用。
10. 什么是业务流程重组？
11. 业务流程重组与 MIS 之间有何关系？

第6章 管理信息系统分析

系统分析是管理信息系统开发的第二个阶段,主要解决系统"能做什么"的问题。通过详细调查研究和需求分析,深入描述和研究现行系统的工作流程及用户的各种需求,构思和设计出用户比较满意的新系统逻辑模型,并提出适当的计算机硬软件配置方案。系统分析阶段工作的深入与否直接影响到将来新系统的设计质量和经济性,在整个系统开发过程中起着极其重要的作用。

6.1 系统分析概述

6.1.1 系统分析的任务

具体地说,就是要确定系统所要解决的问题。系统分析是在总体规划的指导下,对系统进行深入详细的调查研究,确定新系统逻辑观念的过程。系统分析阶段的主要任务是明确所开发系统的目标、用户的信息需求和资源限制因素,定义或制定新系统应该"做什么",而不涉及"如何做",其任务可以归纳为:

1. 了解用户需求　详细了解每一个业务过程和业务活动的工作流程及信息处理流程,理解用户对信息系统的需求,包括对系统功能、性能等方面的需求,对硬件配置、开发周期、开发方式等方面的意向及打算。这部分工作要求用户配合系统分析人员完成,先由用户提出初步的要求,经系统分析人员对系统的详细调查,进一步完善系统的功能、性能要求,最终以系统需求说明书的形式将系统需求定义下来,这部分工作是系统分析的核心。

2. 确定系统逻辑模型,形成系统分析报告　在详细调查的基础上,运用各类系统开发的理论、开发方法和开发技术确定出系统应具有的逻辑功能,再用适当的方法表示出来,形成系统逻辑模型。新系统的逻辑模型由一系列图表和文字组成,在逻辑上描述新系统的目标和具有的各种功能和性能,并以系统分析报告的形式表达出来,为下一步系统设计提供依据。

6.1.2 系统分析的步骤

1. 现行系统的详细调查　现行系统的详细调查是对被开发对象(系统)集中一段时间和人力,通过各种途径作全面、充分和详细的调查研究,弄清现行系统的边界,组织机构,人员分工,业务流程,各种计划、单据和报表的格式、种类及处理过程等,企业资源及约束情况,为系统开发做好原始资料的准备工作。

2. 组织结构与业务流程分析　在详细调查的基础上,用一定的图表和文字对现行系统进行描述。开发一个新系统应该被看成是对组织的一种有目的的改造过程，要详细了解各级组织的职能和有关人员的工作职责、决策内容及对新系统的要求，业务流程的分析应顺着原系统信息流动的过程逐步地进行，通过业务流程图详细描述各环节的处理业务及信息的来龙去脉。

3. 系统数据流程分析　数据流程分析就是把数据在组织或原系统内部的流动情况抽象地独立出来，舍去了具体组织机构、信息载体、处理工作、物资、材料等，仅从数据流动过程来考察实际业务的数据处理模式。其主要包括对信息的流动、传递、处理、存储等的分析。

4. 建立新系统逻辑模型　在系统调查和系统分析的基础上建立新系统逻辑模型，可用一组图表工具来表达和描述，方便用户和分析人员对系统提出改进意见。

5. 提出系统分析报告　系统分析阶段的成果就是系统分析报告，它是系统分析阶段的总结和向有关领导提交的文字报告，反映了这一阶段调查分析的全部情况，是下一步系统设计的工作依据。

在运用上述步骤和方法进行系统分析时，调查研究将贯穿于系统分析的全过程，调查与分析经常交替进行，系统分析深入的程度是影响管理信息系统成败的关键问题。同时要从用户的需求出发，因为用户是新系统的使用者。在新系统中要充分发挥计算机的作用，使计算机不仅仅是提高工作效率，更重要的是优化管理的方法和手段，使管理的性质发生根本的变化，提高管理水平。

6.1.3　结构化分析方法

结构化分析方法（Structured Analysis，SA）由美国 Yourdon 公司提出，适用于分析大型的数据处理系统，是企事业管理信息系统开发的一种较流行的方法。它是在系统详细调查的基础上，描述新系统逻辑模型的一种方法，常与设计阶段的结构化设计（Structured Design，SD）和系统实施阶段的结构化程序设计（Structured Programming，SP）等方法衔接起来使用。在众多的分析技术中，它是一种简单适用、使用很广的方法。

1. 结构化分析的基本概念　对于一个拟开发的复杂的管理信息系统，如何理解和表达它的功能呢？SA 方法使用了由顶向下逐层分解的方式，即由大到小、由表及里，逐步细化、逐层分解，直到对整个系统能清晰地理解和表达。其基本手段是"分解"和"抽象"，这也是系统开发技术中控制复杂性的两种通用手段。图 6-1 是一个复杂系统的分解示意图。首先抽象出系统的基本模型 X，弄清它的输入和输出。为了理解它可以将其分解成 1, 2, 3, 4, …, n 个子系统；如果子系统 1 和 2 仍然很复杂，可以将其再分解成 1.1, 1.2, …等子系统，如此继续下去，直到子系统足够简单、能够清楚地被理解和表达为止。

按照这样的方式，无论系统多么复杂，分析工作都可以有计划、有步骤、有条不紊地进行。系统规模再大，分析的复杂程度也不会随之增大，而只是多分解几层而已。这样，对复杂系统的理解和描述就转化成了对那些基本操作的理解和描述。问题由繁化简，由难转易，有效地控制了系统的复杂性。

2. 结构化分析方法的实现 用 SA 方法进行系统分析可通过数据流图和数据词典来实现，所得到的系统分析报告主要由数据流图、数据词典组成。数据流图描述系

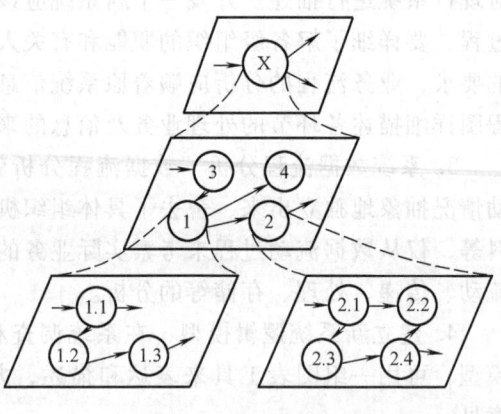

图 6-1 系统分解

统由哪些部分组成，以及各部分之间的联系，它是理解和表达系统功能要求的关键工具；数据词典描述系统中的每一个数据。数据流图中出现的每一个数据流名、每一个文件名和每一个加工名在词典中都应有一个条目给出其定义。

6.2 现行系统的详细调查

与系统规划阶段的现状调查和可行性分析相比，详细调查的特点是目标更加明确，范围更加集中，在了解情况和数据收集方面进行的工作更为广泛深入，对许多问题都要进行透彻的了解和研究。

6.2.1 详细调查的原则

1. 真实性 所谓真实性是指系统调查资料要真实、准确地反映现行系统状况，不能依照调查者的意愿来反映系统的优点或不足。在很多情况下，系统调查人员并不参加系统分析和设计。因此，不完整甚至虚假的调查资料会影响系统分析设计人员的判断和分析。此外，在系统调查中，不要急于评价系统的优劣并加以修改，而应把这部分工作留在系统分析阶段后期和系统设计阶段完成。因为，系统调查的过程首先应该是系统的设计者学习和了解现行系统的过程，只有确实了解了整个系统的全部工作过程和工作原理，才有可能从全局出发，提出一个完整的、系统的修改方案。

2. 全面性 任何系统都是由许多子系统有机地组合在一起从而实现其功能的，系统调查中如疏忽大意，或偷工减料，就容易忽略某些处理过程或漏掉某些账表，而这些被忽略的部分如果在分析、设计中仍未被发现，待系统实现后再添加进去，有时根本就无法加到系统中，即使是可能的，其成本也要成倍增长。

3. 规范性　信息系统一般都比较复杂、庞大。要全面、真实地表达信息系统的逻辑模型，就需要有一套循序渐进、逐层深入的调查步骤和层次分明、通俗易懂的规范化逻辑模型描述方法。例如，利用一系列直观的图表，把要调查的内容全面、详细地列出来，这样既可以提高调查质量，又可以建立一套调查文档。

4. 启发性　调查是开发者通过业务人员获得信息的过程，能否真实地描述一个系统，不仅需要业务人员的密切配合，更需要调查人员的逐步引导，不断启发，尤其在考虑计算机处理的特殊性而进行的专门调查中，更应善于按使用者能够理解的方式提出问题，打开使用者的思路。

系统分析人员的调查过程主要是大量原始素材的汇集过程，应具有虚心、热心、耐心、细心的态度，分析员必须对这些内容进行整理、研究和分析，形成描述现行信息系统的文字材料，还可将有关内容绘制成描述现行系统的各种图表，以便在短期内对现行信息系统有全面详细的了解，并且与各级用户进行反复讨论、研究、修改，力求真实准确。

6.2.2　系统调查的内容

系统调查的内容十分广泛，要涉及企业的生产、经营、管理、资源、环境等各个方面，一般可以从系统的定性调查和定量调查两个方面进行。

1. 系统的定性调查　定性调查主要是对现有系统的功能进行总结，包括组织结构的调查、管理功能的调查、工作流程的调查、处理特点的调查、系统环境的调查等。

（1）组织结构的调查。调查现行系统的组织机构、领导关系、人员分工和配备情况等。从中不仅可以了解现行系统的构成、业务分工，而且可以进一步了解人力资源，同时还可以发现组织和人事等方面的不合理现象。

（2）管理功能的调查。所谓功能，指的是完成某项工作的能力。为了实现系统目标，系统必须具有各种功能。而各子系统功能的完成，又依赖于下面更具体的功能的完成。管理功能的调查就是要确定系统的这种功能结构。

（3）业务流程的调查。不同系统有着不同的功能，它们进行着不同的处理。分析人员要尽快熟悉业务，全面细致地了解整个系统各方面的业务流程，主要是为了发现和消除业务流程中不合理的环节。

（4）数据流程调查。在业务流程的基础上舍去物质要素，对收集的数据及统计和处理数据的过程进行分析和整理，绘制出原系统的数据流程图，为下一步分析做好准备。

（5）处理特点的调查。调查处理特点是为了确定合理有效的处理方式。要紧密结合计算机处理方式和可能规模来完成。其内容包括：数据汇集方式、使用数据的时间要求、现行处理方式及有无反馈控制等。

（6）系统环境的调查。系统环境是指不直接包括在计算机信息系统之中，但对计算机系统有较大影响的因素的集合。环境不是设计的对象，但它对设计有影响和限制。环境调查的内容包括：处理对象的数据来源、处理结果的输出时间与方式等。

2. 系统的定量调查　定量调查的目的是弄清数据流量的大小、时间分布和发生频率，掌握系统的信息特征，并据此确定系统规模，估计系统建设工作量，为下一阶段的系统设计提供科学依据。其内容包括：

（1）收集各种原始凭证。通过这些凭证的收集，统计原始单据的数量，了解各种数据的格式、意义、产生时间、地点和向系统输入的方式，并对每张单据信息所占字节数作出估计，从而得出每月、每日、每时系统数据的流量。

（2）收集各种输出报表。通过输出报表的收集，统计各种报表存储的字节数和印刷行数，并分析其格式的合理程度。

（3）统计各类数据的特征。通过对各类数据平均值、最大值、最大位数及其变化率等的统计，确定数据类型，并重点弄清对系统影响大的静态数据的存储格式和存储量。

（4）收集与新系统对比所需的资料。收集现行系统手工作业的各类业务工作量、作业周期、差错发生数等，供新旧系统对比时使用。

6.2.3　系统调查的方法

在做出开发新系统的决策之后，就应组织力量成立调查小组，采用多种方法对现有系统进行调查分析。详细调查应遵循用户参与的原则，调查组应由使用单位的业务人员、领导和设计单位的系统分析员、系统设计员共同组成。使用单位和设计单位的有机结合，既发挥了设计单位人员掌握计算机应用技术的优势，也利用了使用单位人员熟悉自身业务的长处，便于取长补短，互相协作，从计算机系统的观点深入了解管理系统。

为了全面及时地完成调查分析工作，调查组应拟订详细的调查计划，规定调查研究的范围和方法，明确调查组每个成员的工作任务。通常采用的调查方法有以下几种：

1. 开调查会　开调查会是一种集中征询意见的办法，适于对系统的定性调查。可按两种组织方式进行：一是按职能部门召开座谈会，了解各个部门业务范围、工作内容、业务特点以及对新系统的想法和建议；二是召集各类人员联合座谈，着重听取使用单位对目前作业方式存在问题的介绍和对未来新系统解决问题的要求等。调查会要注意吸收生产指挥人员和技术骨干参加。

2. 发调查表征询意见　系统调查表由问题和答案两部分组成，问题由主持调查工作的系统分析人员列出，答案主要由被调查单位的业务人员给出。利用调查表进行调查可以减轻被调查部门的工作负担，方便系统调查人员，得到的调查结果系统、准确。因为被调查单位可以利用工作间隙填写该表，业务人员不必和系统调查人员一起耗费大量连续的时间；如果系统调查人员离被调查单位较远，可以用信函方式进行调查,从而降低调查费用。

系统调查人员在编制系统调查表时,应当充分考虑各种情况。问题本身提得全面、周到、明确,得到的答案就会比较完整、准确。用系统调查表进行调查,最大的困难在于设计调查表的各种问题。如果问题设计的不明确或不全面,那么得到的调查结果就不能令人满意。

3. 访问 访问是一种个别征询意见的办法,是收集数据的主要渠道之一。通过调查人员与被访问者的自由交谈,充分听取各方面的要求和希望,可获得较为详细的定性定量信息。访问时应从系统的输出、输入,信息的来源、去向、组织及处理等方面提出问题。

4. 直接参加业务实践 亲自参加业务实践,是了解系统的最好方法。通过以建立系统为目标的跟班学习,可以较深入地了解手工作业的数据发生、传递、加工、存储、输出各环节的工作内容,这对以后建立模型或人工模拟都是至关重要的。

6.3 组织结构与业务流程分析

6.3.1 组织结构与管理功能分析

在系统详细调查的基础上,要对现行系统的组织机构及管理功能进行分析,主要有三部分内容:组织结构分析、组织与功能的关系分析及管理功能分析。

1. 组织结构分析 企业组织结构分析主要是根据系统调查的结果,给出企业的组织结构图。并据此分析企业各部门间的内在联系,判断各部门的职能是否明确,是否真正发挥作用。同时,根据同类型企业的国际、国内先进管理经验,对组织结构设置的合理性进行分析,找出存在的问题。根据计算机管理的要求,为决策者提供调整机构设置的参考意见。

一个组织(企业、公司、部门等)的机构设置,自上而下一般是按级别、分层次构成的,呈树状结构,表示各组成部分之间的隶属关系或管理与被管理的关系,图 6-2 给出了某施工企业的组织结构示意图。

2. 组织与功能的关系分析 组织结构图反映了组织内部各部门之间的上下级及隶属关系,但对于组织内部各部门之间联系程度,各部门的主要业务职能及所承担的工作却反映不出来。借助组织/功能关系表,可以将组织内各部门的主要业务职能、所承担的工作及相互之间的业务关系清楚地反映出来,有助于后续的业务流程和数据流程的分析。组织/功能关系表中的横向表示各组织的名称,纵向表示功能与业务,中间栏则表示组织在执行业务功能过程中的作用,如表 6-1 所示。表中"●"表示该项功能是对应组织的主要功能(主持工作的单位);"○"表示该单位是参加协调该项功能的单位;"√"表示该单位是参加该项功能的相关单位。

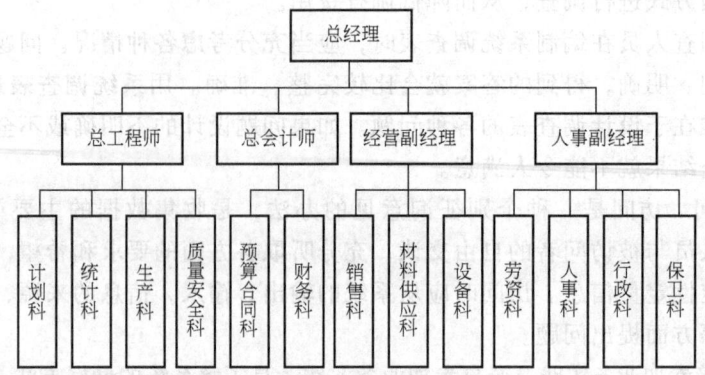

图 6-2　某施工企业的组织结构图

表 6-1　组织/功能关系表

组织 功能	计划科	统计科	生产科	质量安全科	预算合同科	财务科	销售科	材料供应科	设备科	劳资科	人事科	行政科	保卫科	……
计划	●	√	○			○	○							
销售		√		√		○	●							
供应	√	○						●						
人事										●	●	√	√	
生产	√	√	●	○	○		○	○	○					
设备更新			√	√				○	●					
…														

3. 管理功能分析　为了实现目标，系统必须具有一定的功能。功能要以组织结构为背景来识别和分析，因为每个组织都是一个功能机构，都有各自不同的功能。以组织结构图为背景分析清楚各部门的功能后，分层次将其归纳、整理，形成各层次的功能结构图，然后自上而下逐层归纳、整理，形成以系统目标为核心的整个系统的功能结构图。图 6-3 给出了某施工企业经营管理功能结构图。

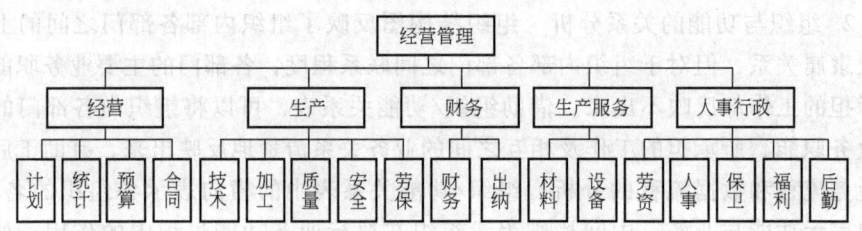

图 6-3　某施工企业管理功能图

6.3.2　业务流程分析

在现行系统详细调查中，管理业务流程调查是工作量大、繁琐而又细致的工作。在对系统的组织结构和功能进行分析后，需从一个业务流程的角度将系统调查中有关该业务流程的资料整理出来做进一步的分析。

1. 业务流程分析的任务　业务流程分析是在管理功能分析的基础上将其细化，利用系统调查的资料将业务处理过程中每一个步骤用一个完整的图形将其连接起来，业务流程分析的主要任务是调查系统中各环节的管理业务活动，掌握管理业务的内容、作用及信息的输入、输出，数据存储和信息的处理方法及过程等，为建立管理信息系统数据模型和逻辑模型打下基础。在此基础上，用尽量标准的符号描述出来，绘制成现行系统业务流程图。

2. 业务流程图　流程图是掌握现行系统状况、确立系统逻辑模型不可缺少的环节，是系统分析和描述现行系统的重要工具，是业务流程调查结果的图形化表示。它反映了现行系统各机构的业务处理过程和它们之间的业务分工与联系，以及连接各机构的物流、信息流的传递和流通关系，体现了现行系统的界限、环境、输入、输出、处理和数据存储等内容。通过业务流程图的绘制，可以发现问题、分析不足、优化业务处理过程。

（1）业务流程图的图例。业务流程图的图例如图 6-4 所示，画图时符号的内部解释可直接用文字标于图上。

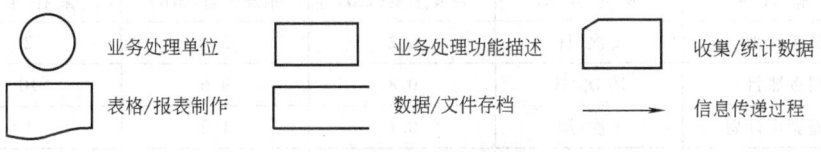

图 6-4　业务流程图图例

（2）业务流程图的绘制。业务流程图的绘制并无严格的规则，只需简明扼要地如实反映实际业务过程即可。图 6-5 给出了某工程项目材料管理业务流程图。

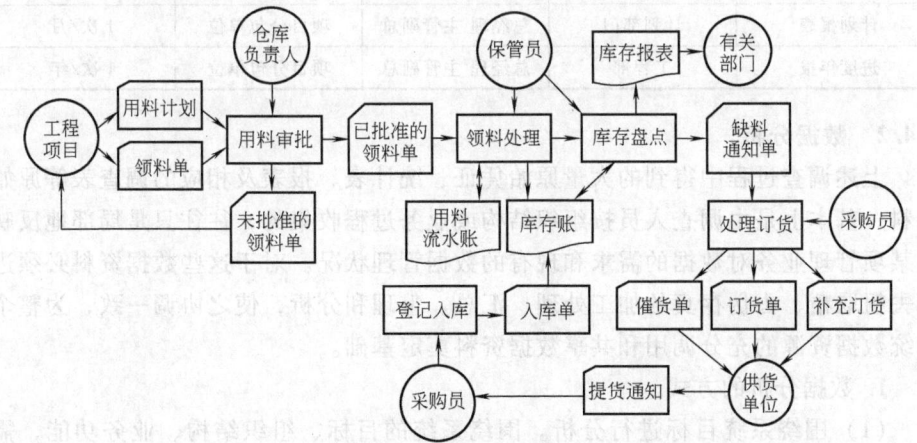

图 6-5　某工程项目材料管理的业务流程图

6.4 数据流程分析

业务流程分析中绘制的业务流程图虽然能形象地表达管理过程中信息的流动和存储过程，但这其中还包括如货物、产品等物质要素。因此，必须进一步舍去物质要素，绘制出系统的数据流图，对系统进行数据流程分析。

6.4.1 数据收集

数据收集和后续的数据分析工作没有明显的界限，数据收集常伴以分析，而数据分析又常需要补充收集数据。

收集的数据包括：各部门的正式文件，如各种卡片、报表和会议记录；现行系统的说明文件，如各种流程图、程序；各部门外的数据来源，如上级文件、计算机公司的说明书、外单位的经验材料等。

数据收集的类型包括各种报表的内容和各种统计数字。收集的结果可以通过数据量汇总表（见表6-2）和报表统计表（见表6-3）进行描述。

表 6-2 数据量汇总表

数据名称	发生频率	月发生量(MB)	年发生量(MB)	保存年限
施工计划	1次/日	0.2	2.4	2
财务账目	10次/日	0.8	9.6	10
设备调度计划	1次/周	0.1	1.2	1
材料采购计划	1次/月	0.3	3.6	2

表 6-3 报表统计表

报表名称	制表单位	上报单位	下达单位	频率
计划报表	计划部门	总经理 主管副总	项目分包单位	1次/月
进度年报	工程部	总经理 主管副总	项目分包单位	1次/年

6.4.2 数据分析

上述调查过程中得到的大量原始凭证、统计表、报表及相应的调查表等原始资料，基本上是由调查人员按组织结构或业务过程收集的，往往只是局部地反映了某项管理业务对数据的需求和现有的数据管理状况。对于这些数据资料必须进行去粗取精、去伪存真的加工处理、汇总、整理和分析，使之协调一致，为整个系统数据资源的充分调用和共享数据资料奠定基础。

1. 数据分析的方式

（1）围绕系统目标进行分析。围绕系统的目标、组织结构、业务功能，需要认真分析现有已收集到的信息能否提供足够的支持。从业务处理角度来看，为了满足正常的信息处理业务，需要哪些信息，哪些信息是冗余的，哪些信息暂缺而有待于进一步收集；从管理的角度来看，为了满足科学管理的需要，应该分析这些信息的精度如何，能否满足管理的需要，信息的及时性如何，可行的处理区间如何，能否满足对生产过程及时进行处理的要求；对于一些定量化的分析（如预测、控制等）能否提供信息支持，等等。

（2）弄清信息周围环境。分清这些信息是从现有组织结构中哪个部门来的，目前用途如何，受周围哪些环境影响较大（如有的信息受具体统计人员的计算方法影响较大；有的信息受检测手段的影响较大；有的受外界条件影响起伏变化较大），它的上一级（或称层次）信息结构是什么，下一级的信息结构是什么。

（3）围绕现行业务流程进行分析。分析现有报表的数据是否全面，是否满足管理的需要，是否正确地反映了业务的实物流。现有的业务流程有哪些弊病，需要做出哪些改进；做出这些改进后的信息与信息流应做出什么样的相应改进，对信息的收集、加工、处理有什么新要求，等等。根据业务流程分析哪些信息是多余的，哪些信息是系统内部可以产生的，哪些信息是需要长期保存的。

2. 数据分类　　数据分类的主要任务是将所有输入数据、过程数据和最终输出数据分类整理出来。其中，输入数据是以后确定关系数据库基本表的主要内容，过程数据反映了数据的流向及其数据间相互调用关系，而最终输出的数据则是反映管理业务水平所需要的主要数据指标。这三类数据对于后续工作来说是非常重要的，所以须将它们分类列出。

（1）输入数据类。即原始数据或基础数据，它是新系统运行后各子系统要用到的或网络要传递的内容。

（2）过程数据类。主要指系统在处理过程中所产生的一些数据，如各种台账、账单和记录文件等，即新系统数据库要存储的、相互连接、调用和传递的主要内容。

（3）最终输出数据类。主要指决策者想要得到的一些数据，如系统运行所产生的各类报表、统计分析结果、决策方案等，即新系统运行输出和网络传递的主要内容。

此外，数据分类还有益于以后的用户界面设计，即输入/输出设计、人机对话设计等。在这一步所用到的用户输入输出格式，可对后续的用户界面设计起到指导作用。

3. 数据汇总　　数据汇总是一项较为繁杂的工作，通常按如下步骤进行：

（1）数据分类编码。将收集到的数据资料按业务过程进行分类编码，按处理过程的顺序排放。

（2）数据完整性分析。按业务过程自顶向下对数据项进行整理，从本到源，直到记录数据的原始单据或凭证，确保数据的完整性和正确性。例如，对于成本管理业务，应从最终成本报表开始，检查报表中每一栏数据的来源，一直查到最初的原始统计数据（如生产统计、成本消耗统计、产品统计、销售统计、库存统计等）或原始财务数据（如单据、凭证等）。

(3) 将所有原始数据和最终数据分类整理出来。原始数据是新系统确定关系数据库基本表的主要内容，而最终输出数据则反映管理业务所需要的主要指标。

(4) 确定数据的字长和精度。根据系统调查中用户对数据的使用情况以及今后预计该业务的发展规模，统一确定数据的字长和精度。对数值型数据还应分析数据的正、负号，小数点前后的位数，取值范围等；对字符型数据则需要确定它的最大字长和是否中文等。这一步主要是为将来数据库设计做准备。

6.4.3 数据流程分析的方法

数据流程分析是在原业务流程图的基础上，把数据在原系统内部的流动情况抽象地独立出来，单从数据流动过程来考查实际业务的数据处理模式。数据流程分析主要包括对信息的流动、传递、处理、存储等的分析。其目的是要发现和解决数据流通中的问题，如数据流程不畅，前后数据不匹配，数据处理过程不合理等。

数据流程分析可以按照自顶向下、逐层分解、逐步细化的结构化分析方式进行，通过分层的数据流图（Data Flow Diagram，DFD）来实现。DFD 是描述新系统数据输入、数据输出、数据存储及数据处理之间关系的一种强有力的工具，同时也是与用户进行紧密配合的有效媒介。通过这一阶段的数据流程分析，即可以将原系统的业务流程特点和用户需求展露无遗，分析系统的数据流向及其相互调用关系，又可为今后的子系统划分打下基础。

1. 数据流图 结构化分析的基本思想是大系统分解成小系统，小系统分解成更小的子系统，关键工作在于分解，分解是分析过程的核心。而数据流图是描述分解的基本手段，它运用"数据流"、"文件"和"加工"等概念描述系统的各个处理环节及处理环节之间信息的传递关系，从而直观地反映出该系统的各个组成部分和不同组成部分之间的相互关系。

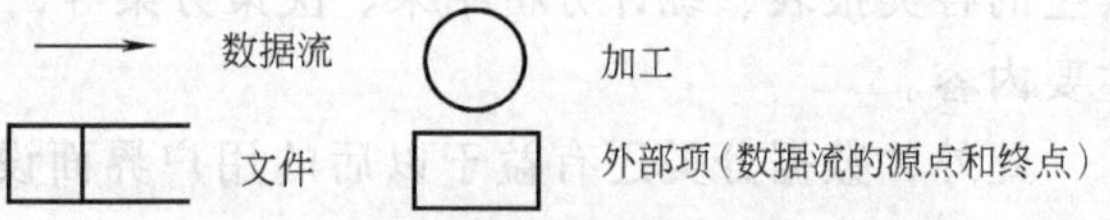

图 6-6 数据流图基本元素的代表符号

(1) 数据流图的组成。数据流图由数据流、加工、文件和外部项等基本元素组成，它们的代表符号如图 6-6 所示。

1) 数据流由一组成分固定的数据所组成，它们反映系统各部分之间的信息传递关系。

2) "加工"可以称为子系统或处理过程，是对数据流的一种处理，或产生新的数据，或使数据结构发生变化。一个数据流图中至少有一个"加工"，任何一个"加工"至少有一个输入数据流和一个输出数据流。具体到某一个"加工"，所做的处理可能是输入、计算、分类、合并、统计、检查、输出等。

3）文件是相关数据的集合，是系统中存储数据的工具。当一个"加工"产生的输出数据流不需要立刻被其他"加工"所引用，而是被多个"加工"在不同的时候加以引用时，就将其组织成一个文件存放在计算机存储器上。从"加工"至文件的输出过程称为写文件，从文件至"加工"的过程称为读文件。一种特殊的文件就是计算机打印输出的表格。

4）外部项的源点是原始数据的来源地，由源点向系统提供数据。终点是信息的需求者，享用信息系统的输出。外部项可以是人、组织或其他系统。

(2) 数据流图的形成。数据流图的形成过程也就是系统分析的过程。由基本数据系统模型和外部项构成顶层数据流图。然后逐步分解"加工"，得到下一层数据流图。这种分解工作不断进行，直至最终获得的每一"加工"和每一文件都能用计算机加以处理的底层数据流图。在进行数据流图的分解过程中逐步形成多层数据流图，分解的过程以计算机处理环境为背景，而不注重原系统的加工处理方法，重点考虑新建立的系统能否产生使用者需要的输出信息。具体应注意如下几个问题：

1）第一层数据流图应该概括地反映出信息系统最主要的逻辑功能，最主要的外部项，输入和输出数据流，数据存储。这四项内容应尽可能少，使人看到这张高层数据流图能一目了然，立即有一个深刻的印象，知道这个系统的主要功能是什么，由哪几个部分组成。

2）逐层分解的数据流图，是指对上一层数据流图中的每一个处理逻辑分别加以分解。随着处理逻辑的分解，功能也就越来越具体，数据存储、数据流也就越来越多，特别是输入和输出数据流的个数也会增加。但必须注意，下一层的输入和输出数据流至少要和上一层的输入和输出数据流相对应。同样，下一层的外部项至少要和上一层的外部项相对应。一般来说，随着逐层分解，输入和输出数据流、外部项只能增加，绝不可能减少。

3）每一层的数据流图中的处理逻辑不宜过多，一般在七个或八个以内，并且要始终保持系统的完整性和一致性。如果分解出来的数据流图已经基本表达了系统所有的逻辑功能和必要的输入、输出，那么就不必要再向下扩展了。这样不但能使用户理解系统的逻辑功能，满足用户的要求，而且能使系统设计员和程序员在看到数据流图中的每一个处理逻辑以后，会在头脑里形成一个简单明确的印象和概念，知道如何用程序去实现它。

2. 数据流图举例　物资管理是企业管理信息系统中很重要的一个子系统，该系统的主要目标是保证生产急需的原材料能及时、保质、足量地供应到位。物资管理系统的业务内容包括：物料需求计划的制定，采购计划的编制，采购合同的编制，采购合同的签订与执行，物资出入库登记，库存管理和分析，材料消耗的统计与分析，报表编制。

物资管理系统的第一项工作是根据生产计划和产品材料定额编制物料需求计划。在考虑现有实际库存量、合同预计到货量及订货提前期的基础上编制物料采购计划，然后根据市场价格、供应厂商信息，选择供应厂商，签订供货合同，汇集整理合同文档，并据此检查合同执行情况。当供应厂商根据合同将物料发运到货时，仓库根据发票、运单等按照合同规定验收入库，并修改库存，记录合同执行结果。在生产过程中，领料部门凭领料单到仓库领用，仓库按领料限额发给物料，使得物资管理系统最基本的功能得以实现。最后，还要根据收、发料单进行库存分析，物资消耗的统计、分析，编制统计报表等，以满足企业管理的需要。

（1）顶层数据流图。画物资管理系统的数据流图时，应首先考虑数据的源点和终点，即系统的外部项。从上面对系统的描述可以知道，输入端的外部项中计划部门向系统提供年度生产计划，生产部门提供月度生产计划及用料计划，技术部门提供产品结构、工艺流程、材料定额等数据，供应商提供供货合同、发票、运单等，系统运行后将采购请款传送到财务部门，将统计分析结果报上级领导，同时将产生的报表报送行政主管部门。因此，这几个部门作为输出端的外部项。一旦把数据流图的四种成分都分离出来后，就可以着手画数据流图了。由于数据流图是系统逻辑模型的主体部分，而任何计算机系统实质上都是信息处理系统，也就是说计算机系统都是把输入数据变成输出数据。因此，任何系统的基本模型都是由若干个数据源点、终点以及一个处理器组成的，这个处理器就代表了系统对数据加工变换的基本功能。图6-7给出了物资管理系统的顶层数据流图。

（2）一层数据流图。在顶层数据流图上，可以很清楚地看出所有给定的数据源点和终点，但毕竟太抽象了，从这张图上对物资管理系统所能了解到的信息非常有限。下一步应该把基本系统模型细化，描绘系统的主要功能。物资管理系统的一层数据流图如图6-8所示。该图是对顶层数据流图分解的结果，反映了物资管理系统的三个主要功能：即采购管理、库存管理和统计分析。它们之间通过数据流有机的联系在一起，并体现了数据的流动关系。

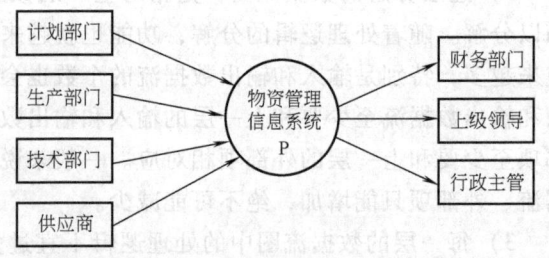

图6-7 物资管理系统的顶层数据流图

第 6 章　管理信息系统分析

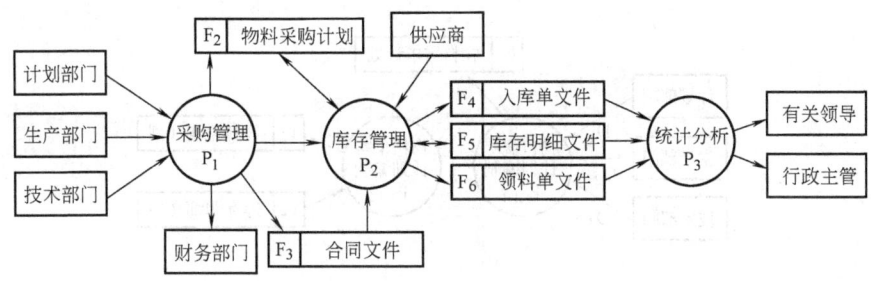

图 6-8　物资管理系统的一层数据流图

（3）二层数据流图。对图 6-8 中的采购管理、库存管理及统计分析等加工过程进一步分解得出图 6-9、图 6-10 表示的二层数据流图。

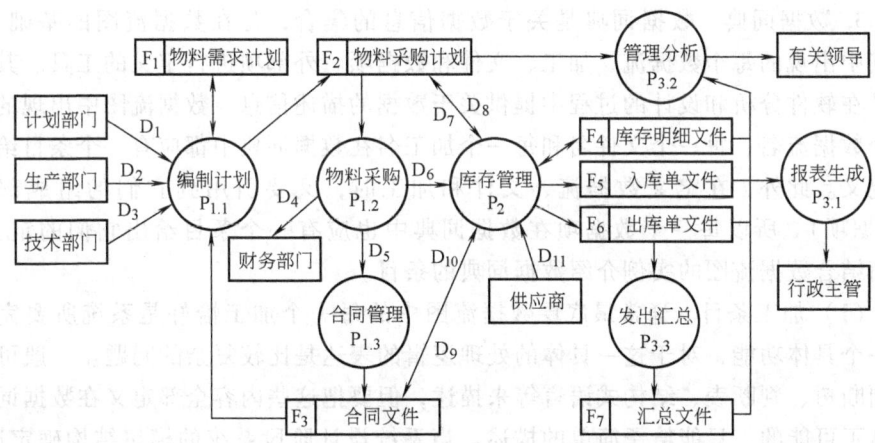

图 6-9　采购管理和统计分析二层数据流图

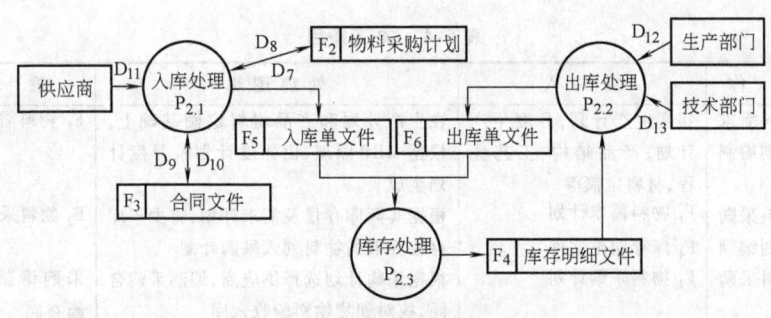

图 6-10　库存管理二层数据流图

（4）三层数据流图。对二层数据流图进行分解、细化可得到物资管理系统的三层数据流图。图 6-11 给出了采购管理的三层数据流图，该图是对编制计划

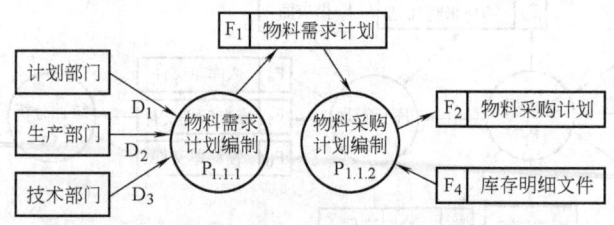

图 6-11　采购管理的三层数据流图

的进一步分解。

对数据流图分层细化时必须保持信息连续性。也就是说,当把一个处理分解为一系列处理时,分解前和分解后的输入/输出数据流必须相同。

3. **数据词典**　数据词典是关于数据信息的集合,是在数据流图的基础上,对其中出现的每个数据流、加工、文件和数据项、外部项进行定义的工具。其作用是在软件分析和设计的过程中提供关于数据的描述信息。数据流图中出现的每一个数据流名、每一个文件名和每一个加工名在数据词典中都应有一个条目给出其定义。此外,在定义数据流、文件和加工时,又要引用到它们的组成部分(数据项)。所以每一个数据项在数据词典中也应有一个条目给出它们的定义。下面结合数据流图的实例介绍数据词典的条目。

(1) 加工条目。通常最底层数据流图中的每一个加工恰好是系统所要完成的一个具体功能,对于这一具体的处理逻辑的表达是比较复杂的问题。一般可采用判断树、判断表、结构式语言等来描述,但要把这些内容全部定义在数据词典中是不可能的,只能给予简单的描述。当系统设计阶段系统的模块结构确定后,再根据模块和加工的关系,参照此条目加以详细描述。加工条目主要描述该加工的输入、处理逻辑和输出等内容,见表 6-4。

表 6-4　加工条目

编号	名称	输入	处理逻辑	输出
$P_{1.1.1}$	物料需求计划编制	年度生产计划,月度生产计划,产品结构、工艺流程、材料定额等	在生产计划和产品材料定额基础上。根据 MRP 原理,由年度计划及月度计划生成	F_1 物料需求计划
$P_{1.1.2}$	物料采购计划编制	F_1 物料需求计划 F_4 库存明细文件	根据实际库存量及需求计划,将少于库存临界值的物料列入采购计划	F_2 物料采购计划
$P_{1.2}$	物料采购	F_2 物料采购计划	根据采购计划选择供应商,编制采购合同,核对到货物料验收入库	采购请款,D_4 采购合同
$P_{1.3}$	合同管理	$P_{1.2}$ 物料采购	检查供应商是否按合同期到货,汇集整理合同文档	F_3 合同文件
$P_{2.1}$	入库处理	D_{12} 合同到货,F_4 合同文件,F_2 物料采购计划	录入物资入库单,按合同及物料采购计划将合同到货验收登记入库	F_5 入库单文件

(续)

编号	名称	输入	处理逻辑	输出
$P_{2.2}$	出库处理	D_{14}领料单,D_{15}限额领料,F_4库存明细	录入物资出库单,作为库存管理、发出统计汇总的依据。按领料单及领料限额核对库存明细,将实际发出的物料写入出库单文件	F_6出库单文件
$P_{2.3}$	库存处理	F_5入库单文件,F_6出库单文件	对每一种物料在现有库存的基础上,加上入库量,减去出库量,得出更新后的库存明细	F_4库存明细
$P_{3.1}$	报表生成	F_4库存明细,F_5入库单文件,F_6出库单文件	从F_4、F_5、F_6中提取数据并进行汇总处理,形成报表	各种报表
$P_{3.2}$	管理分析	F_2物料采购计划,F_4库存明细,F_5入库单文件,F_6出库单文件	分析物资超限额存储、存储时间过长等情况;分析长期存储不用的物资数量、金额、形成原因;分析物资的库存资金占用及构成情况	分析报告
$P_{3.3}$	发出汇总	F_6出库单文件	按物资类别、产品、领用部门及用途情况发出汇总	F_7汇总文件

（2）文件条目。文件条目也称数据存储条目,用来对文件进行定义,一般由表6-5中所列项目构成。

表6-5 文件条目

编号	名称	输入数据流	输出数据流	组成	组成形式
F_1	物料需求计划	$D(P_{1.1.1}-F_1)$	$D(F_1-P_{1.1.2})$	产品代码、工艺项目代码、工序代码、物资代码、需求数量、需求时间、领料限额、计划下达时间、最近到货时间等	按物资代码排序
F_2	物料采购计划	$D(P_{1.1.2}-F_2)$ $D(P_{2.1}-F_2)$	$D(F_2-P_{2.1})$ $D(F_2-P_{1.2})$	产品代码、工艺项目代码、工序代码、物资代码、计划下达时间、采购数量、采购单价、最近到货时间等	按物资代码排序
F_3	合同文件	$D(P_{1.3}-F_3)$	$D(F_3-P_{1.1})$	产品代码、物资代码、合同号、供应商代码、定购数量、定购单价、结算方式、预付款、交货期、合同签订日期等	按合同号排序
F_4	库存明细文件	$D(P_{2.3}-F_4)$	$D(F_4-P_{2.2})$ $D(F_4-P_{2.2})$ $D(F_4-P_{3.1})$ $D(F_4-P_{3.2})$	物资代码、物资名称、规格型号、库存上限、库存下限、计量单位、计划单价、现存数量、金额、仓库代码等	按物料类别及编号排序
F_5	入库单文件	$D(P_{2.1}-F_5)$	$D(F_5-P_{2.3})$ $D(F_5-P_{3.1})$ $D(F_5-P_{3.2})$	料单编号、供应商代码、入库日期、合同号、发票号、请款单号、物资代码、实收数量、检验员等	按料单编号排序
F_6	出库单文件	$D(P_{2.2}-F_6)$	$D(F_6-P_{2.3})$ $D(F_6-P_{3.1})$ $D(F_6-P_{3.2})$	料单编号、用途代码、领料日期、产品代码、工艺代码、物资代码、领用数量、领用人、保管员等	按料单编号排序
F_7	汇总文件	$D(P_{3.3}-F_7)$	$D(F_7-P_{3.1})$ $D(F_7-P_{3.2})$	物资代码、年初库存数量、年初实际单价、1月份出库数量、1月份出库金额、2月份出库数量、2月份出库金额……	按物资代码排序

（3）数据流条目。数据流条目主要说明数据流是由哪些数据项组成的，包括：数据流编号、名称、来源、去处、组成、单位时间内的流量等，见表6-6。

表6-6 数据流条目

编号	名 称	来 源	去 处	组 成	流量	说 明
D_1	年度生产计划	计划部门	$P_{1.1}$编制计划	产品代码、产品名称、生产数量、生产起始日期、生产终止日期等		
D_2	月度生产计划	生产部门	$P_{1.1}$编制计划	产品代码、产品名称、生产数量、生产起始日期、生产终止日期等		
D_3	产品结构、工艺流程、材料定额	技术部门	$P_{1.1}$编制计划	产品代码、工艺项目代码、工艺项目名称、紧前工序代码、紧后工序代码、物料代码、限额等		
D_4	采购请款单	$P_{1.2}$物料采购	财务部门	请款单编号、产品代码、物资代码、合同号、单价、定购数量、应付款额、请款人等		
D_5	采购合同	$P_{1.2}$物料采购	$P_{1.3}$合同管理	产品代码、物资代码、合同号；供货商代码、定购数量、定购单价、结算方式、预付款、交货期、合同签订日期		
D_6	发票、运单（零星采购）	$P_{1.2}$物料采购	P_2库存管理	发票号、供应商代码、物资名称、单价、数量、金额等；运单编号、物资代码、单价、数量、发货地、到货地等		
D_7	验收单	F_7物料采购计划	$P_{2.1}$入库处理	合同号、供应商代码、物资名称、单价、数量、金额等	一次/年 一次/月	按产品数量
D_8	计划执行情况表	$P_{2.1}$入库处理	F_7物料采购计划	产品代码、物资代码、计划数量、实收数量、差额等		
D_9	验收入库单	F_3合同文件	$P_{2.1}$入库处理	料单编号、供应商代码、入库日期、合同号、发票号、请款单号、物资代码、实收数量、检验员等		
D_{10}	合同执行情况	$P_{2.1}$入库处理	F_3合同文件	合同号、物资代码、合同数量、实收数量等		
D_{11}	发票、运单（合同到货）	供应商	$P_{2.1}$入库处理	发票号、供应商代码、物资名称、单价、数量、金额等；运单编号、物资代码、单价、数量、发货地、到货地等		
D_{12}	领料单	生产部门	$P_{2.2}$出库处理	料单编号、用途代码、领料日期、产品代码、领用部门代码、物资代码、请领数量、实领数量、单价、领料人		
D_{13}	领料限额	技术部门	$P_{2.2}$出库处理	用途代码、产品代码、物资代码、限额		

(4) 数据项条目。数据项条目是对数据流、文件和加工中所列数据项的进一步描述，主要说明数据项类型、长度、取值范围等，其格式见表 6-7。

表 6-7 数据项条目

数据编号	名　　称	数据类型	长　　度	取值范围
0001	材料编号	字符型	4	0001~9999
0002	材料名称	字符型	20	10 个汉字
0003	库存量	数值型	9	

(5) 外部项条目。一个系统的外部项应该是很少的。如果外部项过多，则说明系统缺少独立性。其格式见表 6-8。

表 6-8 外部项条目

编　号	名　　称	简　　述	输出数据流	输入数据流
01	仓库管理员	对材料入出库进行登记	库存增减信息	提料单、入库单
02	采购员	根据定货报表组织订货	材料采购单	订货报表

按上述条目对数据流图中的所有组成部分进行定义，就获得了一套完整的数据词典资料，配合数据流图即构成了系统分析报告的核心部分，再附以相应的说明，就为系统设计提供了重要的基础资料。

数据流图和数据词典共同构成系统的逻辑模型。数据流图是系统的大框架，反映了数据在系统中的流向以及数据的转换过程，而数据词典是对数据流图中每个成分的精确描述。没有数据词典数据流图就不严格，没有数据流图数据词典也难以发挥作用。只有数据流图和对数据流图中每个元素的精确定义放在一起，才能共同构成系统的逻辑模型。

6.4.4 描述处理逻辑的工具

对于业务流程图和数据流程图中处理模块的复杂功能及实现步骤的描述，有时需要运用一些描述处理逻辑的工具来加以说明。如判定树、判定表、表格分配图等。

1. 判定树　判定树是用树形分叉图表示处理逻辑的一种工具，它由两部分组成，左边用分叉表示条件，右边一列表示采取的行动（决策）。图 6-12 是一个表示库存控制过程的判定树的示例。

2. 判定表　判定表可以在复杂的情况下很直观地表达出具体条件、决策规则和应当采取的行动之间的逻辑关系，又称决策表。表 6-9 是库存控制过程的判定表。利用这个表，可以清晰地看出在各种具体条件下，应当采取何种行动。例如，当库存量高于最低储备量而低于订货点时，如果尚未订货，就应立即订货，即采取表 6-9 中的规则 7 进行。

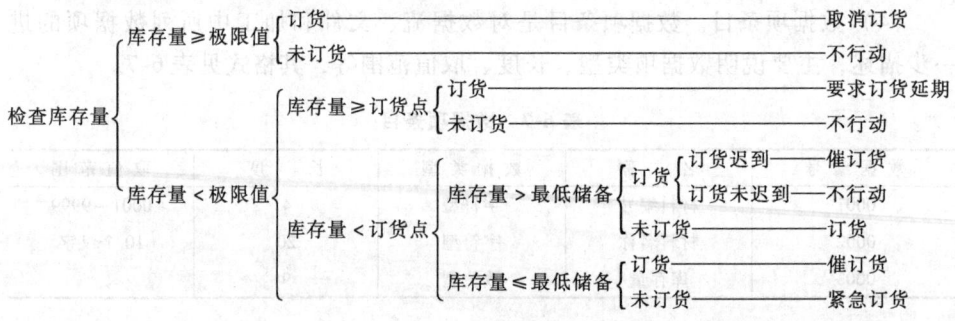

图 6-12 库存控制过程的判定树

表 6-9 库存控制过程决策表

	决 策 规 则	1	2	3	4	5	6	7	8	9
条 件	库存量≥极限值	Y	Y	N	N					
	库存量≥订货点			Y	Y	N	N	N		
	库存量＞最低储备					Y	Y	Y	N	N
	订货	Y	N	Y	N	Y	Y	N	Y	N
	订货迟到					Y	N			
应采取的行动	取消订货	X								
	要求订货延期			X						
	不行动		X		X		X			
	催订货					X			X	
	订货							X		
	紧急订货									X

6.5 建立新系统逻辑模型

通过系统调查，对现行系统的业务流程、数据流程、处理逻辑等进行了深入的分析后，就应提出系统建议方案，即建立新系统逻辑模型。建立新模型是系统分析中重要的任务之一，它是系统分析阶段的重要成果，也是下一阶段系统设计工作的主要依据。借助系统逻辑模型可以有效地确定系统设计所需的参数，确定各种约束条件；同时还可以预测各个系统方案的性能、费用和效益，以利于各种方案的比较分析。新系统方案主要包括：新系统目标、新系统的业务处理流程、数据处理流程、新系统的总体功能结构及子系统的划分及功能结构，是上述分析结果的综合体现。

6.5.1 系统目标

系统目标是指要达到系统目的所要完成的具体事项。在系统详细调查的基础上，结合系统可行性研究报告中提出的系统目标及系统建设的环境和条件重新考虑系统目标。系统目标的确定可以把整个开发工作规定在合理的范围之内，使系统设计的任务更加明确、有章可循，同时也可以为将来检查和评价工作完成情况提供标准。新系统目标可以从功能、技术及经济三个方面考虑。

系统功能目标是指系统所能处理的特定业务和完成这些处理业务的质量。也就是系统能解决什么问题，以什么水平实现；系统技术目标是指系统应具有的技术性能和应达到的技术水平，通过一些技术指标给出，如系统运行效率、响应速度、存储能力、可靠性、灵活性、操作使用方便性及通用性等；系统的经济目标是指系统开发的预期投资费用和经济效益。

6.5.2 新系统信息处理方案

新系统的信息处理方案就是上述各项分析和优化的结果。

1. **确定合理的业务处理流程** 将业务流程分析的结果表现出来，删去或合并多余或重复的处理过程，对优化和改动的业务处理过程进行说明；指出业务流程图中哪些部分计算机可以完成，那些需要用户配合新系统完成。

2. **确定合理的数据处理流程** 将数据流程分析的结果在此列出并加以说明，由用户最终确认，包括数据分析结果及数据流图和数据词典。同时说明删去或合并哪些多余或重复的数据处理过程，对哪些数据处理过程进行了优化和改动。

3. **确定新系统功能结构和子系统的划分** 可通过本书第 5 章介绍的 U/C 矩阵的建立和分析来实现。U/C 矩阵是一种聚类分析法，它不但适用于功能/数据分析，也适用于过程/数据、功能/组织等其他各方面的管理分析。

功能/数据分析的 U/C 矩阵是通过一个普通的二维表来进行分析汇总数据，表的横坐标栏目定义为数据类变量（X_i），纵坐标栏目定义为该系统的具体功能，亦即业务过程类变量（Y_i），将数据和业务过程之间的关系（X_i 和 Y_i 之间的关系）用 U（使用 Use）和 C（建立 Create）来表示。从理论上讲，建立 U/C 矩阵一般须按结构化的系统分析方式来进行，即首先分析系统的总体功能，然后自顶向下、逐步分解，逐一确定各项具体的功能和完成此项功能所需要的数据，最后填上功能与数据之间的关系，即完成了 U/C 矩阵的建立过程。

根据子系统划分应相对独立且内聚性高的原则，可通过 U/C 矩阵的聚类求解来实现系统结构划分的优化过程。这一过程可以通过表上作业来完成，即调换表中的行变量或列变量，使表中的"C"元素尽量靠近 U/C 矩阵的对角线，然后，再以"C"元素为标准划分子系统。这样划分可以确保子系统不受干扰地独立运行，实现系统的独立性和凝聚性。

4. **确定新系统数据资源分布** 给出新系统数据资源分布方案，即哪些存储在本系统内部设备上,哪些是在网络服务器或主机上。

5. **确定新系统中的管理模型** 确定在某一具体管理业务中采用的管理模型和处理方法。

6.5.3 系统计算机资源配置

新系统计算机资源配置是从系统分析的需要出发提出新系统对计算机配置的基本要求,也称计算机资源的逻辑配置,不涉及计算机硬件的具体型号,而是提出具体方案,作为系统设计阶段确定新系统计算机物理配置的依据。

1. **设备选配的依据** 系统软硬件设备的选择与配置应根据实际情况及系统信息处理方案来确定,按照分析结果确定系统处理方案,如集中式、分布式或分布—集中式;资金的投入情况,是一次性投入,还是分期分批投入。同时还要根据系统分析中所提供的数据存储容量总数,确定所要购置的机器需要配置多大的存储容量;外设、终端及网络的配置;速度,包括主机的运行速度、终端的运行速度和网络的通信速度等。

2. **硬设备的配置** 硬设备的配置主要指主机、外围设备、通信设备、网络设备、办公自动化设备和接口设备等的选择和配置。一般应从以下几个方面考虑:

(1) 根据新系统的功能和难易程度来选择主机和外围设备,使设备尽可能被充分利用,还要考虑留有扩充的余地。

(2) 计算机设备的选择要有良好的开放性和升级换代能力,要适合计算机的发展。

(3) 考虑网络连接的要求,不同的机器要能够兼容。

(4) 了解设备管理及维修的工作量,生产厂商能提供的保修、维修等售后服务能力。

(5) 了解设备的性能,使用过该设备用户的满意程度,以便选择满意的设备。

(6) 在几种设备配置方案中,请各方有关人员和专家参加分析讨论、选择最优方案。

在充分考虑上述因素后,对硬件设备的配置还应列出硬件设备明细表,并绘制配件配置图。

3. **系统软件配置** 系统软件的配置是否齐全,关系到系统的运行及各项工作的进展。系统软件包括操作系统、数据库管理系统、相关语言的编译程序、维修机器的诊断程序等。这些软件一般随机器配套购入,否则,要了解其兼容性,并在购买时向有关技术人员询问,试用后再购买。

4. **工具软件的配置** 工具软件是指在开发管理信息系统时能够起到某些通用工具作用的应用软件。如计算机杀毒软件,能进行数据管理、文字处理、图形报表处理的应用软件包等。这些软件大多可在市场上买到，借助于这些软件可以加快管理信息系统开发的进度，提高开发质量。随着计算机的发展，工具软件在不断地推陈出新，应根据需要和实际情况选择购买。

5. 应用软件开发需求分析 应用软件是为了解决某类应用问题而专门编制的程序，一般分为应用程序包和自编程序。应用程序包是为解决某类应用问题专门设计的一些通用程序，这类程序一般编制和运行质量都很高。如果应用程序包所处理的内容和结果完全适合业务需要，则购买现成的比自己编制更加经济实惠，可节省时间和费用。如市场上出售的统计分析、回归预测、线性规划、网络计划等应用程序包。自编程序在管理信息系统开发中也是不可缺少的，尤其是与国情体制及企业性质相关的现成软件不易买到，如生产、计划、销售等方面的软件。

对于新系统的软件配置必须慎重行事，要经过各方面条件权衡后，确定哪些软件需购买现成的，哪些软件要自己编制。对于现成软件包要做好充分的调查研究，了解是否符合新系统的功能需要，是否能与本系统接口，能否扩充等。

6.6 系统分析报告

系统分析报告是系统分析阶段的成果，反映了这一阶段调查分析的全部情况，全面地总结了系统分析工作，是下一步系统设计与实现系统的纲领性文件。系统分析报告形成后，必须组织各方面人员（包括单位领导、管理人员、专业技术人员、系统分析人员等）一起对报告以及形成的逻辑方案进行论证，尽可能地发现其中的问题、误解和疏漏。对于问题、疏漏要及时纠正，对于有争论的问题要重新核实当初的原始调查资料或进一步深入调查研究，对于重大的问题甚至可能需要调整或修改系统目标，重新进行系统分析。总之，系统分析报告是一种非常重要的文件，必须经过非常认真地讨论和分析才能确定。

一份好的系统分析报告应该不但能够充分展示前段调查的结果，而且还要反映系统分析的结果，即新系统的逻辑方案，并提出新系统的设想。系统分析报告的内容如下：

1. 现行系统情况简述 现行系统情况简述主要是对分析对象的基本情况作概括性的描述。它包括现行系统的主要业务、组织机构、存在的问题和薄弱环节，现行系统与外部实体之间物资及信息的交换关系；用户提出开发新系统请求的主要原因等。

2. 新系统目标 新系统的总目标是什么，其目标树如何，新系统拟采用什么样的开发战略和开发方法，人力、资金以及计划进度安排，新系统计划实现后各部分应该完成什么样的功能，某些指标预期达到什么样的程度，有哪些工作是现行系统没有而计划在新系统中增补的，等等。

3. 现行系统状况　现行系统状况主要用两个流程图来描述。即现行系统业务流程图和现行系统数据流程图。

4. 新系统的逻辑方案　这部分主要反映系统分析的结果和对今后建造新系统的设想，它主要包括如下几项内容：

（1）系统的结构以及系统所涉及的范围。包括新系统的功能结构和子系统划分。

（2）数据流程图的进一步说明。说明新系统与现行系统在界限、处理功能、数据流和数据存储等方面有哪些主要变化，重点是计算机处理和数据存储部分。

（3）数据组织形式。说明新系统是采用文件组织形式还是数据库组织形式。

（4）输入和输出的要求。这部分也是系统与环境的接口。这里只对输入输出的种类、形式和要求等作一般说明，详细内容将在系统设计阶段考虑。

（5）新系统计算机软、硬件初步配置方案。

（6）与新系统相配套的管理制度和运行体制的建立。

5. 新系统开发费用与时间进度估算　为了使有关领导在阶段审查中获得更多关于开发费用和工作量的信息，需要对费用和时间进行初步估算。

一旦报告被批准，它就成为一个具有约束力的指导性文件，成为下一阶段系统设计的依据，用户和开发小组都不能再随意改动。

本章小结

系统分析是管理信息系统开发的重要环节，包括现行系统的详细调查、组织结构与管理功能分析、业务流程分析、数据流程分析等步骤，最后提出新系统的逻辑方案，形成系统分析报告。

系统详细调查的目的是全面掌握现行系统的现状，为系统分析和提出新系统的逻辑方案做好准备。因此，要本着用户参与及真实性、全面性、规范性和启发性的原则，选择合适的调查方法，从定性和定量两方面入手，详细了解系统的管理业务和数据流程。

在调查的基础上对现行系统的组织结构、业务流程、数据流程进行分析，可采用结构化的系统分析方法，用数据流图和数据词典来描述对象系统的信息流动、数据存储及处理过程。也可以借用描述处理逻辑的工具来说明复杂的处理过程，通过建立 U/C 矩阵进行系统功能分析和子系统的划分，将复杂系统划分为若干个相对独立的子系统，以便更好地描述系统。

通过系统分析，提出新系统的逻辑方案。新系统方案主要包括：新系统的目标、新系统的信息处理方案及系统计算机资源的配置。最后形成系统分析报告，为下一步系统设计提供依据资料。

思 考 题

1. 在系统分析阶段，如何对现行系统进行描述？
2. 系统分析的任务是什么？如何进行系统分析？
3. 如何理解系统调查的原则？怎样选择系统调查的方法？
4. 分别描述系统定性调查和定量调查的内容。
5. 举例说明业务流程图的画法。
6. 为什么要进行数据流程分析？分析哪几方面的内容？
7. 结构化系统分析的基本思想是什么？系统分解的原则是什么？
8. 举例说明分层数据流图的画法。
9. 数据词典的作用是什么？描述哪些内容？
10. 描述处理逻辑的工具有哪些？试举例说明。
11. 新系统逻辑方案包括哪些内容？
12. 怎样撰写系统分析报告？

第 7 章 管理信息系统设计

系统设计是工程管理信息系统开发的第三个阶段,主要解决系统"怎么做"的问题。其目标是进一步实现系统分析阶段提出的系统模型,详细地确定新系统的结构、应用软件的研制方法及内容。系统设计一般遵循系统性、灵活性、可靠性、经济性的原则,按照从概要设计到详细设计,从粗到细、从总体到局部的过程进行。

概要设计与详细设计是交错反复进行的,二者结合起来,主要包括如下内容:系统结构设计、系统平台设计、代码设计、划分子系统、输出设计、输入设计、数据存储设计、处理过程设计、制定设计规范及编写系统设计报告等。

7.1 系统设计的目标与原则

7.1.1 系统设计的目标

系统设计的优劣直接影响新系统的质量及经济效益。系统设计的目标是:在保证实现逻辑模型的基础上,尽可能提高系统的各项指标,即系统的工作效率、可靠性、工作质量、可变性、经济性等。

1. 系统的工作效率 系统的工作效率主要是指系统对数据的处理能力、处理速度、响应时间等与时间有关的指标。处理能力是指系统在单位时间内处理事务的能力。处理速度一般是指系统完成业务处理所需的平均时间。响应时间是指在联机状态下,从发出处理请求到得到应答信号的时间。

影响系统效率的因素很多,包括系统的硬件及其组织结构、人机接口设计的合理性、计算机处理过程的设计质量等。例如:建筑企业组织机构庞大而不合理的通病往往是影响系统效率的桎梏。要发挥工程管理信息系统应有的效率,改变或优化组织机构是必要的。

2. 系统的可靠性 系统的可靠性是指系统在运行过程中,抗干扰(包括人为和机器故障)和保证系统正常工作的能力。系统可靠性包括系统检错与纠错能力、系统恢复能力、软硬件的可靠性、数据处理与存储的精度、系统安全保护能力等。系统平均无故障时间、系统平均修复时间是衡量系统可靠性的重要指标。

3. 系统的工作质量 系统的工作质量是指系统提供用户所需信息的准确程度、及时性,以及便于用户操作的人—机界面的友好程度。工作质量的好坏与计算机的硬件、系统软件、应用软件、人工处理质量与效率等因素有关。

4. 系统的可变性　系统的可变性是指系统被修改和维护的难易程度。由于系统环境（国家政策、相关行业规范、定额等的变化）和系统本身的需要，应当不断修改和完善系统。一个好的系统应该有良好的可修改性、易维护性，使之适应相应变化。采用结构化、模块化的系统分析与设计方法可以提高系统的可变性。

5. 系统的经济性　系统的经济性是指系统收益与支出之比。要注意的问题是，在定量考虑经济费用的同时，还要定性考虑系统实施后所取得的社会效益及由此而带来的间接经济效益。

上述五个指标既互相联系又互相制约，实践中要根据具体情况进行综合分析，将指标按重要性程度排序，优先保证最重要的指标。

7.1.2　系统设计的原则

工程管理信息系统的开发和一般的管理信息系统一样，是一项系统工程，为了保证系统的质量，设计人员必须遵守共同的设计原则。

1. **系统性**　系统是作为统一的整体存在的。因此，在系统设计中，要从整个系统的角度进行考虑，系统的代码要统一，设计规范要标准，传递语言要尽可能一致，对系统的数据采集要做到数出一处、全局共享，使一次输入得到多次利用。

2. **灵活性**　为保持系统的长久生命力，要求系统具有很强的环境适应性，为此，系统应具有较好的开放性和结构可变性。在系统设计中，应尽量采用模块化结构，提高模块的独立性，尽量减少模块间的数据耦合，使各子系统间的数据依赖减至最低程度。这样，既便于模块的修改，又便于增加新内容，提高系统适应环境变化的能力。

3. **可靠性**　一个成功的工程管理信息系统必须具有较高的可靠性，如安全保密性、检错及纠错能力等。可靠性既是系统设计的考核指标，也是系统设计时必须注意的一项原则。

4. **经济性**　在满足系统需求的条件下，应尽可能减小系统的开销。一方面，在硬件投资上不能盲目追求技术上的先进，而应以满足需要为前提；另一方面，系统设计应尽量避免不必要的复杂化，各模块应尽量简洁，以便缩短处理流程，减少处理费用。

7.2　系统概要设计

系统概要设计也就是对系统进行总体结构设计，它是根据系统分析的结果对新系统的总体结构形式和可利用的资源进行大致的设计，它是一种宏观、总体上的设计和规划。通过总体结构设计划分出子系统并对系统功能模块进行描述，给出系统平台的设计方案。

7.2.1 划分子系统

划分子系统是简化设计工作的重要步骤。在系统分析阶段使用的 SA 方法就已经贯彻了化整为零、逐层分解、各个击破的思想。因此从系统分析阶段开始就已经进行了系统划分的工作。将系统划分成若干个子系统，再把子系统划分为若干个模块。每一个子系统或模块，无论是设计或是调试、修改或扩充，基本上可以互不干扰地进行。

划分子系统一般有两种方法，即按功能划分和采用系统输入输出图的方式划分。

1. 按功能划分子系统　根据对系统业务流程、数据流程以及数据/功能（U/C 矩阵）分析的结果，结合系统设计要求，进行子系统的划分。有关 U/C 矩阵的求解参见本书第 5 章。

这种方法应考虑以下几个因素：①子系统在功能上应有相对的独立性；②子系统在数据上应有较好的数据完整性；③子系统在规模上应有一定的适中性，可以根据功能独立性、数据完整性综合考虑。例如一个项目管理信息系统可以分为进度控制子系统、成本控制子系统、质量控制子系统、合同管理子系统等。

2. 采用系统输入输出图划分子系统　即按输入输出的独立性划分子系统。图 7-1 是一个输入输出图。它的第一行标题栏中填写各种输出报告的名字，左列标题栏从上到下列出全部输入文件的名字，中间填写"×"号，表示输出文件来自哪个输入文件。

输入	输出					
	1	2	3	4	5	6
A		×		×	×	
B	×					×
C				×		
D		×		×		
E	×		×			

图 7-1　输入输出图

利用输入输出图可把系统分解为各个子系统。由图 7-1 可以看出，该系统共包含两个子系统，其中 ACD—245 构成一个子系统，BE—136 构成另一个子系统。在这两个子系统之间，输入输出不发生关系。因此可以独立开发和维护。

7.2.2 系统功能模块设计

系统功能模块设计是在子系统划分的基础上，根据系统分析所得到的系统逻辑模型（数据流图和数据词典），借助一套标准化的图、表工具，导出系统的功能模块结构图。功能模块设计主要采用结构化设计（Structured Design，SD）方法。该方法是由美国 IBM 公司的 W. Stavens，G. Myers，L. Constantinl 等人提出的，适用于任何软件系统的软件结构设计。SD 方法通常与系统分析阶段的 SA 方法衔接起来使用，借助 SA 方法得到用数据流图和数据词典描述的系统分析报告，SD 方法则以数据流图为基础得到软件的模块结构。

1. 模块结构图　SD方法的基本思想是将系统设计成由相对独立、单一功能的模块组成的结构，从而简化研制工作，防止错误蔓延，提高系统的可靠性。在这种模块结构中，模块之间的调用关系非常明确与简单，每个模块可以单独地被理解、编写、调试、查错与修改。模块结构整体上具有较高的正确性、可理解性与可维护性。

模块结构图是SD方法描述系统结构的图形表达工具，如图7-2所示。图7-3表示了一个工资计算的模块结构图。

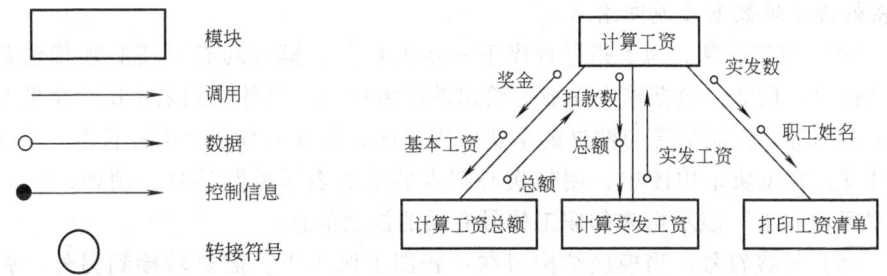

图7-2　模块结构的基本符号　　　　图7-3　工资系统的模块结构

（1）模块。模块是可以组合、分解和更换的单元，是组成系统、易于处理的基本单位。系统中的任何一个处理功能都可以看作是一个模块。也可以理解为用一个名字就可以调用的一段程序语句。模块应具备以下四个要素：

1）输入和输出。模块的输入来源和输出去向都是同一个调用者，一个模块从调用者取得输入，进行加工后再把输出返回调用者。

2）功能。指模块把输入转换成输出所作的工作。

3）内部数据。指仅供该模块本身引用的数据。

4）程序代码。指用来实现模块功能的程序。

前两个要素是模块的外部特性，即反映了模块的外貌。后两个要素是模块的内部特性。在结构化设计中，首先关心的是外部特性，对内部特性只做必要了解。

（2）调用。在模块结构图中，用联接两个模块的箭头表示调用，箭头总是由调用模块指向被调用模块，对此应该理解成被调用模块执行后又返回到调用模块。如果一个模块是否调用一个从属模块，决定于调用模块内部的判断条件，则该调用称为模块间的判断调用，采用菱形符号表示。如果一个模块通过其内部的循环功能来循环调用一个或多个从属模块，则该调用称为循环调用，用圆弧加箭头表示。调用、判断调用和循环调用的表示方法如图7-4所示。

（3）数据。当一个模块调用另一个模块时，调用模块可以把数据传送到被调用模块处供处理，而被调用模块又可以将处理的结果数据送回到调用模块。在模块之间传送的数据，使用与调用箭头平行的带空心圆的箭头表示，并在旁边标上数据名。例如，图7-5a表示模块A调用模块B时，A将数据X、Y传送给B，

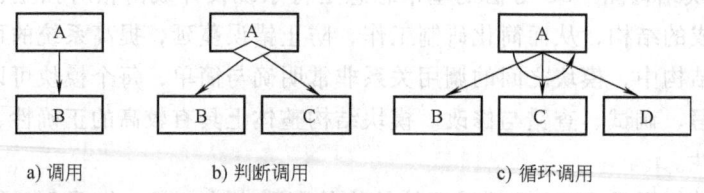

a) 调用　　　　b) 判断调用　　　　c) 循环调用

图 7-4　模块调用示例

B 将处理结果数据 Z 返回给 A。

（4）控制信息。为了指导程序下一步的执行，模块间有时还必须传送某些控制信息。例如，数据输入完成后给出的结束标志，文件读到末尾所产生的文件结束标志等。控制信息与数据的主要区别是前者只反映数据的某种状态，不必进行处理。在模块结构图中，用带实心圆点的箭头表示控制信息。例如，图 7-5b 中"无此职工"表示送来的职工代号有误的控制信息。

（5）转接符号。当模块结构图在一张图上画不下，需要转接到另外一张纸上，或为了避免图上线条交叉时，都可使用转接符号，图 7-6 所示的工资计算程序模块结构图中，①即为转接符号。

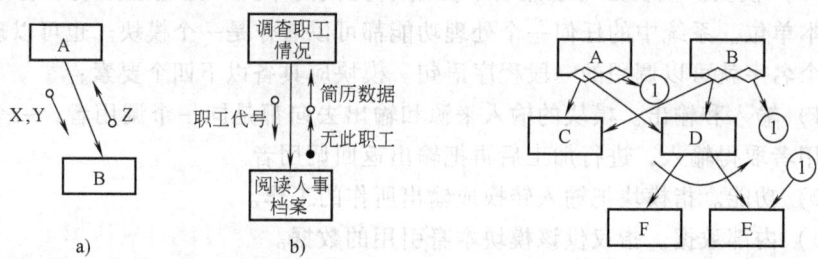

图 7-5　模块间的通信　　　　图 7-6　工资计算程序模块图

在画模块结构图时，通常将输入、输出模块分别画在左、右边，计算或其他模块放在中间。为了便于理解系统的整个结构，应尽量将整个模块结构图画在一张纸上。

一个软件系统具有过程性（处理动作的顺序）和层次性（系统各组成部分的管辖范围）特征。模块结构图描述的是系统的层次性，而通常的"框图"则描述的是系统的过程性。在系统设计阶段，关心的是系统的层次结构，只有到了具体编程时，才需要考虑系统的过程性。

在从数据流图导出初始模块结构图时，采用一组基本的设计策略——变换分析与事务分析；在对初始模块结构图改进和优化方面，有一组基本的设计原则——耦合小、内聚大，和一组质量优化技术。

2. 模块结构图的导出　由数据流图向初始模块结构图的转换通常采用两种

方法。一种是以事务为中心的转换方法,也称为事务分析;另一种是以变换为中心的转换方法,也称为变换分析。前者通常用于将高层数据流图转换成系统模块结构图,其优点是能把一个大的、复杂的系统分解成若干个较小的、简单的子系统,如图 7-7 所示。后者通常用于将低层的数据流图转换成系统模块结构图,如将图 7-8a 所示的数据流图转换成图 7-8b 所示的模块结构图。当然,有时也将第一种设计方法用于较低层的数据流图。

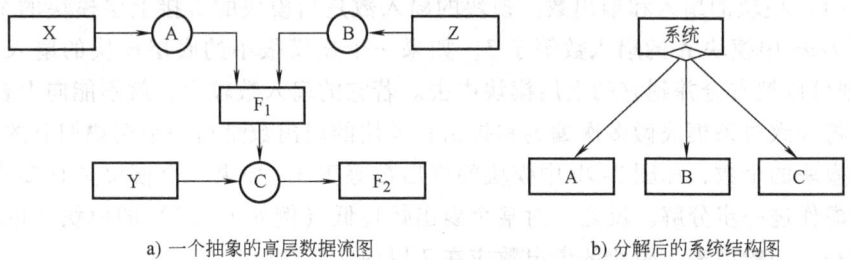

图 7-7　事务分析

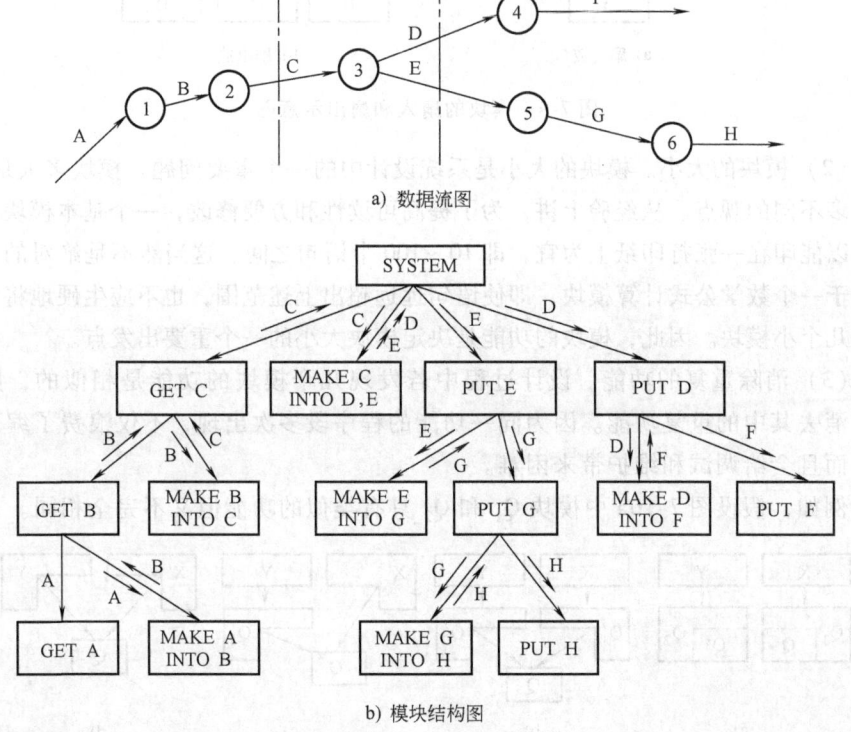

图 7-8　变换分析

3. 模块结构图的评价与改进 从数据流图导出初始模块结构图虽有一些规则可循,但由于个人观点和经验不同,对同一个数据流图,每个人都可能导出不同的模块结构图,这就提出了一个评价和改进模块结构图的问题。评价模块结构图的主要标准是耦合小、内聚大,也就是块间联系小,块内联系大。模块结构图的改进首先应按照评价的质量标准对其进行检查和修改。其次应在改进中注意以下问题。

(1) 模块的扇入和扇出数。模块的扇入数是指模块的直接上层模块的个数。如图7-9a中模块A的扇入数等于3。如果一个规模很小的底层模块的扇入数为1,则可以把它合并到它的上层模块中去。若它的扇入数较大,就不能向上合并,否则将导致对该模块做多次编码和排错;模块的扇出数是指一个模块拥有的直接下层模块的个数,如图7-9b中模块的扇出数等于3。如果一个模块具有多功能,应考虑作进一步分解。反之,对某个扇出数过低(例如1和2)的模块,也应进行检查。一般说来,模块的扇出数应在7以内。

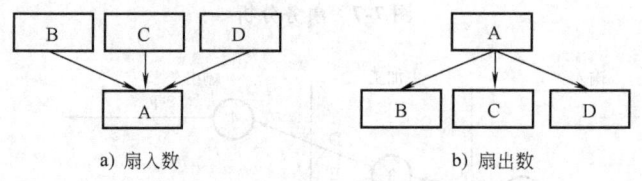

图 7-9 模块的扇入和扇出示意图

(2) 模块的大小。模块的大小是系统设计中的一个重要问题。模块多大最好?有许多不同的观点。从经验上讲,为了提高可读性和方便修改,一个基本模块的程序量以能印在一张打印纸上为宜,即 10~100 个语句之间。这当然不是绝对的,例如对于一个数学公式计算模块,即使语句远远超出上述范围,也不应生硬地将它们分成几个小模块。因此,模块的功能是决定模块大小的一个重要出发点。

(3) 消除重复的功能。设计过程中若发现几个模块的功能是相似的,则应设法消去其中的重复功能。因为同一功能的程序段多次出现,不仅浪费了编码时间,而且会给调试和维护带来困难。

例如,假设图 7-10a 中模块 Q_1 和 Q_2 具有类似的功能但又不完全相同。首先

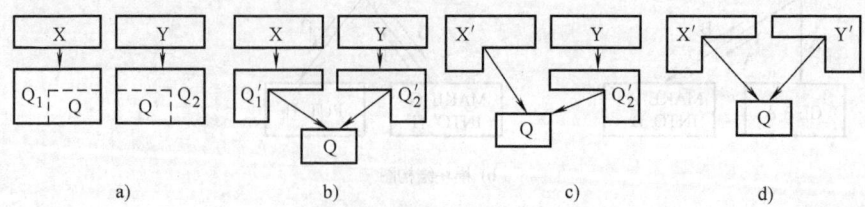

图 7-10 合并功能相似的模块

对 Q_1 和 Q_2 进行分析，找出重复部分，如图 7-10a 中虚线所示，如果这部分可以构成一个内聚较强的单独模块，可以将其分离出来构成一个公共的下层模块，如图 7-10b 所示；如果分离后剩下的部分 Q_1'、Q_2' 所含语句很少，且功能也很简单，则可合并到它们各自的调用模块中去，如图 7-10c、d 所示。

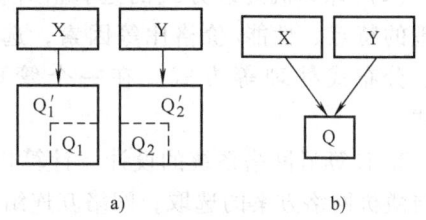

对具有类似功能的模块进行上述处理时，必须要注意它们之间的细微差别，否则将导致错误发生。如图 7-11a 中 Q_1 和 Q_2 表示相同部分，而 Q_1' 和 Q_2'

图 7-11 功能相似模块的错误合并

是不同部分，如果忽视了它们的差别将产生错误的合并，如图 7-11b 所示。

（4）作用范围与控制范围。在系统中，某些加工的执行与否依赖于判定语句的结果。因此，为了发现不合理的模块结构，需要了解对于一个给定的判定，到底影响哪些模块？

一个判定的作用范围是指所有受这个判定影响的模块。我们规定：若模块中只有一小部分加工依赖于某个判定，则该模块仅仅本身属于这个判定的作用范围；若整个模块的执行取决于这个判定，则该模块的调用模块也属于这个判定的作用范围。因为调用模块的执行取决于这个判定，则该模块的调用模块也属于这个判定的作用范围。又因为调用模块中必有一个调用语句，该语句的执行取决于这个判定。

一个模块的控制范围是指模块本身及其所有的下属模块。一个好的模块结构，应该满足以下要求：判定的作用范围应该在判定所在模块的控制范围之内；判定所在模块在模块层次结构中的位置不能太高。

7.2.3 系统平台设计

管理信息系统是以计算机科学与技术为基础的人机系统。管理信息系统平台是管理信息系统开发、应用的基础。管理信息系统平台设计包括计算机处理方式、网络结构设计、网络操作系统的选择、数据库管理系统的选择等软、硬件选择与设计工作。

1. 系统处理方式及平台的选择

（1）按管理信息系统的目标选择系统平台：

1）单项业务系统。常选用各类 PC 机、数据库管理系统为平台。

2）综合业务管理系统。以计算机网络为系统平台，如 Novell 网络和关系型数据库管理系统。

3）集成管理系统。OA、CAD、CAM、MIS、DSS 等综合而成的一个有机整体。综合性更强，规模更大，系统平台也更复杂，涉及异型机、异种网络、异种库之间的信息传递和交换。

在信息处理模式上常采用客户机/服务器（Client/Server）模式或浏览器/服务器（Browser/Server）模式。

（2）计算机处理方式的选择　计算机处理方式可以根据系统功能、业务处理的特点、性能/价格比等因素，选择批处理、联机实时处理、联机成批处理、分布式处理等方式。在一个管理信息系统中，也可以混合使用各种方式。

2. 计算机网络系统的设计　计算机网络系统的设计主要包括中小型主机方案与微机网络方案的选取，网络互连结构及通信介质的选型，局域网拓扑结构的设计，网络应用模式及网络操作系统的选型，网络协议的选择，网络管理和远程用户等工作。有关内容请参考计算机网络的技术书籍。

3. 数据库管理系统的选择　数据库管理系统的选型的原则是：能支持先进的处理模式，具有分布处理数据、多线索查询、优化查询数据、联机事务处理的能力，具有高性能的数据处理能力，具有良好图形界面的开发工具包，具有较高的性能/价格比，具有良好的技术支持与培训。普通的数据库系统有 FoxPro、Clipper、Paradox 等。大型数据库系统有 Microsoft SQL Server、Oracle Server、Sybase SQL Server、Informix Server 等。

4. 软、硬件选择　根据系统需要和资源约束进行计算机软、硬件的选择。计算机软、硬件的选择，对管理信息系统的功能有很大影响。大型管理信息系统软、硬件的采购可以采用招标等方式进行。

硬件的选择原则是：

（1）选择技术上成熟可靠的标准系列机型。

（2）处理速度快。

（3）数据存储容量大。

（4）具有良好的兼容性与可扩充性、可维修性，具有良好的性能/价格比。

（5）厂家或供应商的技术服务与售后服务好。

（6）操作方便并在一定时间内保持一定的先进性的硬件。

软件的选择包括操作系统、数据库管理系统、汉字系统、设计语言和应用软件包等软件的选择。

随着计算机科学与技术的飞速发展，计算机软/硬件的升级、更新速度也很快。新系统的建设应尽量避免先买设备再进行系统设计的情况。

7.3　系统详细设计

7.3.1　代码设计

代码是指代表事物名称、属性、状态等的符号，它以简短的符号形式代替了具体的文字说明。如我国公民身份证采用了一种 18 位的代码,用来表示某人所在的省市、地区、出生年月日及性别等信息。在 MIS 中,为便于计算机处理,节省存储空间和处理时间,提高处理的效率与精确性(如进行信息分类、校对、统计和检索等),需要将处理对象代码化。代码设计是系统设计的重要内容。

1. 代码设计的原则　代码设计是一项关系到全局的工作。如果系统开发完成,再发现代码设计不合适,或不符合国家标准,小修改会引起程序的变化,大修改则会导致文件的重新建立乃至数据的混乱,不修改则影响系统的扩展性、通用性及与其他系统的联接。因此,在代码设计时要考虑下面一些基本原则。

(1) 唯一性。每一个代码都仅代表唯一的实体或属性。

(2) 通用性(标准化)。采用现有的标准通用代码,如国际、国家、行业或部门及企业规定的标准代码,按优先级别,使代码的使用范围越广越好。

(3) 可扩充性。代码越稳定越好,但也要考虑系统的发展变化。当增加新的实体和属性时,可直接利用原代码加以扩充,而不需要重新变动代码系统。

(4) 简洁性。代码的长度会影响其所占的存储空间,影响输入输出及处理速度,影响输入时的出错概率,因此要尽量简短。

(5) 系统性。代码要有规律,逻辑性强。这样既便于计算机处理,也便于识别和记忆及人工处理使用。

(6) 易修改性。这是代码具有标准化又具有灵活性的一面,当系统条件发生某些变化时,代码应容易进行修改。

2. 代码设计步骤　严格地讲,代码设计从编制数据词典时就开始了。代码对象主要是数据词典中的各种数据元素。代码设计的结果应形成代码本或代码表。作为其他设计和编程的依据。代码设计可按下列步骤进行:

(1) 明确代码目的。

(2) 确定代码对象。

(3) 确定代码的使用范围和期限。

(4) 分析代码对象特征。包括代码使用频率、变更周期、追加及删除情况等。

(5) 决定采用何种代码,确定代码结构及内容。

(6) 编制代码表。

3. 代码的主要种类　一般来说,代码可按文字种类或功能进行分类。按文字种类可分成数字代码、字母代码和数字字母混合码;按功能则可分以下几类:

(1) 顺序码。顺序码是用连续数字或有序字母代表编码对象的代码。例如,某工程项目有 300 名员工,可从 1 到 300 按顺序编码。这种代码的优点是简单明了,代码短,缺点是不易于分类处理,增加数据时只能排在最后,删除则造成空码。通常用来作为其他分类编码之后进行细分类的一种补充手段。

作为顺序码的一个特例是分区顺序码，它将顺序码分为若干个区，给每个区以特定的意义，并可在每个区预留些空码，为以后插入之用。例如课程分区顺序码：

01～09　公共课（如公共课只有六门，从 01～06，预留三个位置）
10～29　基础课
30～39　专业基础课
40～59　专业课

这种码在使用中预留多少备用码不好估计。

（2）层次码。层次码也称区间码。这种代码按位被分成若干个区间，每个区间有不同的意义，这样每位码本身和其所在的位置都代表一定的意义。例如：某住宅小区工程项目采用两位区间码代表分项分部。

第一位为楼号代码　　　　第二位为分部工程代码
1——小区 1 号楼　　　　1——土方工程
2——小区 2 号楼　　　　2——砌筑工程

则：代码 12 表示小区 1 号楼砌筑工程，代码 21 表示小区 2 号楼土方工程。

又例如，图 7-12 是我国公民身份证代码的编码规则。它共有 18 位，全部采用数字编码，各位数字的含义参见图中说明。

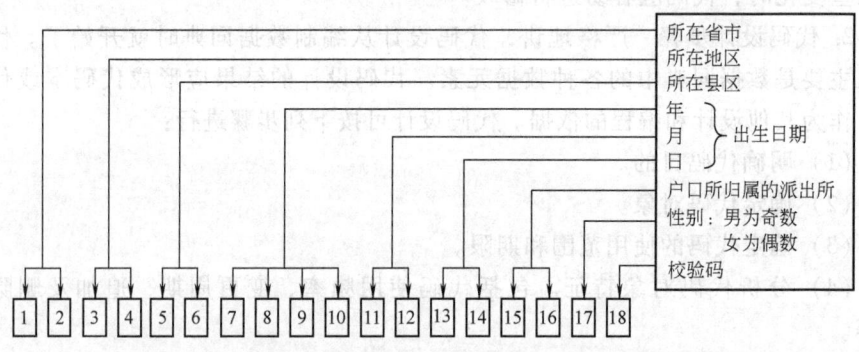

图 7-12　我国公民身份证代码的含义

层次码的优点是分类基准明确，码中的数字（或字母）与位置都代表一定的意义，因而检索、分类或排序都很方便。缺点是有时会造成代码过长。

（3）十进制码。这是图书馆中常用的图书编码方法。它先把整体分成十份，进而把每一份再分成十份，这样继续不断。该分类对于那些事先不清楚会产生什么结果的情况是十分有效的。

（4）助记码。将编码对象的名称、规格等用汉语拼音或英文缩写等形式编成代码，可帮助记忆，故称为助记码。例如："SX-2"表示 2 厘米直径的石硝建材；"YSZE"表示预算总额；"PMIS"表示项目管理信息系统。助记码适用于数据较少的情况，否则容易引起联想错误。

以上几种主要代码，在实际应用中，可根据需要进行选择，或将几种编码方法结合起来使用。

7.3.2 输入输出设计

1. 输出设计 系统的输出最终提供给用户，是系统的目标。因此要先考虑输出设计。为了得到输出才需要一些相应的输入，所以后考虑输入设计。输出设计所要解决的问题是针对不同用户的特点和要求，以最适当的形式，输出最切合需要的信息。输出设计的主要内容有：输出方式的选择、输出报表的设计及输出设计说明等。

（1）输出方式的选择。系统的输出方式应根据输出信息的使用要求、信息量的大小、输出设备的限制等条件来决定。例如，系统最终输出的信息，一般采用打印机或绘图仪等设备以图表或文件的形式输出，或通过通信网络传给其他系统。而作为中间结果输出的信息，则可采用磁性介质，如磁盘等以磁文件的形式输出。对于一些输出内容不很多，而又无需保存的检索信息，可采用屏幕显示的方式输出，声音输出方式在需要时也可采用。

（2）输出报表的设计。报表内容应根据使用人员的实际需要进行设计。对不同的用户，应当提供详细程度不同、内容不同的报表。输出报表的格式应尽量满足用户的使用要求和习惯，同时注意标准化。

（3）输出设计说明。输出设计说明应包括选用的输出设备，信息输出的频率和数量，各种输出文件及输出报表的格式及表格样本等。详细的输出设计说明有利于程序员编写程序。

2. 输入设计 在管理信息系统工作过程中，只有按正确的程序，用正确的操作去处理正确的数据，才能获得正确的情报信息。作为第一步，输入设计在保证输入数据的正确性，提高数据处理的效率和质量方面非常重要。俗话说"输入的是垃圾，计算得再精确，输出的也还是垃圾"。输入设计的目标是：在保证输入信息正确性和满足输出需要的前提下，做到输入方法简便、迅速、经济。

输入设计的主要工作包括：输入方式的选择、输入格式的设计和数据校验。

（1）输入方式的选择。按广义的数据概念，数据包括文字、数字、图像和声音。不同的数据类型可能用不同的输入方式，或采用多媒体的输入技术。一类输入数据是从数据产生地收集来的原始数据；另一类输入数据是经计算机处理产生后存入磁介质（如磁盘），或由其他计算机信息系统传输到本系统作为再次输入的数据。这里侧重讨论原始数据的输入，其输入方式根据数据产生的地点、时间、周期、数量及特性、处理要求等来确定。常用的有以下几种方式：

1）键盘输入。即输入后通过屏幕显示确认，使用较方便，但这种方式输入速度较慢，工作量大，且容易出错，主要适用于常规的、少量的数据输入。

2）光电设备输入。这是一种直接通过光电设备对实际数据进行采集并将其转换成计算机能识别和接受的数据形式，如用图形扫描仪（手持或台式）可以输入图形，再通过图形识别系统可以识别出各种文字或符号；利用光学符号阅读器输入条形码，将贴于物品包装上的条形码转换为计算机能识别、接受的数据。

3）声音输入。通过语音识别系统，利用声频转换器和语音分析手段与预先存入系统的语音特征参量对比并通过逻辑判断完成识别与辨认。

(2) 输入数据的获得及输入格式的设计。原始数据的获得要考虑数据产生的部门，确定收集的时间和方法。了解数据产生的周期、平均发生量及最大量。为便于操作人员输入和减小错误率，输入格式一般与单据格式一致或设计专门的输入记录单，按屏幕填表或对话方式输入数据。

(3) 输入数据的校验。数据校验可分为由人工直接校验的静态方法和由计算机程序校验的动态方法两大类。每一类又有许多具体校验法，这些方法可以单独使用，也可组合使用。下面列举几种常用的校验方法。

1）静态校验。在输入的同时，由计算机打印或显示输入数据，然后与原始单据进行比较，找出差错，这种方法称静态校验法，又称人工校验或用眼睛校验。在输入计算机之前，安排人工校验，可提高输入数据的正确性，降低一些计算机的处理费用。

2）声音校验。在输入数字或文字时，通过汉声卡使计算机将输入的内容读给输入者以达到边输入边校验的目的。

3）词典校验。将某类数据预先存入系统中，形成词典或对照表，作为以后输入此类数据的校验样本。如会计科目代码字典，用来作为会计信息系统中输入的各项会计科目代码的校验。

4）格式校验。检验数据记录中各数据项的位数和位置是否符合预先规定的格式。例如，名称栏规定为十八位，而名称的最大位数是十七位，则该栏的最后一位一定是空白。若不是空白，就认为该数据项错位。

5）逻辑校验。根据各种业务数据的逻辑性，校验数据的值是否合理。例如，月份的值只能是 1 至 12 的 12 个整数，超出这个范围或者出现小数、负值，肯定是错误数据。

6）界限校验。检查某项输入数据的值是否位于规定范围之间。凡超出范围的值，肯定是错误数据。此处所说范围可用上下限来表示，也可只用一个上限或一个下限来确定。如某商品的价格在 100 元以内（含 100 元），凡该项数据大于 100 时，必定有错。

7）顺序校验。检查顺序排列的记录。若要求输入数据无缺号时，通过顺序校验，可以发现被遗漏的记录。又如，要求记录的序号不重复时，也可查出有无重复的记录。在计算机中是按记录的键进行排列校验的。

8）记录计数校验。此法通过计算记录个数来检查记录有否遗漏和重复。不仅对输入数据，而且对处理数据、输出数据及错误数据的个数等均可进行计数校验。

9）平衡校验。检查数字的合计是否正确。例如检查统计报表中，各小计之和是否等于"合计"，各"合计"之和是否等于"总计"等。

7.3.3 数据存储设计

1. 数据存储结构规范化　任何一个 MIS 都要处理大量的数据，如何以最优的方式组织这些数据，形成以规范化形式存储的数据库，是 MIS 开发中的一个重要问题。

任何一个数据库都不可能是一成不变的，而是经常变化的。由于应用的需要，随时都可能要求修改数据库。如何消除在对数据进行插入、修改和删除时可能产生的相互影响？在引进新的数据时，如何减少对原有的数据结构的修改，从而减少对应用程序的影响？如何才能更容易地进行各种查询和统计工作？由于修改一个处理逻辑要比修改一个数据存储的结构容易，因此要用规范化方法设计数据存储结构，提高数据的完整性、一致性和可修改性。

为了使数据存储有一定的标准和简化数据存储的结构，美国 IBM 公司的科德（E. F. Codd）在 1971 年首先提出了规范化理论（Normalization Theory），如今这个理论有了很大的发展。规范化理论虽然以关系数据模型为背景设计一个关系数据库，但是它对一般的数据库逻辑设计，同样具有重要的指导意义。

（1）第一规范化形式。在规范化理论中，关系必须是规范的。所谓规范化是指在一个数据结构中没有重复出现的组项，任何一个规范化的关系都自动称为第一规范化（First Normal Form），简称第一范式（1NF）。

例如，表 7-1 所列的职工档案的数据结构不是规范化的，为将其转换成规范化的关系，办法是把"职工档案"数据结构分解成若干个二维表的记录。将表 7-1 中的数据项分解成如表 7-2 和表 7-3 所示的两个文件存储，这两个文件表示的数据结构则是规范化的。

职工基本情况文件的关键字是职工号。职工简历文件的关键字由职工号和日期共同组成，这两个数据元素唯一地标识出一条记录。使用时可按职工号建立起两个文件的关联。

（2）第二规范化形式。在引入第二规范化形式之前，需介绍函数依赖（Functional Dependence）的概念。如果在一个数据结构 R 中，数据元素 B 的取值依赖于数据元素 A 的取值，我们称 B 函数依赖于 A。换句话说，A 决定 B，用"A->B"表示。

表 7-1　某公司职工档案

职工号	姓名	性别	出生日期	简历		
				日期	工作单位	职务
0001	丁一	男	1945.10.5	52.9	永红小学	学生
				58.9	二十二中学	学生
				64.9	哈尔滨工业大学	学生
				69.8	哈建二公司	助工、工程师
				80.5	哈建集团	总工程师
				…	……	……
0002	王二	男	1970.5.9	77.9	红光小学	学生
				83.9	十六中学	学生
				89.9	黑龙江省建校	学生
				93.8	省建一公司	助工
…	……	…	…	…	……	……

表 7-2　职工基本情况文件

职工号	姓名	性别	出生日期
0001	丁一	男	1945.10.05
0002	王二	男	1970.05.09
…	……	……	……

表 7-3　职工简历文件

职工号	日期	工作单位	职务
0001	52.09	永红小学	学生
0001	58.09	二十二中学	学生
0001	64.09	哈尔滨工业大学	学生
0001	69.08	哈建二公司	助工、工程师
0001	80.05	哈建集团	总工程师
…	…	……	……
0002	77.09	红光小学	学生
0002	83.09	十六中学	学生
0002	89.09	黑龙江省建校	学生
0002	93.08	省建一公司	助工
…	…	……	……

如果一个规范化的数据结构，它所有的非关键字数据元素都完全依赖于整个关键字，我们称它是第二规范化形式（Second Normal Form）的数据结构，简称第二范式（2NF）。根据第二规范化形式的定义，如果一个规范化的数据结构，其关键字仅由一个数据元素组成，那么它必然属于第二范式。

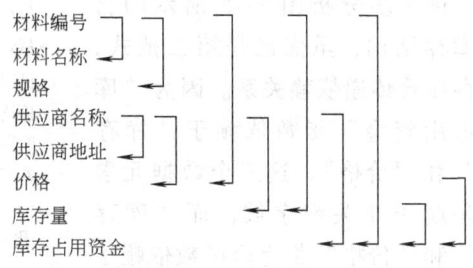

图 7-13 "材料—供应商—库存"中的数据元素关系

按照第二范式定义分析图 7-13 所示的数据结构不属于第二范式。因为"材料名称"、"规格"和"供应商地址"并不完全函数依赖于整个关键字。这样的数据结构存在一些毛病。例如，某供应商的地址发生了变化，需要修改这家供应商的地址，但有上百种材料由这家供应商提供，要逐个地修改"供应商地址"，与这家供应商有关的元素一条也不能遗漏，这为修改带来了麻烦。

规范化之后，属于第一范式的数据结构还不是一个好的数据结构，需要进一步把它转换成第二范式，办法是对于关键字由若干个数据元素组成的数据结构，必须确保所有的非关键字数据元素完全函数依赖于整个关键字，必要时把它分解成若干个都是属于 2NF 的数据结构，使每一个数据结构中的非关键字数据元素都完全函数依赖于整个关键字。例如，图 7-13 的数据结构可以分解成三个 2NF 的数据结构，即"材料库存文件"，"材料文件"和"供应商文件"，这三个文件的组成如下：

1) 材料库存文件
* 材料编号
* 供应商名称
价格
库存量
库存占用资金

2) 材料文件
* 材料编号
材料名称
规格

3) 供应商文件
* 供应商名称
供应商地址

（3）第三规范化形式。在引入第三规范化形式之前，需介绍"传递依赖"（Transitive Dependence）的概念。

假设 A、B、C 分别是同一个数据结构 R 中的三个数据元素，或分别是 R 中若干个数据元素的集合。如果 C 函数依赖于 B，而 B 又函数依赖于 A，那么 C 也函数依赖于 A，我们称"C"传递依赖于"A"，说明数据结构 R 中存在着传递依赖关系。这种关系如图 7-14 所示。

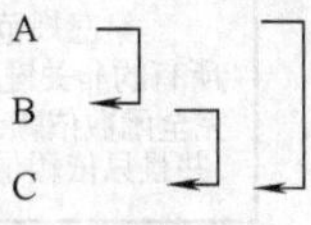

图 7-14 传递依赖关系

进一步分析图 7-15 所示的材料库存结构，虽然已是第二范式，但存在着传递依赖关系。因为"库存占用资金"函数依赖于"库存量"和"价格"，这三个数据元素都是属于非关键字域，而"库存量"和"价格"都完全函数依赖于

材料库存文件：
* 材料编号
* 供应商名称
　价格
　库存量
　库存占用资金

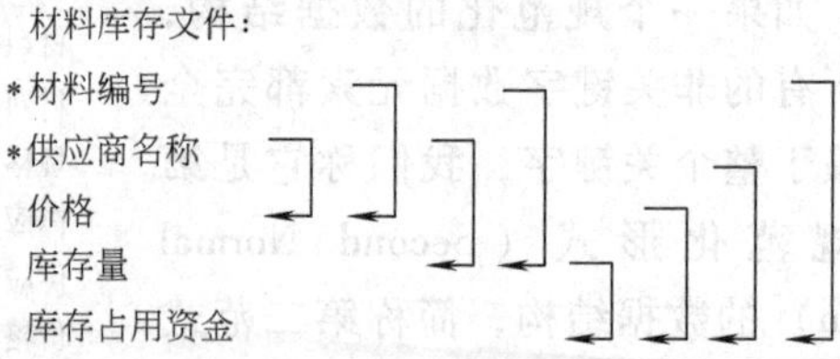

图 7-15　"材料库存"中的数据元素关系

整个关键字，因此"库存占用资金"传递依赖于关键字。这说明在非关键字域中，存在着冗余的数据元素，因为已知"库存量"和"价格"，就必然能够计算出"库存占用资金"，它作为一个数据元素存在，为修改"材料库存"带来不方便，每当修改"库存量"时，就必须修改"库存占用资金"，这显然是不合理的。

因此，只要去掉冗余项"库存占用资金"，就去掉了传递依赖关系，而转换成了第三范式的数据结构。另外两个数据结构"材料"和"供应商"，显然也是第三范式的数据结构。修改后的材料库存文件包括：材料编号（关键字）、供应商名称（关键字）、价格、库存量等。

（4）数据存储结构规范化的步骤。把一个非规范化的数据结构转换成第三规范化形式的数据结构，一般要经过以下三个步骤，如图 7-16 所示。

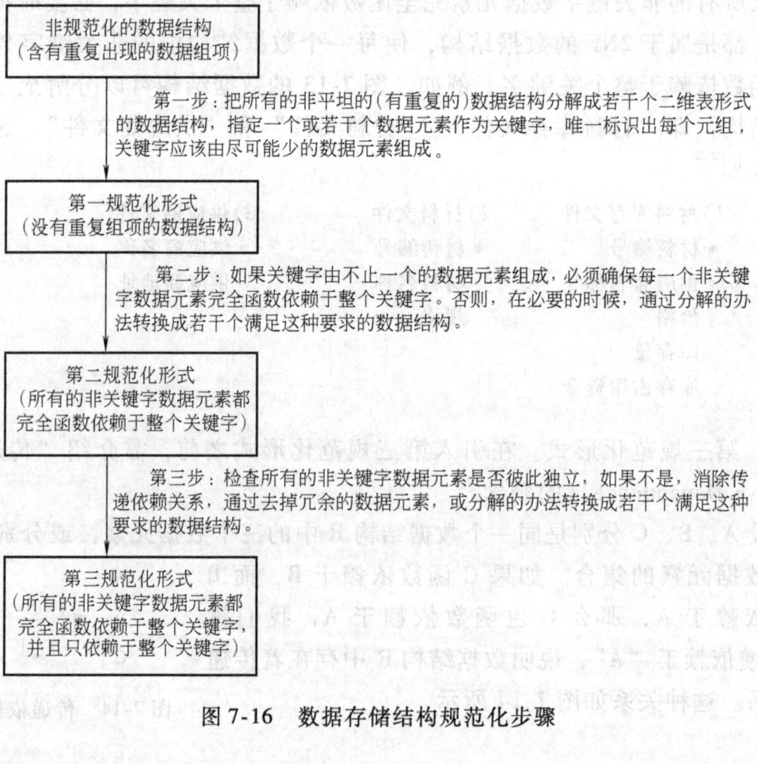

非规范化的数据结构
（含有重复出现的数据组项）

第一步：把所有的非平坦的（有重复的）数据结构分解成若干个二维表形式的数据结构，指定一个或若干个数据元素作为关键字，唯一标识出每个元组，关键字应该由尽可能少的数据元素组成。

第一规范化形式
（没有重复组项的数据结构）

第二步：如果关键字由不止一个的数据元素组成，必须确保每一个非关键字数据元素完全函数依赖于整个关键字。否则，在必要的时候，通过分解的办法转换成若干满足这种要求的数据结构。

第二规范化形式
（所有的非关键字数据元素都完全函数依赖于整个关键字）

第三步：检查所有的非关键字数据元素是否彼此独立，如果不是，消除传递依赖关系，通过去掉冗余的数据元素，或分解的办法转换成若干满足这种要求的数据结构。

第三规范化形式
（所有的非关键字数据元素都完全函数依赖于整个关键字，并且只依赖于整个关键字）

图 7-16　数据存储结构规范化步骤

将一个非规范化的数据结构转换成第三规范化形式的数据结构,其过程如图 7-17 所示。

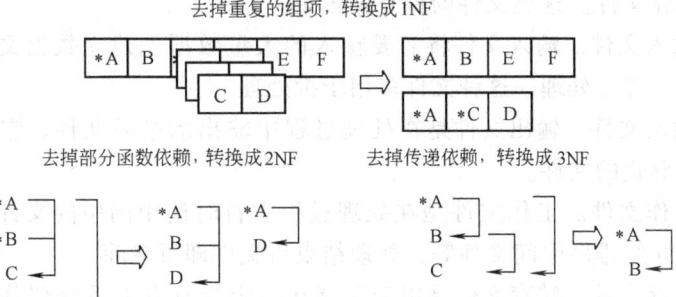

图 7-17　规范化的过程

（5）第三范式的重要作用。第三范式数据存储结构与非规范化的数据存储结构相比,一般可减少存储空间,由于实现了"按一事一地"的原则存储,可大大提高访问及修改的效率。同时提高了数据组织的逻辑性、完整性、一致性和安全性。

但在某些特殊情况下,如要求比较复杂的查询,可能要求对若干个第三范式的数据存储结构进行联接运算,从而占用较多的机器时间,如果这类查询比较多,为了减少查询的响应时间,可能要把若干个第三范式的数据存储结构合并成为数很少的第二范式甚至是第一范式的数据存储结构。即使可能发生某些特殊情况,在对数据存储的逻辑设计中,仍然要按照第三规范化形式的原则进行设计。

数据规范化的理论,从 1971 年开始发展到现在,不仅提出了第一范式、第二范式和第三范式,而且还提出了 BCNF 范式（Boyce—Codd Normal Form）,它是另一种定义的第三范式,从 BCNF 范式又推广出第四范式,最近又提出了第五范式。但是,从应用的角度来说,建立第三范式的数据存储结构就可以基本满足应用要求。

2. 文件的分类　根据文件的使用情况可以将文件分为如下几种类型：

（1）主文件。主文件是长期保存的主要文件,用以存储重要数据。在业务处理中,要对主文件经常进行调用和更新。主文件可分为静态文件和动态文件两种,前者包含的是相对来说变化不大的数据记录,如顾客文件中的顾客号、顾客姓名、地址、电话、账号等都具有相对稳定性,后者包含的记录将随着业务的发生而不断修改和更新,例如库存文件、销售账文件、图书馆的借阅文件等。但为了减少不同文件的数据冗余和文件处理工作量,常常是将两者结合在一起。如借阅文件中,既包括了读者的固定信息,也包括了读者借阅情况的变化。

（2）业务文件。业务文件是在业务处理过程中,临时存储数据用的文件。

这种文件实时记载了业务过程中数据发生的变化，是流水账形式的顺序文件。此种文件可以用于统一更新主文件或转换成其他文件，例如，用出入库流水账文件一次更新库存文件。这类文件的保存期较短。

（3）输入文件。输入文件将需要输入的大量数据先建立数据文件，经校验后，一次输入进行处理，这种文件多用于批处理。

（4）输出文件。输出文件是在处理过程中输出的结果文件，它可以是打印文件或其他形式的文件。

（5）工作文件。工作文件是在处理过程中暂时使用的中间文件，例如，排序过程中建立的排序中间文件等，处理结束后文件即可删除。

（6）转存文件。转存文件是用于存储在一定恢复点上系统部分状态的拷贝文件。它可能是一个正在更新过程中的文件、一组正在处理的业务或一个运行错误的程序。设置转存文件主要是为了安全目的。

3. 文件设计的步骤

（1）了解已有的或可提供的计算机系统功能。外存配备：磁盘、磁带、光盘的配备数量、功能、容量和有关文件的转储条件等；终端和其他外设的配备：涉及文件可能使用的范围，多终端操作的可能性及文件输入、输出和更新的条件；系统所能提供的文件组织方式和存取方法等。

（2）确定文件设计的基本指标。通常，一个新系统的文件数量从几个到几十个，对于每一个文件有以下各种基本指标：

1）与其他文件的接口：搞清有关文件之间的相互关系及数据项的协调。

2）文件的数据量：根据文件用途和记录长度，并从将来的需要量考虑，估算文件的数据量（记录数）。

3）文件的逻辑结构：根据需要，确定文件记录的长度、逻辑结构组成以及各数据项的描述。

4）文件处理方式：由用途决定文件的处理方式，可以是批处理、实时处理或混合方式等。

5）文件的更新情况：从文件使用情况考虑，估计插入、修改和删除等操作的频率和更新要求。

6）文件的使用率：估算文件记录的实际使用频率。

7）文件存取时间：根据业务处理的需要，对文件存取时间提出的不同要求。

8）文件的保密性：用户对文件机密程度的要求。

（3）确定合适的文件组织方式、存取方法和介质。文件的组织方式、存取方法和介质的确定应该考虑文件用途和使用频率等情况。通过以上各种因素的综合考虑和分析研究后，确定较为合适的文件组织及存取方式，并对介质的需要量作初步计算。

（4）编写文件设计说明书。文件设计说明书是实施阶段建立文件的依据，说明书主要包括下列内容：

1）文件组织方式、存取方法和存储介质等的选择和确定的根据。
2）文件用途、使用范围、处理方式、使用要求、存取时间和更新要求等。
3）文件逻辑结构、各数据项描述以及键（码）的确定原则。
4）文件数据量和存储介质需要量的初步估算。
5）文件保密要求及有关安全措施。
6）对于文件数据的收集、整理和格式要求的说明。
7）对建立和更新文件所需要的程序运行说明及提出要求。
8）关于建立文件的注意事项及其他需要说明的内容。

4．数据库设计　数据库设计是在选定的数据库管理系统基础上建立数据库的过程。数据库设计除用户要求分析外，还包括概念结构设计、逻辑结构设计和物理结构设计等三个阶段。由于数据库系统已形成一门独立的学科，所以，当我们把数据库设计原理应用到管理信息系统开发中时，数据库设计的几个步骤就与系统开发的各个阶段相对应，且融为一体，如图7-18所示。

（1）数据库的概念结构设计。概念结构设计应在系统分析阶段进行。任务是根据用户需求，设计数据库的概念数据模型（简称概念模型）。概念模型是从用户角度看到的数据库，可用 E-R 模型表示。

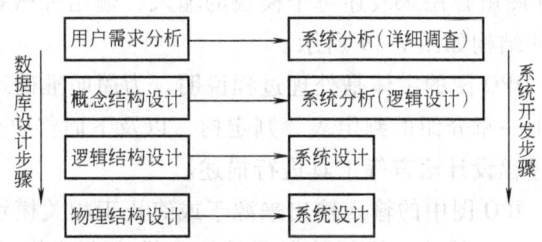

图 7-18　数据库设计与系统开发阶段对照

（2）数据库的逻辑结构设计。逻辑结构设计是将概念结构设计阶段完成的概念模型转换成能被选定的数据库管理系统（DBMS）支持的数据模型。数据模型可以由实体联系模型转换而来。通常不同的 DBMS 其性能不尽相同。为此，数据库设计者还需深入了解具体 DBMS 的性能和要求，以便将一般数据模型转换成所选用的 DBMS 能支持的数据模型。

逻辑结构设计阶段提出的关系数据模型应符合第三范式 3NF 的要求。如果选用的 DBMS 是支持层次、网络模型的 DBMS，则还需完成从关系模型向层次或网络模型转换的工作。

到此为止，数据库的逻辑结构设计并未完成。下一步是用 DBMS 提供的数据描述语言 DDL 对数据模型予以精确定义，即所谓模式定义。例如 FoxPro 中的 CREATE 命令，其作用类似于 DDL，可用来定义逻辑数据结构。

（3）数据库的物理结构设计。物理结构设计是为数据模型在设备上选定合适的存储结构和存取方法，以获得数据库的最佳存取效率。物理结构设计的主要内容包括：

1）库文件的组织形式。如选用顺序文件组织形式、索引文件组织形式等。

2）存储介质的分配。例如将易变的、存取频度大的数据存放在高速存储器上，稳定的、存取频度小的数据存放在低速存储器上。

3）存取路径的选择等。

7.3.4 处理过程设计

利用 7.2 节介绍的 SD 方法，可以完成系统总体模块结构的设计，而每一个模块完成的具体操作，则在处理过程设计中完成。本设计的成果表现为为每个模块编制一个输入—处理—输出图，即 IPO 图。它是程序设计的主要依据。

1. 设计工具

（1）IPO 图。IPO（Input—Process—Output）图是由美国 IBM 公司发起并逐渐完善起来的一种工具。在由系统分析阶段产生数据流图，经转换和优化形成系统模块结构图的过程中，产生了大量的模块，开发者应为每个模块写一份说明。IPO 图就是用来表述每个模块的输入、输出和数据加工的重要工具。常用的 IPO 图的结构如图 7-19 所示。

IPO 图的主体是处理过程说明。为简明准确地描述模块的执行细节，可以采用上一章介绍的判定表、判定树，以及下面将要介绍的问题分析图、控制流程图及过程设计语言等工具进行描述。

IPO 图中的输入输出来源于或终止于相关模块、文件及系统外部项，并在数据词典中描述。局部数据项是指本模块内部使用的数据，与系统的其他部分无关，仅由本模块定义、存储和使用。注释是对本模块有关问题作必要的说明。IPO 图不仅在开发阶段作为编写程序之用，在运行阶段也可作为修改和维护程序之用，因此，IPO 图是系统设计中一种重要的文档资料。

（2）控制流程图。控制流程图（Flow Chart，FC），又称框图，是经常使用的程序细节描述工具。框图包括三种基本成分："矩形框"表示处理步骤、"菱形框"表示判断、"箭头"表示控制流。

框图的特点是清晰易懂，便于初学者掌握。在结构化程序设计出现之前，一直是软件设计的主要工具。但由于箭头是框图中的一个隐患（同时也是灵活性的表现），人们可以使用箭头实现向程序任何位置的转移（即 GOTO 语句），往往不能引导设计人员用结构化设计方法进行详细设计。箭头如使用不当，会使框图非常难懂，而且无法进行维护。因此，框图的使用有减少的趋势。

（3）问题分析图。问题分析图（Problem Analysis Diagram，PAD）由日本日立公司二村良彦等人于 1979 年提出，是一种支持结构化程序设计的图形工具，

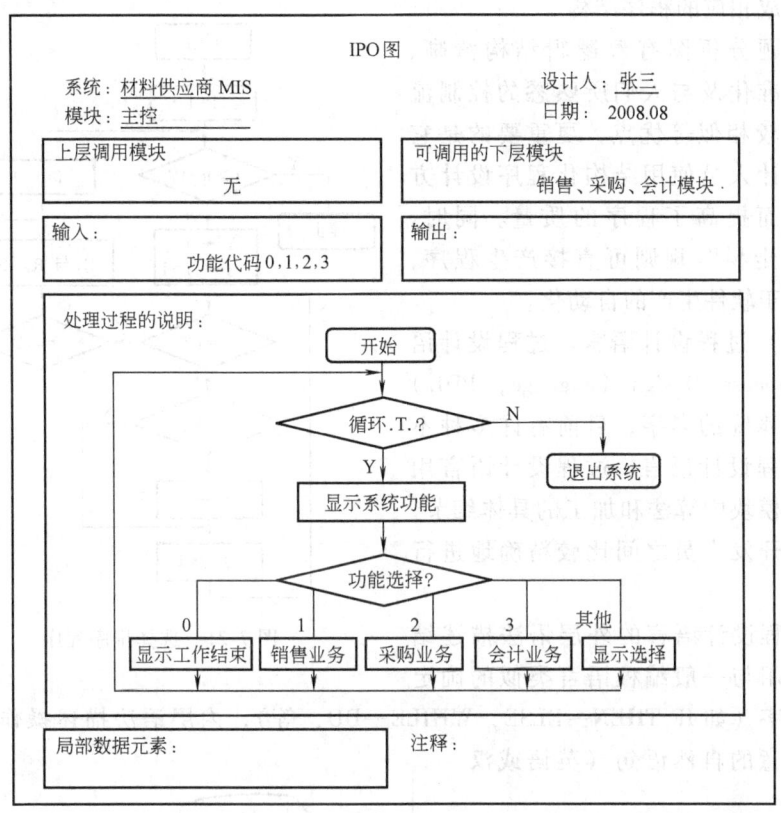

图 7-19 系统的 IPO（主控模块）

可用以取代前述的控制流程图。

问题分析图仅仅具有顺序、选择和循环三种基本成分，如图 7-20 所示，正好与结构化程序设计中的基本成分相对应。

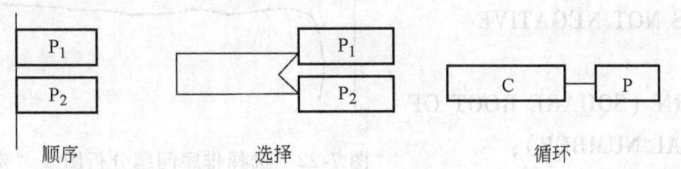

图 7-20 PAD 的基本成分

图 7-21 的控制流程图和图 7-22 的问题分析图分别表示了将 n 个数从小到大排序的处理过程。问题分析图的独到之处在于：以问题分析图为基础，按照一个机械的变换规则就可编写出计算机程序。该规则称为"走树"（Tree Walk）：顺着问题分析图所呈的树形结构移动，如图 7-22 所示，依次将遇到的 PAD 基本成

分变换成相应的程序结构。

问题分析图有着逻辑结构清晰、图形标准化及与人们所熟悉的控制流程图比较相似等优点，更重要的是它引导设计人员使用结构化程序设计方法，从而提高了程序的质量。同时，由于"走树"规则可直接产生程序，故有利于软件生产的自动化。

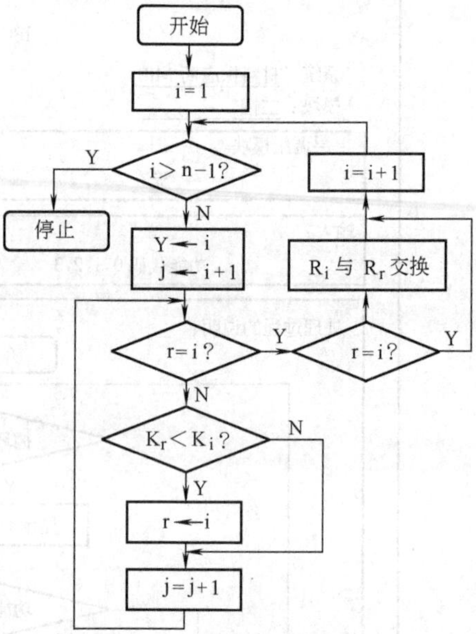

（4）过程设计语言。过程设计语言（Process Design Language，PDL）是一个笼统的名字，目前有许多种不同的过程设计语言。过程设计语言用于描述模块中算法和加工的具体细节，以便在开发人员之间比较精确地进行交流。

过程设计语言的外层语法描述结构，采用与一般编程语言类似的确定的关键字（如 IF THEN—ELSE，WHILE—DO，等），内层语法描述操作，可以采用任意的自然语句（英语或汉语）。

例如，下面是一般用过程设计语言描述的算法，其中外层语法 IF-THEN-ELSE 是确定的，而内层操作"SQUARE ROOT OF x"则是不确定的自动格式。

　　IF X IS NOT NEGATIVE
　　THEN
　　　　RETURN（SQUARE ROOT OF X AS A REAL NUMBER）；
　　ELSE
　　　　RETURN（SQUARE ROOT OF X AS AN IMAGINARY NUMBER）

图 7-21　选择排序程序

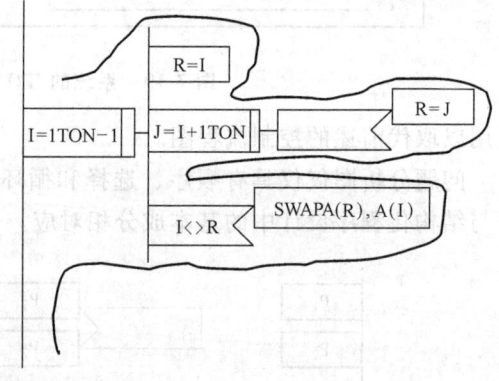

图 7-22　选择排序问题分析图及"走树"示例

由于过程设计语言同程序很相似，所以也称为伪程序或伪代码（PSEUDO CODE），但它仅仅是对算法的一种描述，是不可执行的。过程设计语言主要用于描述系统中属于计算型的下层模块。同问题分析图等图形工具相比，过程设计语言有以下优点：①同自然语言（英语）很接近，易于理解；②易于被计算机处理并存储，例如用行编辑程序或字处理软件就可方便地对它进行修改编辑；③可以从它自动产生程序。例如目前已经研制出从 PDL/C 产生 C 语言源程序的自动工具。但是过程设计语言也有它的不足之处，就是它不如图形描述直观，对英语使用的准确性要求较高。

2. 几种基本的处理过程（程序模块） 一个管理信息系统的软件由很多程序模块组成，这些程序模块可以按处理过程归纳成为几种基本的类型，包括：控制模块、输入及校验模块、编辑模块、修改或更新模块、分类合并模块、计算模块、查询检索模块、预测优化模块和输出模块等，其结构如图 7-23 所示。

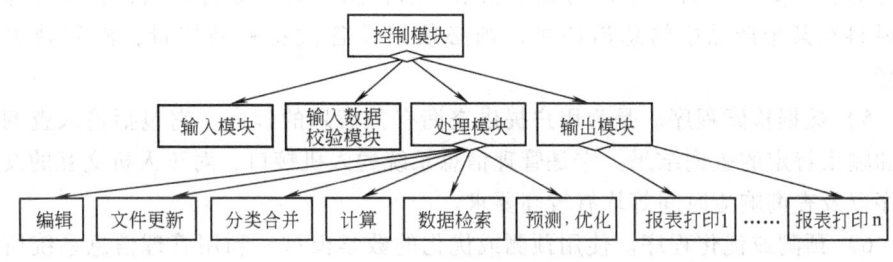

图 7-23 基本程序模块结构

（1）控制模块。包括主控模块和各级控制模块。控制模块的主要功能是根据用户要求信息，由用户确定处理顺序，然后控制转向各处理模块的入口。

（2）输入模块。主要用来输入数据。输入方式有直接用键盘输入和软盘输入两种。

（3）输入数据校验模块。该模块对已经输入计算机中的数据进行校验，以保证原始数据的正确性。校验的方法已在本节输入设计中作过介绍。

（4）输出模块。用来将计算机的运行结果通过屏幕、打印机或磁盘、磁带等设备输出给用户。在管理信息系统中，一般都有大量的表格、图表需要输出，因此输出模块的质量直接关系到整个系统的性能。

（5）处理模块。根据管理信息系统的不同应用部门和不同要求，有不同的处理功能，通常有以下几种类型。

1）编辑程序。编辑程序的主要功能是将按简略代码形式输入的记录内容，编辑成完整的记录，按需要改变数据项的排列，调整记录的格式，使便于输入的形式转换成适于计算机处理的形式。

2）文件更新程序。当系统应用的数据发生变化时，需要修改数据文件。例如，增加新的记录，修改数据项或记录，删除某些不需要的记录，或对两种以上的文件进行核对的匹配处理。一般来说，文件更新模块应该具有下述功能：对记录中关键字的控制功能，通过关键字查找相应记录；控制总记录数的功能，以便控制追加、插入记录的位置；具有记录地址或字节位置的控制功能，以便确定修改数据的位置，控制插入或者追加的数据位置。

3）分类合并程序。分类是指把收集在同一文件中的几类数据分开，形成几个独立文件的过程。合并则恰好相反。分类合并程序的主要功能是对已经建立的文件，按某关键字进行分类合并。例如，在材料核算系统中耗用材料要按照材料类型合并处理。分类合并程序应该具有下述功能：具有控制记录总数的功能，具有字符串比较的功能，具有排序、统计和计数功能。

4）计算程序。进行计算机处理，包括同类记录和不同类记录中各数据项的运算。例如，将材料单价与数量相乘，求得某材料的应付金额；若要计算某种材料在某个产品中的总消耗量，则必须累计各次材料领用量，然后减去废料量。

5）数据检索程序。是为用户提供查询有关信息的程序，它包括输入查询要求和输出特定的查询结果。它是管理信息系统的人机接口，对于人机交互的友好程序以及查询响应时间等均有较高要求。

6）预测或优化程序。使用预测或优化的数学模型，利用管理信息系统所提供的有关数据，进行计算和分析并输出结果，用来辅助企业或部门的管理人员进行决策。例如库存管理中的 ABC 分类，最佳订货量计算，房地产投资的风险分析等。

一个完整的计算机管理信息系统，常常是以上各类基本程序模块的组合体。

7.3.5 系统设计说明书

系统设计说明书是系统设计阶段的主要成果，是新系统的物理模型，也是系统实施的重要依据。其主要内容如下：

1. 概述
（1）系统的功能、设计目标及设计策略。
（2）项目开发者、用户、系统与其他系统或机构的联系。
（3）系统的安全和保密限制。
2. 系统设计规范
（1）程序名、文件名及变量名的规范化。
（2）数据词典。
3. 系统结构
（1）系统的模块结构图。
（2）各个模块的 IPO 图。
4. 代码设计　各类代码的类型、名称、功能、使用范围及要求等。
5. 输入设计

(1) 各种数据输入方式的选择。
(2) 输入数据的格式设计。
(3) 输入数据的校验方法。
6. 输出设计
(1) 输出介质。
(2) 输出内容及格式。
7. 文件（数据库）设计
(1) 数据库总体结构：各文件数据间的逻辑关系。
(2) 文件结构设计：各类文件的数据项名称、类型及长度等。
(3) 文件存储要求，访问方法及保密处理。
8. 系统安全保密性设计　关于系统安全保密性设计的相关说明。
9. 系统实施方案及说明　实施方案、进度计划、经费预算等。

本 章 小 结

系统分析阶段要回答的中心问题是系统"做什么"，即如何实现系统说明书规定的系统功能。系统设计的优劣直接影响新系统的质量及经济效益。

系统设计的目标是：在保证实现逻辑模型的基础上，尽可能提高系统的各项指标，即系统的工作效率、可靠性、工作质量、可变性、经济性等。管理信息系统的开发是一项系统工程，为了保证系统的质量，设计人员必须遵守系统性、灵活性、可靠性和经济性的原则。

系统概要设计也就是对系统进行总体结构设计，它是根据系统分析的结果对新系统的总体结构形式和可利用的资源进行大致的设计，它是一种宏观、总体上的设计和规划。通过总体结构设计划分出子系统并对系统功能模块进行描述，根据系统分析所得到的系统逻辑模型——数据流图和数据字典，借助一套标准化的图、表工具，导出系统的功能模块结构图，并对该功能模块结构图加以评价和改进。管理信息系统平台是管理信息系统开发、应用的基础。管理信息系统平台设计包括计算机处理方式、网络系统设计等。

系统的详细设计是系统概要设计的深入，是由总体到局部再由局部到总体的反复优化过程。详细设计主要包括：代码设计、输入输出设计、数据存储设计、处理过程设计、制定设计规范及编写系统设计报告等。

思 考 题

1. 系统设计的目标和原则是什么？
2. 系统设计阶段包括哪些工作内容？

3. 结构化设计（SD）方法具有哪些特点？
4. 模块结构图与数据流程图有什么区别与联系？
5. 从数据流图向模块结构图转换的策略如何？
6. 画出学籍管理系统的结构图，并设计出相应数据库。
7. 代码设计的基本原则是什么？
8. 系统设计说明书包括哪些内容？

第8章 管理信息系统实施

信息系统设计阶段完成之后，就进入了信息系统实施阶段。新的信息系统的建立实际上就是实现系统设计目标的过程，系统工作的重点就从分析、设计和创造性思考的阶段转入到具体的实践性阶段。系统实施阶段的主要内容包括：硬件系统的建立、软件系统的建立、信息系统测试、信息系统的实现、信息系统的运行维护、信息系统评价等。

8.1 硬软件系统的建立

8.1.1 硬件系统的建立

信息系统中的硬件系统包括计算机系统和通信网络系统等。如果所开发的信息系统是建立在已有的网络系统之上，则可以直接进行信息系统软件系统的建立，如果新开发的信息系统要求建立新的网络或改造原有的旧网络，就必须建立和测试新的网络系统。计算机网络是新的信息系统正常运行的基础。

在建立和测试网络时，首要的工作是确定网络的拓扑结构。网络拓扑是由网络节点设备（包括计算机、集线器、交换机、路由器等设备）和传输介质构成的网络结构图。网络拓扑结构对网络采用的技术、网络的可靠性、网络的可维护性和网络的实施费用都有很大影响。在选择网络拓扑结构时，一般应考虑实施安装的难易程度、改造升级后重新配置的难易程度、维护的难易程度、传输介质发生故障时对其他设备的影响程度等因素。

网络拓扑结构主要有总线型、环形、星型及复合型网络拓扑结构。

目前比较常用的是星型拓扑结构，星型拓扑使用一个中心设备，每台计算机通过点到点的电缆连接到中心设备上。这个中心设备既可以是集线器，也可以是交换机。为了拓展星型网络拓扑结构的规模，可以再设置一些交换机或集线器进行互联，如图8-1所示。

星型拓扑结构的特点是：

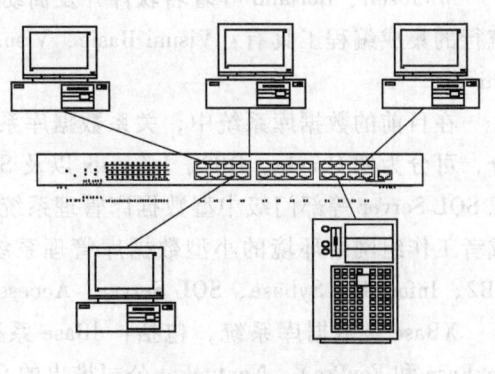

图 8-1 星型拓扑结构

（1）网络容易进行重新配置，只需增加、移去和改变中心设备的某个端口的连接即可。

（2）维护比较容易，如果某台计算机发生故障，整个网络不受影响。集线器可以检测到网络故障，并且隔离有问题的计算机或网络电缆，网络的其余部分可以正常运行。

（3）对中心节点的可靠性要求较高，如果中心节点设备（如集线器或交换机）发生故障，就会影响到整个网络。

复合网络拓扑主要是在基本网络拓扑的基础上构造而成的。目前应用较多的是交换式以太网和快速以太网，其网络主要连接设备是交换机和集线器。该种网络具有维护容易、网络速度快、技术成熟等特点。

8.1.2 软件系统的建立

1. 程序设计及数据库系统集成编程工具 程序设计是实现新系统的最重要的环节，它是根据系统设计说明书的要求，分成若干程序来完成系统的各项数据处理任务。程序设计是一项非常细致复杂的工作，其设计的好与坏，直接关系到能否有效地利用计算机圆满的达到预期目的。

管理信息系统的开发环境有多种不同的选择，选择是否合理直接影响开发效率、应用水平和系统维护等问题。在程序设计中首先要确定选择哪种程序设计语言。在我国前一时期的管理信息系统开发中，使用最多的是 dBase、FoxBASE、FoxPro 等关系型数据库管理系统。随着计算机技术的迅速发展，管理信息系统的程序规模日益增大，采用的程序设计语言也逐渐发生变化。近年来，由于 CLIENT/SERVER 模式既具有高性能，又具有很大的灵活性，已被社会特别是大中型企业广泛接受。因此，目前主要是选择 C/S 结构中多用户环境下关系型数据库编程的工具，以保证一个对用户友好、灵活的前端界面和一个关系型数据库管理系统。

Microsoft、Borland 等著名软件开发商纷纷推出了各种集成编程工具，目前较流行的集成编程工具有：Visual Basic、Visual C++、PowerBuilder、Delphi、Delphi 等。

在目前的数据库系统中，关系数据库系统应用最为广泛。按其应用和规模划分，可分为像 Oracle、DB2、Informix 以及 Sybase 等企业级大型数据库管理系统，像 SQL Server 等部门级中型数据库管理系统，以及像 Access 和 Xbase 个人台式机或者工作组网络环境的小型数据库管理系统。关系型数据库软件包括：Oracle、DB2、Informix、Sybase、SQL Server、Access、XBase、Paradox、Paradox 等。

XBase 类数据库系统，包括：dBase 系列，Fox 公司推出的 Fox 系列（包括 FoxBase 和 FoxPro），Nantucket 公司推出的 Clipper 数据库系统，微软公司的 Visual FoxPro 等。其中 VFP 既具有数据库系统结构，同时也是一个面向对象的集成编程工具。

2. 程序设计方法　程序设计的目的是为了实现系统分析和系统设计中提出的管理方法和处理构想。编写程序应符合软件工程化的思想。软件工程的思想是指利用工程化的方法进行软件开发，这样可提高软件开发工作效率，开发出的软件也有利于维护和修改。

按程序开发路径有两种程序设计方法，分别为自顶向下的程序开发方法和自底向上的程序开发方法。自顶向下的方法要求程序员首先实现软件结构的最高层次，之后再实现下一个层次，直至用程序设计语言实现最低层次为止；自底向上的方法和上述方法开发过程相反，它是从最底层开始，直至实现最高层次为止。通常用自顶向下的开发方法开发的程序可读性好，条理分明，可靠性也较高。而用自底向上开发方法得到的程序往往局部是最优的，系统的整体结构却较差。

(1) 程序设计的基本要求。一个高质量的程序必须满足以下要求：

1) 正确性。编出的程序，能够严格按照规定要求，准确无误地提供预期的全部信息。

2) 可理解性。程序的内容清晰、明了，便于阅读和理解。

3) 可靠性。程序应具有较好的容错能力，不仅正常情况下能正确工作，而且在异常情况下应便于处理。

4) 可维护性。程序的应变性能强。程序执行过程中，发现问题或客观条件有了变化，调整和修改程序比较简便易行。

5) 效率。程序的结构严谨、明了，运算处理速度快，节省机时。程序和数据的存储、调用安排得当，节省存储空间。

(2) 编程风格。随着管理信息系统的规模和复杂性的增加，人们认识到程序不仅要被计算机理解和执行，为了测试、维护和修改的需要，程序还要经常被人阅读。因此程序的可读性对于管理信息系统的质量有重要影响，在程序设计过程中应当充分重视。为了提高程序的可读性，在编程风格方面应注意以下几点：

1) 标识符的命名。标识符包括模块名、变量名、常量名、过程名以及数据区名等。理解程序中这些名字的含义是理解程序的关键，所以标识符应该适当选取，使其直观，易于理解和记忆。例如：采用有实际意义的标识符；不用过于相似的变量名；同一标识符不要具有多种含义；名字不要过长，过长的名字会增加工作量；在编程前最好能对标识符的选取约定统一的标准，便于以后阅读理解。

2) 程序的书写格式。编程时应注意每个语句简单而直接，不能为了提高效率而使程序过于复杂。恰当的书写格式将有助于阅读。例如：不要为了节省空间而把多个语句写在同一行；避免过于复杂的条件测试；利用括号使多条件表达式清晰直观；把同一层次的语句行左端对齐，而下一层的语句向右边缩进若干格书写，它能体现程序逻辑结构的深度。

3）程序的注释。程序中适当地加上注释后，可以使程序的可读性提高，读程序时不必翻阅其他说明材料。原则上，注释可以出现在程序中的任何位置，但是如果使注释和程序的结构配合起来则效果更好。注释一般分为两类：序言性注释和描述性注释。序言性注释出现在模块的首部，内容应包括：模块功能说明，界面描述（如调用语句格式、所有参数的解释和该模块需调用的模块名等），某些重要变量的使用、限制，开发信息（如作者、修改日期等）。描述性注释嵌在程序之中，用来说明程序段的功能或数据的状态。

书写注释时应注意：注释应正确，修改程序时应同时修改注释，否则会起反作用；注释应提供一些程序本身难以表达的信息；为了方便用户今后维护，注释中尽量多用汉字。

4）程序的输入和输出。程序的输入和输出信息与用户的使用直接相关，输入和输出的方式和格式应方便用户使用。编写程序时应注意：对所有的输入数据都进行检验；检查输入项各种重要组合的合理性；应允许缺省值；输入步骤和操作尽可能简单，并保持简单的输入格式。

3. 结构化程序设计　结构化程序设计（Structured Programming, SP）方法是由 E. Dijkstra 提出的。它用于详细设计和程序设计阶段，指导人们用良好的思想方法开发出正确又易于理解的程序的一种程序设计技术。

SP 方法建立在 Bohm 和 Jacopini 在 1966 年就证明了的结构定理的基础上，它指出任何程序逻辑结构都可以用顺序、分支和循环这三种基本结构来表示（图 8-2）。与无限制地使用无条件转移指令 GOTO 语句形成对照，SP 方法用这三种基本结构反复嵌套构成"结构化的程序"。由于三种基本结构有一个共同的特点，即每种结构严格地只有一个入口和一个出口，所以一般认为，结构化程序设计是采用自顶向下逐步求精的设计方法和单入口、单出口的控制技术。

以 FoxPro 为例，结构化程序设计的三种基本逻辑结构如下：

（1）顺序结构。顺序结构的程序，始终按照语句排列的先后次序，一条接一条的依次执行。它是程序中最基本、最常用的结构。

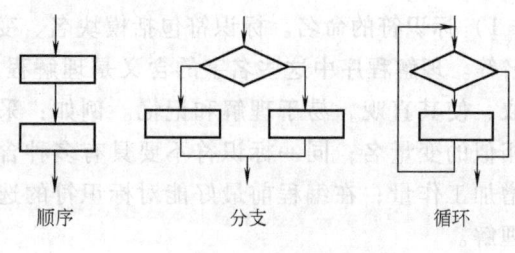

图 8-2　程序的基本结构

（2）分支结构。是根据给定条件成立与否，转向执行不同的程序路径的结构。一般有以下三种形式：

```
      结构 1              结构 2              结构 3
     IF〈条件〉           IF〈条件〉           DO CASE
     〈程序段〉          〈程序段 1〉         CASE〈条件 1〉
      ENDIF              ELSE               〈程序段 1〉
                        〈程序段 2〉         CASE〈条件 2〉
                         ENDIF              〈程序段 2〉
                                             ……
                                            [OTHERWISE
                                            〈程序段 n+1〉]
                                             ENDCASE
```

（3）循环结构。是指对一段程序不断地重复运行，直到循环的条件不满足时为止。

DO WHILE〈条件〉

〈程序段 1〉

[LOOP]

〈程序段 2〉

[EXIT]

〈程序段 3〉

ENDD

由于结构化程序具有结构清晰、易于阅读和修改、容易验证其正确性等优点，因此使用该方法有利于编写出结构良好的程序，提高编程工作效率。目前，多种计算机程序语言都支持结构化程序设计。

8.2 管理信息系统测试

8.2.1 测试的目的、原则

1. 测试的目的　在管理信息系统的开发过程中，用户和开发人员以及开发人员之间的思想交流不可能十分完善。面对着错综复杂的各种实际问题，开发人员的主观认识不可能完全符合客观现实，所以，在管理信息系统开发周期的各个阶段都不可避免地会出现差错。在程序设计阶段也不可避免还会产生新的错误，所以，对系统进行测试是必须的，是保证系统质量的关键步骤。统计资料表明，对于一些较大规模的系统来说，系统测试的工作量住往占系统开发总工作量的40%以上。G. Myers 对测试目标做出了如下归纳：

（1）测试是为了发现程序中的错误而执行程序的过程。

（2）好的测试方案是很可能发现迄今为止尚未发现错误的测试方案。

（3）成功的测试是发现了至今为止尚未发现的错误的测试。

到目前为止，人们还无法证明一个大型复杂程序的正确性，只能依靠一定的测试手段来说明该程序在某些条件下没有发生错误。因此，测试的目的在于发现系统中的错误并及时纠正，所以在测试时应想方设法使程序的各个部分都投入运行，力图找出所有错误。

2. 测试的基本原则

（1）程序员或程序设计机构应避免自己测试自己设计的程序。因为从心理学上看，程序员和程序设计机构总认为自己的程序没有错误，因此，让他们自己测试自己的程序时，要采取客观的态度是很困难的。最好由与源程序无关的程序员和程序设计机构进行测试。

（2）测试用例的设计应该由"确定的输入数据"和"预期的输出结果"组成。在执行程序之前应该有很明确的期望输出，调试后可将程序的输出同预期输出对照检查。若不事先确定预期的输出，由于心理作用，可能把似乎是正确而实际是错误的输出结果当成是正确结果。

（3）不仅要选用合理的输入数据进行测试，还应选用不合理的甚至错误的输入数据。因为人们常有一种自然的倾向，即往往只注意合理的数据，而忽略了不合理的。为了提高程序的可靠性，应该认真组织一些异常数据进行测试，并注意观察和分析系统的反应。

（4）除了检查程序是否做了它应该做的工作之外，还应检查程序是否做了它不该做的事情。例如除了检查工资管理程序是否为每个职工正确地产生一份工资单以外，还应检查它是否还产生了多余的工资单。

（5）应该保留全部测试用例，并作为信息系统软件组成部分之一。在系统的测试过程中，设计测试用例是很费时的，如果将用过的例子丢弃了，以后需要再测试就需重复很多人工。而且人们往往不愿再次重新设计调试用例，因而下次测试时不会像初次那样全面、严格。如果将所有测试用例作为系统的一部分保存下来，就可以避免这种情况的发生。

（6）测试时不要假设程序不会错，对已发现的错误模块应给予更多的注意。

8.2.2 测试的过程

一个管理信息系统通常由若干子系统组成，每个子系统又由若干模块（程序）组成。所以可以把测试工作分为模块（程序）测试、子系统测试和系统测试三个层次，测试过程依次是模块测试、子系统测试、系统测试，如图8-3所示。

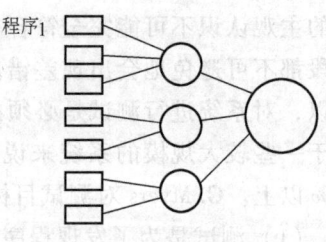

图8-3 系统测试过程

1. 模块测试　　模块测试是对单个模块进行的测试，是系统测试的基础。模块测试的目的是保证每个模块本身能正常运行。对于模块测试，一般分成静态测试和动态测试两种方法进行。

（1）静态测试。在模块上机运行前通过阅读程序和人工运行程序的方法来发现程序中的语法错误和逻辑错误。只要认真检查就可以发现绝大部分的语法错误和部分逻辑错误。

（2）动态测试。即模块上机运行测试，当人工运行程序走通以后，就可上机调试。总体上，语法错误比较容易发现和修改，而要追踪逻辑错误则比较困难。为了有效地发现并改正逻辑错误，除了要充分利用所有高级语言提供的调试机制或软件工具外，还需要掌握测试技术。

2. 子系统测试　　子系统测试也称为分调，它是在模块测试的基础上，把各模块组合到一起形成一个子系统来测试的过程。其主要目的是解决各模块间相互调用的协调和通信问题，即重点测试子系统内各模块的接口。可能出现的问题有：一个模块对另一个模块产生有害影响，数据在穿过接口时丢失，把模块组合到一起没有产生预期的功能等问题。

由模块组装成子系统时通常有两种方法。一种方法是先分别测试每个模块，再把所有模块按设计要求结合在一起测试，这种方法称为非渐增式测试方法；另一种方法是把下一个要测试的模块同已经测试好的那些模块结合起来进行测试，测试完以后再结合进来下一个测试的模块继续测试。这种每次增加一个模块的方法称为渐增式测试，这种方法实际上同时完成模块测试和子系统测试。对这两种方法进行比较，可以得到以下特点：

（1）非渐增式测试方法需要分别测试每个模块，编写的测试软件（驱动模块和支持模块）较多，工作量较大；而渐增式的测试方法可利用已测试过的模块。

（2）渐增式测试可以较早发现模块之间的接口错误；非渐增式测试最后才把模块相连在一起，接口错误发现得晚。

（3）使用渐增式测试方法，如果发生错误则通常和最新加进来的模块有关；非渐增式测试一次组合所有模块，如果发现错误难以判断定位。

（4）渐增式测试把已经测试好的模块和新加进来的模块一起测试，测试过的模块也需要在新增模块的条件下重新检验，因此，这种方法的测试更彻底。

（5）渐增式测试比非渐增式测试需要的机器时间多，因为渐增式测试每个新加入模块时，已经测试完的模块也都要跟着一起运行。

（6）使用非渐增式测试方法可以并行测试所有模块，能充分利用人力，加快工程进度。

从上述可知，渐增式测试方法的优点多于非渐增式测试方法。由于目前计算机越来越普及和性能提高,而越早纠正错误则代价越低,因此,用渐增式测试方法比较好。但在实际测试时,也没有必要机械地照搬上述某一种方法。例如,如果大部分模块可以用简单的测试软件充分测试,则可以先测试好这些模块,然后把它们逐渐结合到子系统中去测试。有时使用混合方式,可能兼有渐增式和非渐增式两种方法的优点。

3. 系统测试 在所有子系统都测试成功以后,就可以进行系统测试,也称为总调。它主要解决各子系统之间的数据通信和数据共享(公用数据库)等问题,以及系统安全测试、恢复测试和满足用户要求的测试等。

(1)总调。可采用一些精心设计的数据量较少的测试用例,这样可以使处理的工作量减少,而且也更容易发现错误和确定错误所在范围。

(2)安全测试。指测试系统对外来有意或恶意攻击的自我保护能力。可以请测试人员用各种方法对系统进行攻击,以检验系统的安全性能。

(3)恢复测试。指系统出现意外故障时,能否正确和迅速恢复的测试。恢复测试包括应用软件的及时恢复和数据库的及时恢复等。可以有意制造一些故障,来测试系统恢复正常的能力。

(4)有效性测试。为满足用户要求,要进行系统有效性测试,通过测试来证实系统功能与用户要求一致。测试计划和测试过程的设计都是为了达到各种功能、性能的要求,文档资料是否正确和完整,以及其他要求的满足情况(如可移植性、兼容性和可维护性等)。

4. 系统说明文件 在测试完成后,应该编写出一份详细的系统说明文件交给用户,该文件即是用户今后使用和维护管理信息系统的指导文件,也是验收管理信息系统和鉴定该系统时必需的技术资料。系统说明文件主要包括以下一些内容:

(1)用户手册。

(2)系统开发报告(包括系统分析说明书、系统设计说明书、系统实施说明等)。

(3)有关程序的所有资料。

(4)系统操作说明等。

8.2.3 测试技术及方法

对于一个比较庞大或复杂的程序系统,要想通过彻底地测试并找出全部错误是不可能的,因此,测试阶段要考虑的基本问题就是经济性了。应该采取的策略是在一定的开发周期和经费的限制下,通过进行有限次的测试,尽可能多发现一些错误。

1. 模块测试技术 与其他工程产品一样,模块的动态测试可以用以下两种方法进行。

(1) 黑盒子测试。如果产品具备的功能已经知道，则可以测试它的每一个功能是否都达到了预期的要求，这种方法称为黑盒子测试。黑盒子测试要求测试人员不必考虑模块的内部结构，而着眼于软件的外部特性，只用测试数据来检验程序是否符合它的功能要求，是否会发生异常情况。

(2) 白盒子测试。如果已知产品的内部活动方式，可以测试它的内部活动是否都符合设计要求，这种方法称为白盒子测试。白盒子测试和黑盒子测试不同，它要求测试人员了解模块的内部结构，对程序的所有逻辑路径进行测试，可以在不同点检查程序的状态，确定实际状态与预期的状态是否一致。

2. 模块测试的常用方法　　无论是黑盒子测试还是白盒子测试都不能将程序中的所有错误全查出来。因为黑盒子测试不可能将所有的输入情况都测试一遍，白盒子测试也不能穷举模块中的所有可能路径。在实际工作中，可基于黑盒子测试和白盒子测试的思想按以下方法进行模块测试。

(1) 等价类划分法。等价类划分是一种黑盒子测试技术。该技术是把所有可能的输入数据划分成有限数量的等价类，并假定用一个等价类的典型代表值测试等价于这一类其他值的测试。也就是说，如果在某个等价类中的测试用例中没有查出错误，这一等价类中其他测试数据也查不出错误。反之，如果在某个等价类中的测试用例查出了错误，则其中的其他测试用例也会查出错误。通常是将模块的输入域划分成有效等价类（模块中符合规范的输入）和无效等价类（模块中非法的输入）两种。例如：某模块的合理输入是 0~100，则大于 0 且小于 100 的数据属于有效等价数据；小于 0 或大于 100 的数据为无效等价类，测试数据可以从这两个等价类中抽取。

(2) 边界值分析法。在编写程序时，往往只注意正常情况，忽视了边界状态。因此，在测试过程中以刚好等于、大于或小于边界值的数据作为测试数据，容易发现程序中的错误。边界值分析法也属于一种黑盒子测试技术。例如：某模块的有效值是 0~100，则可以取 -0.1, 0.1, 99.9, 100.1 作为测试数据。

(3) 逻辑覆盖测试法。用白盒子测试法测试模块时，要执行程序中的每一条路径。当程序中有循环存在时，测试程序中的每一条路径是不可能的，只能希望覆盖的程度尽可能高一些。逻辑覆盖常用以下几种方法。

1) 语句覆盖。是指设计的测试用例能使程序中的每个语句至少执行一次。

2) 判断覆盖。是指选择足够的测试用例，让程序中每个判断语句至少获得一次"真"值和"假"值。

3) 条件覆盖。是指选择足够的测试用例，能使判断语句中的多个条件的各种可能都出现的测试方法。

4) 判断/条件覆盖。是指选择足够的测试用例，用所取得的测试数据判断在每个条件下取得的各种可能值，并使每个判断也取得"真"和"假"的结果。

5)条件组合覆盖。在多条件判断中,逻辑运算符 AND 或 OR 在某些条件下会屏蔽其他条件。条件组合覆盖就是选择足够的测试用例,使每个判断条件中各种条件组合至少出现一次。显然,满足条件组合覆盖的测试用例一定满足判断覆盖、条件覆盖和判断/条件覆盖。

不同的覆盖技术需要的测试用例是不同的,其中以条件组合覆盖测试最为严格,但其测试用例也非常多。在实际应用中应注意加以权衡。

3. 模块组合成子系统的渐增式测试方法　对于模块组合成子系统的渐增式测试方法来说,有自顶向下和自底向上两种方法。

(1)自顶向下结合。自顶向下结合模块不需要驱动模块,只需设计支持模块。所谓驱动模块和支持模块是指在测试某模块 H 时(图 8-4)设计的两类模块:驱动模块的作用是模拟 H 调用模块,支持模块的作用是模拟被测模块 H 调用的模块。

图 8-5 是一个子系统结构,自顶向下结合就是从主控模块 M1 开始,沿着控制层次向下移动,把各个模块结合起来。把主控模块所属的那些模块都装配到结构中去,可采用如下两种方法:①先深度后宽度的方法。先结合左边路径模块 M1、M2、M5、M8、M6,再结合中间和右边的路径;②先宽度后深度的方法。逐层结合有直接联系的所有模块,即把每一层同一水平线的模块结合起来。先结合 M2、M3、M4(用支持模块 S4 代替),再结合 M5、M6 这一层,以此类推。

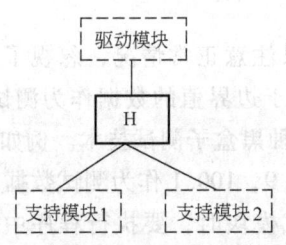

图 8-4　驱动模块和支持模块

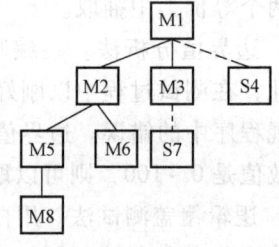

图 8-5　子系统结构

模块结合的具体过程由下述四个步骤完成:

1)对主控制模块进行测试,测试时用支持模块代替所有直接附属于主控模块的模块。

2)根据选定的结合策略(先深度或先宽度),每次用一个实际模块代换一个支持模块(新结合进来的模块往往又需要新的支持模块)。

3)在结合进一个模块的同时进行测试。

4)为了保证加入模块没有引进新的错误,需要进行回归测试(即全部或部分地重复以前做过的测试)。

从第二步开始不断地重复进行上述过程,直到全部模块测试完成为止。

(2) 自底向上结合。从软件结构的最底层开始进行装配和测试,与自顶向下结合相反,它需要驱动模块,而不需要支持模块,如图 8-6 所示。执行步骤如下:

1) 把底层模块组合成实现一个特定软件子功能的族。

2) 为每个族设计一个驱动模块,作为测试的控制模块,以协调测试软件的输入和输出。D1、D2、D3 为驱动模块。

3) 对模块族进行测试。

4) 按结构向上的次序,用实际模块替换驱动模块,将模块族结合起来组成新的模块族,再进行测试,直至全部完成。去掉 D1、D2,将族 1、族 2 直接与 Ma 连接,去掉 D3,将族 3 直接连接 Mb,最后 Mc 和 Ma 与 Mb 连接。

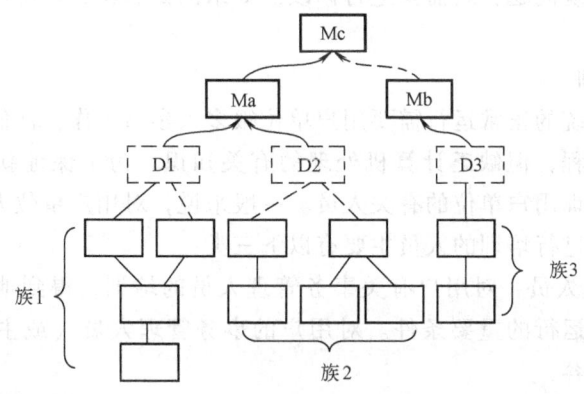

图 8-6 自底向上测试

自顶向下结合的优点在于和子系统整体有关的接口问题可以在子系统测试的早期得到解决,但设计测试用例比较困难。自底向上结合的优点在于设计测试用例比较容易,但它必须在最后一个模块组装出来之后,才能使模块群作为一个整体存在。由于上述两种方法具有互补性,一般常结合起来进行。即对子系统的较上层模块使用自顶向下的组装方法,对下层模块使用自底向上的组装方法。

8.3 管理信息系统的实现

信息系统的实现是指用新的信息系统代替原有系统的一系列过程,其最终目的是将信息系统完全移交给用户使用。为了使新系统能按预期目标正常运行,进行用户测试和对用户进行必要的培训是系统转换前的一项重要工作。

8.3.1 用户测试

在完成系统测试工作后，为了应用该系统要进行用户的验收测试。因为用户的应用环境和开发环境可能有区别，所以开发的信息系统安装到使用环境时，其功能有可能会发生变化。如果开发的信息系统是一个商品化软件，验收测试相当于贝塔测试。

用户测试首先应安装测试数据库系统。安装测试数据库系统不仅包括安装测试数据库软件，还需要把原有系统的数据转变到新系统的数据库中。

如果信息系统还需要购买一些其他的应用软件包，也需要把这些软件包和应用程序集成到一起进行测试。

验收测试必须由用户参加或者以用户为主进行。它是用户在实际应用环境中所进行的真实数据的测试。验收测试主要使用原有系统所用过的历史数据，将新系统运行结果和原系统所得相核对，以检查系统的可靠性和运行效率。

如果测试发现问题，就需要进行修改。如果测试成功，就可以进行下一步工作了。

8.3.2 人员培训

管理信息系统的正常运行需要用户单位很多人参与工作，他们熟悉或精通原来的手工处理过程，但缺乏计算机处理的有关知识。为了保证新系统的顺利使用，必须提前培训用户单位的有关人员。一般来说，对用户单位人员培训工作应尽早进行。需要进行培训的人员主要有以下三类：

1. 事务管理人员　对用户有关事务管理人员的培训，得到他们的理解和支持是新系统成功运行的重要条件。对用户的事务管理人员（或主管人员）的培训主要有以下内容：

（1）新系统的目标、功能。
（2）系统的结构及运行过程。
（3）对企业组织机构、工作方式等产生的影响。
（4）采用新系统后，对职工必须学会新技术的要求。
（5）今后如何衡量任务完成情况。

2. 系统操作员　系统操作员是管理信息系统的直接使用者，统计资料表明，管理信息系统在运行期间发生的故障，大多数是由于使用方法错误而造成的，所以对用户系统操作员的培训应该是人员培训工作的重点。对用户系统操作员的培训主要有以下内容：

（1）必要的计算机硬、软件知识。
（2）键盘指法、汉字输入等训练。
（3）新系统的工作原理。
（4）新系统输入方式和操作方式的培训。

(5) 简单出错的及时处置知识。
(6) 运行操作注意事项。

3. 系统维护人员　对用户的系统维护人员来说，除了要求具有较好的计算机硬、软件知识外，必须对新系统的原理和维护知识有较深刻的理解。在较大的企业或部门中，系统维护人员一般由计算机中心或计算机室的计算机专业技术人员担任。对于用户系统维护人员培训的最好途径就是让他们直接参与系统的开发工作，这样有助于他们了解整个系统的全过程，并为他们今后的系统维护工作打下良好的基础。

8.3.3 系统转换

为了保证原有系统有条不紊地、顺利地过渡到新系统，在系统转换前应仔细拟定方案和措施，确定具体的步骤。系统的转换方式通常有三种，如图 8-7 所示。

1. 直接转换　直接转换就是在原有系统停止运行时，新系统立即投入运行，中间没有过渡阶段。用这种方式时，人力和费用最省，适用于新系统不太复杂或原有系统完全不能使用的场合。

2. 平行转换　平行转换就是新系统和原有系统平行工作一段时间，经过这段时间的试运行后，再用新系统正式替换下原有系统。在平行工作期间，手工处理和计算机处理系统并存，一旦新系统有问题就可以暂时停止而不会影响原有系统的正常工作。

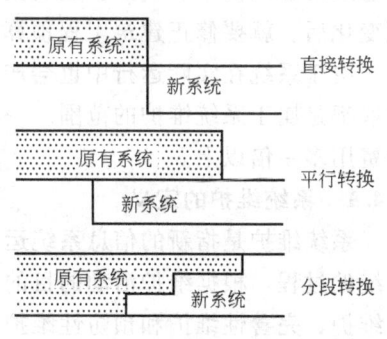

图 8-7　系统转换方式

平行转换通常可分两步走。首先以原有系统的作业为正式作业，新系统的处理结果作为校验用。当新系统运行正常后，第二步即可以新系统处理作为正式作业，而原有系统的结果作为校验用，直至最后原有系统退出运行。根据系统的复杂程度和规模大小不同，平行运行的时间一般在 2～3 个月或 1 年之间。

采用平行转换的优点是风险较小，在转换期间还可同时比较新旧两个系统的性能，并让系统操作员和其他有关人员得到全面培训。因此，对于一些较大的管理信息系统，平行转换是一种最稳妥的转换方式。但其缺点是在平行运行期间，要两套班子或两种处理方式同时并存，因而人力和费用消耗较大。

3. 分段转换　这种转换方式实际上是上述两种方式的结合，采取分期分批逐步转换。一般比较大的系统采用这种方式较为适宜，它能保证平稳运行，人力和费用消耗也不太高。

采用分段转换时，通常有以下方式：

(1) 按功能分阶段逐步转换。首先确定该系统中的一个主要的业务功能率先投入使用，在该功能运行正常后再逐步增加其他功能。

（2）按部门分阶段逐步转换。先选择系统中一个合适的部门，在该部门应用取得成功后再逐步扩大到其他部门。

8.4 管理信息系统运行及维护

在管理信息系统投入日常运行后，为了保证新系统的正常运行，就需要对该系统不断进行维护，使新系统程序和运行始终处于最佳的工作状态。任何一个管理信息理系统，在它存在的整个寿命周期中，应一直在不断地改进。没有一成不变的系统，没有一成不变的程序，也没有一成不变的数据。由于企业要发展，环境在变化，因此对管理活动来说，也会不断产生新的要求，随之而来也要对管理信息系统加以修改。例如：建筑安装工程预算定额修改或施工管理费和独立费定额变化后，就要修正建筑工程预算计算程序的计算方法。

由于系统在实际运行中也会产生错误，这也是不可避免的，必须进行修改。这些都是属于系统维护的范围。一般来说，用于维护系统的费用比建立系统所花的费用多一倍以上。

8.4.1 系统维护的定义

系统维护是指新的信息系统运行以后，为了改正错误或满足新的需要而修改系统的过程。根据维护活动的目的不同，可把系统维护分为：改正性维护、适应性维护、完善性维护和预防性维护。

1. 改正性维护　软件测试不可能找出一个大型软件系统中所有潜伏的错误。所以，任何大型软件在使用期间，仍将有可能发现错误。诊断和改正这类错误的过程称为改正性维护。

2. 适应性维护　由于信息技术发展日新月异，计算机领域的各个方面都在急剧变化。随着新的计算机硬件系统的不断更新，新的操作系统、数据库或者操作系统、数据库的新版本就会经常出现，同时，外部设备和其他部件也要经常修改和改进。此外，信息系统的使用寿命一般都超过最初开发时的系统环境的寿命。所以，为适应新的变化而要对系统进行的修改，称为适应性维护。

3. 完善性维护　当一个信息系统投入使用和成功地运行时，用户会提出增加新功能，修改已有的功能以及一般的改进要求和建议，例如修改输入输出格式，增加系统的安全保密措施等。为了满足和部分满足这类要求，就要进行完善性维护。这类维护占软件维护工作的大部分。

4. 预防性维护　为了进一步改进信息系统的可维护性和可靠性，或者为进一步改进提供更好的基础而对信息系统进行的修改，称之为预防性维护。相对而言，在系统维护中这类维护相对来说是很少的。

根据上述内容可知,系统维护不仅仅是在运行过程中改正系统的错误。有关资料表明,维护工作的一半左右是完善性维护。

8.4.2 系统维护的内容

系统维护的具体内容包括四个方面:一是程序的维护,二是数据的维护,三是代码的维护,四是设备的维护。

1. 程序的维护　程序的维护是指改写一部分或全部程序。程序维护时通常都充分利用旧有程序,修改后要填写程序修改登记表,写明新旧程序的不同点。程序维护不一定在发现错误或条件改变时才进行,效率不高的程序和太大的程序也要不断地设法予以改进。

2. 数据的维护　数据文件维护(主文件的定期更新不算在内)有许多是不定期进行的,必须在现场要求的日期和时间内维护好。维护时一般使用开发厂商提供的文件维护程序,也要为适合本系统而作一些改动或编写一些专用的文件维护程序。

3. 代码的维护　随着用户环境的不断变化,原有的代码如不能继续适应新的要求,就必须对代码进行变更。变更(新设、添加、订正、删除)代码时,由代码管理部门(最好由现场业务经办人和计算机有关人员等组成)讨论新的代码体系。变更的地方需用书面格式写清楚后再贯彻。代码维护的困难不在于代码本身的变更方法,而是新代码体系的贯彻。为此,除了代码管理部门外,各业务部门都要指定负责代码管理人员,通过他们贯彻使用新代码。这样可以明确产生代码出错的责任,而且有助于防止和订正错误。

4. 设备的维护　系统使用的计算机及其外部设备保持良好运行状态,是系统正常运行的重要条件之一。应对设备加强保养,定期检修并保证在损坏后能及时修复。设备检修要填写设备检修纪录表、设备发生故障记录表,以便设备维护工作的开展。

8.4.3 系统维护的过程

许多人往往以为系统的维护要比系统开发容易,其实在更多的情况下,维护比开发更为困难。这是因为维护人员必须用较多时间理解别人编写的程序和文档,并且对系统的修改不能影响该程序的正确和完整。而且整个维护的工作又必须在所规定的很短时间内完成。

系统维护的主要过程如下:

1. 确定维护目标,建立维护人员组织　软件维护人员的组织必须与信息系统软件的环境相适应。应递交维护申请报告,评估问题的原因、严重性,确定维护目标和维护时间。

2. 建立维护计划方案　维护工作应当是有计划、有步骤地统筹安排。维护计划应包括维护任务的范围、所需的资源、维护费用和维护进度安排等。需要注意的是，维护人员必须首先理解要维护的系统。由于程序的修改涉及面较广，某处修改很可能会影响其他模块的程序，所以建立维护方案时要加以考虑的重要问题是修改的影响范围和波及作用。

3. 修改程序及调试　在维护过程中应特别注意维护的副作用问题，因为在改变程序的过程中，维护人员往往把注意力集中到改变部分，而忽视了系统中未改变部分，因此产生潜在错误的可能性就会增加，必须加以注意。按预定方案完成修改后，还要对程序及系统的有关部分进行重新调试。

4. 修改文档　软件修改调试通过后，则可修改相应文档并结束本次维护过程。

此外，还有许多原因可能造成信息系统故障或瘫痪，也必须采取措施把系统或数据恢复，使系统恢复到正常状态。因此，及时正确的系统恢复也是保证新系统正常运行的重要工作之一。尽管对用户进行了培训，系统文档详细齐全，但用户还是需要技术支持和帮助，以保证新系统的顺利实施。

8.5　管理信息系统评价

一个新的信息系统的建立与运行，需要花费大量的资金、人力和物力。因此，在新的信息系统建成和运行后，是否达到预期的目标？其性能和效果怎样？新的信息系统对组织的贡献有多大？这是用户和开发人员双方都非常关心的问题。要回答上述问题，必须进行系统评价工作。并根据检查和评价的结果，找出系统的不足及薄弱环节，为今后进一步改进和完善提出建议。

为避免片面性，对新系统的评价工作应是在新系统运行一段时间后，由开发人员和用户及有关专家共同进行。

信息系统的评价工作是一项复杂和困难的工作。由于信息系统涉及到许多方面，其中有许多内容是无法用货币价值度量的。因此，需要用到定性和定量相结合的方法。目前，一般都采用多指标评价体系的方法，首先给出评价信息系统的若干指标，然后对各指标评出其度量值，最后用系统工程中的综合评价方法得出一个综合度量指标。

8.5.1　评价指标

对信息系统的评价指标主要分三个方面：系统性能、直接经济效益、间接经济效益。

1. 系统性能指标

(1) 完整性。系统设计是否合理，系统功能是否达到预期要求。

(2) 正确性。输出信息的正确性与精确度。

(3) 可靠性。系统平均无故障时间，是否具有后备体系。

（4）方便、灵活性。人机交互的灵活性与方便性。
（5）可维护性。系统可理解性及修改的难易程度。
（6）适应性。系统结构与功能调整、改进及扩展，适应环境的能力。
（7）安全保密性。系统安全保密措施的完整性、规范性与有效性。
（8）响应时间。系统响应时间与信息处理速度满足管理业务需求的程度。
（9）文档完备性。系统文档资料的规范、完备与正确程度。

2. 直接经济效益指标

（1）一次性投资。包括系统硬件、软件的购置、安装，信息系统的开发费用及企业内部投入的人力和材料费。其中硬件费用包括机房建设、计算机及外部设备、通信设备等费用。软件费用包括系统软件、应用软件等费用。信息系统的开发费用包括系统规划、系统分析和系统设计及系统实施等阶段的费用。

（2）系统运行费用。包括消耗性材料费用（打印纸、磁盘等）、系统投资折旧费、硬件日常维护费、人工费用等保证新的信息系统正常运行的费用。

（3）系统运行新增加的效益。由于信息系统能及时、准确地提供对决策有重要影响的信息，从而提高了决策的科学性，避免不必要的开支。主要反映在人工费的减少；库存量得到压缩，减少流动资金的占用，使流动资金周转加快；提高劳动生产率，缩短了供货时间；使销售收入和利润增加。由于影响企业效益增加和减少的因素很多，因此，准确地计算信息系统带来的新增加效益有一定的困难。

（4）投资回收期。投资回收期是指通过信息系统运行新增加的效益，逐步收回投入的资金所需的时间，该指标反映了应用信息系统经济效益的好坏程度。简化的投资回收期可用下式求得（不考虑贴现率）：$T = t + \dfrac{I}{B-C}$

式中，T 为投资回收期（年）；t 为资金投入至开始产生效益所需的时间（年）；I 为投资额（万元）；B 为系统运行后每年新增加的效益（万元/年）；C 为系统运行费用（万元/年）。

3. 间接经济效益指标 管理信息系统的应用必然会给企业带来一系列新的变化，从而促进管理工作的进一步科学化。间接经济效益主要表现在企业管理水平和管理效益的提高等方面，这种效益很难用具体的统计数字进行计算，只能做定性分析。尽管间接效益难以计算，但其对企业的生存和发展所起的作用往往要超过直接经济效益。

应用信息系统的间接经济效益指标主要体现在以下几个方面：

（1）管理体制进一步合理化。新的管理信息系统的应用克服了企业传统的管理体制和组织机构中存在的诸多弊端，加强了企业纵向和横向的业务联系，使各职能部门在分工的基础上相互协调一致，使企业的管理体制进一步合理化。

(2) 管理方法科学化。管理信息系统的建立，使企业信息处理的效率提高，从而使企业由静态事后管理变为实时动态管理。信息系统的应用使管理工作逐步走向定量化，从而使管理方法更加科学化。

(3) 管理基础数据规范化。和手工信息处理系统不同，信息系统需要规范和及时的基础数据。对企业工作规范、有关标准、计量和代码等基础管理有很大的促进作用，使企业管理基础数据向规范化发展。

(4) 提高管理效率。信息系统代替人工处理信息，使管理人员从繁杂的数据处理中解脱出来，使他们有更多的时间从事调查研究等更有创造意义的分析和决策工作。系统信息的共享使各部门之间及管理人员之间的联系更加紧密，可加强他们的协作精神，提高管理效率。

(5) 改善企业形象。信息系统的建立，对外可提高客户对企业的信任程度，对内可提高全体员工的自信心与自豪感，加强了管理人员之间的协作精神，能显著地改善企业形象。

8.5.2 系统评价报告

系统评价结束后应形成书面文件及系统评价报告。系统评价报告既是对新系统开发工作的评定和总结，也是今后进行维护工作的依据。主要包括以下内容：

(1) 有关系统的文件、任务书、文件资料等。
(2) 系统性能指标的评价。
(3) 直接经济效益指标的评价。
(4) 间接经济效益指标的评价。
(5) 综合性评价。
(6) 结论及建议。

本章小结

系统实施是新系统开发的最后阶段，也就是把系统设计阶段的结果最终在计算机上实现，将新系统方案转换成可执行的应用软件系统的阶段。系统实施阶段的任务包括：硬件系统及软件系统的建立、信息系统测试、信息系统实现、信息系统运行及维护、信息系统评价等工作。

信息系统的硬件系统包括计算机系统和通信网络系统等。如果所开发的信息系统是建立在已有的网络系统之上，则可以直接进行信息系统软件系统的建立过程，如果新开发的信息系统要求建立新的网络或改造原有的旧网络，就必须建立和测试新的网络系统。计算机网络是新的信息系统正常运行的基础。

在软件系统建立阶段中，首先应选择一个具有对用户友好、灵活前端界面的编程工具和一个满足需要的关系型数据库管理系统。应采用结构化程序设计方法，保证程序的正确性、可理解性、可靠性、可维护性和效率。为了测试、维护和修改的需要，应注意编程的风格。

信息系统测试阶段中，应采用各种测试方法和技术，尽量发现系统中的错误并及时纠正。系统测试过程依次是模块测试、子系统测试和系统测试。在测试完成后，应该编写出一份详细的系统说明文件交给用户。该文件既是用户今后使用和维护管理信息系统的指导文件，也是验收管理信息系统和鉴定该系统时必需的技术资料。

信息系统实现是指用新的信息系统代替原有系统的一系列过程，其最终目的是将信息系统完全移交给用户使用。为了使新系统能按预期目标正常运行，进行用户测试和对用户进行必要的培训是系统转换前的一项重要工作。为了保证原有系统有条不紊地顺利过渡到新系统，在系统转换前应仔细拟定方案和措施，确定具体的步骤。系统的转换方式通常有三种：直接转换、平行转换和分段转换，在实际应用中应根据具体情况灵活运用。

在管理信息系统投入日常运行后，系统维护的工作人员就要不断地对该系统进行维护，使程序和运行始终处于最佳的工作状态。根据维护活动的目的，可把系统维护分为：改正性维护、适应性维护、完善性维护和预防性维护。系统维护的具体内容包括四个方面：一是程序的维护，二是数据的维护，三是代码的维护，四是设备的维护。系统维护的主要过程包括：确定维护目标，建立维护人员组织；建立维护计划方案；修改程序及调试；修改文档。此外，系统恢复和技术支持也是信息系统正常运行的保障。

在新的信息系统建成和运行后，要对新的系统的性能和效果、对组织的贡献等状况进行系统评价工作。并根据检查和评价的结果，找出系统的不足及薄弱环节，为今后改进和完善提出建议。对信息系统的评价指标主要分三个方面：系统性能、直接经济效益、间接经济效益。

思 考 题

1. 系统实施应包括哪些内容？
2. 用结构化程序设计的方法设计程序时，程序有哪几种基本逻辑结构？
3. 系统测试的目的、原则是什么？
4. 模块测试有哪些基本方法？
5. 信息系统转换的方式有几种？其各自的特点是什么？
6. 信息系统维护工作包括哪些内容？
7. 信息系统评价的目的和内容是什么？

第3篇 应 用 篇

目前在建设工程管理过程中使用的管理软件数量多、应用面广，几乎覆盖了建设工程管理的所有领域及建设工程的各个阶段和各个方面。基于互联网的工程项目协同工具软件 Buzzsaw 能够更好地实现信息的交流和共享，降低工程项目实施的成本，缩短项目建设时间，降低项目实施的风险，提高投资项目的经济效益和社会效益。

本篇主要介绍建设工程常用管理软件、建设工程项目协同工作平台软件 Buzzsaw 和项目协同工作平台软件的应用等三章内容。建设工程常用管理软件主要介绍建设工程常用管理软件分类和应用的意义，工程量计算软件、投标报价类软件、预算决算类软件，项目管理类软件应具备的主要功能、国内外流行的项目管理软件，工程文档管理系统类软件等。建设工程项目协同工作平台软件 Buzzsaw，主要介绍 Buzzsaw 的功能及解决方案，使用 Buzzsaw 的优点，Buzzsaw 项目组成、项目成员及权限，Buzzsaw 的工作模式，Buzzsaw 系统功能，登录站点、工作界面及登录项目成员的个人信息等操作。项目协同工作平台软件的应用主要介绍利用电子邮件传递信息，预定项目文档的变动通知，提交、查阅、编辑构成项目文档资料，工程项目相关事项的讨论，在图样上标记更改信息、保持工程项目图样的同步更新，创建及设置项目、工程项目成员及项目组的管理，站点及项目系统管理的其他功能等操作方法。

通过本篇的学习，可以熟悉建设工程管理过程中常用的概预算与投标报价类、工程项目管理类及工程文档管理系统类软件，掌握建设工程项目协同工作平台软件 Buzzsaw 的功能及基本操作，能够运用 Buzzsaw 在项目各参与方之间进行信息交流、文档管理，以及通过该平台进行项目协作，并了解项目系统管理员的相应操作。

第9章 建设工程常用管理软件

9.1 概述

建设工程管理软件是指在建设工程管理的各个阶段（项目决策阶段、实施阶段和使用阶段）使用的各类软件，以及相应的行业管理软件。如工程量计算、图档管理、预算和相关管理等，这些软件主要用于收集、综合和分发建设工程管理过程的输入和输出信息。

在建设工程管理领域，应用最早的是项目管理软件，传统的工程项目管理软件包括时间进度计划、成本控制、资源调度和图形报表输出等功能模块。从建设工程管理的全过程出发，管理软件还应该包括工程量计算、图档管理、合同管理、采购管理、风险管理、质量管理、索赔管理、组织管理、行业管理等功能。一个软件不可能包含建设工程全过程的所有功能，一般来说，每个软件都有自己的主要功能，把这些软件的功能集成、整合在一起，即构成了建设工程管理信息系统。

9.1.1 建设工程管理软件分类

目前，在建设工程管理过程中使用的管理软件数量多、应用面广，几乎覆盖了建设工程管理的所有领域及建设工程的各个阶段和各个方面。为便于了解建设工程常用管理软件，有必要从以下几个方面对其进行分类。

1. 按适用阶段划分

（1）适用于某个阶段特殊用途的管理软件。这类软件种类繁多，软件定位的使用对象和使用范围被限制在一个比较窄的范围内，注重实用性。例如，用于项目建议书和可行性研究工作的项目评估与经济分析软件、房地产开发评估软件、用于设计和招投标阶段的概预算软件、投标管理软件、快速报价软件等。

按具体阶段又可划分为工程量计算软件（如深圳清华斯维尔三维算量软件、广联达图形自动计算工程量软件、鲁班图形算量软件、神机妙算图形算量软件等）、概预算软件（如梦龙工程概预算软件、广联达预算及审核软件、工程预算管理系统、预算通软件等）、招投标软件（梦龙标书快速制作与管理软件、易达清单大师、广联达工程投标报价软件等）、项目管理软件（PROJECT、P3、P3E、智能项目管理软件、维新项目管理系统、工程项目网络管理系统、GH PMIS 项目管理信息系统、梦龙智能项目管理动态控制、广联达项目成本管理等）及文档管理软件（飞时达工程图档管理系统、图档管理软件 IDOCMAN2000、工程图档管理系统 MEDMS 等）等。

（2）集成管理软件。工程建设的各个阶段是紧密联系的，每个阶段的工作都是对上一阶段工作的细化和补充，同时又受到上一阶段所确定框架的制约，很多管理软件的应用过程就体现了这样一种阶段间的相互控制、相互补充的关系。例如一些高水平费用管理软件能清晰地体现投标报价（概预算）形成→合同价核算与确定→工程结算、费用比较分析与控制→工程决算的整个过程，并可自动将这一过程的各个阶段关联在一起。目前流行的管理软件大部分是系列化的管理软件，亦称为管理软件套件（Management Software Suite）。套件指的是将建设工程管理所需的信息集成在一起进行管理的一组工具。一个套件通常可以拆分为一些功能模块或独立软件，这些模块或独立软件大部分可以单独使用，但如果这些模块或独立软件组合在一起使用，可以最大限度地发挥它们的效率。有些模块或独立软件都是由同一家软件公司开发，彼此间有统一的接口，可以互相调用数据，并且功能上互为补充。例如梦龙系统集成管理软件主要包括标书快速生成与管理系统、智能网络计划编制系统、施工平面图布置系统、数据图表制作系统、企业形象设计制作系统、预算师、智能工程量计算系统、钢筋优化下料与动态管理系统、建设项目投资控制系统、合同管理与动态控制系统、图样文档动态控制系统、人力资源项目管理系统、智能项目管理动态控制系统。

2. 按软件提供的功能划分 建设工程管理软件提供的基本功能，主要包括进度计划管理、费用管理、资源管理、风险管理、交流管理、文档管理、合同管理、采购管理、质量管理、索赔管理、组织管理、行业管理和过程管理等，这些基本功能有些独立构成一个软件，大部分则是与其他某个或某几个功能集成构成一个软件。在建设工程管理领域中，各个单位部门使用的管理软件数量多、应用面广，几乎覆盖了建设工程管理的所有领域及建设工程的各个阶段和各个方面。由于项目管理软件是建设工程领域应用最早的和最成熟的软件，这里主要介绍项目管理软件所提供的基本功能。

（1）进度计划管理。对于建设工程来说，时间是最重要的资源。基于网络技术的进度计划管理功能是建设工程项目管理中开发最早、应用最普遍、技术最成熟的功能，它也是绝大多数面向建设工程管理信息系统的核心部分，目前常用的软件有 PROJECT、P3、P3E 等。

进度计划管理软件应提供的功能包括：定义作业（也称为任务、活动），并将这些作业用一系列的逻辑关系链接起来；作业代码编码、作业分类码编码；计算关键路径；时间进度分析；资源平衡（可以找到过渡分配资源和自动进行资源平衡等）；实际的计划执行状况（包括实际进度与计划进度的动态比较及计划进度的调整等）；编制双代号网络计划和单代号网络计划、多阶网络计划；输出报告，包括甘特图和网络图等。

（2）费用管理。进度计划管理系统建立项目时间进度计划，成本（或费用）管理系统确定项目的价格，这是现在大部分管理软件功能的布局方式。最简单的费用管理是用于费用跟踪，这类功能往往与时间进度计划功能集成在一起，但难以完成复杂的费用管理工作；高水平的费用管理功能应能够胜任项目寿命周期内的所有费用单元的分解、分析和管理的工作，包括从项目开始阶段的预算、报价及其分析、管理，到中期结算与分析、管理，再到最后的决算和项目完成后的费用分析。

费用管理软件应提供的功能包括：投标报价、预算管理、费用预测、实际投资与预算对比分析、费用控制、绩效检测和差异分析以及多种项目投资报表。

（3）资源管理。建设工程管理软件中涉及的资源有狭义和广义之分。狭义资源一般是指在建设工程实施过程中实际投入的资源，如人力资源、施工机械、材料和设备等；广义资源除了包括狭义资源外，还包括其他诸如工程量、影响因素等有助于提高管理效率的因素；所有这些资源又可以根据使用过程中的特点划分为消耗性资源（如材料、工程量等）和非消耗性资源（如人力）。

资源管理软件应提供的功能包括：拥有完善的资源库，能通过与其他功能（如进度计划管理）的配合提供资源需求，能对资源需求和供给的差异进行分析，能自动或协助用户通过不同途径解决资源冲突问题，计算资源利用费用和提供多种项目资源报表。

（4）风险管理。变化和不确定性使建设工程项目总是处在风险的包围中。目前针对风险的管理技术已经得到了比较完善的发展，从简单的风险范围估计方法到复杂的风险模拟分析都在工程项目上得到了一定程度的应用。建设工程管理软件的风险管理功能大都采用了比较成熟的风险管理技术。风险管理功能中常见的风险管理技术包括：权重估计法、因果分析法、概率分析法和专家系统方法等。

风险管理软件应提供的功能包括：进度计划模拟、投资模拟、减少风险的计划管理、消除风险的计划管理等。目前的风险管理软件包有些是独立使用的，有些是和上述其他功能集成使用的。

（5）交流管理。交流是任何建设工程组织和管理的核心。大型项目的各个参与方，经常分布在跨地域的多个地点上，一般来说，大型项目多采用矩阵化的组织结构形式，这种情况对交流管理提出了很高的要求，近些年的Internet、Intranet和Extranet技术等信息技术的发展为这些要求的实现提供了可能。

目前流行的大部分管理软件都集成了交流管理的功能，所提供的功能包括进度报告发布、需求文档编制、文档管理、电子邮件、项目组成员及其与外界的通信与交流、公告板和白板等。

9.1.2 建设工程管理软件应用的意义

建设工程管理软件在我国工程建设领域的应用经历了从无到有、从简单到复杂、从局部应用向全面推广、从单纯引进或自行开发到引进与自主开发相结合的过程。

建设工程管理软件的初始应用是项目管理软件，项目管理软件在我国的应用起步较早，20世纪80年代初期就有很多项目开始使用。这一阶段，国内出现了很多项目管理软件，也有一些项目尝试引进国外项目管理软件，我国最早引进P3的项目是山西潞安煤矿。在这些引进项目中，我国项目管理人员基本处于被动使用的状况，对国外项目管理模式不了解，缺乏对国外项目管理的理解。到了20世纪90年代，随着与国际接轨的需要，国内很多项目已接收了国外项目管理的思路，引进了国际先进的项目管理软件，积累了部分经验和数据。目前，在国内使用项目管理软件进行项目管理的项目和企业已有上千家。

1. 宏观分析

（1）加速信息流动。信息是生产的依据，是决策的基础，是组织要素之间联系的主要内容，是工作过程之间逻辑关系的桥梁。利用工程管理软件可以加速信息在各个参与方之间的流动，实现信息的有效整合和利用，减少信息损耗，有利于信息的有效利用。

（2）提高建设工程的管理水平。通过管理软件及其所代表的现代管理思想在建设工程管理中的应用，可以提高建设工程的管理水平，提高建设工程各个参与方的管理水平，提高建设工程的整体效益。现代建设工程管理思想和方法是工程管理软件的核心，缺乏现代建设管理理论支撑的软件只能是原有手工工作流程的模拟，所起作用十分有限，而目前应用的建设工程管理软件都融进了先进的管理思想，可以提高整个建设工程的整体效益。

（3）适应国际化竞争需求。在全球知识经济和信息化高速发展的今天，建设工程管理软件的应用已经成为决定建筑企业成败的关键因素，也是建筑企业实现跨地区、跨国经营的重要前提，更加有利于建筑相关行业适应加入WTO后的国际化竞争。

2. 微观分析

（1）提升企业的核心竞争力。著名的3COM公司作为一家实力雄厚的业主单位，在Internet上建立了自己的基于互联网的建设工程项目管理信息系统作为管理公司建设项目的平台。作为参与投标的条件，要求所有项目的承包商和设计单位都必须与Internet链接，使用基于互联网的建设工程项目管理信息系统作为项目信息沟通的工具。因此，建设工程管理软件的应用，可以提升建筑企业（包括监理、咨询企业和施工企业）的核心竞争力，适应市场化竞争的要求。

（2）提高业主对项目目标的控制能力。缩短建筑企业的服务时间，提高建筑企业的客户满意度，及时地获取客户需求，实现对市场变化的快速响应。传统的工程项目建设中，业主很难对项目实施全过程进行有效的监控，这是业主满意度下降的重要原因。在应用了相关的信息系统后，业主可以及时地获得项目实施过程中的各种信息，并参与项目决策过程，提高了对项目目标的控制能力。

（3）有效提高企业的决策水平。建设工程管理软件的应用使企业在获取、传递、利用信息资源方面更加灵活、快捷和开放，可以极大地增强决策者的信息处理能力和方案评价选择能力，拓展决策者的思维空间，延伸决策者的智力，最大限度地减少决策过程中的不确定性、随意性和主观性，增强决策的合理性、科学性及快速反应，提高决策的效益和效率。由于信息沟通的顺畅，提高了决策人员对工程实施的预见性，并可以对项目实施过程中的干扰进行有效控制。

（4）降低企业成本。建设工程管理软件的应用可以直接影响建筑企业价值链的任何一环成本，改变和改善成本结构。应用工程管理软件可以减少花费在纸张、电话、复印、传真、商务旅行等的成本，也由于提高了信息沟通的效率和有效性，从而减少了不必要的工程变更，提高了决策效率带来的成本降低。

（5）改善企业的经营状况。建设工程管理软件的应用有助于理顺建筑企业内部的各种信息，提高建筑企业的管理水平。可以减少有效信息的短缺、扭曲和过载，以及信息传递的延误等，根据数据流程可以对企业内部结构进行重组，改善企业的经营状况。

9.2 概预算与投标报价类软件

9.2.1 工程量计算软件

工程量计算软件作为预决算的辅助计算工具，是依据预决算人员计算工程量的特点而编制的，对一个工程可以按照层次分别计算或作为同一层次进行计算。

1. **深圳清华斯维尔三维算量软件**　三维算量软件是由深圳清华斯维尔软件科技有限公司研制开发。软件的主要功能特点如下：

（1）操作方便。"三维可视化工程量智能计算软件"综合考虑了工程算量的特点，所有的操作都以构件作为组织对象，建立工程人员熟悉的工程模型。系统以 AutoCAD R14 作为图形平台，采用傻瓜式的操作界面，即使用户从来没有接触过 AutoCAD，也能方便的使用。

（2）直接利用设计单位建筑施工或结构施工电子文档，辅助用户快速定位构件。用户若没有电子文档，可以利用系统提供的多种工具自己建模。

（3）三维直观，是国内第一个基于"三维建模"的图形算量软件。用户可以在三维可视化的环境中监督整个建模和计算过程，通过系统提供的各类可视化修改查询工具，对模型的所有细节进行控制。

(4) 精确建模、准确的内置规则。

(5) 全国通用。系统采用图形与定额数据分开存储的方式,同一个图形可以挂接几个不同地区的定额。

(6) 钢筋抽量一体化。很多工程量计算软件没有钢筋计算能力,其钢筋计算是另外一个独立的应用程序。该系统把工程量计算和钢筋抽量整合于一体,钢筋计算时可从构件几何尺寸中直接读取有关数据,真实捕捉了结构设计工程师全盘钢筋设计思路。

2. 广联达图形自动计算工程量软件 GCL8.0　工程量清单计价规范实行后,工程量的计算发生了很大的变化。在清单计价规范及新的招投标体制下,对工程量的计算有了更深层次的要求。广联达公司全新推出的图形算量软件 GCL8.0 是专为在目前传统定额模式向清单环境过渡时期里量身定做的先进实用的算量工具,适用于定额模式和清单模式下不同的算量需求。软件的主要功能特点如下:

(1) 国际领先的自主算量平台。该软件具有自主版权的绘图核心——建筑工程绘图平台,有力地保证了广大用户权益,减少了投入成本。在同一平台上开发的多个软件,绘图方式相同,通用功能的操作方式相同,有效地降低了学习难度。多个软件之间模型数据共享,倍数级提高了软件的应用效率。

(2) 以应用为导向,学习更简单。软件的易学易用性,一直是算量软件广泛应用的瓶颈。软件的图标汉字化,减少了学习时的记忆元素;导航栏以应用为分类原则,加强了软件的流程性,用户可以轻松上手;界面显示功能最少化,依据构件不同的特性,对功能进行过滤,用到的功能才显示,减少了查找所需功能的时间;功能的操作流程统一,对功能学习能够举一反三。

(3) 以绘图为中心,以表格为辅助。图形算量软件 GCL8.0 吸取了 Excel 电子表格软件的优点,以绘图为中心,表格算量为补充,针对复杂构件、不方便绘图处理的构件进行处理,扩充了算量范围,并可应用于安装、市政等专业的算量工作,增强了软件的实用性。

(4) 计算过程清楚。算量软件的基础是软件计算的准确性,算得准确并不能满足造价业务需求,重要的是能够清楚表达给自己及相关人员,也就是要做到计算过程清楚,报表可追溯。该软件提供了符合手工习惯的构件计算式及中间过程量,提供了计算规则的查询,提供了层层分解细化的报表系统。

(5) 视频帮助,简单易学。软件提供了所有功能的视频帮助,全部由专业人员演示,确保用户即学即会。应用软件做工程,只需三步即可出量——建立构件、绘制图形、汇总计算。

(6) 与时俱进,一图两算。软件中内置了全国统一的清单计算规则和各地区的定额计算规则,所有工程量的扣减均按选择的计算规则计算,而且计算式完全符合手工计算的习惯,结果准确,清晰可见。

(7) 动态三维，全面纠错。720°全方位查看，虚拟漫游，可以进入建筑物内部，层层分解，不遗漏任何一个构件。

(8) 计算规则即时查询。随时可以查看工程量计算过程，同时也可以对软件新增计算规则和代码扣减规则进行查看。

3. 鲁班图形算量软件 鲁班图形算量软件是基于 AutoCAD 平台的图形算量软件，三维立体可视，清单工程量和定额工程量同时生成，计算结果可以采用图形和表格两种方式输出，并且与工程量计价软件建立无缝兼容接口，可以直接导入使用。该软件的主要功能特点如下：

(1) 实物清单工程量计算。"鲁班算量清单版"是与工程量清单计价方法相配套，率先实现同时计算清单工程量和定额工程量的算量软件，软件内置工程量清单计算规则，可靠、细致，用户也可以根据需要自行编制规则。对一个工程可以选择不同地区的规则，实现一图多算。同时与易达清单大师设有紧密接口，计算结果可以直接输入到清单大师软件进行计价处理。

(2) 技术先进。"鲁班算量清单版"是国内率先基于 AutoCAD 图形平台开发的工程量自动计算软件，软件自动识别、转化设计图文件功能处于领先地位。实现工程量计算智能化。

(3) 功能强大。对于熟悉 AutoCAD 的用户来说，AutoCAD 原有的强大的图形功能、编辑均可在其中使用；而对不熟悉 AutoCAD 的用户来说，轴网及各类构件，均可采用傻瓜方式，自动生成。

(4) 数据准确。采用了与施工图相同的高精度计算模型，从根本上保证了工程量计算结果的准确性。软件引入了可视化校验的功能，使用户的每一步操作，都可以生成三维立体模型，方便检查绘图误差或构件的扣减关系，防止输入错误引起的计算误差。

(5) 计算过程三维立体可视。由于软件采用了三维立体建模的方式，用户输入的图形均可以立体显示，可以最真实地模拟现实情况。例如，梁柱等构件，用户不仅可以看到它的平面位置，而且可以看到它的立体位置。

(6) 输出形式多样。软件的计算结果可以采用图形和表格两种方式输出。既可以分门别类地输出与施工图相同的工程量标注图，用于工程量核对，或用于指导生产和绘制竣工图，也可以输出工程量汇总表、明细表、计算公式表、建筑面积表等，而且所有输出表格用户均可预览、调整。

4. 神机妙算图形算量软件 神机妙算图形算量软件是由上海神机电脑软件有限公司开发的，该软件工程量钢筋合一，技术上有重大突破。软件的主要功能特点如下：

(1) 一套软件、两种模板，轻松面对各种计价。国内第一套将工程量清单报价与传统定额计价巧妙融合在一个窗口内的工程造价软件。完全轻松实现清单计价与定额计价的完美过渡与组合。

（2）权威打造，配套研发。软件内置中华人民共和国国家标准（GB 50500—2003）《建设工程工程量清单计价规范》清单报表格式和河南专用的全费用清单格式。企业可以根据每个地区的情况做出适合该地区的招投标清单取费设置程序表。

（3）快速、准确的组价功能。"组价"是清单计价的核心，快速、准确的组价功能是清单计价软件的核心技术。国内首创清单1、2、3输入法，不用输入清单项目的标准编码，只需分别输入三个数字1、2、3，通过鼠标选择，就可以完成清单工程，比传统的输入方法提高数十倍，是迄今为止最简便的一种清单输入方式。

（4）国内首创，与投标系统无缝挂接。清单项目和传统计价的计算结果自动生成网络计划图，自动生成人力资源分布图，各种材料的使用分布情况，资源分布情况，实现了清单专家和招投标整体解决方案，提高企业的招投标竞争力。

（5）导入导出电子标书、Excel等通用格式。导入导出电子标书、Excel等通用格式时响应当前电子招投标模式的推广应用，在软件中设置了多种招投标软件接口，并且还可以导入Excel等主流软件制作的招标文件。

9.2.2 投标报价类软件

1. 易达"清单大师"2006　清单大师2006是易达建信科技开发有限公司推出的全国统一工程量清单计价配套产品。该软件体现了全国统一工程量清单计价理念；在功能上集成了多专业、多规则库、多定额库，在速度上、易用性、稳定性等都实现了新的突破。软件的主要功能特点如下：

（1）首创三种编制状态。清单大师分为"招标文件"、"投标文件"、"标底和预算"三种文件编制状态。明确招标人与投标人在使用软件上的功能划分。避免了大量的重复性工作。

（2）采用电子标书技术。用清单大师编制的"招标电子标书"，投标单位导入后直接生成"投标电子标书"，经电子评标系统导入可进行电子评标。

（3）直接获取外部材料价格信息功能。可直接导入广东省建设工程造价管理总站发布的材料价格信息光盘数据。并可直接浏览下载工程造价信息网上的造价信息和参考案例。

（4）报表设计功能强大。清单大师可按照国家规范标准格式输出报表及导入导出Excel电子表格。提供了强大的报表设计功能，能自动生成招标投标人特殊要求的报表。页码统一生成，用户可进行选择打印。实现了所见即所得的打印功能。

（5）其他特色功能。可以将多个单位工程预算合成为一个项目文件的项目管理功能。具有跨专业、跨地区清单数据库、定额数据库切换调用功能。全面满足不同用户及各种需要的系统设置功能。提供的"用户规则"功能可以把过去输入的报价数据一次读入。

2. 标书制作与管理系统 MrBook　标书制作与管理系统 MrBook 由北京梦龙科技有限公司研制开发。软件的主要功能特点如下：

（1）本身拥有丰富的素材。这些素材是按照国家正式标书要求制作的。利用这些已做好的素材，可以省去相当多的时间和精力。

（2）素材的修改非常方便，更适合企业需求。如果用户觉得素材不适合或部分不适合，可以对现有的素材进行修改、编辑，也可以根据实际需要做一个新的素材库，使它更符合用户的实际情况。

（3）支持多窗口操作。该软件可分为三个窗口：素材库窗口、选择结果窗口和注释窗口。要做标书时，只需要从素材库窗口将需要的项拖到选择结果窗口中，同时也可以将素材库以下的小类和素材（分为三类：大类、小类和素材，相当于一棵树的树干、树枝和枝叶）进行选择，并且它们的位置可以随意放置。下面的注释窗口将随鼠标放置处的项的注释显示出来。

（4）自动生成标书。选择完毕，只要按标书生成图标，软件就可以迅速地生成一本雏形标书（自动生成封面、目录、章节编号及内容）。它可以转到 Word 下，进行修改、编辑，在 Word 下不仅方便，而且功能强大，利用多文档操作、粘贴等功能可以十分方便地生成标书。

（5）提供完善的标书管理。对于招投标十分频繁的企业，这点尤其重要。而利用梦龙标书系统可以按不同类别将原来的标书存放起来，改变原来管理混乱的情况。需要做新标书时，旧标书可以提供大量的素材。

3. 工程投标报价系统 E921　工程投标报价系统 E921 是中国建筑工程总公司与北京广联达慧中软件技术有限公司联合开发的用于国际工程投标报价的系统软件，它适合于 FIDIC 条款及类 FIDIC 条款。软件的主要功能特点如下：

（1）经验报标。利用积累的工程资料进行经验报标，在套用子目和材料时可选取以往某个相似的工程作为参考工程，在调用子目时会按"本工程资料"、"参考工程资料"优先级寻找，节省时间，大大加快报标速度，又可以准确报标。

（2）自由组价。E921 系统以其开放式的特点为用户提供了广阔的应用空间，留有更多的余地让用户自己定义。用户可以根据建材市场的材料时价、人材机消耗量自由组价，而且自由设置费率，不受地区限制，这样既可适应不同的情况，也可规范资料。

（3）分析功能。用户可根据自己的需要定义及扩充定义资源（泛指人、材、机）的属性和特征，也可以从不同的角度对工程进行划分和界定。例如，可同时按工程进度、施工性质、不同的分包来划分，这样用户可以同时具有多方面的分析和比较数据，不但为投标报价提供了决策依据，同时为日后的施工管理提供了理论依据。

(4) 辅助决策分包。针对各分包商的报价进行科学的评估，并辅助决策选取合适的分包商。它可以根据分包商的承包范围，形成各分包商的标书；根据各分包商的报价可以粗略分析，检查分包商的重复报价及漏报价格的项目，对于漏报项目可以通过选取多种方式的虚拟值补足，使各分包商具有可比性，从而更直观、更准确地为企业合理选择分包商提供决策支持。

9.2.3 预算决算类软件

1. 梦龙工程概预算系统 MrBudget 梦龙工程概预算系统 MrBudget 是一套功能强大的工程预算编制软件，它除了能够编制传统的工程预算外，还支持目前最新的量价分离以及工程量清单计价两种方式。梦龙工程概预算系统也充分体现了梦龙软件易学易用的特点，可以在工程概预算和投标活动中发挥重要的作用。网络版预算更加提供了工程预算分包编制和提交汇总的功能，既能单机运行，又能通过网络多人分工协作，快速地完成工作量较大的工程预算编制工作。软件的主要功能特点如下：

(1) 软件同时兼容定额与清单两种计价方式。

(2) 系统具有量价分离投标方式。

(3) 工程结构采用 WBS 管理方式，便于对工程整体结构的把握，以及工程分包的控制，分项工程的导入和导出功能方便地实现了工程的核算及分机操作。

(4) 提供子目的智能换算功能。

(5) 无缝兼容多套定额，实现自由跨专业引用。

(6) 系统提供丰富的报表资源，方便组合进行投标。

(7) 提供报表导出到电子表格的功能，可以进行报表的二次设计，使之更符合要求。

(8) 取费表实时计算，所见即所得。

(9) 系统允许进行子目单价分析，并允许设置不同费率。

(10) 提供语音辅助校对功能，大大提高了工作效率和录入的准确性。

(11) 通过网络，实现多人分工协作，相互配合，快速有效地完成大型工程的预算编制任务。

2. 广联达工程概预算软件 GBG2000 工程概预算软件 GBG2000 是由北京广联达慧中软件技术有限公司开发研制的。软件的主要功能特点如下：

(1) 适应面广。国内工程、市场价组价、单子目取费（子目综合单价）、工程量清单方式报价、国际工程报价（FIDIC），都可胜任；支持多专业、多地区的定额。

(2) 延续到整个工作过程。提供投标报价、洽商变更、月度统计、结算、审核等模块；产品各功能模块可以独立运行，也可以组合使用，数据格式统一，各个模块之间的数据实现"无缝链接"。

（3）功能强大的预算书录入页面。保留原有的子目直接输入、简便输入、直接输入换算以及标准换算等实用功能，并新增了智能查询输入供用户使用，方便的取消换算功能，实现实时汇总功能，全新的窗口泊靠功能。实现了各常用工具窗口的合理布置，让工作屏幕井井有条，方便易用。

（4）新型树状表格。结合了树型结构层次清晰和数据表格易于编辑的优点，使各种换算更加简单、方便，浏览材料更直观、清晰。全方位适用工程量清单报价方式的预算编制，便于多级组价，满足用户对清单报价的要求。

（5）灵活方便的人、材、机表。实现了反查材料对应的子目用量和子目分部用量功能，以及由材料表中直接反向定位预算书页面中子目的功能，大大提高检查、调整的效率；实现了材料市场价的锁定，便于一个工程中选用多期调价信息。

（6）真正的自由取费。系统提供整个项目的汇总数据、各分部的汇总数据、按汇总类别的汇总数据、各材料表的汇总数据以及其他费用的汇总数据等，强大的取费基数生成功能，用户甚至可以随意提取几种材料组合出取费基数，定制取费表，真正实现了万能取费。允许在一个工程内同时建立多个费用文件，便于分部取费、子目综合单价取费，以及报价时进行多个费用方案的报价比较。

（7）强大的报表功能。强大的报表和打印功能，定制所需的报表。

（8）多窗口操作方式，易学易用。全 Office 风格界面，方便的多文档操作，标准的功能按钮，更易学易用。像 Word 一样的多窗口、多文档操作方式，可同时打开多个文档，进行拖放、复制，数据共享更方便，功能按钮和操作方式标准化。

（9）个性化的设置。每个用户都有自己的使用习惯，软件提供功能丰富的系统设置选项。

（10）先进的模板功能和文件结构。系统提供了多种默认数据模板供用户使用，还可根据用户需求，自行定义并保存模板。预算书工作页面、取费文件、人材机表、报表格式、标准图集、其他费用、变量表等均可按照用户设置保存，让用户的工作模式更简单。

3. 深圳清华斯维尔通用建设工程造价软件 NT2001 本软件分单机版和网络版。单机版安装简便，满足单机工作需求。网络版使用 MS SQL Server 作为数据库引擎，可以处理企业级的工程造价数据，可以多人系统工作。软件的主要功能特点如下：

（1）真正的网络版。该软件采用了客户/服务器体系结构，后台采用 Microsoft 公司的 SQL Server7.0 大型数据库，有利于企业数据资源的网络共享，系统运行稳定、安全。

（2）具有通用性。该软件可以挂接多套全国各地、各专业定额库，既实现了通用性，又能满足不同地区及不同定额专业计价需求的特殊性。可以节省用户投资，同时方便使用。

（3）具有安全性。软件采用口令授权的方式，可以在同一建设项目下安全地实现多用户协同工作。同时，采用多级口令验证的方法，以便加强数据的安全性。另外，具有完备的用户管理功能，可以分组控制权限。

（4）具有灵活多样的数据录入方式。数据录入方便快捷，高度体现了科技以人为本的理念。对项目数据可以进行块存、块取、块移动、块复制。对录入的内容可以进行查询。

（5）具有可集成性。可以与三维可视化工程量计算软件紧密集成。可以对定额库、工料机库分章节、分类管理。能够生成完整的章节说明以及计价说明，查询方便，使用户可以完全摆脱对定额书的依赖。用户可以方便地对计价规则、费用模板进行调整和重新定义。用户也可以在此基础上方便的定义一些自己的工程造价指标。

（6）具有强大的报表打印功能。针对每一套定额库，系统提供一组标准报表方案，用户可以自由定义报表方案。报表设计方便直观，可以即时预览设计效果。对报表可以进行预览、选页，也可以输出到多种常用文件格式。

4. 预算通软件　预算通软件是由福州欣泉软件工作室开发的。软件的主要功能特点如下：

（1）系统采用目前流行的 Microsoft Windows 为操作系统支持平台，在任何界面上按鼠标的右键就可得到用户所需要的功能。

（2）系统具有"所见即所得"的特点，用户不必记忆繁杂的代号和公式，所见到的任何数据或图表，都具有数据的增、删、改、浏览和打印的功能，使用简单、方便。

（3）系统把原始工程量输入、工程所用材料、材料预算价差、材料市场价差和商品混凝土价差、工程费用统计设计在同一个界面上，方便用户的操作。

（4）可提供同一个工程根据不同的报告期价格指数、材料预算价、材料市场价，取不同的报告期数据。并可进行某工程的总体汇总和几个工程的费用汇总。

（5）对于材料预算价差、材料市场价差和商品混凝土价差在报告期输入有误的情况，用户可做数据的必要调整和修改；调整的数据与报告期预算价、材料市场价的数据互为共享。

（6）工程费用统计表可实现如下操作：费用项目插入，所插入的项目可根据用户输入的项目编号、名称、费用金额（或费用基数+费率，可以选择费用表中的任何已存在的项目作费用基数），系统将自动计算新的费用结果；用户可删除表中的不必要的费用项目，系统将自动计算新的费用结果。

（7）灵活的材料换算功能（分成肯定型换算、不肯定型换算和混凝土换算）。

（8）报告期数据的输入、删除和修改，涉及三个部分：报告期材料预算价、材料市场价、商品混凝土市场价。

（9）系统维护包括系统补充定额、系统材料维护、材料预算基价、半成品库维护、定额换算库维护、定额库维护等。

5. 清单大师—标底和预算软件 清单大师—标底和预算软件是由易达建信科技有限公司研制开发。软件的主要功能特点如下：

（1）工程量清单与传统定额套价完美结合。实行工程量清单报价，需要使用大量传统定额数据资源作为报价基础，该软件将清单报价与传统定额套价彻底融合，既实现工程量清单报价规则，又保留传统预算功能，使预算方法平稳过渡。

（2）标准、流畅的操作界面。软件采用标准的 Windows 操作界面，类似 Office 办公软件风格，操作直观容易。此外，当预算应用需要的功能较多时，一般软件的操作会较为繁复，本软件特别设立了统一调整的功能区，它自动地根据当前界面的内容显示相关操作功能，使软件界面简洁、操作流畅，同时也提示用户当前有哪些功能可使用。

（3）一份预算同时调用建筑、安装、市政、装饰、修缮、园林绿化等专业的报价库和定额库。软件可调用不同专业的报价规则库和定额库，打破专业的限制，彻底解决各专业报价规则库和定额库的交叉引用问题。不同定额对应相应的数据窗口，专业特点、计费结构各有规律，而界面风格、操作方法完全一样。

（4）多操作窗口的向导。用户在操作的过程中，系统配备多操作向导窗口，帮助了解软件的操作流程和相应的功能设置，突出软件操作的灵活性和人性化。

（5）快捷的数据输出。通过企业内部网络，预算文件可以在不同计算机之间传输、调用，便于预算人员之间分工合作。通过电子邮件、电子标书可在工地和基地、甲方和乙方之间进行，可将工程数据转入 Excel 电子表格软件或相关数据库软件。满足用户对其进行进一步的数据分析处理和特殊格式的排版打印。

（6）电子标书发布与接收。所谓电子标书，是指以电子文档形式记录和传递工程量清单、招投标文件格式等信息。电子标书是各地工程招投标管理部门实现工程交易数字化的必要手段。电子标书可以通过磁盘传递，也可以从网上下载。

6. 建筑工程概预算软件 STAT 建筑工程概预算软件 STAT 是由中国建筑科学研究院研制开发的。软件的主要功能特点如下：

（1）直观的工程文件管理。把一个单项工程中包括土建、给排水、电气、暖通等多个单位工程有机的结合在一起，有利于数据共享和综合统计分析，可以达到以项目的角度管理工程造价。

（2）多种定额子目生成方式。包括直接读取 PKPM 工程量文件生成定额子目，模板工程导入、其他工程导入、标准图集导入等多种方式，或人工逐条输入，多种方式结合生成报表。

（3）丰富的资源分类管理。程序自动将计算出来的资源进行分类，主要材料、全部资源、三材等各类资源。可以灵活地修改市场价格、材料属性、查找资料来源、材料价差等材料信息。丰富的子目调整、换算功能，用户可通过多种途径对定额子目的资源进行增加、删除、换算等操作，同时提供混凝土资源及级配资源的换算和统计功能。

（4）开放的取费表。软件按照各地规定的取费标准和规定，内置了完善的取费表供用户选择使用，同时也可对取费表进行维护和编辑，用户也可根据需要自定义各式各样的取费表，同时提供基本数据的提取功能，供用户直接调用。

（5）提供多种造价分析模式。动态的报表设计，程序不仅提供了默认的多种报表模式，并且提供了灵活的报表修改、设计功能。对于一类报表，可以保存多种模式，打印输出时可以自由选择。

7. 工程预算管理系统　工程预算管理系统是沈阳东天软件开发有限公司推出的一套预算软件。软件的主要功能特点如下：

（1）灵活的数据管理。允许建立个人定额库，修改、删除系统定额库；允许建立个人价格库，修改、删除系统价格库；价格库也采用目录的分级方法，库中项目支持基价和市场价两种价格模式；费用/取费公式模板中的公式定义方法与电子表格 Excel 中的公式定义相同，同时系统预先定义了一些宏变量辅助公式。

（2）系统具有较高的安全性能。系统可对预算工程进行备份和恢复，保证了数据的安全性；系统初始化使系统的各项参数恢复到原始状态。

（3）灵活的计算方式。用户自定义定额项目、定额含量、人材机子目信息的输入、子目合价计算、排序子目项目；工程人材机的提取、计算人材机合价、选择甲供人材机、排序人材机；工程取费/费用公式可自由定义，也可调用公式模板。

（4）灵活的报表功能。表格的设置、表体设置、更改表头名称、设置表格列宽、表格的列、字体、颜色的设置可全部用鼠标完成。报表提供六个标题，可设置其字体、对齐方式、颜色、标题内容，也可引用系统预定义的内容，如页码、日期等。报表设置可保存为设置模板文件，供以后在其他预算工程中调用。能进行打印预览、选择打印范围、打印份数。

9.3 工程项目管理类软件

目前，市场上大约有100多种项目管理软件，这些软件各具特色、各有所长。

9.3.1 项目管理软件具备的主要功能

(1) 成本预算和控制。通过输入任务、工期，把资源的使用成本、所用材料的造价、人员工资等一次性分配到各任务包，即可得到该项目的完整成本预算。在项目实施过程中，可随时对单个资源或整个项目的实际成本及预算成本进行分析、比较。

(2) 制定计划、资源管理及排定任务日程。用户对每项任务排定起始日期、预计工期、明确各任务的先后顺序以及可使用的资源。软件根据任务信息和资源信息排定项目日程。并随任务和资源的修改而调整日程。

(3) 监督和跟踪项目。大多数软件都可以跟踪多种活动，如任务的完成情况、费用、消耗的资源、工作分配等。通常的做法是用户定义一个基准计划，在实际执行过程中，根据输入当前资源的使用状况或工程的完成情况，自动产生多种报表和图表，如资源使用状况表、任务分配状况表、进度图表等。还可以对自定义时间段进行跟踪。

(4) 报表生成。与人工相比，项目管理软件的一个突出功能是能在许多数据资料的基础上，快速、简便地生成多种报表和图表，如甘特图、网络图、资源图表、日历等。

(5) 方便的资料交换手段。许多项目管理软件允许用户从其他应用程序中获取资料，这些应用程序包括Excel、Access、Lotus或各种ODBC兼容数据库。一些项目管理软件还可以通过电子邮件发送项目信息，项目人员通过电子邮件获取信息，如最新的项目计划、当前任务完成情况以及各种工作报表。

(6) 处理多个项目和子项目。有些项目很大而且很复杂，将其作为一个大文件进行浏览和操作可能难度很大，而将其分解成子项目后，可以分别查看每个子项目，更便于管理。另外，项目经理或成员有可能同时参加多个项目的工作，需要在多个项目中分配工作时间。通常，项目管理软件将不同的项目存放在不同的文件中，这些文件相互链接。也可以用一个大文件存储多个项目，便于组织、查看和使用相关数据。

(7) 排序和筛选。大多数项目管理软件都提供排序和筛选功能。通过排序，用户可以按所需顺序浏览信息，如按字母顺序显示任务和资源信息。通过筛选，用户可以指定需要显示的信息，而将其他信息隐藏起来。

(8) 假设分析。"假设分析"是项目管理软件提供的一个非常实用的功能，用户可以利用该功能探讨各种情况的结果。例如,假设某任务延长一周,则系统就能计算出该延时对整个项目的影响。这样,项目经理可以根据各种情况的不同结果进行优化,更好地控制项目的进展。

项目管理的计算机应用,目前除各种单项功能软件外,正向集成的方向发展,下面将分别介绍一些在国内外比较流行和常用的建设项目管理软件。

9.3.2 国外较流行的项目管理软件

1. Microsoft Office Project 2003 Microsoft Project 是 Microsoft 公司开发的项目管理系统,它是应用最普遍的项目管理软件,Project 4.0、Project98、Project 2000 已经在我国获得了广泛的应用。2003 年,微软公司又推出了最新版 Project 2003 版,并将其列为 Office 2003 的大家族的成员,可适应各种规模的项目。Microsoft Office Project 2003 系列产品包括 Project Standard 2003、Project Professional 2003、Project Server 2003 和 Project Web Access。Project 2003 是 Microsoft Office 系统中不可缺少的一部分,它可以灵活地满足管理工作和人员的需要,不论是独立的管理项目,还是在小组、部门或组织中以项目组合的方式管理项目。

Project Standard 2003 是新版本的 Microsoft 核心项目管理程序。Project Standard 提供常见的易于使用的工具,使用户可以从桌面上独立的管理项目。利用 Project Standard,用户能够以前所未有的高效率来计划、管理和交流项目信息。

Project Professional 2003、Project Server 2003 和 Project Web Access 被设计为一起工作,共同组成 Microsoft 针对企业项目管理(EPM)的解决方案。此解决方案使组织能够合理安排业务活动、项目和资源,以获得更理想的业务结果。通过使用该 EPM 解决方案中灵活的报告和分析功能,组织可掌握工作进度方面的信息,从而可针对整体业务目标以项目组合为单位来优化资源、确定工作的优先顺序和合理安排项目。

软件的主要功能特点如下:

(1)充足的任务节点处理数量。可以处理的任务节点数量多少是一个项目管理软件能否胜任大型复杂项目管理的最基本的条件。该系统可以处理的任务节点数已经超过 100 万个,可以处理的资源数也已经超过 100 万个,实际上只取决于计算机系统的资源情况。

(2)强大的群体项目处理能力。一个大型项目要划分成若干个子项目,以及子子项目。为了实现分级管理,通常按工作分解结构进行分解。或是从上向下分解,先粗后细进行设计;或是从底向上,先制定各子项目计划,再逐级向上集成,最后形成整个大系统。无论采用哪种方式,都要求项目管理软件具有同时处理多个项目的能力。

(3)Project 2003 同时处理群体项目的数量已经达到 1000 个。这样高的技术指标已经能够满足大型复杂项目管理的需求。如何把子项目组成主项目,这也是能否有效地管理大型项目的要素之一。Project 2003 提供了比较完善的解决方案。

2. Primavera Project Planner（P3） P3 工程项目管理软件是美国 Primavera 公司的产品，是国际上最为流行的项目管理软件之一，并且已成为项目管理软件标准。美国 Primavera 公司成立于 1983 年，是专门从事项目管理软件开发与服务的公司。该公司成立伊始，便推出了 P3。软件的主要功能及特点：

（1）在多用户环境中管理多个项目。P3 可以有效管理高度密集、期限短的项目，共享有限资源的公司关键项目。它也可以通过多用户来支持项目文档完全模拟，这意味着要不断更新信息。

（2）有效地控制大而复杂的项目。P3 被设计来处理大规模、复杂的、多面性的项目。为了使数千个活动按进度执行，P3 提供了无数的资源和无数的目标计划。

（3）平衡资源。可以对实际资源消耗曲线及工程延期情况进行模拟。

（4）利用网络进行信息交换。可以使各个部门之间进行局部或 Internet 网络的信息交换，便于用户了解项目进展。

（5）资源共享。可以同 ODBC、Windows 进行数据交换，这样可以支持数据采集、存储和风险分析。

（6）自动调整。P3 处理单个项目的最大工序数达到 10 万道，资源数不受限制，每道工序上可使用的资源数也不受限制。P3 可以自动解决资源不足的问题。

（7）优化目标。P3 还可以对计划进行优化，并作为目标进行保存，随时可以调出来与当前的进度和资源使用情况进行比较，这样可以清楚了解哪些作业超前、滞后，或按计划进行。

（8）工作分解功能。P3 可以根据项目的工作分解结构进行分解，也可以将组织结构逐级分解，形成最基层的组织单元，并将每一工作单元落实到相应的组织单元去完成。

（9）对工作进行处理。P3 可以根据工程的属性对工作进行筛选、分组、排序和汇总。

（10）数据接口功能。P3 可以输出传统的 dBase 数据库、Lotus 文件和 ASCII 文件，也可以接收 dBase、Lotus 格式的数据，还可以通过 ODBC 与 Windows 程序进行数据交换。

3. Project Planner for the Enterprise（P3e） P3e 是 Primavera 公司专门为企业开发的管理软件。将企业的运营过程看做是运行一系列项目的过程，项目的成败决定企业的命运，因而项目的管理对企业来说是非常关键的。软件的主要功能特点如下：

（1）可对整个工程的生命周期进行管理。P3e 是一个全面的项目管理方案，涉及项目生命周期的每个阶段。它包括像建设、工程、电信、公用设施和石化处理等项目驱动型行业所要求的深度项目管理能力。P3e是那些需要同时管理多个项目和支持不同部门的多个用户或整个企业的组织的理想工具。它可以支持无数个项目、项目组或大型项目、活动、基线、资源、用户定义的WBS和活动代码。

（2）完善的数据通信。P3e通过保持所有项目团队成员不断更新知识来适合当前的分布式的工作环境。它的动态项目网站包括广泛的项目信息，比如活动和资源分配细节、步骤、项目问题和风险、项目报告等。根据工作分解、资源分解和活动代码结构，项目网站是完全适用的。为了进一步分散项目信息，利用公司产品，以网络为基础的Primavera团队沟通进展报告、由执行主管和分析师所做的项目和大型项目的Primavera组合分析和比较。

（3）可集中控制资源。P3e通过不同项目的组合来简化管理。它的全企业范围的资源确保了资源利用项目以所有项目要求的真实时间为基础，并且要有效利用、跟踪、管理资源。P3e的图形用户交互式柱状图表示了资源使用情况，可以通过时间期限和资源组合用户化来表示不同项目的资源使用。

（4）事务管理和风险分析。P3e能够帮助项目经理在任何时候集中于最重要的事务。尽管有成本、进度和偏差等标准，当由于某些因素而超过这些标准时，P3e可以自动地产生问题。项目经理可以为出现的问题排优先级，并利用P3e发布电子邮件来向负责部门提出警告，以确保迅速解决问题。为保证正确地量化项目风险，P3e将风险管理和对这些风险的影响评价结合起来。

（5）Primavera进度报表生成器。进度报表生成器可以提供全面的工作组支持和项目资源的协调。每个团队成员都能收到分配的活动——即使在不同项目之间。项目团队用进度报表生成器沟通时间表，并利用局域网、电子邮件和国际网直接向项目经理和项目数据库反馈活动状态。

（6）Primavera决策分析工具。组合分析者提供唯一的项目总结，利用丰富的图表、电子数据表和报告为执行主管、高级管理者和项目分析者跟踪信息。项目组合是根据项目的性质或等级来对项目进行分组，以便比较和分析。为了提供用以分析和讨论的详细信息，组合分析者交互式界面允许快速下载信息。P3e同组合分析者和进度报表生成器组合形成了管理企业内的所有项目最高级方案。

通过P3e，Primavera已设立了优秀项目管理高级标准，使得项目经理、项目团队和业务适合动态项目管理的需求。

9.3.3 国内项目管理软件

自20世纪80年代我国就开始使用项目管理软件。在这个阶段，出现了许多软件，一部分是在上新项目时开发的软件，一部分是从国外引进的。由于国内外的情况差异，国内人员对国外的软件缺乏理解。到20世纪90年代，国内的项目管理人员才开始理解国外软件的编制思路，并引进国际先进的管理软件。目前国内使用的项目管理软件主要用于以下工作：编制进度计划，将进度和资源结合使用，分析资源强度和资源的使用安排是否满足要求，按照现场施工的情况来编制进度和资源计划等。

国家经贸委经济干部培训中心文件（培教[2000]55号）关于推广使用项目管理应用软件的通知中明确指出：项目管理在国际上已被公认是企业管理取得成功的关键因素。现代项目管理科学发展的最重要成果之一就是应用计算机辅助项目管理。它不仅使广大项目管理工作者从大量繁琐的计算绘图中解放出来，使项目计划的优化、动态跟踪变得轻松愉快，而且可以使领导者充分利用局域网和广域网同时管理多个项目，运筹帷幄决胜千里。随着计算机技术的飞速发展和应用范围的不断扩展，国内大量各种版本和应用范围各异的项目管理软件也如雨后春笋般地被开发出来。这里有通用型，也有专业型，适合不同的硬件环境。下面将主要介绍几种比较流行的软件。

1. 梦龙智能项目管理系统　梦龙智能项目管理系统包括智能项目管理动态控制、合同管理与制作及定额管理等几个部分。

（1）智能项目管理动态控制系统 MrPert。MrPert 具有利用前锋线进行有效的动态控制，可预测工期、自动调整关键线路，召开调度会议分析各种原因并对各种资源进行调整，达到动态管理的目的；利用标准的人、机、财资源库，为每项工作分配资源，可以按工作量定额库标准，为工作分配资源，可以按时间段为工程分配资源，以各种方式绘制网络计划图及各种资源费用统计图表等功能。

（2）合同管理与制作系统 MrContract。MrContract 具有起草签订、动态控制、监控查询、法律法规查询等功能。该系统提供了大量的合同模板和内容丰富的知识库，帮助用户制作格式规范、内容齐全、符合法规的合同，相应的合同文本和合同信息将由系统进行有效管理，为合同的动态控制提供依据。合同的动态控制包括合同的付款、变更、索赔、终止等执行过程中可能发生的事项的管理与控制，系统还提供了警报功能，对不符合合同要求的执行情况，如未按时付款等，进行警报。通过网络实现信息共享，领导可随时调阅合同文档和合同相关信息，查看合同执行状态，有效监控合同执行。系统提供了法律法规知识库，为合同的起草、修订、执行、索赔提供法律服务。

（3）定额管理系统 MrQuota。MrQuota 主要分为定额管理、材料管理、信息价管理、取费表维护四部分。该系统可以建立企业内部定额，为企业参与项目招投标、项目管理提供准确的依据；日常工作中积累数据，方便形成一整套内部的定额；直接在政府发布的定额或者是其他定额的基础上进行修改，形成企业的内部定额；企业所有定额的数据都可以在这个系统中进行维护，没有权限的用户不能修改数据等功能特点。

软件的主要功能特点如下：

（1）屏幕图形编辑灵活自如。该系统能够直接在计算机屏幕上实现任意编辑、调整、删改、分并、检查、计算等多种功能，可直接在计算机上建立正式网络图，操作简便灵活。

（2）多种图示转换方便快捷。该系统能够以网络图为基础，只需通过一道指令就能快速自动地生成其他各种图示，并能在保证正确逻辑关系的前提下，任意进行修改和增删。同时，可在各种图示状态下，进行网络图的各种参数、资源分配的计算，最后输出各种报表、曲线图和柱状图等。

（3）子母网络系统随意分并。该系统具有子母网络随意分并的突出特点，一个独立的网络可以被指定成为一个子网络而并入当前网络的任意位置；相反地，当前网络中的任何一个部分也可被指定为一个子网络从当前网络中独立出来。

（4）各种统计功能丰富多样。利用该管理系统可以进行项目参数的各种统计或生成报表，例如，可以对整个工程项目每一道工序的各种资源进行统计，并能以柱状图、饼图、表格等灵活的表现形式反映到界面或输出；可以对计划要求与实际完成情况进行比较，并将比较结果反映到曲线或报表上。

（5）施工进度情况随时展现。该系统有着较强的检查控制功能，它只要在编辑状态下，输入当前日期所完成的每一道工序的实际进度，就可立刻显示出整个网络在该日期下的完成情况，即前锋线。

（6）图形彩色输出无级缩放。该系统具有很强的输出功能，它能够利用打印机或绘图仪灵活地输出各种网络图、资源分配图及网络计算成果表。利用彩色打印，使图表美观明了、层次清晰，打印幅面大小可以通过无级缩放任意选择，并能在大幅面时分张打印，可以满足各种不同用途。

2. 维新项目管理系统 维新项目管理系统是成都维新科技发展有限公司开发的软件。该软件采用现代先进的网络计划技术，主要用于制定规划、计划和实时控制。将项目中各项任务的各阶段和先后顺序，通过网络计划形式对整个系统统筹规划，并区分轻重缓急，对资源（人力、物力、财力等）进行合理的安排，有效地加以利用，以最少的时间和资源消耗来完成整个系统的预期目标，以取得良好的经济效益。维新项目管理系统主要功能特点如下：

（1）项目维护。包括项目登记，建立项目及子项目并登记其相关资料；任务清单维护，可以将项目任务分为若干工作包，比如将项目管理工作细分为：立项审批、委托规划设计、工程招标、开工准备、施工管理、竣工管理等；开工准备又可细分为：办理建设工程规划许可证、办理开工证、施工图审核、三通一平及外部协调、材料设备加工、订货；办理开工证又可细分为：领取开工审批表、交纳固定资产调节税、办理固定资产许可证有关手续等。

（2）项目计划。确定为执行项目而需要的特定活动（任务），明确每项活动的职责；确定这些活动的完成顺序；估算每项活动所需要的时间和资源；制定项目计划和预算。

(3) 进度安排。估计每项活动的工期，确定整个项目的预计开始时间和要求完成时间，在项目预计开始时间的基础上计算每项活动必须开始和完成的最早时间。确定每项活动能够开始（或完成）与必须开始（或完成）时间之间的正负时差，确定关键（最长）活动路径。

(4) 项目控制。控制进度是确保工作按时完成的关键工作，包括项目控制过程的执行步骤，确定实际进度完成情况对项目进度的影响，将项目变更融入进度计划，编制出更新的进度计划。当一项活动正在进行中或已经完成时，可将当前信息输入系统，软件会自动更新进度。同样地，如果未来活动的预计工期发生了变更，软件会自动根据输入系统的这些变更更新进度计划。软件生成的全部网络图、表格和报告均会被更新，以反映最新信息。

(5) 成本计划与绩效。包括项目成本估计、项目预算、确定实际成本、确定盈余量、成本绩效分析、成本预测、成本控制、控制现金流量。系统存储关联每一资源的各种成本，计算每一工作包和整个项目的预算成本，并可随项目不断进行计算实际成本，也能预测期末成本。在项目任何时期，每一项任务、每一个工作包或全部项目的成本估计，分摊总预算成本、累计预算成本、实际成本、盈余量、承付款项、成本绩效指数、成本差异和成本预测等指标，通过点击鼠标即可算出。各种成本图表也可得到，并用来帮助分析成本绩效。

(6) 质量管理。包括工程监理记录、监控承建商项目经理部的资源配备、施工组织设计、施工方案等；检验和试验记录，记录对材料、设备、构配件及施工过程进行规定的检验和试验，包括对进货检验和试验/验证记录、过程检验和试验记录；不合格品控制，记录开发建设项目中使用的原材料、建筑辅料、设备、工序、分项、分部工程及成品库中的不合格品，及对不合格品的纠正措施或处置办法。

(7) 综合管理。供应商档案，记录承包商、材料供应商、监理单位、设计单位等基本资料。实力、资质等级及服务评审记录；资料文档，登记项目管理中的相关资料、文件、工程图样，建立目录索引，并可存储资料文档的扫描文件；合同管理，记录与供应商合同签订及合同履行情况；设备管理，登记各种设备及其备品备件台账，记录其使用、检测、维修记录；组织人员，登记人员基本资料、工作职责。

(8) 图表分析。网络图、甘特图、日程表、资源配置表、资源利用表、任务分配表等。

(9) 系统管理。包括基本信息设置、用户授权、数据备份、数据恢复、系统初始化和操作日志。

3. 施工项目管理系统 SG-1　施工项目管理系统 SG-1 由中国建筑科学研究

院研制开发。软件的主要功能特点如下：

（1）提供了多种自动生成施工工序的方法，自动生成各种复杂网络模型，包括工序信息列表、横道图、单代号网络图、双代号网络图。

（2）提供了多种优化、流水作业方案、划分施工层等功能。

（3）通过前锋线功能和赢得值原理进行进度和成本的动态跟踪和调整。

4. 工程项目网络管理系统 BCMIS 工程项目网络管理系统（简称 BCMIS 系统）是为供电局/电力局中基建或计划部门所开发的一套网络信息管理系统。它除了管理新建、技改、大修项目外，还包括已竣工待结算、前期、续建、负荷调整、农网改造等工程项目的管理。

系统功能包括年度计划申请立项、汇总上报建档、项目审批、下达计划、计划执行完成情况信息反馈等全过程，其处理方式是协调一致的。系统能完成新项目的录入、汇总、审批、年度计划的录入、每一项目每一工程的付款明细的录入、汇总等功能。

工程项目管理系统主要功能的执行过程如下：

（1）按不同的专用资金录入、修改经过基建主管部门审查批准的由基层部门提出的项目申请信息（申请立项），或可挑选往年未获通过的项目作为本年计划项目。

（2）基建主管部门审查汇总后，分部门或类型生成上报"局基本建设项目投资计划表"和"电力基本建设项目及投资计划平衡表"给局领导审批。

（3）局领导审批后报省局或市计划局立项，此过程本系统不做处理。

（4）挑选已获通过的项目，对未获通过的项目删除或存档，留待来年继续使用（项目审批）。

（5）对已获通过的项目或正在执行中的项目，基建主管部门按部门打印年度计划表报局领导审批并转全局职代会通过后，下达本年度计划（下达计划）。

（6）下达年度计划后，基建主管部门对其执行完成情况全过程进行审计。根据合同列出各项目单项工程，并对每个单项工程的"工程价款预决算计划审核账单流程表"进行跟踪，每月按发生的时间顺序详细记录单项工程的结算情况，自动计算累计工程款、完成计划百分比等（工程付款）。

（7）项目的各单项工程和各单项工程的各付款明细等数据录入后，基建主管部门可以对计划执行完成情况进行查询、汇总、打印（账单流程）。

打印报表包括投资计划表、计划平衡表、账单流程、部门汇总表、类型汇总表等。另外，在计划平衡表中，还可手工输入年度预计各项专用基金可用数，以及实际投资与预计投资的对比结余，打印出报表。

BCMIS 系统运行在中文 Windows 95/98/NT 操作系统上，界面非常友好，用户只需经过简单的培训，即能完成工程项目管理的各项工作。

5. GH PMIS 项目管理信息系统 本系统是中软金马在参与工程建设类企业的信息化工作过程中，研发出的一套符合管理提升要求以及工程建设类企业特点的信息系统平台。适用于国内各行业的具有大中型项目管理的企业，不仅可以为企业提供定制的切实的网络应用产品，而且拥有易用、可扩展、良好变通、安全和高性价比等特点。GH PMIS 项目管理信息系统的功能和特点如下：

（1）投资快速见效。贯彻"Net Ready"理念——"小步快跑"。使应用系统的各个子系统可以分期分批实施到位，以符合企业管理提升策略的计划性，每期企业系统建设可在三个月内完成，实现投资见效快，系统可以持续改进。

（2）基于 P3 引擎的项目管理系统。系统利用 P3 引擎，并与 Web 技术结合，融入其他业务系统，使用户既能共享先进的项目管理软件，又能广泛地发挥自身企业的管理功能。

（3）业务流程可随时重新定义。系统流程基于工作流控制和实现，在业务过程和组织结构发生变化后，有关的业务应用只要通过重新定义工作流程就能适应其变化；系统可以跟踪业务的进展，提供业务人员和管理者查看、监督；系统还能根据优先级提示业务人员及时办理，如果业务无法按时办理，系统也能做出相应处理。

（4）个性化定制和门户。根据每个使用者的身份不同，系统会自动给使用者生成适合其身份的个人应用系统门户。只要通过此门户，系统使用者就可以访问系统中任何符合权限的系统资源。

（5）使用简单灵活。在本系统提供的非 P3 引擎的替代方案中，即使野外作业的各个工程部，也可以方便地访问总部系统，可以将各自的当日工程进展情况直接报告给总部，由总部系统加工并生成管理所需信息。

（6）应用集成。由于各企业多多少少会有一些局部的信息系统，提供原有系统与本系统的集成接口，实现企业应用系统间的无缝集成，使它们像一个整体一样进行业务处理和信息共享，从而克服企业"信息孤岛"，实现企业对整体业务运作和流程管理的全面控制。另外，对于涉及项目多方主体的项目管理系统，在不统一各个相关单位应用系统的前提下，仍可以敏捷构建基于项目管理的应用系统集成。

9.4 工程文档管理系统类软件

工程文档管理系统类软件是应用于对各种工程图样、办公文档、文书档案、图片资料、图书资料等知识和信息进行计算机管理的综合系统。应该具有对各类档案的编辑、登记、统计、检索、自动归类、报表输出等功能，同时还应具有灵活高效的查询检索方式。下面将分别介绍国内比较流行的工程文档管理系统。

9.4.1 文档管理中心 MrDocuments

文档管理中心 MrDocuments 系统是由北京梦龙科技有限公司研制开发。MrDocuments 是构架在 LinkWorks 平台上的基于流程控制的文档管理系统，为企业文档流转和文档管理提供有效的管理。梦龙文档管理系统由三大功能模块组成：公文流转、文档管理和系统维护。

1. **基于流程的公文流转系统** 公文流转提供了在计算机网络上进行收发文的功能。梦龙文档管理系统采用梦龙公司自主开发的公文流定制技术和即时通信技术，并结合相关国家标准，把公文流转系统分为流程设计、发文管理和收文管理三个模块，分别对应办公过程中的流程定制、发文办公和收文办公，以满足企事业单位现代办公的需要。

根据流程设计定制的流程，文档可以按照设定的步骤在企业各部门、各人员之间流转，以达到文档生命周期的拟稿、审核、审批、会签、分发等环节，并在流转结束后归档，以满足将来查阅的需要。软件的主要功能特点如下：

（1）利用文档模板快速进行拟稿。只需在文档模板中增加相关的文档，就可以在新建发文时引入该模板。

（2）文档的网络传输功能。文档在处理人员处理后统一保存在服务器上，有权限的人员可以根据需要查看最新的处理文档。

（3）文件到达即时通知功能。当有新文档需要处理时，系统会自动通过梦龙即时发送提醒消息。

（4）办公流程的定制功能及流程查看。用户可以按照自己的办公过程定制需要的流程。在公文流转过程中，处理人员还可以查看当前正在流转的流程图。

（5）办公文档的审批及办理功能。文档的处理人员可以在外部实现对文档填写各种意见、审批、签字等功能。

（6）文档分发功能。在分发节点，可以根据需要把文档同时分发给选定的人员。

（7）公文处理工具。如果用户安装的编辑软件为 Word2000 以上的版本，则可以在其编辑环境下，使用梦龙公文流转工具栏进行公文处理，如加套红头、用印等操作，并能保留文档编辑人的修改痕迹。

（8）督办功能。具有流程监督的人员可以监督整个文档的流转过程，并能根据需要对正在流转的文档更改处理人或处理节点，还可以强制终止文档的流转。

（9）文档归档功能。流转结束后，可以把文档归档到指定的文件夹中，以供查阅。

2. **文档管理** 企业公文日积月累，再加上种类繁多，不易查找。公文管理系统可以由公文管理员建好公文分类树，按各种不同的分类将公文归档。在归档的同时，还可以设置公文的各种属性，如作者、关键词、摘要等，利于以后的检索和利用。公文浏览使用户可以根据公文的分类树，逐级找到感兴趣的公文。

文档管理模块提供了检索功能，用户可以按照文件名、标题、作者、关键词、摘要等多种条件对公文库中成千上万的公文进行检索。对于本次操作中的检索条件，用户还可以保存起来，在下次检索的时候重新利用。文档浏览与搜索模块具有以下特点：

（1）与收发文处理形成统一整体。收文管理或者发文管理的最后一个环节中，系统会要求用户将文件归档，采用这种方式，公文处理模块与文档浏览模块形成一个统一的整体，做到文档的有效管理。

（2）分级管理机制。可以在该模块中建立多个资料室，各资料室可以设置各自的管理员。由资料室管理员划分文件夹、设置访问权限，采用这种分级管理机制，增强了系统的实用性。例如，用户可以给每个部门建立一个资料室，由该部门自己管理文件。

（3）支持各种文件格式。系统内嵌了梦龙文档浏览器，可以在系统中浏览各类文档，使用方便。

（4）自定义文档属性。支持文档分类，可以为各类文档定制各自的文档属性。

（5）采用权限访问机制。采用访问权限和密级两种方式，保证文档的安全访问。

（6）统一管理电子文档和非电子文档。对于非电子文档，可以记录文档信息，如名称、文号、存放位置等，方便管理。

（7）借阅管理功能。对于没有权限访问的文档或者非电子文档，可以向资料室管理员提出借阅申请，资料室管理员审批后即可查看，既方便了用户使用，又保证了系统安全。

（8）支持版本控制与管理。

3. 系统维护 包含密级维护、印章维护、红头文件模板维护、文档模板维护、拟稿纸维护、领导签名维护等，为系统运转提供支持。

9.4.2 飞时达软件——工程图档管理系统 FastMan

飞时达软件——工程图档管理系统 FastMan 是由杭州飞时达软件有限公司研制开发的。

图档管理系统是一个以数据库为基础，对工程图样、工程文档、工程数据进行综合管理的管理系统。它以目录树的结构管理整个图档数据库，以卡片的形式储存和显示图档或工程信息，并具备多功能的浏览工具以浏览图档内容。图档管理系统在尽可能多的方面提供了用户定制功能，以满足用户的个性化要求。软件的主要功能特点如下：

（1）统一管理全部设计成果。图档管理系统可以帮助设计单位统一管理其全部设计成果，同时实现受控制的文件共享以及图样的查找、浏览，完备的安全体系可以防止图样的非正常化扩散。

（2）解决了纸介质图档的保存问题。采用扫描录入方式，图档管理系统同样可以管理历史纸介质图档，可以节约查询、调用历史文件的时间，同时可以解决纸介质图档的保存问题。

（3）解决了繁杂的图样版本管理。对于图样的版本管理，传统的图样归档模式很难保证版本的完整性，现在 fastMan 图档管理系统的版本管理功能可以解决繁杂的版本管理问题。

（4）满足甲方的数字蓝图交付要求。图档管理系统使设计院在满足甲方传统蓝图的交付方式外，还可满足甲方的数字蓝图交付要求。

9.4.3　图档管理软件 iDocMan2000

iDocMan2000 是 Techsino（德赛）公司在进行市场、客户、专家三合一调研的基础上，开发的图档管理软件产品。软件的主要功能特点如下：

（1）浏览方便。为方便用户浏览资料，系统提供多种功能供选择使用。从界面上，用户能完全自定义自己的浏览界面；采用数据库技术与数据传递优化技术，可以将数以万计的记录分页传递、显示到电脑屏幕上；对于光栅文件（如 *.jpg）和矢量文件（如 *.dwg）、文本文件（如 *.doc）和多媒体文件（如 *.avi）等，iDocMan 都能进行管理和浏览；同时，iDocMan 独特的快速预览技术使用户可以在正式浏览之前就了解文件的主要内容。

（2）档案分类灵活。iDocMan 既然是个资料档案管理系统，就肯定要涉及到资料档案的分类问题。由于 iDocMan 先进的数据库结构设计，使得系统能满足分类要求（年度分类法、问题分类法、组织机构分类法等）。另外，系统提供自定义字段（关键字）编辑模板，用户可根据实际需要，制定不同的字段模板，以供分类的资料使用。

（3）权限严密安全。严密的权限设置是保证系统数据安全共享的关键。iDocMan 拥有清晰的权限划分，用户看什么、做什么，完全由系统管理员掌握。iDocMan 权限管理的核心思路是"某用户对某类档案拥有某些权限"。

（4）档案录入快速。iDocMan 除了系统菜单以外，有快捷工具条可供即时使用；很多系统数据可自动生成，部分数据无需键盘输入；利用鼠标右键功能，可以增加、修改信息。

（5）系统管理轻松。对于 iDocMan 系统的管理，系统配备了多种功能模块。人员结构定义适用于灵活的结构设置；用户的权限定义灵活方便，不仅实现对个人的权限设定，而且还能设定部门权限，临时权限等；详细的系统日志能使系统管理员全面掌握各用户的登录、使用、操作情况。iDocMan 提供多种数据维护功能：自动备份、备份、恢复，操作界面简明易懂，即使是普通的用户也能进行大型数据库的维护工作。

（6）查询方式多样。iDocMan 提供对各系统信息和关键字的单项查询，可以按创建信息、有无电子原件等信息进行单项查询。同时，系统还提供了复合查询功能，用户可以自由组合查询条件，也可选择是否基于上一次的查询结果进行查询。

（7）统计报表。资料档案的管理需要完善的统计和报表编制、打印功能。iDocMan 独有万能报表技术可以适应用户的各类报表需求，不仅提供多项统计模板，如借阅量统计、分类档案数统计；而且还提供用户自定义统计报表功能，允许用户自行设计各种类型的报表及卡片。iDocMan 的万能统计报表功能之设计遵循标准化、通用化准则，与 Excel 完全兼容，熟悉 office 的用户都能轻松地在 iDocMan 中进行报表设计与统计工作。

9.4.4 理正设计院图档管理系统

设计院图档管理系统由北京理正软件设计研究院研制开发。软件的主要功能特点如下：

（1）资料的收集、验收。完成对各种需要建档管理资料的收集工作。其主要内容是收集各种资料，鉴别出有保留价值的、需要归档保存的资料，并按照一定的分类规律对资料进行有序的归整。由项目负责人按阶段、专业等方式收集项目的图样及与项目相关的资料并成批的提交给档案管理员。

（2）资料整理。由档案管理员对项目负责人提交的图样按归档目录树的方式进行整理。

（3）分类整编。将项目负责人的归档数据导入到档案数据库中。由档案管理员对项目负责人提交的图样按归档目录树的方式进行归档。归档分类按工程、阶段、专业等方式划分，并可按一定的方式组册，如按底图、技术资料、往来信函等方式组册。

（4）档案检索、借阅。系统提供多种查询方式，如条件、递进、模糊查询等。提供多种文件格式（doc、dwg、jpg 等）图档文件的浏览功能。显示当前的档案目录树结构。使用人员选定要借阅的图档文件后，填写借阅申请表，完成图档文件的借阅审批流程。所有人都可查询并浏览到所有项目的图样，但没有下载的权限。如果需要下载，必须向项目负责人或档案管理员等有批准权限的人员发出申请并执行批准的操作。

（5）档案统计、汇总。系统对档案资料进行多种模式的统计、汇总。提供对报表格式的定义、编辑修改和打印输出管理。提供对系统内案卷目录汇总、卷内档案目录汇总、档案分类目录汇总、历年归档数量统计、归档电子原件或实物统计、立卷数量统计、部门/个人借阅情况统计、档案原件浏览/下载统计。系统统计结果可以按统计报表的格式输出，其统计报表的格式需按每个单位的情况单独定制。

（6）档案编研。对档案的利用情况、档案的价值等研究成果进行管理，为后续的档案管理、档案利用提供指导。

（7）档案鉴定、处理。可定期对所管理档案进行鉴定处理，保证管理档案的有效性。

（8）系统管理。包括：组织机构维护、用户角色维护、人员权限管理、档案分类维护、自动编号设置、系统界面配置、系统日志管理等功能。

9.4.5 工程图档管理系统 MEDMS

工程图档管理系统 MEDMS 由北京容创达软件技术有限公司研制开发。软件的主要功能特点如下：

（1）建立以数据库为基础的电子图库。系统采用与后台数据库无关的设计方式，使得用户可以选择或利用现有的数据库与本系统连接。用户可按设计院的实际要求，采用自定义的数据库结构、数据属性、记录表格，对图样进行登记、注册及分类归档。不同图库可根据需要采用不同的数据结构，并可根据需要对数据库结构进行修改。

（2）灵活高效的查询检索方式。属性检索可匹配与项目或图样相关的一个或多个工程属性。图形化的图档分类树型结构，可使用户在不知检索条件的情况下，按图档分类层次搜索整个图库。

（3）独立于 CAD 及其他电子文件生成系统。能够管理各种文档类型。系统对各类文档的操作透明，用户不必关心文档的具体类型。支持文件类型包括图形文件（AutoCAD，Microstation 等）、各类标准图像文件、字处理文件、电子表格等。

（4）严密的安全管理。系统根据用户登录时的账户与密码，便可通过访问控制表来控制用户对图库的操作权，确保用户无法访问权限之外的某个图库或某类图档。菜单与功能模块的本身也根据用户的权限而定，不同权限的用户可操作、调动的功能模块不同。

（5）便于配置、便于调整、便于使用。最大程度地减少用户对系统本地化的工作，即装即用。

本 章 小 结

建设工程管理软件是指在建设工程管理的各个阶段使用的各类软件，如项目决策阶段、实施阶段和相应的行业管理过程中使用的软件，如工程量计算、图档管理、预算和相关的管理软件等，这些软件主要用于收集、综合和分发建设工程管理过程的输入和输出信息。

建设工程管理软件按适用阶段可分为适用于某个阶段的特殊用途的管理软件和适用于多个阶段的集成管理软件,按软件提供的基本功能可分为进度计划管理、费用管理、资源管理、风险管理、交流管理、文档管理、合同管理、采购管理、质量管理、索赔管理、组织管理、行业管理和过程管理等,这些基本功能有些独立构成一个软件,大部分则是与其他某个或某几个功能集成构成一个软件。

本章在对建设工程管理软件分类的基础上,简要介绍了一些软件的主要功能特点,这些软件的使用资料和相关免费版本都可以通过网络方式进行下载。

国内常用的工程量计算软件有深圳清华斯维尔三维算量软件、广联达图形自动计算工程量软件、鲁班图形算量软件、神机妙算图形算量软件等;投标报价类常用软件有易达清单大师、梦龙标书快速制作与管理软件、广联达工程投标报价软件;常用的预算决算类软件有梦龙工程概预算软件、广联达预算及审核软件、思维尔工程预算管理系统、预算通软件;常用的国外项目管理软件有Project、P3、P3e;国内常用的项目管理软件有智能项目管理软件、维新项目管理系统、工程项目网络管理系统、GH PMIS 项目管理信息系统、梦龙智能项目管理动态控制;常用的国内文档管理类软件有飞时达工程图档管理系统、图档管理软件iDocMan2000、工程图档管理系统 MEDMS。

思 考 题

1. 建设工程管理软件如何进行分类?
2. 建设工程管理软件主要包括哪些功能模块?
3. 建设工程管理软件套件的含义是什么?
4. 建设工程管理软件的应用有什么意义?
5. 国内常用的建设项目管理软件有哪些?
6. 国外常用的建设项目管理软件有哪些?
7. 国内常用的工程量计算软件有哪些?
8. 国内投标报价类常用软件有哪些?
9. 国内常用的预算决算类软件有哪些?
10. 常用的国内文档管理类软件有哪些?

第10章 建设工程项目协同工作平台软件——Buzzsaw

10.1 Autodesk Buzzsaw 简介

Buzzsaw 是美国 Autodesk 公司开发的一种适合工程项目各参与方的管理人员网上在线项目管理和协同工作系统，使用该系统可以更加高效地管理所有工程项目信息，从而缩短项目周期时间，减少由于沟通不畅导致的错误，从而提高团队责任感和对项目的控制能力。

10.1.1 Buzzsaw 的功能及解决方案

从工程项目生命周期过程内的信息生命过程，即创建、管理、共享来看，Buzzsaw 主要表现在改善工程项目信息的"管理"和"共享"过程。Buzzsaw 是众多项目信息门户 PIP（Project Information Portal）的产品之一，而且是其中使用较为广泛的一个系统。项目信息门户 PIP 是指在项目全寿命过程中，在对项目参与各方的信息和知识进行集中管理的基础上，为项目参与各方在互联网平台上提供一个获取个性化信息的单一入口，从而为项目参与各方提供一个高效率信息交流和共同工作的环境。项目信息门户 PIP 按运行模式分类，有 PSWS（Project Specific Website）和 ASP（Application Service Provider）两种类型。PSWS 模式也称专用门户，ASP 模式也可称为公用门户。Buzzsaw 属于后者。

从完善工程项目管理的行为要求和 Buzzsaw 的解决方案来看，Buzzsaw 具有以下特点：

1. Buzzsaw 是存储完整的项目资料的信息中心 完整的项目资料是项目管理的主要成果之一。项目资料管理有两个基本目标，一是集中统一管理，二是方便安全使用，前者是为后者服务的。项目资料主要包括工程图样和工程文档。同时，由于项目资料具有不同的创建者和使用者，需要分层次进行管理。因此，项目资料的管理标准、分类结构以及形成过程（即项目的实施过程）也是重要的项目资料。

Buzzsaw 提供的项目资料管理的解决方案是：

（1）集中化：所有项目资料集中存放。

（2）数字化：减少打印、投递作业和费用。

（3）标准化：所有项目资料管理模式和文件类型统一。

(4) 完整性：包括图样、文档、标准、事件、目录结构等项目资料。

(5) 一致性：所有项目成员获取同样的信息。

(6) 安全性：SSL 安全机制、多级权限控制，保证合适的人看到合适的资料。

(7) 可检索：包括内容查询在内的多种查询方法。

(8) 再利用：包括项目、文件夹、文件级的管理模式和项目资料再利用。

2. Buzzsaw 是沟通项目成员协同作业的平台　在找到合适的项目成员（包括外部合作公司和内部员工）以后，影响项目周期、预算、质量的最主要因素就是项目成员之间的沟通、决策、审批方式和渠道。Buzzsaw 为此提供的解决方案是：

(1) 每周 7 天、每天 24 小时可以随时上网。

(2) 不同地区的成员可以使用不同的语言。

(3) 可以使用不同的工作时间。

(4) 自动 E-mail 通知。

(5) 项目事件的自动记录、跟踪、汇总。

3. Buzzsaw 具有检查项目进展动态追踪的手段　项目管理过程中最大的问题，就是不知道何时何地有问题存在。在项目的实施计划确定以后，如何随时随地看到每个项目成员和每个事件的执行情况，并对出现的问题及时采取措施，是保障项目按计划实施的关键。Buzzsaw 对此提供的解决方案是：

(1) 总经理：所有项目进展状态的动态显示。

(2) 项目经理：本项目进展状态的动态显示。

(3) 项目成员：本人负责项目事件动态显示。

(4) 事件、项目、企业级的各类报表。

(5) 通过项目动态追踪保障项目按时按预算完成。

4. Buzzsaw 具有实施版本控制和浏览批注工具　项目成员上至企业高层、下到一般职员，层次复杂；项目资料从工程图样、Office 文件到传真、照片，内容繁复；易学易用是项目管理和协同工作系统能够成功的关键。Buzzsaw 对此提供的解决方案是：

(1) Office 用户界面容易使用。

(2) 与 AutoCAD 无缝集成。

(3) 跨项目条目检索和内容检索。

(4) 具有版本控制功能。

(5) 可以浏览各种文件格式：DWG、DWF、Microsoft Word、Excel、Project 等。

(6) 具有红线批注功能。

从 Buzzsaw 具有的特点和功能来看，该系统不仅可以用在工程项目上，也同样适用于其他项目。

10.1.2 使用 Buzzsaw 的优点

1. **Buzzsaw 提供了更强大的过程控制能力** 由于 Buzzsaw 具有与事件相关的工作流程、版本控制和用户权限功能、集中动态跟踪和报告功能等特点，因而可以为用户带来以下利益：

(1) 改善不断变化的管理过程，提高控制能力，降低成本。

(2) 定义和自动管理优化工作流程。

(3) 工作责任指派和实施情况跟踪。

2. **Bazzsaw 提供了良好的项目能见度** 由于 Buzzsaw 具有企业层面和项目层面的仪表板、活动日志、自动通知等特点，因而可以为用户带来以下利益：

(1) 更及时的决策以优化收益。

(2) 瞬间监控和管理多个项目。

(3) 建立客户化观察方式。

(4) 随时访问项目信息。

3. **Buzzsaw 带来项目生命周期的全面节省** 使用 Buzzsaw 可以带来项目生命周期的全面节省。表 10-1 反映了 Buzzsaw 在线协同工作的功能和成本节省的主要方面。

表 10-1 Buzzsaw 带来项目生命周期的全面节省

项目管理行为	Buzzsaw 在线协同工作	成本节省的主要方面
修改计划并得到最终的计划	对计划的评审和批注可以同时进行，结果可以直接在 Buzzsaw 上传下载	电话、传真、打印、邮寄
创建整套的施工图	整套图样都可以在线创建和发布	打印和邮寄
创建和发布招投标文件	在线公布和发布	对数十个甚至更多供应商投标文件的扫描、打印、复印、邮寄以及相应的劳动力成本
处理投标和合同	供应商在线提交投标文件，最终结果在 Buzzsaw 上公布	打印成本、人工输入数据的成本

4. **使用 Buzzsaw 给客户带来的利益** 使用 Buzzsaw 可以给客户带来以下利益：

(1) 由于沟通、审批等时间的大量节省，使项目总体周期缩短。

(2) 增加项目过程的可控制性和可追溯性。

(3) 减少由于各类设计、施工错误带来的成本增加。

(4) 由于按时/按预算项目实施，可带来收益改善。

(5) 所有项目参与者实时同步获取项目最新信息。

5. Buzzsaw 的商业应用价值　Buzzsaw 在全球有许多成功应用的案例，该系统推出五年就有近 10 万个客户端的积累，并随着时间继续高速增长。Buzzsaw 不仅仅是一个软件产品，更重要的是一整套管理服务体系，它提供了建设行业从生产到管理的整套解决方案。

Buzzsaw 的开发商 Autodesk 公司具有雄厚的经济实力和技术先进性，该系统与 AutoCAD 及其应用软件无缝集成。由于近 20 年在工程项目建设领域积累了大量的 DWG 文件和 90% 以上设计师都使用 AutoCAD 等原因，使得 Buzzsaw 的应用具有宽广的前景，Buzzsaw 在全球工程项目在线协同工作服务市场占有率达到 55%。

10.2　Buzzsaw 项目组成及工作模式

10.2.1　Buzzsaw 项目组成

Buzzsaw 是在对项目全寿命过程中项目参与各方产生的信息和知识进行集中管理的基础上，为项目参与各方在互联网平台上提供一个获取个性化项目信息的入口，从而为项目参与各方提供一个高效率信息交流和共同工作的环境。

1. Buzzsaw 项目概况　Buzzsaw 是以文件夹的形式组织各种工程信息资源，类似于 Windows 资源管理器。项目是一种特殊的文件夹，用于存储、管理、共享各种工程信息资源。

Buzzsaw 的文件夹包括项目文件夹和标准文件夹，项目是一种特殊的文件夹，不仅能存储数据，还能存储管理信息。项目文件夹呈橙色，标准文件夹呈黄色。图 10-1 所示为 "Autodesk 哈工大 BLM 实验室" 的项目和它所包含的文件夹及子项目。

Buzzsaw 有关建立项目的操作包括：建立一个项目、转换项目和文件夹、存档项目。

(1) 建立项目。在 Buzzsaw 栏中选中 "项目文件"，显示项目文件夹栏。在项目文件夹栏树状结构上站

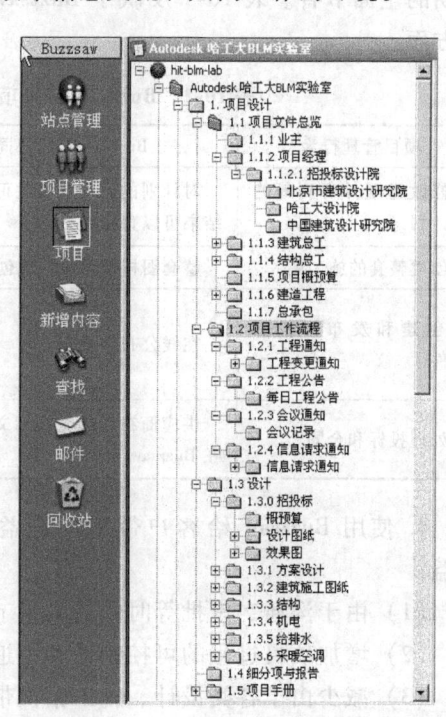

图 10-1　Buzzsaw 项目及文件夹

点、项目或文件夹的图像或名称上单击右键或选择工具栏上的"添加"。选择"项目"或"文件夹",则创建一个项目或文件夹。之后更改缺省项目名称。点击项目或文件夹,即可浏览项目或文件夹内容。

(2) 转换项目和文件夹。项目和文件夹可以相互转换。在项目或文件夹上单击右键选择"转换为文件夹"或"转换为项目"即可。

(3) 存档项目。管理员可以使用存档站点、项目或文件夹内容这一功能,方便地将文件副本完整地复制到本地计算机系统。"存档"命令最常用于项目竣工或需要释放站点空间的情况。存档内容时,所有所选站点、项目或文件夹文件(包括所有文件版本、讨论和版本注释)的副本均复制到本地计算机。版本和讨论注释转换为 HTML 并显示在列表中。只需从列表中选择项,即会加载内置的查看器并将该项显示在用户的浏览器中。

2. 项目设置 在 Buzzsaw 中建立一个项目后,还应该由管理员来对该项目进行一些项目设置,才能对其进行使用。这些设置包括:项目数据、项目成员、角色、表格日志和信息页面。

(1) 定义项目数据。此处输入的项目数据将显示在主控板、表格和报表中,可以随时返回此步骤编辑数据。这些项目数据包括:项目全称、国家/地区、地址、城市、省、邮政编码、说明、项目预算、开始日期等。

(2) 选择项目成员。选择要参与此项目的成员,可以添加成员或组。

(3) 向角色分配项目成员。向组或角色分配项目成员,使用现有角色或创建新角色。通过将成员分组到角色,可以轻松地控制各工作流程过程内的规则和工作安排。

(4) 表格日志和工作流程。添加、编辑和删除项目内的表格日志。各项目日志都将由一个可配置工作流程和基于管理员默认设置的表格类型组成。

(5) 管理信息页面。信息页面是指项目主控板和用户定义的 HTML 页面。使用此步骤可添加或删除信息页面、更改显示顺序以及控制可访问这些页面的成员。

10.2.2 项目成员及权限

1. 项目成员 一个建设项目各参与方的工作人员只有成为 Buzzsaw 项目的项目成员,才可以使用 Buzzsaw。在创建项目之后,管理员便可以添加成员。成员只有明确地添加至项目,才可以访问项目中的数据。成员可以使用的任务和活动取决于其所分配的权限级别。

2. 权限级别 控制对项目信息的访问是 Buzzsaw 的核心功能。权限级别可以控制分配给站点中某个项目的每个成员对文件夹和文件的访问及使用。只有站点和项目管理员才能更改成员的权限级别。站点和项目管理员可以分配权限级别,以此控制哪些人员能够对项目中所公布的文件进行查看、下载或修改。

通常,成员的权限级别是按项目逐一设置的。项目管理员可以完全控制在项目级设置的权限级别和列表。作为管理员，可以在"站点管理"或"项目管理"权限选项卡中查看和编辑所有项目和成员的权限。

3. **权限级别定义** 可以给项目成员分配项目级、文件夹级或文件级的不同权限级别。项目成员依据各自权限的不同，对项目和文件具有不同的操作权限，见表10-2。

表10-2 项目成员级别及操作权限

	增加项目	增加/删除站点成员	增加/删除项目成员	设定成员或组的权限等级	增加/删除文件	编辑文件	查看文件	加入/编辑批注、便笺和注释	只能查看项目资料夹列表
站点管理员（Site Admin）	●	●	●	●	●	●	●	●	
项目管理员 *（ProjectAdmin）			●	●	●	●	●	●	
编辑（Edit）					●	●	●	●	
更新（Update）						●	●	●	
审阅（Review）							●	●	
查看（View）							●		
列表 **（List）									●
存放 ***（Deposit）					●	●	●	●	

* 预设项目管理员只能在项目层级上增减项目成员及设定权限，他们也可以被赋予权力来建立新的成员并且指派他们到项目中。

** 当成员被指派了列表权限，他将可在项目中浏览被指派的文件夹，如果他们需要针对特定文件查看或跟其他成员互动，则至少要有查看的权限。

*** 存放权限允许成员查看并且增加、编辑或删除自己的文件，但他们不能在这个项目中看到其他人的文件。

此外，不允许访问（No Access）权限禁止成员看到任何文件夹或文件，这个权限将优先于其他的权限等级。

4. **项目组** 工程项目的参与人员中，有许多项目成员属于同一性质的工作，例如不同的工程设计人员，不同的监理人员等。为了方便管理和协调，可以把他们划分成不同的项目组成员。Buzzsaw支持项目组的操作。

组是由若干项目成员组成的一个用户群，组内的成员拥有相同的权限，共同完成同一份工作。可以将一个组内的用户视作单个用户进行管理，也可以给一个组发送电子邮件。

如果有很多项目成员被指派到项目中而且权限设定十分复杂，建立组并利用组来指派成员将会是一个好方法。因为之后每当新成员加入，只需要将其加入到特定已存在的组，这个成员将可立即进入当初这个组所被指派的项目及拥有相关的权限。

站点管理员和项目管理员可以创建成员、创建站点级别的组,然后可以将该组添加至站点中的任何项目层次(项目级、文件夹级或文件级)。因此,每当新成员添加至现有组时,该成员将有权访问该组所分配的所有项目、文件夹或文件。

5. 角色 "角色"一词是指成员所属类别,并定义了一组成员可在表格日志内执行的操作。通过将成员分组成角色,即可轻松控制表格日志内的访问权限级别。角色只会应用到 Buzzsaw Professional Streamline 中的表格日志。使用角色不会影响成员对其他文件和项目的权限。角色是特定于表格日志的。一个成员可以参与多个表格日志并在各表格日志中充当不同的角色。

10.2.3 Buzzsaw 的工作模式

1. 信息集中存储并共享的协同模式 在许多方面,建筑业不同于任何其他行业。对于每个工程项目而言,都可能会有许多部门和单位,在不同的阶段以不同的参与程度参与其中。因此,所有参与方之间的交流不仅十分重要,而且对于在预算内准时和高质量地完成项目十分关键。

建设工程项目中各参与方之间信息交流的传统模式是点与点的信息交流,没有统一的信息交流平台,如图 10-2 所示。在这种点与点的信息交流模式下,工程项目各参与方之间的信息交流方式主要有以下几种:邮局、特快专递、电子邮件、FTP 站点、电话、传真、集体讨论及现场会议等。

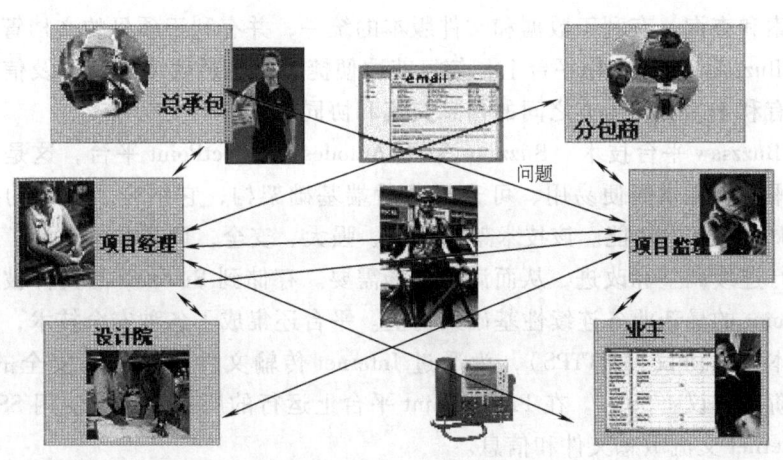

图 10-2 工程项目参与各方之间传统的信息交流模式

上述每种方式都会花费一定的成本费用,包括邮资、快递费、差旅费、打印和复印等费用。而且在这些方式的交流中,有许多图样一次性使用,而不是进行共享和重复使用。这个过程浪费巨大,并且有可能对项目造成损害。因为校对、标记、图样的发布、错误的修改和现场会议都会造成浪费和延迟。而了解用户是否已收到最新版本信息要依靠用户的确认函或邮件确认。

Buzzsaw 把工程项目中各参与方之间传统的点与点信息交流模式转变成信息集中存储并共享的协同模式，工程项目中各参与方之间的信息和交流都集中到 Buzzsaw 协同工作平台中，因而工程项目中各参与方之间的协同效率更高，如图 10-3 所示。

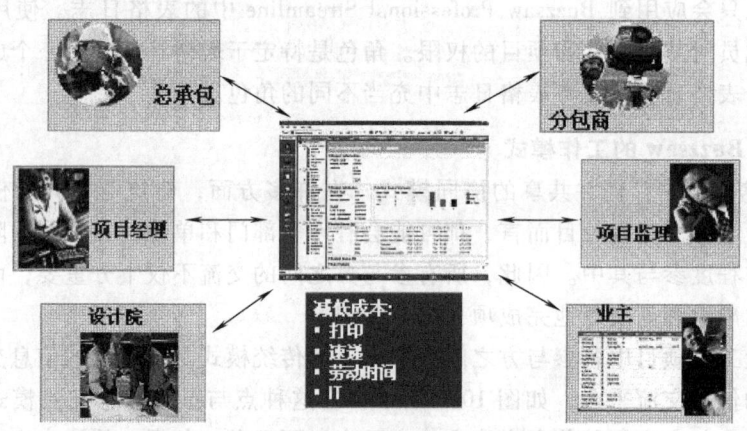

图 10-3 信息集中存储并共享的协同模式

在 Buzzsaw 协同工作平台上，信息存储数字化和存储相对集中有利于项目信息的检索和查询，有利于数据和文件版本的统一，并有利于项目的文档管理。

在 Buzzsaw 协同工作平台上，信息获取便捷、信息透明度提高以及信息流扁平化也有利于项目参与方之间的信息交流和协同工作。

2. Buzzsaw 平台技术 Buzzsaw 采用 Autodesk ProjectPoint 平台，这是一个专有技术平台，提供简便易用、可升级的后端基础架构，它结合了领先的技术和 Autodesk 定制开发功能。该技术架构稳定、强大、安全，而且非常灵活，足以让用户进行连续调整和改进，从而满足市场需要。存储到 Buzzsaw 的文件被存放在 ProjectPoint 的最新业务连续性基础架构上。平台还集成了各种安全技术，包括安全超文本传输协议（HTTPS），为通过 Internet 传输文件提供一种安全的方法，即安全阶层协议（SSL）。在 ProjectPoint 平台上运行的所有程序均使用 SSL 技术通过 Internet 交流敏感文件和信息。

3. Buzzsaw 协同作业原理 协同作业对建筑业至关重要，但如何使用 Buzzsaw 网上在线交流平台来更加高效地进行协同作业呢？我们可以通过一个例子来说明这个问题。

图 10-4 表现了使用 Buzzsaw 的一个环境。在 Buzzsaw 服务器上可能存在多个工程项目，每个工程项目的参与人员包括建筑设计领域人员、结构设计领域人员、预算领域人员、项目负责人员或项目经理等人员。每个项目参与人员都可以

第 10 章 建设工程项目协同工作平台软件——Buzzsaw

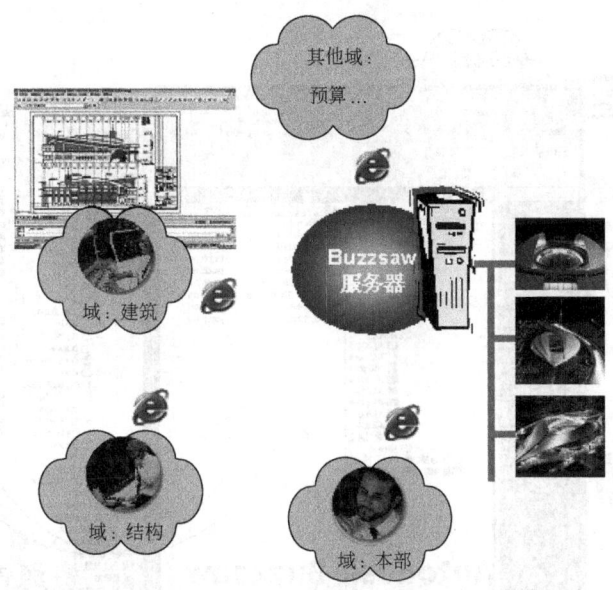

图 10-4 Buzzsaw 工程项目在线协同作业（一）

通过 Internet 网直接访问项目信息。

假如一个工程项目建筑设计完成或需要修改，就可以选择把该图形存储到 Buzzsaw 服务器上，如图 10-5 所示。

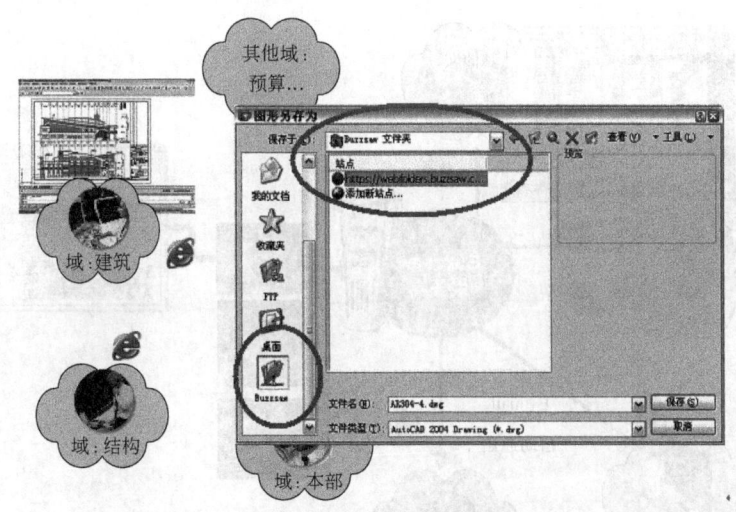

图 10-5 Buzzsaw 工程项目在线协同作业（二）

建筑设计人员也可以通过资源管理器把建筑设计或修改的文件复制到 Buzzsaw 服务器上，如图 10-6 所示。

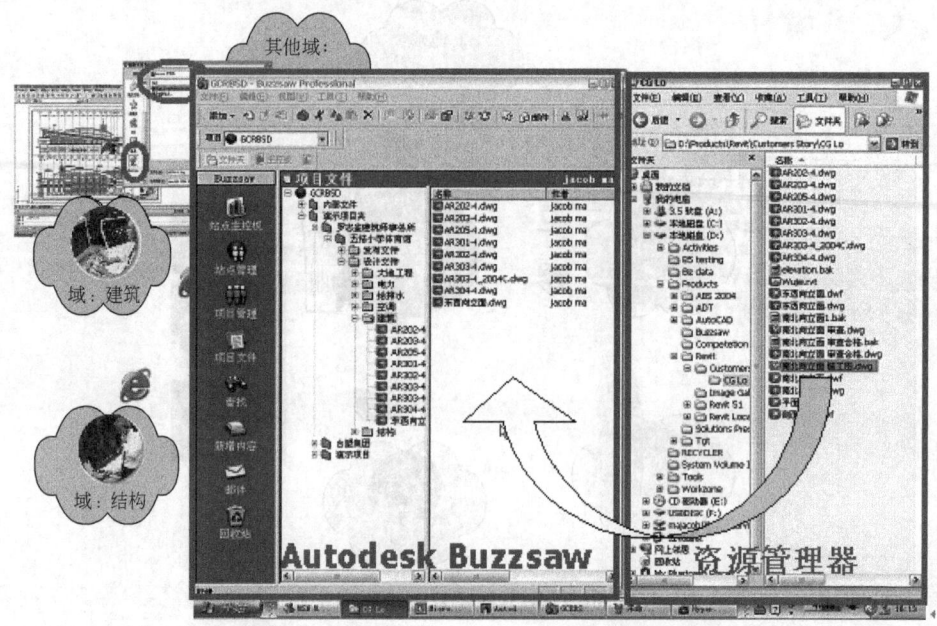

图 10-6 Buzzsaw 工程项目在线协同作业（三）

建筑设计或修改的文件上传到 Buzzsaw 服务器后，会自动通过 E-mail 通知该项目的相关人员，如图 10-7 所示。

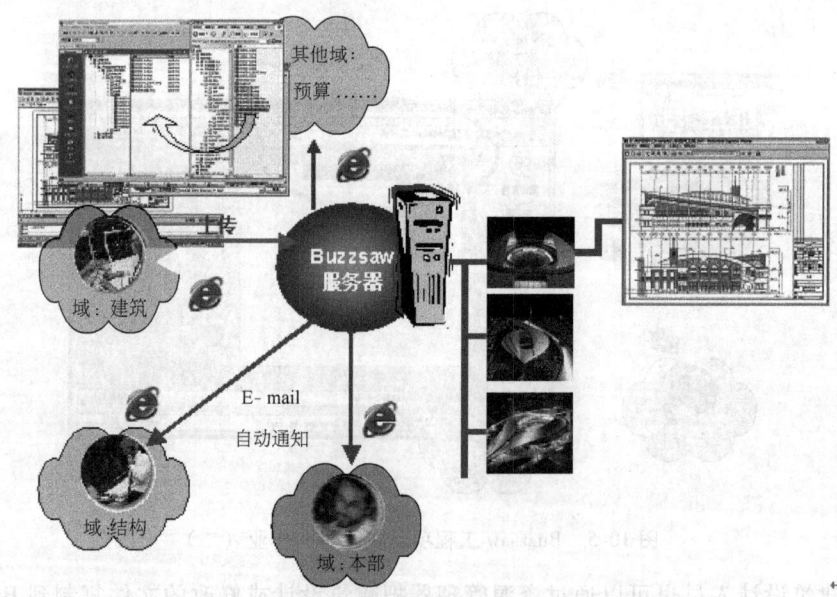

图 10-7 Buzzsaw 工程项目在线协同作业（四）

该项目的相关人员可以打开接收到的邮件，看到邮件说明，单击邮件中的超级链接就可以直接看到该文件内容，如图10-8所示。

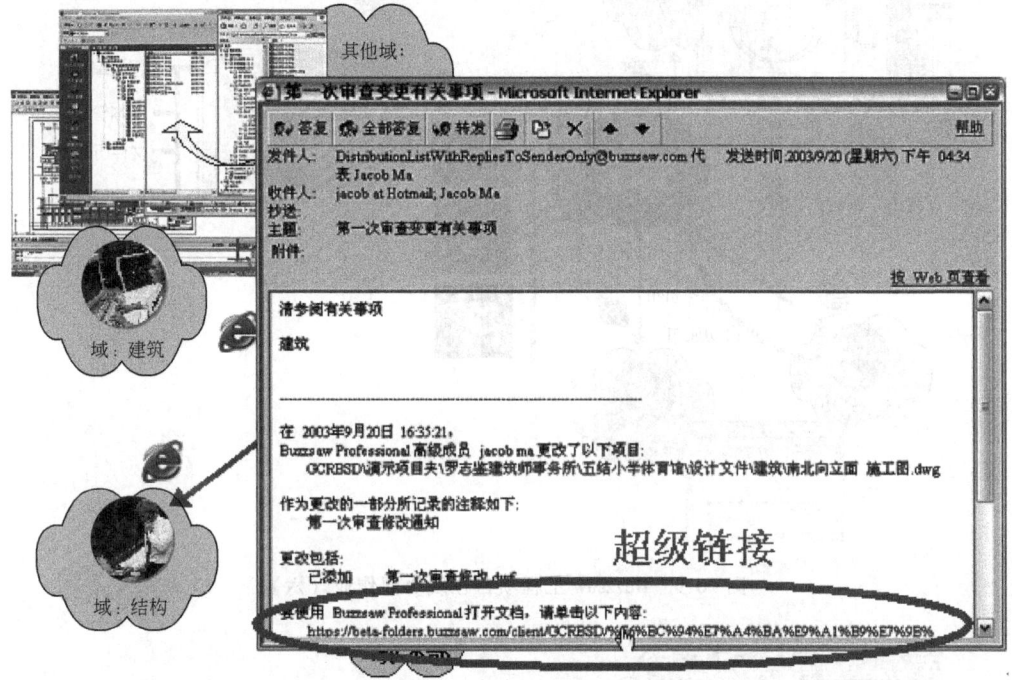

图10-8 Buzzsaw工程项目在线协同作业（五）

相关用户打开该文件查阅后，可以对该文件提出意见和看法，并可以针对图形文件添加标记和注解，使用标记可以加速讨论和检查周期，查阅和检查图形文件的用户不需要安装AutoCAD，只需使用Volo View或DWF工具就可以对该图检查标记，加入讨论和检查标记的图形文件存放在Buzzsaw服务器上为相关人员共享，图10-9所示为结构设计人员对该文件添加批注。

Buzzsaw对文件具有版本管理功能，Buzzsaw上的文件发生变化时，可以保留原版本。文件的早期版本可以记录设计的修改过程，工程师和建筑师有时需要查看早期版本，以了解该项目设计的历史。保留早期版本也有助于重新设计时成本和时间的节省。图10-10所示为可以查看某施工图修改新版本的原始版本。

建筑设计人员和结构设计人员可以在Buzzsaw上在线协同交流，这样不论项目何时发生变动或修改，施工单位在网上都可以及时看到施工的最新版本的文件，以避免使用图样文件过期的差错，如图10-11所示。

该项目的相关人员只要打开Buzzsaw，都可以在项目仪表板上看到该项目的最新的任务和信息，如图10-12所示。

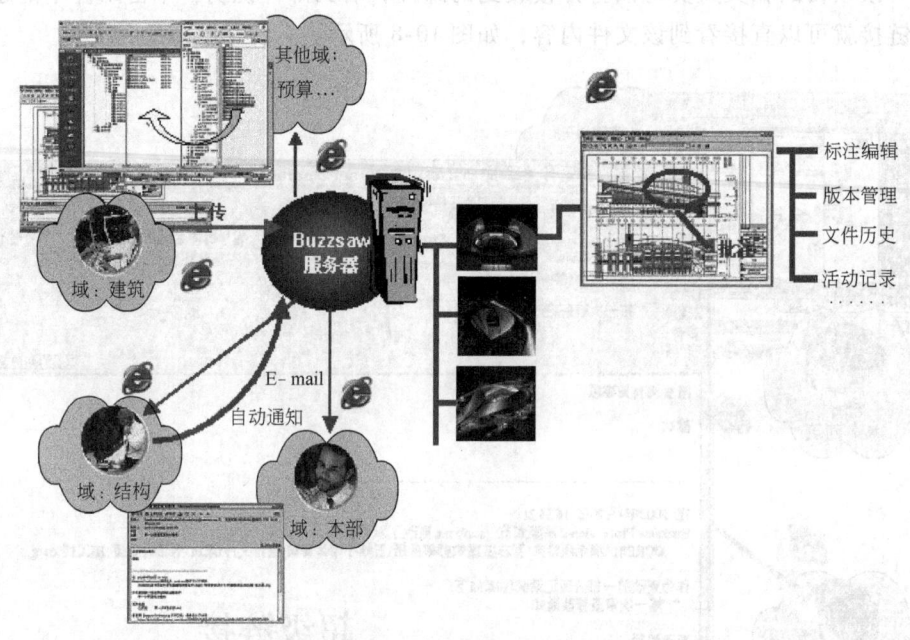

图 10-9 Buzzsaw 工程项目在线协同作业(六)

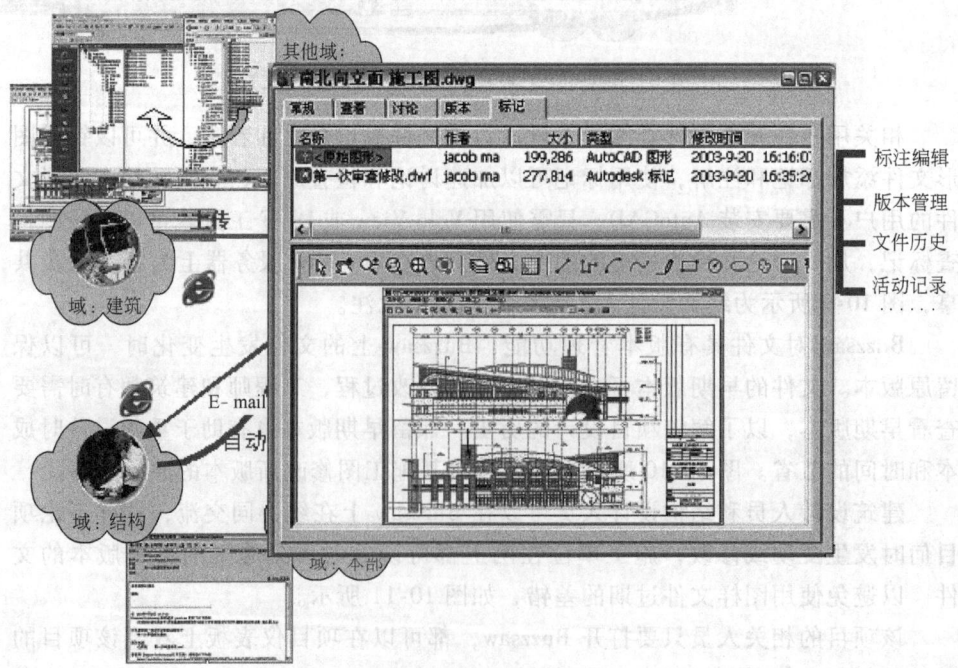

图 10-10 Buzzsaw 工程项目在线协同作业(七)

第10章 建设工程项目协同工作平台软件——Buzzsaw

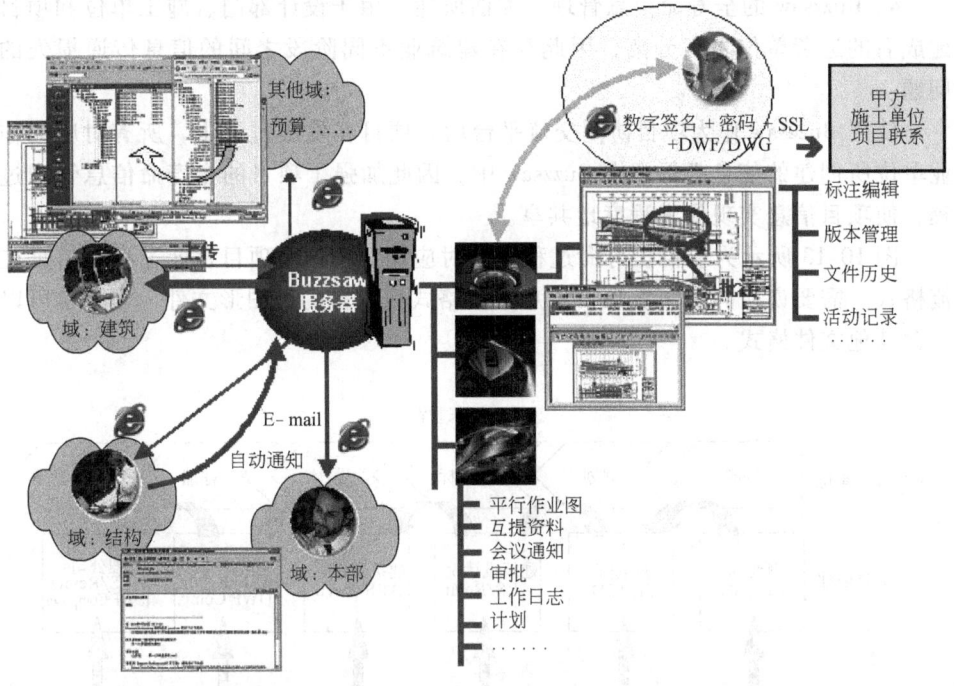

图 10-11 Buzzsaw 工程项目在线协同作业（八）

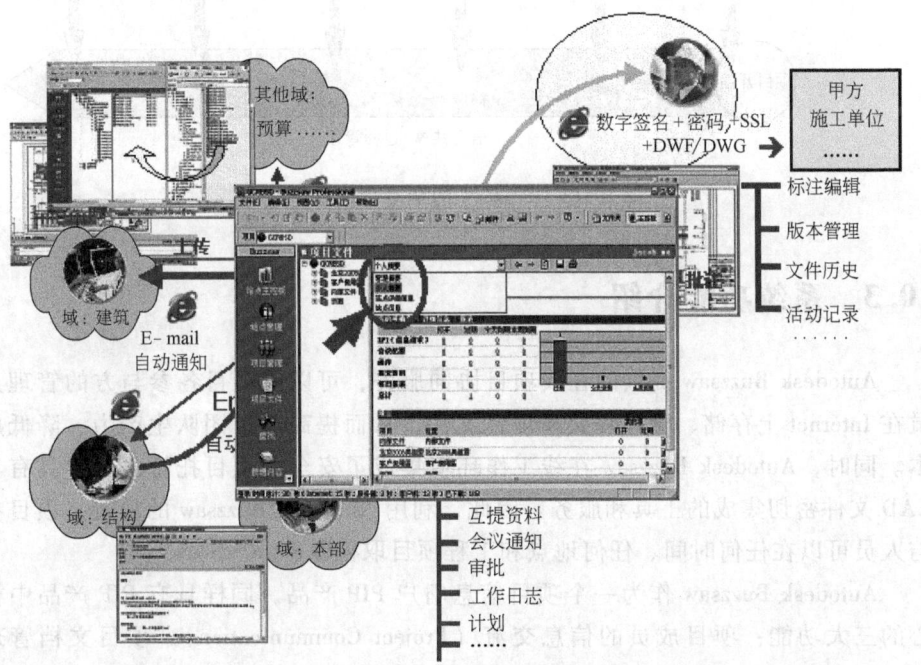

图 10-12 Buzzsaw 工程项目在线协同作业（九）

4. Buzzsaw 的全寿命信息管理　如前所述，由于设计部门、施工单位和项目建成后的运营单位之间分离，因此存在建筑业不同阶段之间的信息传递损失的问题。

使用 Buzzsaw 作为项目协同交流平台后，项目在发展过程中，所有对应的作业单位所创建的信息都保留在 Buzzsaw 中，因此加强了项目的全寿命信息管理过程，使项目信息实现最大程度地共享。

图 10-13 所示为项目全寿命过程中的对应作业单位、项目发展过程及信息交流格式。需要说明的是工程项目信息交流格式比较多的是图形文件，当然也可以包含其他文件格式。

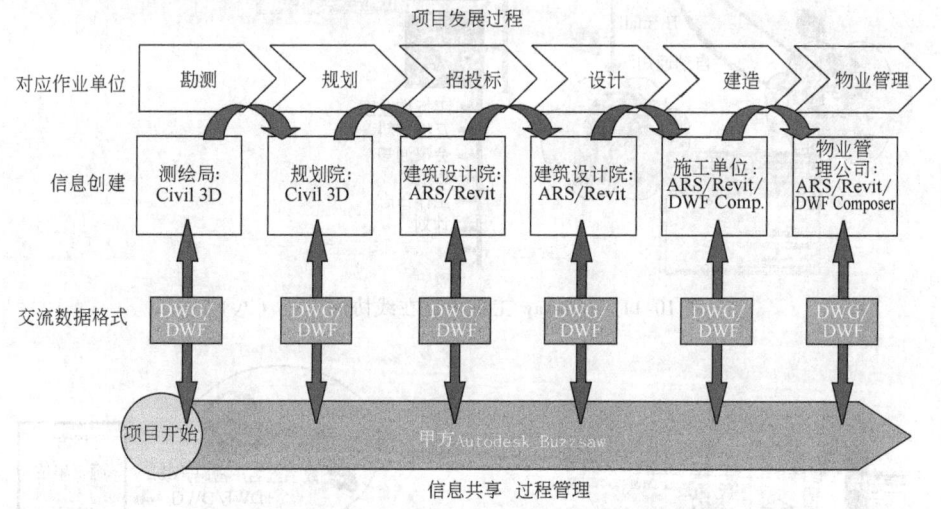

图 10-13　Buzzsaw 的全寿命信息管理

10.3　系统功能介绍

Autodesk Buzzsaw 提供的在线项目协同服务，可以使项目各参与方的管理人员在 Internet 上存储、管理和共享项目文件，从而提高项目团队生产力，降低成本。同时，Autodesk Buzzsaw 在线工作环境集成了安全的项目托管服务，具有与 CAD 文件密切集成的工具和服务。因此，利用 Autodesk Buzzsaw 的功能，项目参与人员可以在任何时间、任何地点和工程项目取得联系。

Autodesk Buzzsaw 作为一个项目信息门户 PIP 产品，同样具有 PIP 产品中核心的三大功能：项目成员的信息交流（Project Communication）；项目文档管理（Document Management）；项目各参与方的协同工作（Project Collaboration）。

10.3.1 项目成员的信息交流

1. 进入 Buzzsaw 工程项目信息管理中心

（1）登录 Buzzsaw 站点。要进入 Buzzsaw 工程项目信息管理中心访问其站点文件，需要使用用户名和密码。这些登录信息可以验证用户在系统内的身份，并帮助维护项目文件的安全性。

如果不下载 Buzzsaw 客户端软件，也可通过 Internet 直接访问 Buzzsaw 站点。使用 Web 访问的优点在于可以通过任何连接 Internet 的计算机访问站点。

（2）登记项目成员的个人信息。每个项目成员都有一个个人信息页面，设置后可供其他项目成员了解和交流。

2. 电子邮件传递信息功能　通过电子邮件传递信息是项目中相互交流的重要步骤。Buzzsaw 邮件功能类似于 Microsoft Outlook 功能，但只能发送邮件，不能接受邮件。

3. 预订项目文档的变动通知功能　通知功能是指用户可以预订文件、项目或表格日志的通知。预定文件或项目后，如果该文件更改，则可以及时收到电子邮件通知。这样，用户无需经常登录 Buzzsaw 站点，便可以跟踪文件和项目的更改情况。

可以针对所关心的不同项目或文件分别建立通知功能，在通知管理员功能中可以集中管理所有的通知项目。在通知管理员功能中集中管理预定通知，可以添加预定通知，也可以更改、删除和禁用通知。

10.3.2 项目文档资料管理

1. 提交工程项目文档资料功能　如果用户要提交工程项目文档资料，必须拥有一定的权限。这样就可以在 Buzzsaw 中添加文件夹、文件、便签和链接。

2. 查阅工程项目文档资料功能

（1）查看文件和链接。Buzzsaw 使用插件（plug-in）方式在项目站点查看文件。在 Buzzsaw 中选择所需文件，在明细视图中就可以单击"查看"按钮，文件内容即显示在"查看"窗口中。

（2）查阅新增文档内容。"新增内容"功能提供了查看当前所选项目中尚未查看的所有文档的快捷手段。用户不必每天登录所有项目，利用"新增内容"就能快速查看新文件、讨论和更新文件。

（3）搜索所需工程项目文档资料。在项目生命周期内，可能花费若干年，积累大量数据。用户可以根据作者、创建日期、内容等在大量数据中搜索所需工程项目文档资料，从而节省大量时间。同样也可以搜索工程项目参与人员的资料。

3. 编辑工程项目文档资料　有时为了安全原因或者在更新文件时，需要保护文件不被改变，Buzzsaw 提供了锁定文件的方法，每次只允许一名成员编辑文件。当用户操作文件时，应锁定文件以便其他项目成员知道文件正在更新，这样可以控制工作流程并避免图形版本混乱。锁定文件的前面有锁定图标，如：🔒 📄 投标.dwf 。也可以解锁文件。

用户可以编辑和更新工程文档资料，当文档资料发生变化时，原来的文档保留为早期版本，用户可以查看不同版本的文档资料。

10.3.3 在线协同工作

1. **工程项目相关事项的讨论功能** 讨论和注解是项目团队成员彼此就设计问题、修改或项目事项交换意见的快捷方式。讨论是针对特定文件的若干注解。讨论选项卡会显示对该文件的讨论串，可以在添加和更新文件时发起讨论，也可以给现有的文件添加注释，还可以回复讨论。

2. **在图样上标记更改信息功能** 使用 Volo View 或 DWF Composer，无需安装 AutoCAD 就可以查看和标记图形文件（DWG、DXF 和 DWF）。可以对图形文件创建红线草图和标记，并可以保存标记。

3. **保持工程项目图样的同步更新功能** 外部参照（Xref）是 AutoCAD 将图形文件链接在一起的方法，使用外部参照往往更加方便，因为图形文件一旦链接，所有外部参照文件的更新都将自动反映在原始图形文件中。类似的情况是将现有 Excel 电子表格插入 Word 文档。以后，电子表格每次更新时，更新内容都将自动出现在 Word 文档中。可以上传和下载具有外部参照（Xref）的 AutoCAD 图形。

4. **项目成员组信息交流功能** 工程项目的参与人员中，有许多项目成员属于同一性质的工作，如不同的工程设计人员、不同的监理人员等。为了方便管理和协调，可以把他们划分成不同的项目组成员。组是由若干项目成员组成的一个用户群，组内的成员拥有相同的权限，共同完成同一份工作。可以将一个组内的用户视作单个用户进行管理，也可以给一个组发送电子邮件。

5. **表格及报表的应用** Autodesk Buzzsaw Professional 具有新增的表格及报表功能，提供高级在线协作服务，能增进建筑生命周期各个阶段的项目沟通。Buzzsaw Professional 使用中央在线数据库管理团队成员之间的信息请求、每日报表、提交资料、函件、变更通知单和审批等标准建筑表格，可以定制表格、跟踪通信进展情况、制作报表以及搜索全部通信，从而快速查找所需数据。

配置表格日志使用某一类型的工作流程。工作流程是描述自动化业务流程（部分或全部）的一个常用术语。工作流程会根据一套流程规则，将文档、信息或任务从一个参与者传递至另一个参与者，从而实现操作。通过创建配置用于某一工作流程类型的表格日志，可实现内部业务运营过程的自动化。

10.4 进入工程项目信息管理中心站点及工作界面简介

10.4.1 登录站点

工程项目各参与方要利用 Buzzsaw 进行信息交流，必须进入该平台，即进入工程项目信息管理中心，成为该项目的成员。利用 Buzzsaw 提供的项目协作服务，可以使用户在 Internet 上存储、管理和共享项目文件。

作为项目成员要登录 Buzzsaw 平台访问站点文件，需向站点管理员提出申请，由站点管理员为其设置用户名，并通过电子邮件通知项目成员。项目成员在接收到加入某个项目的邀请后，按照邮件中给出的用户名和密码（临时密码）进行登录。项目成员收到的邮件内容如图 10-14 所示。

```
用户名：刘洪涛
单击下面的一个链接可登录和设置您的密码：
Buzzsaw Professional 软件访问 — 提供完整功能。这是一种最
快捷有效的参与项目方法。管理任务必需Buzzsaw Professional
软件。
http://blm.hit.edu.cn/client/hit-blm-lab/?sentinel=1019-XGKg42rF
AM
Buzzsaw Professional Web 访问（新！）—无需在本机上安装
Buzzsaw Professional 软件即可访问项目数据。
http://blm.hit.edu.cn/hit-blm-lab/?sentinel=1019-XGKg42rFAM
如果单击链接不起作用，则可以将链接复制并粘贴到浏览器的
地址窗口中，或在地址窗口中重新键入链接地址。
```

"?"之前是站点地址，"—"后面的是密码

图 10-14 项目成员接收到的邮件信息

1. 初次登录 Buzzsaw 平台 项目成员初次登录 Buzzsaw 平台，需执行如下步骤：

（1）单击邮件说明中的链接地址，按提示要求安装客户端软件。若本机上已安装 Buzzsaw Professional 软件，单击 Buzzsaw 图标 [Buzzsaw 6]。或通过 Buzzsaw Professional Web 访问，在地址窗口中键入链接地址如：http://blm.hit.edu.cn/hit-blm-lab。

（2）在屏幕出现的登录窗口（图 10-15）中输入邮件中提供的用户名和密码。

（3）单击"确定"按钮，屏幕出现选择密码窗口，选择并设置新密码。

（4）输入姓、名等成员信息，单击窗口下部的"联系信息"按钮，会出现成员信息窗口，在此窗口中输入成员的联系信息。这些登录信息可以验证项目成

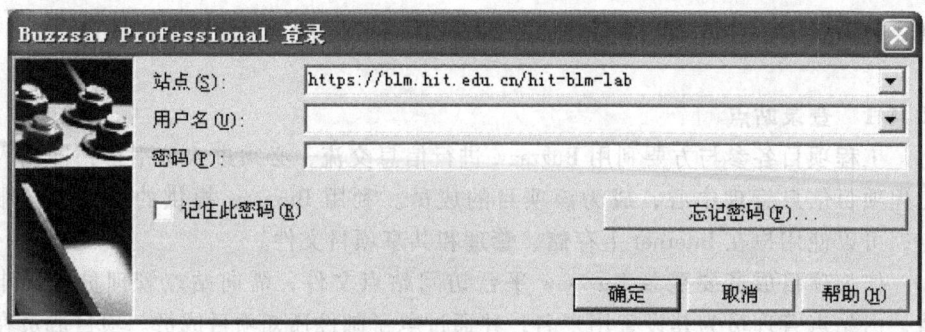

图 10-15 登录窗口

员在系统内的身份，并帮助维护项目文件的安全性。单击"确定"返回到选择密码窗口。

（5）单击"确定"按钮，进入到 Buzzsaw 工作界面，完成登录。

2. 日常登录　在日常工作中登录 Buzzsaw，若本机上已安装 Buzzsaw Professional 软件，单击 Buzzsaw 快捷图标，或通过 Buzzsaw Professional Web 访问，在地址窗口中键入链接地址如：http://blm.hit.edu.cn/hit-blm-lab。屏幕就会显示"登录"对话框，输入修改后的用户名和密码，按"确认"按钮进入系统工作界面。

如果忘记了密码，可以联络站点管理员要求发送新密码。由站点管理员发送的密码是 Buzzsaw 临时生成的，其他人看不见，包括站点管理员。用此密码重新登录，并修改该临时密码。

10.4.2 工作界面

当成功登录 Buzzsaw 后，依项目成员的身份不同，系统显示工作界面会略有不同，但都包括如图 10-16 所示的五部分，即项目选项栏、标准工具栏、Buzzsaw 功能栏、树状视图、明细视图。

1. 项目选择栏　项目选择栏列出了站点中的所有项目，但只能查看在自己权限范围之内的项目。可以通过将此工具栏拖动并停靠在窗口中的任何位置来进行重新放置。单击"项目"字段右侧的箭头，弹出菜单列出该站点所有项目。从所列项目中选择一个项目，然后单击"确定"，所选项目的内容即会显示在树状视图中。以此方式选择要使用的项目，可避免在树状视图中查找，从而节省时间。

2. 标准工具栏　使用标准工具栏可以方便、快速访问最常用的任务和活动，如图 10-17 所示。

第10章 建设工程项目协同工作平台软件——Buzzsaw

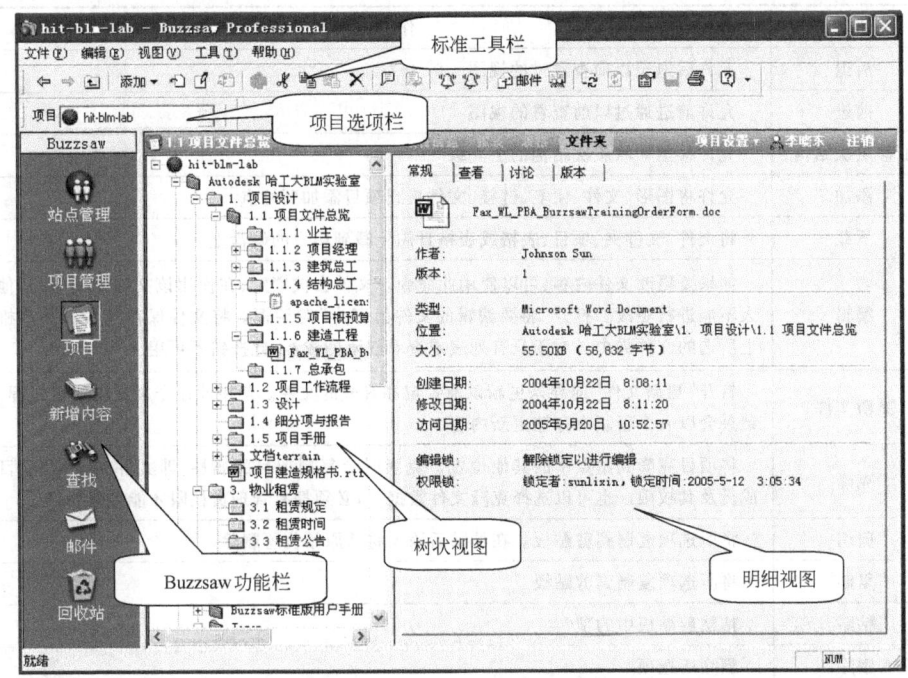

图 10-16 Buzzsaw 项目成员工作界面

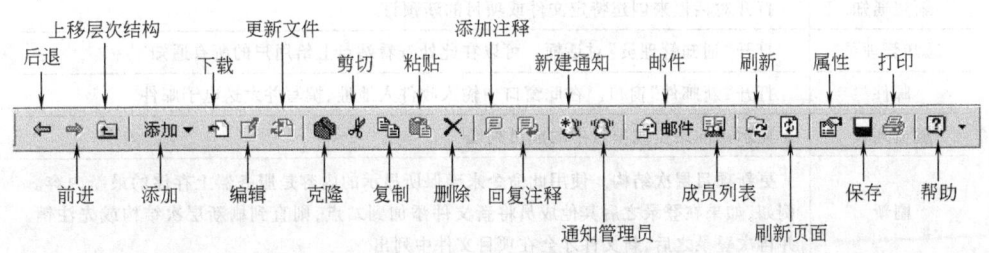

图 10-17 标准工具栏按钮的作用

把鼠标停留在任意按钮上，将有相应的提示。可以通过将此工具栏拖动并停靠在窗口中的任何位置来进行重新放置。对于要使用的选项，单击工具栏上与之对应的按钮。单击紧邻向下箭头的按钮可以打开一个菜单。有关每个按钮的详细信息，可参阅表 10-3 所示的常用工具栏简介。多数工具栏选项的辅助功能取决于所选的文件类型和所分配的权限级别。

3. Buzzsaw 功能栏　Buzzsaw 功能栏也称快捷工具栏，位于主窗口的左侧，可以快速访问最常用的任务和活动。单击其中一个图标后，会显示不同的选项。

表 10-3　常用工具栏简介

按钮名称	作　用
后退	允许后退至以前查看过的视图
前进	允许前进通过以前查看的视图
上移层次结构	允许移至树状层次结构的上一级
添加	允许将图形、文件、便笺、链接、文件夹或项目添加到站点
下载	将文件、文件夹、项目、表格或表格日志下载到用户的硬盘上
编辑	如果要更改文件内容，可以使用此命令。文件会被锁定，在使用该文件的同时，其他人不能进行更改。打开"将要编辑的文件另存为"对话框。将文件保存到本地计算机上所选的文件夹中。对于只有列表或查看权限的成员，此按钮不可用
更新文件	打开"更新文件"向导来更新以前锁定和修改的文件。使用此命令来完成编辑过程。结果会以一个新版本存储更新内容
克隆	将项目克隆到站点中的其他位置。克隆时会复制项目的属性，即文件夹结构、项目成员及其权限。也可以选择克隆文件数据，但必须拥有管理员权限才能克隆项目
剪切	将所选项复制到剪贴板。在粘贴后该项将从原始位置删除
复制	将所选项复制到剪贴板
粘贴	粘贴剪贴板中的项
删除	删除所选项
添加注释	创建注释，该注释会附加到所选文件
回复注释	输入文本以回复所选注释。对于只有查看权限或列表权限的成员，此按钮不可用
新建通知	打开对话框来创建特定文件或项目的新预订
通知管理员	打开"通知管理员"对话框。可以在此处查看站点上给用户的所有通知
邮件	打开"新邮件"窗口。在此窗口中输入收件人地址、撰写并发送电子邮件
成员列表	显示当前站点或项目中的成员列表
刷新	更新项目层次结构。使用此命令来确保所显示的内容是服务器上存储的最新内容。例如，如果在登录之后其他成员将新文件添加到站点，则直到刷新层次结构或先注销并再次登录之后，新文件才会在项目文件中列出
刷新页面	刷新正在查看的信息页面或报表。此命令不会刷新树状层次结构
属性	显示所选项的属性。允许管理员查看和修改单个文件夹或项目文件的权限级别
保存	将信息页面或报表保存到硬盘上
打印	将选定项（文件、表格、信息页面或报表）的内容发送到本地打印机
帮助	打开帮助目录和相关的或上下文帮助页面

位于窗口右侧的详细视图显示的内容会根据选择的任务而变化，可能显示数据，也可能显示选项卡。

右键单击图标可打开任务，在新窗口中打开任务，了解有关任务的详细信息或登录/注销,而且可以更改图标的大小。根据项目成员所分配的权限级别,可以进行如表 10-4 所示的活动。

表 10-4　Buzzsaw 功能栏简介

图　　标	作　　用
	站点管理:仅限站点管理员使用。用来执行管理功能,包括添加成员和组、更改权限以及访问站点活动日志
	项目管理:方便项目管理员快速访问常用的管理任务和活动,包括将成员和组添加至项目以及访问所有与项目相关的活动日志。仅限站点管理员和项目管理员使用
	项目:显示项目中所有文件夹和文件的树状视图和详细视图(与 Windows 资源管理器类似)。这是主工作区域。通常,可以使用此选项来添加、查看、编辑、更新项目文件以及参与讨论。所有项目成员均可使用
	新增内容:列出用户未查看或未读的所有项目文件。所有项目成员均可使用
	查找:允许用户在整个站点中或在单个项目中查找文件。可以通过文本、作者、日期、子文件夹等搜索条件来限制或扩展搜索范围。所有项目成员均可使用
	邮件:允许用户创建、发送和管理电子邮件
	回收站:允许用户查看已从项目中删除的文件夹和文件

4. 树状视图　以树状结构列出站点或当前所选项目中的所有文件,单击"+"或"-",可以显示或隐藏树状视图中的层次。如果在树状视图中选择了一个文件夹,其文件夹中的内容将显示在明细视图中。

5. 明细视图　显示树状视图层次结构中所选择的详细信息。

10.4.3　登记项目成员的个人信息

当项目成员欲输入或修改密码和联系信息时,可通过"成员信息"选项卡完成该项操作。单击"成员信息"工具栏按钮 ,选择以下的选项卡来完成更改。

(1) 常规。用来更改密码,如图 10-18 所示。密码必须至少为八个字符,且必须包含至少一个大写字符和一个数字。例如:Changeme1。

(2) 联系信息。显示并更改成员资料,包括单位名称、地址和电话/传真/电子邮件等信息,如图 10-19 所示。

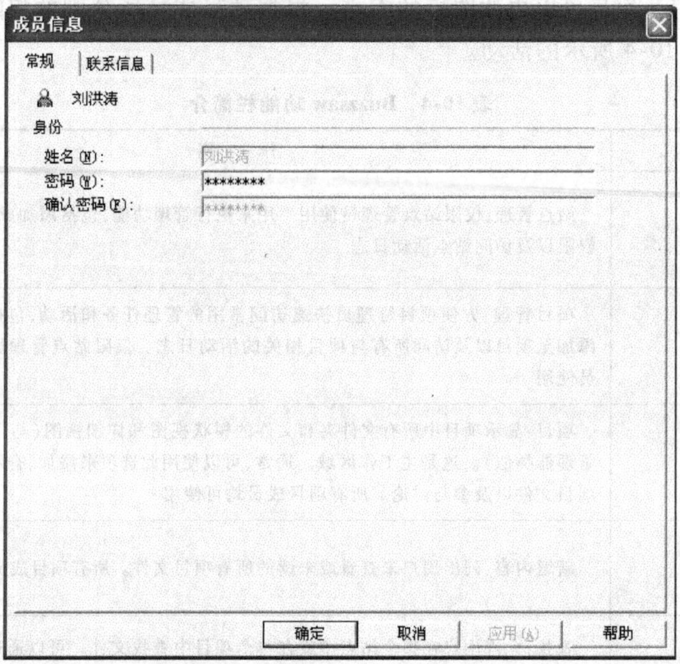

图 10-18 "成员信息"中常规选项卡

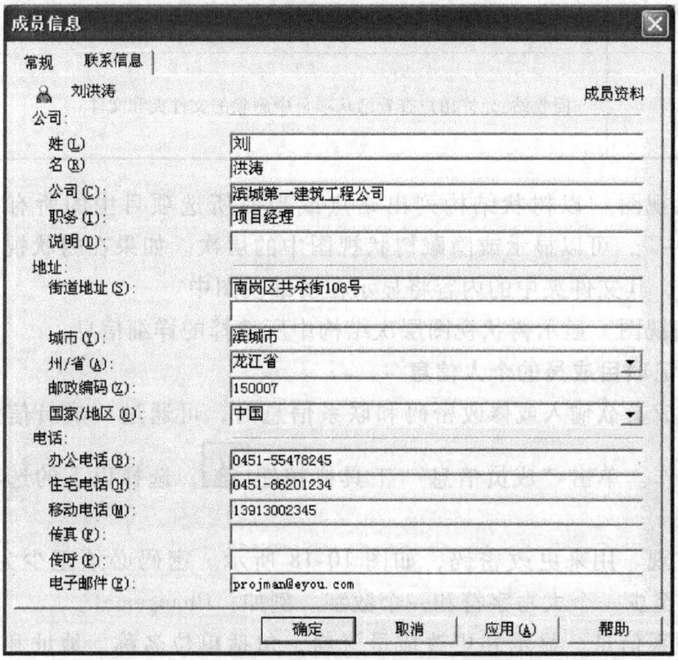

图 10-19 "成员信息"中联系信息选项卡

第 10 章 建设工程项目协同工作平台软件——Buzzsaw

本章小结

Buzzsaw 是一种适合工程项目各参与方的管理人员网上在线项目管理和协同工作系统,使用该系统可以更加高效地管理所有工程项目信息,从而缩短项目周期时间,减少由于沟通不畅导致的错误,从而提高团队责任感和对项目的控制能力。

Buzzsaw 是众多项目信息门户 PIP (Project Information Portal) 的产品之一,而且是其中使用较为广泛的一个系统。从完善工程项目管理的行为要求和 Buzzsaw 的解决方案来看,Buzzsaw 具有以下特点:存储完整的项目资料的信息中心,沟通项目成员协同工作的平台,具有检查项目进展动态追踪的手段,具有实施版本控制和浏览批注的工具。

使用 Buzzsaw 的优点包括:可以提供更强大的过程控制能力,提供良好的项目能见度,可带来项目生命周期的全面节省,给客户带来的利益,Buzzsaw 的商业应用价值巨大。

Buzzsaw 是在项目全寿命过程中项目参与各方产生的信息和知识进行集中管理的基础上,为项目参与各方在互联网平台上提供一个获取个性化项目信息的入口,从而为项目参与各方提供一个高效率信息交流和共同工作的环境。

Buzzsaw 是以文件夹的形式组织各种工程信息资源,类似于 Windows 资源管理器。项目是一种特殊的文件夹,用于存储、管理、共享各种工程信息资源。要使用 Buzzsaw,需要先成为项目成员,项目成员可以使用的任务和活动取决于其所分配到的权限级别。

Autodesk Buzzsaw 作为一个项目信息门户 PIP 产品,同样具有 PIP 产品中核心的三大功能:项目成员的信息交流 (Project Communication)、项目文档管理 (Document Management)、项目各参与方的协同工作 (Project Collaboration)。

作为项目成员要登录 Buzzsaw 平台访问站点文件,需向站点管理员提出申请。如使用 Buzzsaw 必须熟悉其工作界面。

思 考 题

1. Autodesk Buzzsaw 有什么功能?
2. 怎样成为 Buzzsaw 项目的成员,如何进入 Buzzsaw 工程项目信息管理中心?
3. Buzzsaw 项目成员的权限级别有哪些?
4. Buzzsaw 项目组有什么作用?
5. Buzzsaw 如何进行协同工作?
6. 当成功登录 Buzzsaw 后,系统显示工作界面包含哪些部分?
7. 如何登记项目成员的个人信息?

第 11 章　Buzzsaw 的应用

11.1　工程项目各参与方的信息交流

11.1.1　利用电子邮件传递信息

电子邮件通知是项目成员中相互交流的重要环节。在 Buzzsaw 中，创建电子邮件、添加附件和发送电子邮件非常便利。邮件功能类似于 Microsoft Outlook，但 Buzzsaw 只能发送邮件，不能接收邮件，接收邮件需使用其他的邮件软件。

1. 创建和发送电子邮件　创建和发送电子邮件可通过如下步骤进行：

（1）进入新邮件窗口。单击工具栏"发送邮件"按钮  邮件，屏幕显示如图 11-1 所示的新邮件窗口，在此窗口中输入收件人地址、撰写并发送电子邮件。

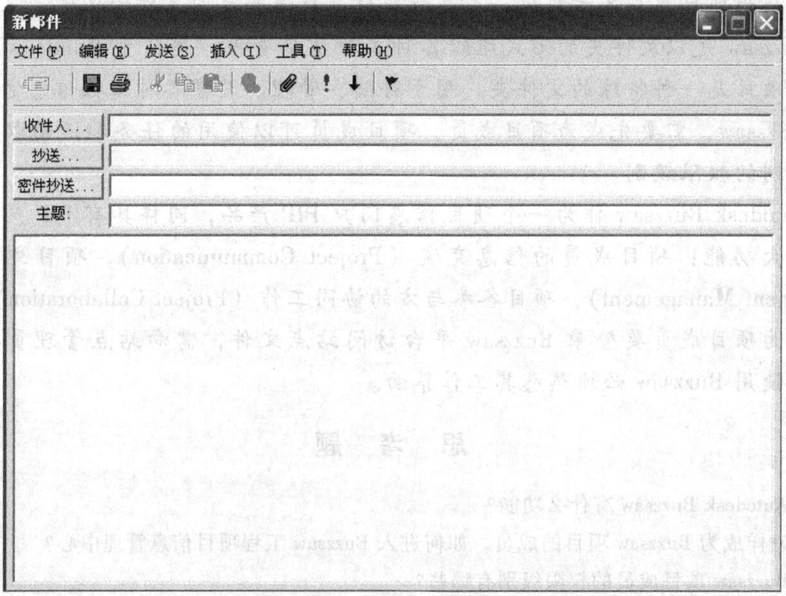

图 11-1　新邮件窗口

（2）选择收件人。接收此邮件的项目成员可以通过"选择收件人"进行选择。收件人的类型包括：收件人（发送邮件的主要接收者）、抄送（发送副本给次要接收人）及密件抄送（发送副本给其他隐藏的次要收件人）。选择收件人时，在窗口左侧会列出本站点的所有成员，可通过选择指定"项目"或"查找"，缩小选择收件人的范围。

（3）输入主题。在主题栏输入邮件的主题。

（4）输入邮件内容。在输入邮件内容中，可以插入文本文件、插入链接及附加文件。

（5）发送邮件。单击"发送电子邮件"按钮发送邮件。要查看邮件和邮件文件夹，请在快捷工具栏中单击"邮件"按钮。

2. 跟踪电子邮件发送　在 Buzzsaw 工具栏单击"邮件"图标，屏幕显示图 11-2 所示的邮件窗口。用于在以下四个文件夹中管理邮件：

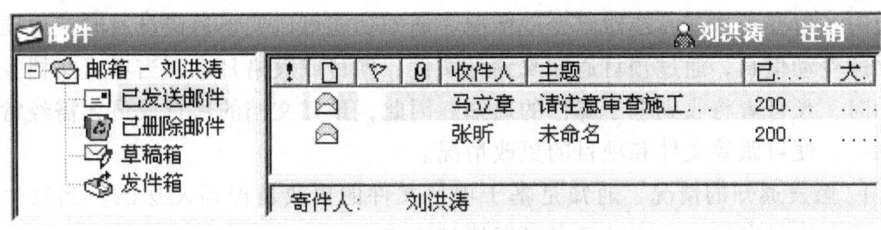

图 11-2　邮件管理窗口

（1）已发送邮件。每个发送的电子邮件均保存于此处。

（2）已删除邮件。如果删除了已发送的电子邮件之后又想保留该邮件，可以将其放入"已发送邮件"文件夹中以便于参考。可以将这些邮件拖入其他文件夹，将其还原。或者，从详细视图中选择邮件名称，右键单击，然后从弹出菜单中选择"还原"。

（3）草稿箱。已保存但尚未发送的邮件。

（4）发件箱。如果尝试发送邮件而未发出，该邮件将出现在发件箱中。必须重试发送该邮件。发件箱中的邮件不能进行编辑；要编辑这些邮件，必须将其移至"草稿箱"文件夹。

（5）查看邮件。在树状视图中，选择要查看的文件夹。相应的邮件列表即会出现在右边的详细视图中。要查看邮件内容，可从列表中选择该邮件，其内容即会显示在下部的窗格中。此外，可以使用右键菜单快速执行打开、打印、转发和删除邮件等任务。站点管理员可以通过站点管理"常规"和"站点成员"选项卡，查看个人用户存储邮件所占用的空间大小。

（6）邮件排序。要根据特定类别排序邮件，可在位于详细视图邮件列表上方的"邮件"工具栏中单击相应按钮，如图 11-3 所示。

要根据收件人排序邮件，单击"收件人"按钮。图中自左向右相应的按钮，

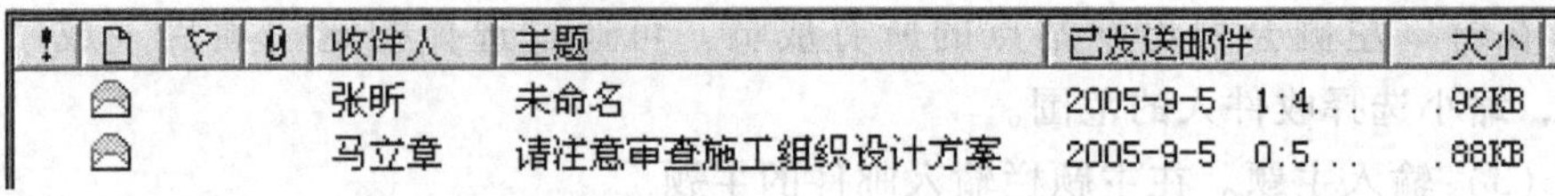

!	📄	▽	🔗	收件人	主题	已发送邮件	大小
				张昕	未命名	2005-9-5 1:4...	.92KB
				马立章	请注意审查施工组织设计方案	2005-9-5 0:5...	.88KB

图 11-3 "邮件排序"窗口

列出了所有可用的排序邮件选项。排序包括：优先级（创建邮件时指定）、邮件状态（例如"转发"）、跟进状态（创建邮件时指定），以及文件附件、收件人、主题行、发送日期及时间和邮件大小等。

11.1.2 预订项目文档的变动通知

当项目文档发生改变或项目中添加文件，与该文档或该项目有关的项目成员需及时了解变动情况，或跟踪变动情况。通知功能可以使项目成员及时获取项目文档的变动信息，通过预订通知来预订文件、项目或表格日志，当项目文档发生变动时，预订者将收到电子邮件的通知。因此，预订文档的项目成员无需经常登录站点，便可跟踪文件和项目的更改情况。

1. 触发通知的情况　通知是基于项目文件的更改情况而发送的。当发生如下情况可以触发通知，或预订者可以接到通知：

（1）因更改预订项而触发。只有在确实已更改预订项的情况下，才会收到通知。如果未做更改，将不会收到电子邮件。

（2）将文件移动或复制到新项目时，将触发通知。

（3）如果将文件放入回收站，将停止收到相关通知。但是，如果该文件被还原至项目树，则也会收到还原通知。

2. 预订通知　预订通知功能可以预订单个文件、项目或表格日志，预订了这些项，即表示预订者要求在更新预订项时收到通知。对于项目成员可预订的文件类型和项目类型有一些限制。例如，不能预订链接或文件夹。而且，要使用通知管理器，必须至少拥有查看权限。还可以预订通过 Web 文件夹更新的文件。亦即，如果其他项目成员通过 Web 文件夹修改了文件，预订者将收到通知。有两种方式可以实现预订通知。

（1）快捷方式预订通知。选择所要预订的单个文件、项目或表格日志。单击鼠标右键选择"新建通知"，或单击工具栏"新通知"按钮 🔔，屏幕出现如图 11-4 所示的窗口。

有两种接收通知的方式：即时通知和每日摘要，可以通过选择"通知类型"来决定。

（2）用"通知管理员"预订通知。单击工具栏"通知管理员"按钮 🔔，

第 11 章 Buzzsaw 的应用

图 11-4 "新通知"窗口

屏幕出现如图 11-5 所示窗口。

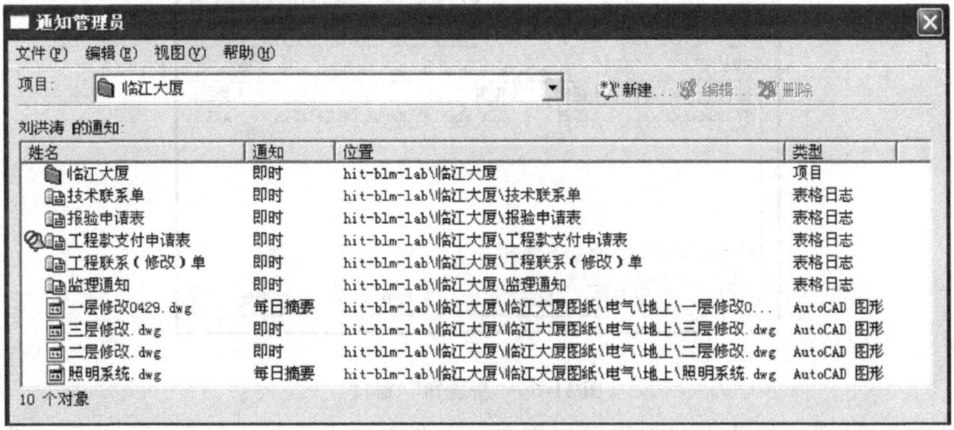

图 11-5 "通知管理员"窗口

在此窗口中，单击"新建"按钮，或选择"文件"菜单中的"新通知"，屏幕出现新通知窗口（图 11-6）。

在此窗口中可以通过查找选择所要预订的项目、文件或表单，也可以预订多个文档或项目，所预订的项目或文档将列于窗口的下部"新通知"列表中，对每一项"通知"都可以在此定义通知类型。单击"确定"，返回通知管理员窗口。

"通知管理员"可以集中管理某一项目成员预订的所有通知。可以对所预订的项目、文档或表单进行编辑、删除等操作。可以查看所有通知，添加、更改、删除或禁用预订项，所做的任何更改仅适用于预订者本人。在此不能添加、禁用或删除给其他项目成员的通知。

3．更改和删除通知　更改和删除通知可以在"通知管理员"窗口进行。

（1）更改通知。用于更改预订通知项的通知类型，在"通知管理员"窗口中选择要更改的预订通知项，单击编辑按钮，或在"编辑"菜单中选择

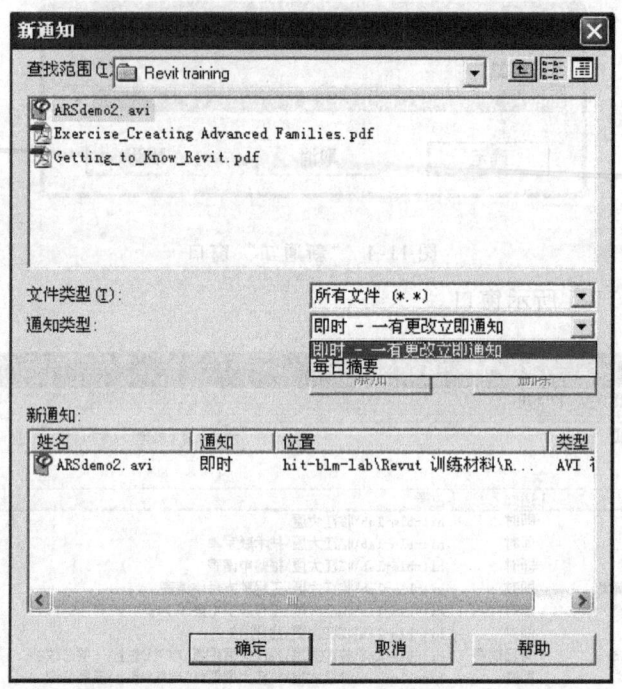

图 11-6 "新通知"窗口

"编辑通知"。屏幕出现编辑通知窗口,在此窗口中修改通知类型。单击"确定",返回"通知管理员"窗口。

(2) 删除通知。用于删除预定的通知,在"通知管理员"窗口的通知列表中选择要删除的项目或文件,单击删除按钮 ![删除] ,或在"编辑"菜单中选择"删除通知",所选项目或文件将从通知列表中删除。

4. 禁用和启动通知 可以暂时禁用某一项目或文件的通知服务。禁用通知不会删除预订的通知项,而只是暂时关闭某一项的通知。在此期间预订者不会收到下一轮发送的电子邮件通知,直到恢复通知服务。

(1) 禁用通知。要禁用通知,需在"通知管理员"窗口进行。首先在窗口通知列表中选择要设置为禁用的项目或文件,单击"编辑"菜单栏的"禁用通知"菜单项,或单击鼠标右键选择"禁用通知"菜单项,被选定为禁用的项目或文件左侧将显示禁用标志"![图标]",表示该项目或文件处于禁用通知状态。在恢复此项目或文件的通知服务之前,将不再收到相关的电子邮件。

(2) 启用通知。要恢复禁用的通知,首先选择要恢复通知的项目或文件,单击"编辑"菜单栏的"启用通知"菜单项,或单击鼠标右键并从菜单中选择

"启用通知"。这样就可以再次收到相关的电子邮件。

可以同时禁用和启用多个文件：按住 Ctrl 键并选择所需文件。并且，在禁用通知服务时仍可添加或删除通知。

（3）禁用所有通知。要禁用所有通知，在"通知管理员"窗口，从"文件"菜单中选择"禁用通知服务"，该窗口标题栏的标题之后将出现"（**禁用服务**）"字样。同时，菜单项的旁边会显示一个复选标记，说明通知服务已关闭。

（4）启用所有通知。若要恢复已关闭的通知服务，重新激活服务，从"文件"菜单中单击标有复选标记的"√禁用通知服务"，复选标记"√"将消失，所有通知都会重新打开。

11.2 工程项目文档管理

11.2.1 提交工程项目文档资料

工程项目文档资料是指建设工程在立项、设计、施工、监理、竣工活动中形成的具有归档保存价值的基建文件、监理文件、施工文件和竣工图的统称。建设工程项目文档资料包括文字资料、电子文件、图片、图像资料等。这些工程文档资料需要传递到 Buzzsaw 协同平台上，以便业主、设计方、施工方通过 Internet 访问这个专项数据库来传递和参阅相关工程资料，并有专门的人员管理这些资料。

1. 添加文件夹

（1）文件夹的概念。文件夹是组织项目文件和其他文件夹的容器。文件夹用于存储与项目关联的项目文件、图形、表格日志、链接和便笺等。拥有管理员权限的用户才能创建项目文件夹。在 Buzzsaw 中，文件夹分为项目文件夹和标准文件夹两类。项目文件夹在系统界面上呈橙色，用于存储管理信息；标准文件夹在系统界面上呈黄色，用于存储数据，如图 11-7 所示。项目文件夹和标准文件夹均可出现在树状视图中的任一层次。

（2）添加文件夹的步骤如下：

1) 在图 11-8 所示的树状视图中，选择要添加子文件夹的文件夹。

2) 在工具栏中，单击"添加 > 文件夹"，或右键单击所选文件夹并选择"添加 > 文件夹"，输入名称，替换默认的"新建文件夹"名称。

2. 添加文件

（1）添加文件的方法。建立新项目以后，可以向其中添加文件。文件类型包括图形、文档、文本文件、便笺和链接。便笺是在项目文件夹中创建并存储在其中的文本文件。创建便笺就是创建独立的文件（类似于 Word 文件），该文件

· 272 · 建设工程信息管理

图 11-7 Buzzsaw 文件夹示意图

图 11-8 添加文件夹

可以在项目站点中直接编辑或更新，而无需额外的应用程序。与 Microsoft Word 类似，创建便笺时，有一些简单的格式选项（字体、大小等）可供选用。也可以在便笺中创建超级链接。在实际项目管理工作中，便笺有许多用途。例如，可以创建记录文件夹或文件细节的便笺，或只是记录用户的想法。然后，可以像处理站点中其他任何文件一样，向相应的项目成员发送电子邮件，告知已公布便笺。链接是指文件、文件夹、表单、表单日志、项目或网站的快捷方式。在大型站点中浏览可能费时颇多，而链接可以帮助快速到达目标位置。将文件添加到项目文件夹以后，便可以与其他人共享这些文件并交流有关意见。其他人亦可以编辑所选文件。将文件添加到项目时，即会将该文件从本地计算机复制到站点中的项目文件夹。文件存储在 Buzzsaw 服务器上，其他项目成员是否可以浏览则视权限级别而定。添加文件时首先选择目标文件夹，然后按以下方法之一添加文件：

1）在标准工具栏上，单击"添加"按钮，然后选择文件类型（文档、图形等），如图11-9 所示。

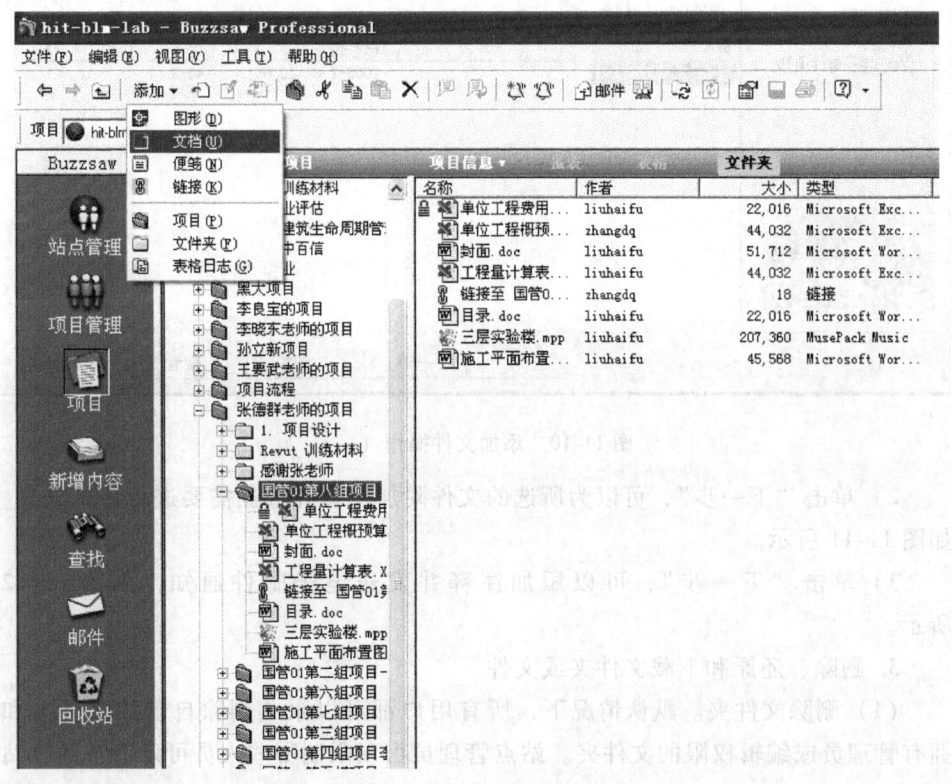

图 11-9　添加文件方法

2）在项目目录空白处单击右键，选择"添加"，然后选择文件类型（文档、图形等）。

3）本地计算机复制文件，并粘贴到 Buzzsaw 中的选定地点。

4）打开 Windows 资源管理器，调整资源管理器和 Buzzsaw 的窗口大小，使二者都显示在屏幕上。选择要复制的文件，将文件拖放到 Buzzsaw 中的选定地点。

（2）添加文件的步骤。添加文件时，无论何种方法，都会用到"添加至项目"向导。根据添加文件的方法，"添加至项目"向导将显示文件名和文件在硬盘上的位置。如果没有文件名，可以按浏览按钮从本地硬盘查找文件。

1）如果需要上传外部参照，请勾选"包括 AutoCAD 外部参照"，如图 11-10 所示。

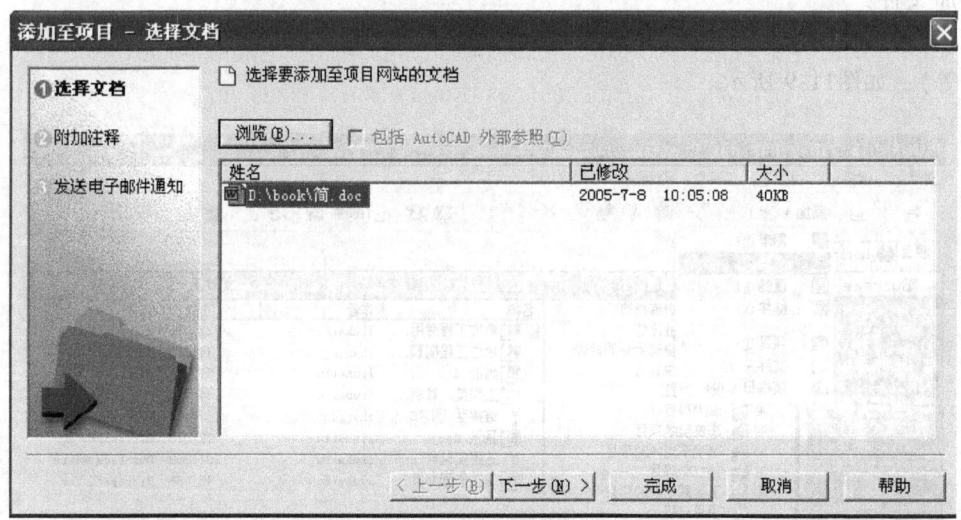

图 11-10　添加文件操作（一）

2）单击"下一步"，可以为所选的文件附加注释并根据需要进行格式处理，如图 11-11 所示。

3）单击"下一步"，可以添加注释并发送电子邮件通知，如图 11-12 所示。

3. 删除、还原和下载文件夹或文件

（1）删除文件夹。默认情况下，所有用户都可以永久删除自己的文件夹和拥有管理员或编辑权限的文件夹。站点管理员可以限制哪些人员可以清空回收站（永久删除文件夹）。如果将默认设置更改为只有管理员才能清空回收站，则项目成员只能对文件夹进行"软"删除。亦即，删除文件只是将其放入回收站。

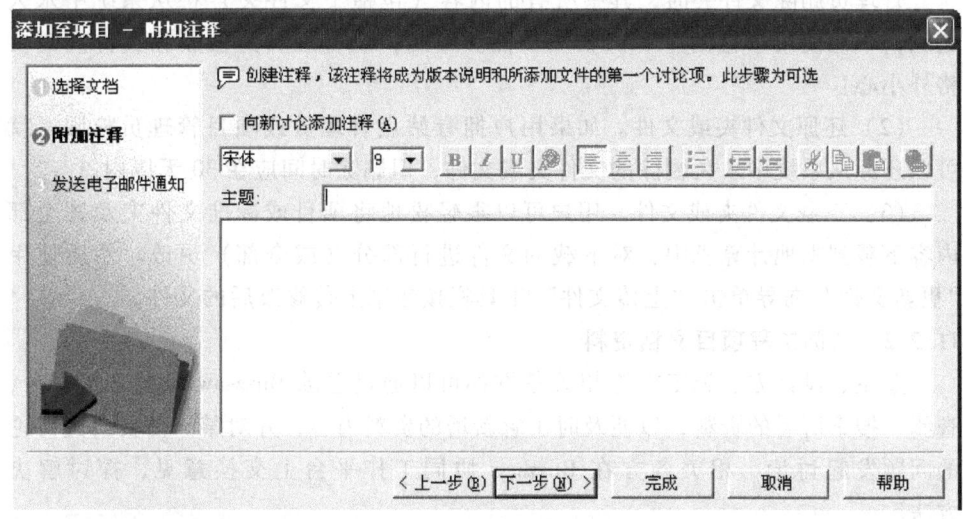

图 11-11 添加文件操作（二）

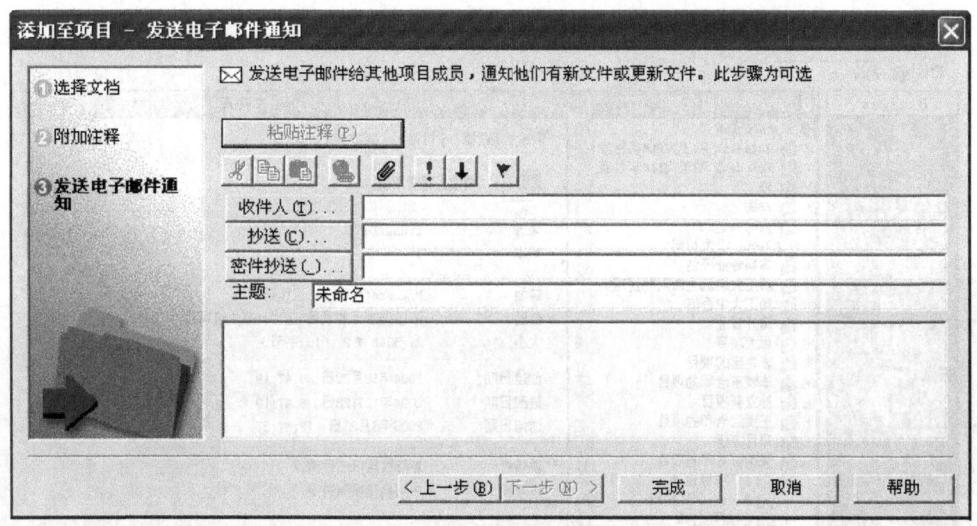

图 11-12 添加文件操作（三）

随后仍可从回收站中还原文件夹，除非管理员将其永久删除。要删除文件夹，可在树状视图中选择要删除的文件夹并执行以下操作：

1）工具栏中，单击"删除"按钮。
2）单击右键并选择"删除"。
3）按键盘的 DELETE 键。

管理员删除文件夹时，其中所有的内容（包括子文件夹）将从系统中永久删除，不能使用"撤消"和回收站功能。因此，以管理员身份删除文件夹时要格外小心！

（2）还原文件夹或文件。如果用户拥有站点管理员或项目管理员权限，就可以还原从系统中永久删除的文件夹或文件，但删除时间应在 30 天以内。

（3）下载文件夹或文件。用户可以很轻松地将项目或标准文件夹及其全部内容下载到本地计算机中，对下载的文件进行部分（或全部）更改。然后使用"更新文件"向导单击"上传文件"工具栏按钮来上传修改后的文件。

11.2.2 查阅工程项目文档资料

业主、设计方、施工方等相关各方都可以通过登陆 Buzzsaw 协同工作平台，查阅、搜索所需的资料，以便及时了解新增的资料内容，并对某一需要研究讨论的问题发起讨论，相关各方在 Buzzsaw 协同工作平台上交换意见，探讨解决方法。

1. 查看文件和链接 新项目建立以后，可以查看项目的文件和链接。在树状视图中，选择目标文件夹中的文件或链接，双击打开文件或链接，就会出现如图 11-13 所示的四个选项卡的文件夹信息。

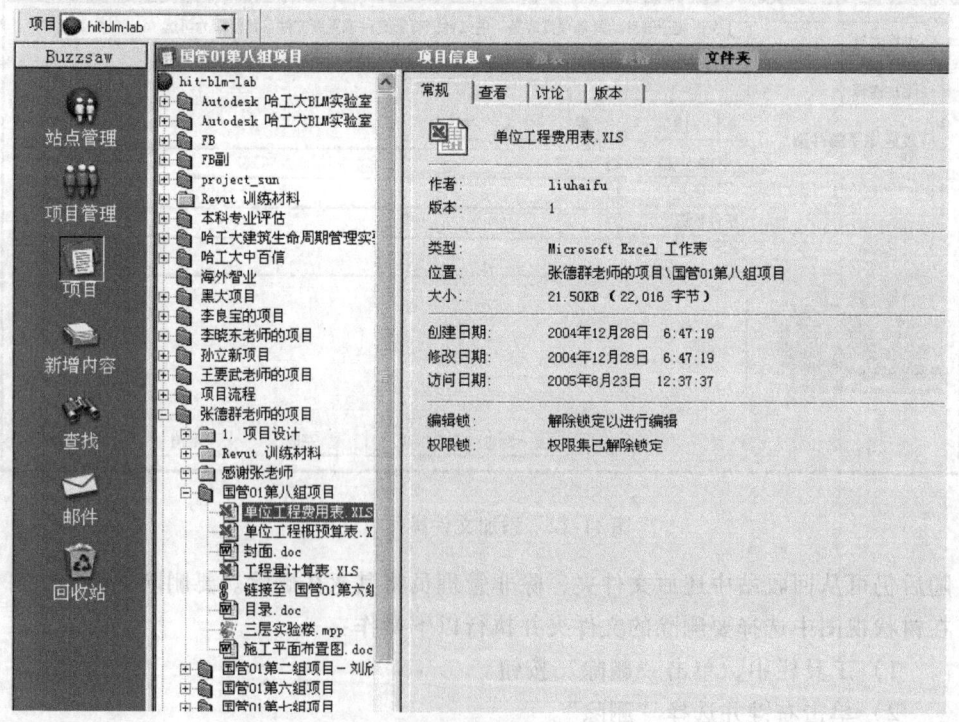

图 11-13 查看文件和链接

(1) 常规。显示站点基本信息，包括作者、版本、类型、位置、大小、创建日期、修改日期、访问日期、编辑锁、权限锁。

(2) 查看。显示文章的内容。

(3) 版本。查看不同版本的文件。

(4) 讨论。显示对该文件的讨论串。

用户可以根据需要，选择相应的选项卡进行查看。

2. 查阅新增文档内容

(1) 使用"新增内容"功能。"新增内容"功能提供了查看当前所选项目中尚未查看的所有文档的快捷手段。不必每天登陆所有项目，利用"新增内容"就能快速查看新文件、讨论和更新文件。具体操作步骤如下：

1) 从"项目选择"菜单中，选择所需项目。

2) 在Buzzsaw功能栏中，单击新增项目。树状视图中将显示所有未读的文件、版本、标记和讨论，如图11-14所示。通常一次只能显示500个文件。可以使用窗口顶部的按钮（在"新增内容"标题下）来卷动文件。需要注意的是，如果创建或编辑了某个文件，则该项目将不会出现在"新增内容"的视图中。

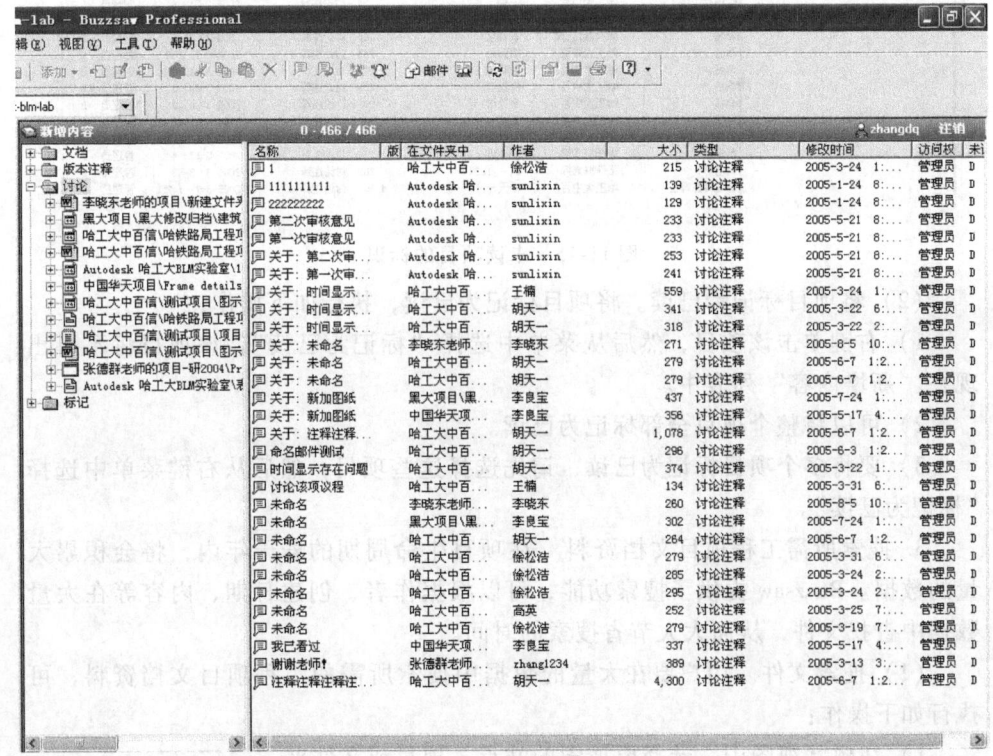

图11-14 使用"新增文件"功能

3) 在树状视图中，选择要查看的文件。文件内容将显示在明细视图窗口中（文件出现在"查看"选项卡中，注释出现在"讨论"选项卡中）。

在"未读项目"栏中，请注意以下标识：V 表示未读项目为版本，D 表示未读项目为讨论串，R 表示未读项目为红线圈阅（标记），如图 11-15 所示。

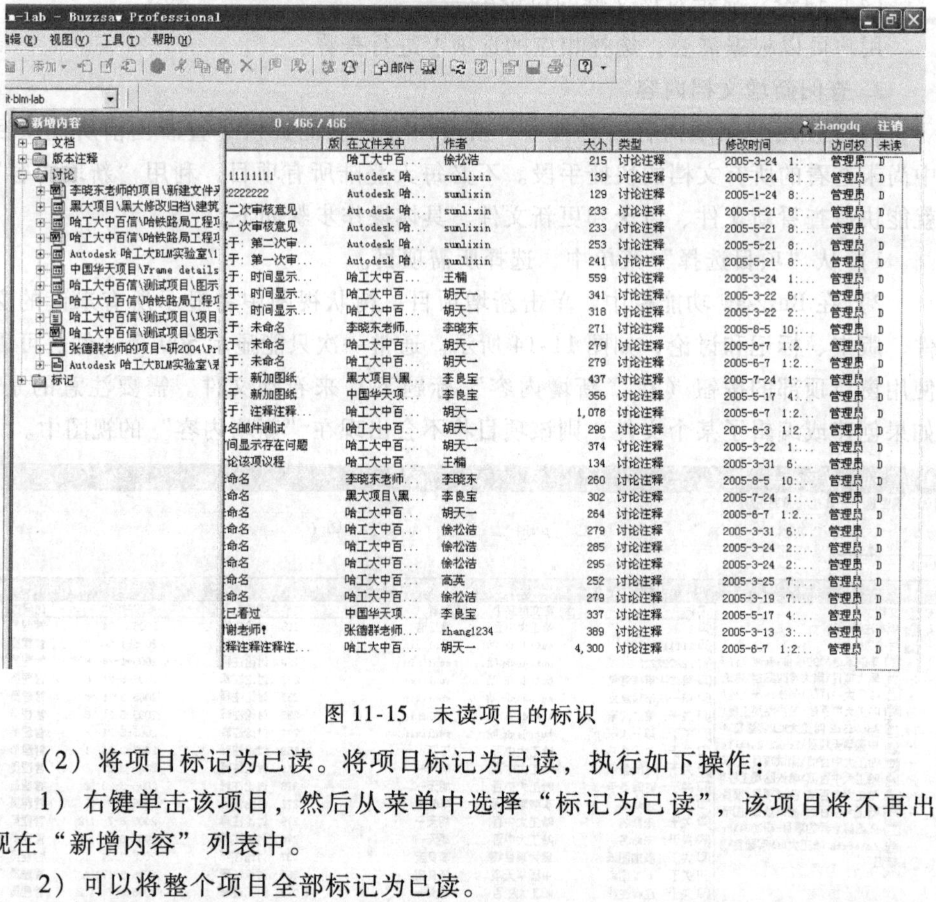

图 11-15 未读项目的标识

（2）将项目标记为已读。将项目标记为已读，执行如下操作：

1）右键单击该项目，然后从菜单中选择"标记为已读"，该项目将不再出现在"新增内容"列表中。

2）可以将整个项目全部标记为已读。

3）要将多个项目标记为已读，请先选择这些项目，然后从右键菜单中选择"标记为已读"。

3. 搜索所需工程项目文档资料　在项目生命周期的若干年内，将会积累大量的数据。Buzzsaw 提供了搜索功能，可以根据作者、创建日期、内容等在大量数据中查找文件，从而大大节省搜索的时间。

（1）搜索文件。用户要在大量的数据中搜索所需的工程项目文档资料，可执行如下操作：

1）在树状视图中，选择要搜索的站点、项目或文件夹。

2）在 Buzzsaw 功能栏中，单击"查找"，将显示"查找"窗口，如图 11-16 所示。

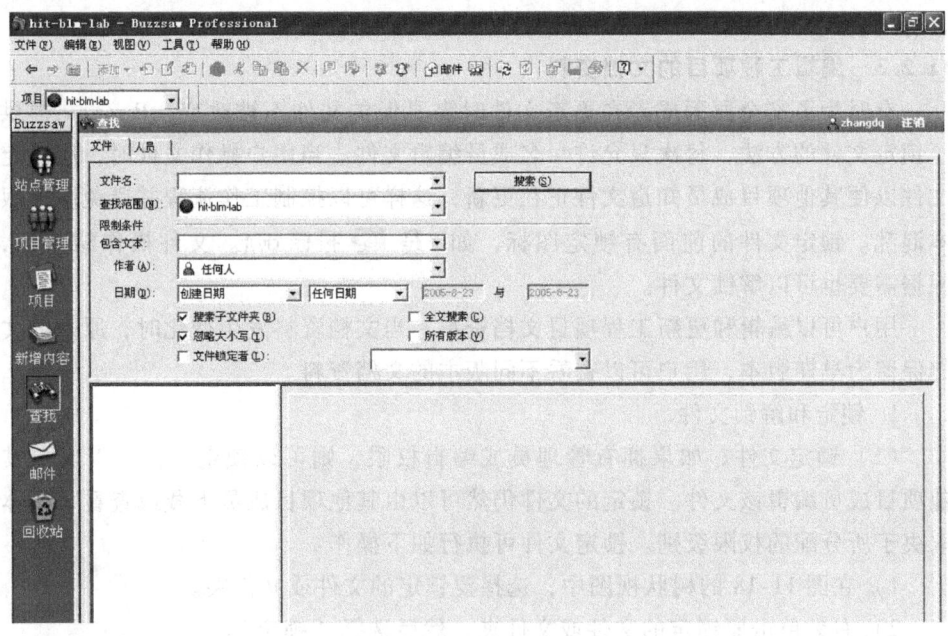

图 11-16　搜索文件

（2）搜索人员。使用"查找"窗口的"人员"选项卡，可以搜索站点中的项目成员，如图 11-17 所示。如果想找出某一特定项目的项目管理员，此功能非

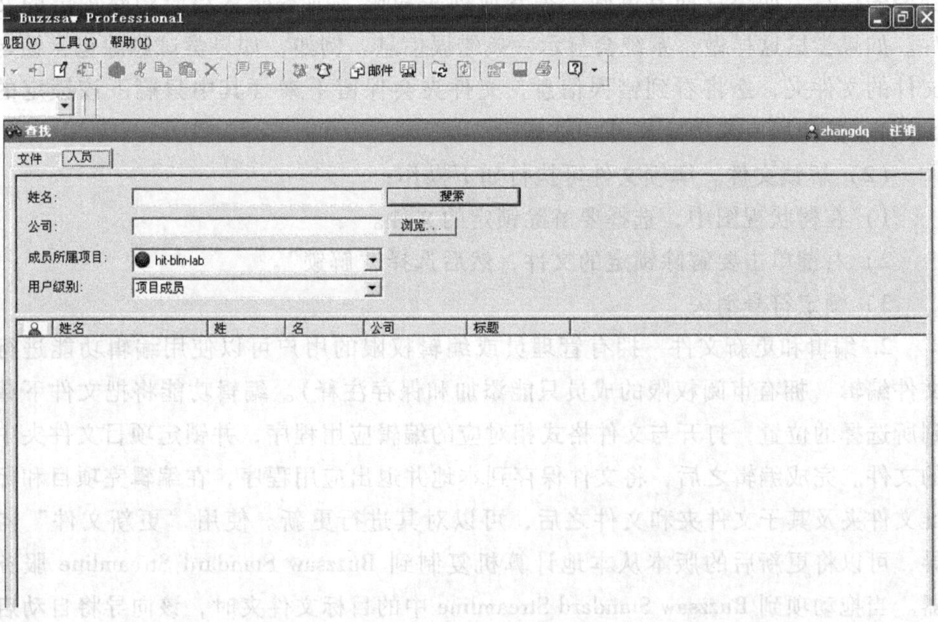

图 11-17　搜索人员

常有用。

11.2.3 编辑工程项目的文档资料

有时为了安全原因或者在更新文件时需要保护文件不被改变，Buzzsaw 提供了锁定文件的方法，每次只允许一名成员编辑文件。当用户操作文件时，应锁定文件以便其他项目成员知道文件正在更新，这样可以控制工作流程并避免图形版本混乱。锁定文件的前面有锁定图标，如 🔒 📄 投标.dwf。文件操作结束后，根据需要也可以解锁文件。

用户可以编辑和更新工程项目文档资料，当文档资料发生变化时，原来的文档保留为早期版本，用户可以查看不同版本的文档资料。

1. 锁定和解锁文件

（1）锁定文件。如果拥有管理员或编辑权限，则可以锁定文件，以避免其他项目成员编辑该文件。锁定的文件仍然可以由其他项目成员下载或查看，具体取决于所分配的权限级别。锁定文件可执行如下操作：

1）在图 11-18 的树状视图中，选择要锁定的文件或文件夹。

2）右键单击要锁定的文件或文件夹，然后选择"锁定"。

3）锁定符号将显示在树状视图中该项的左侧。

4）可以通过 Properties->General 选项卡查看是谁锁定了文件。

如果拥有管理员和编辑权限，则可以删除含有锁定文件的文件夹，但不会收到警告信息。如果只拥有审阅、查看或列表权限，则不能移动或删除锁定的文件。如果尝试这样做，系统会显示一条错误信息。例如，如果尝试删除包含锁定文件的文件夹，您将看到错误信息，文件夹会保留下来（其中只剩下该锁定的文件），其他所有未锁定文件均被删除。

（2）解锁文件。解锁文件可执行如下操作：

1）在树状视图中，选择要解除锁定的文件。

2）右键单击要解除锁定的文件，然后选择"解锁"。

3）锁定符号消失。

2. 编辑和更新文件　拥有管理员或编辑权限的用户可以使用编辑功能进行文件编辑（拥有审阅权限的成员只能添加和保存注释）。编辑功能将把文件下载到所选择的位置，打开与文件格式相对应的编辑应用程序，并锁定项目文件夹中的文件。完成编辑之后，将文件保存到本地并退出应用程序，在编辑完项目和标准文件夹及其子文件夹和文件之后，可以对其进行更新。使用"更新文件"向导，可以将更新后的版本从本地计算机复制到 Buzzsaw Standard Streamline 服务器。当拖动项到 Buzzsaw Standard Streamline 中的目标文件夹时，该向导将自动启动，并随之引导用户完成上传、发起讨论以及将新项或新版本通知重要的团队成

第 11 章 Buzzsaw 的应用

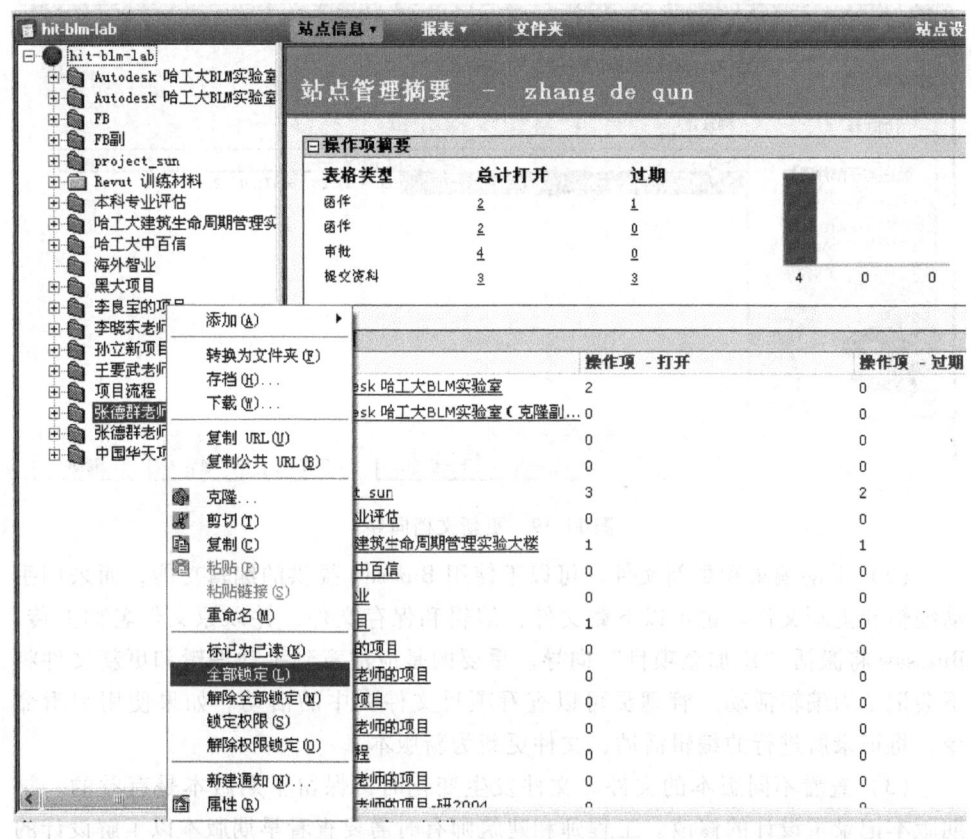

图 11-18 锁定文件或文件夹

员等操作。

（1）用编辑命令编辑和更新文件。编辑方法有多种，最常用的方法是在树状视图中使用右键菜单。具体操作如下：

1）在明细视图（或树状视图）中，右键单击要编辑的文件。

2）在标准工具栏中，单击"编辑"工具栏按钮。

3）将要编辑的文件另存为对话框，将提示把文件保存到本地硬盘。

4）选择保存文件的本地硬盘位置。与文件格式相对应的编辑应用程序将会激活并打开保存的文件，可以开始编辑文件。

5）完成编辑之后，将文件保存到本地并退出应用程序，Buzzsaw 将激活"更新项目文档"向导。"更新项目文档"向导与"添加至项目"向导类似，可以更新文件列表、浏览选择其他文件、附加注释、发送电子邮件通知等，如图 11-19 所示。

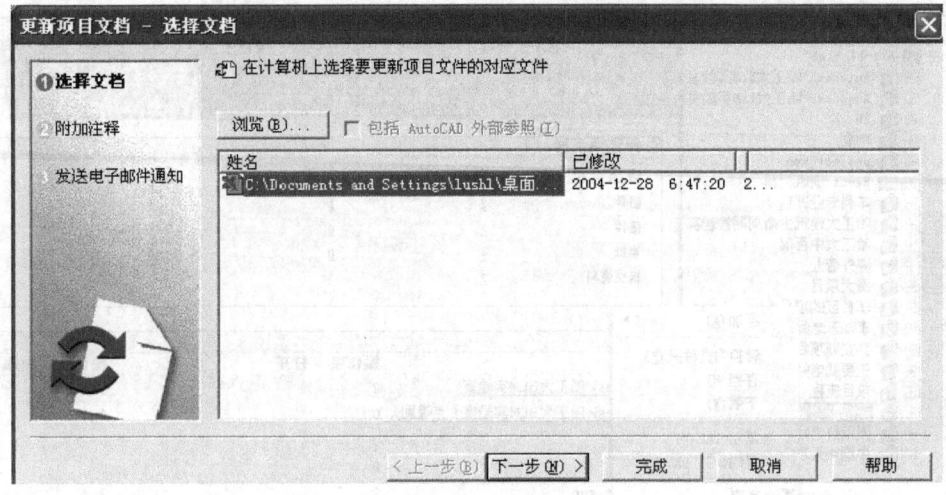

图 11-19　更新文档向导

（2）手动编辑和更新文件。可以不使用 Buzzsaw 提供的编辑功能，而采用手动编辑和更新文件。也可以下载文件，编辑和保存文件，并以原文件名称上传。Buzzsaw 将激活"添加至项目"向导。重要的是应注意到手动编辑和更新文件将不会记录为编辑活动。管理员可以查看项目文件夹中的活动。如果使用编辑命令，将记录所进行的编辑活动，文件更新为新版本。

（3）查看不同版本的文件。文件发生变化时，保留早期版本是有益的。早期版本记录了设计的修改。工程师和建筑师有时需要查看早期版本以了解设计的历史，保留早期版本有助于节省重新设计的成本和时间。具体操作如下：

1）在树状视图中，选择要查看的文件。

2）在明细视图中，单击"版本"选项卡。

3）选择所需版本，然后选择"在窗口中查看"，如图 11-20 所示。

11.3　基于 Web 的项目协作

11.3.1　工程项目相关事项的讨论

在工程项目管理过程中，信息的种类繁多，信息在工程项目建设过程中起着非常重要的作用。讨论和注释是项目团队成员彼此就项目设计问题、项目变更或项目事项交换意见的快捷方式。在 Buzzsaw 中，项目成员可对特定的文件发起讨论，以便交流信息和共同作出决定。

拥有管理、编辑、更新或审阅权限的成员都可以参与讨论，只拥有查看和存放权限的成员只可查看和打印讨论，只拥有列表权限的成员只可看见讨论选项

第 11 章 Buzzsaw 的应用

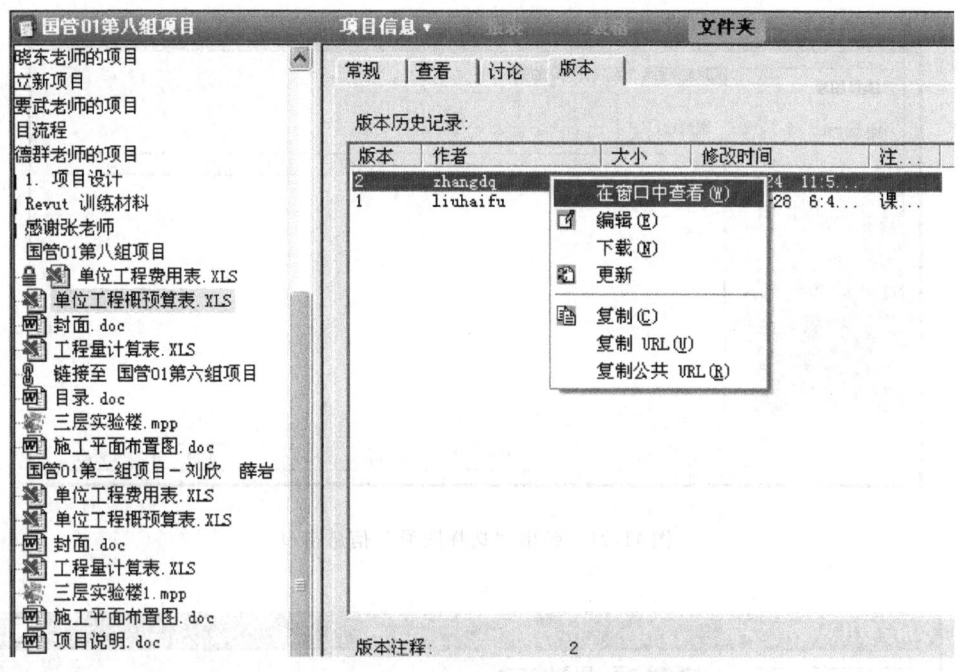

图 11-20 查看不同版本的文件

卡。项目成员无需参与在线讨论就能阅读讨论。

讨论是针对特定文件的若干注释。讨论和注释相当于对文件的说明和提问。讨论选项卡显示对该文件的讨论内容。只有删除关联的文件后才能删除讨论内容。删除文件时，所有相关的讨论内容会从系统中永久删除。发起讨论有两种方式：一是在添加和更新文件时发起讨论，另一种是对已有文件添加注释。

1. 在添加和更新文件时发起讨论　在添加和更新文件时发起讨论，需要执行如下操作步骤：

（1）选择一个具体项目，单击鼠标右键，在弹出的菜单上选择"添加"菜单项，则又可弹出一个子菜单，根据需要选择相关菜单项，比如想添加一个图形文件，则选择"图形"菜单项，具体界面如图 11-21 所示。

（2）在图 11-21 所示的界面上，利用鼠标点击"浏览"按钮，选择所需要添加的文件。

（3）在弹出的浏览界面上选取相关的驱动器和文件夹，选择所需要添加的文件。

（4）在"添加至项目—选择图形"窗口中，可以选择包括 AutoCAD 外部参照复选按钮，之后再点击"下一步"按钮，即可出现如图 11-22 所示的选择参照窗口。如果不选择包括 AutoCAD 外部参照复选按钮，直接点击"下一步"按

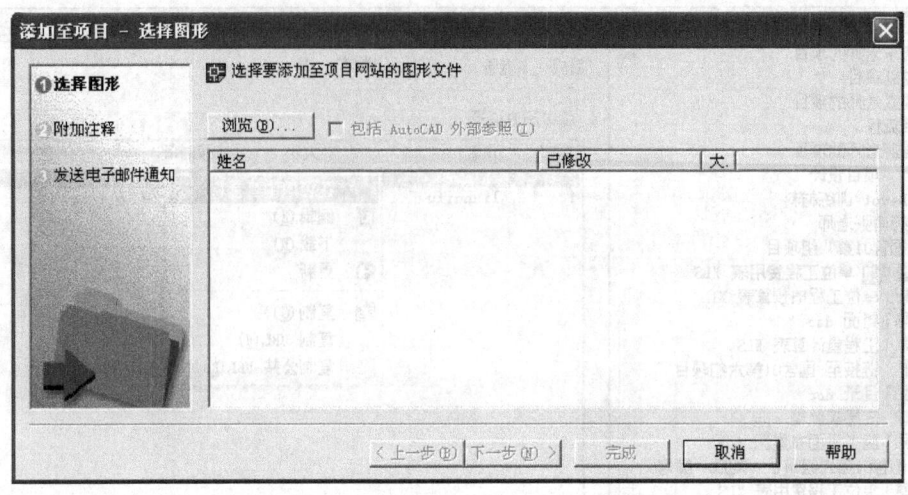

图 11-21 弹出"选择图形"信息窗口

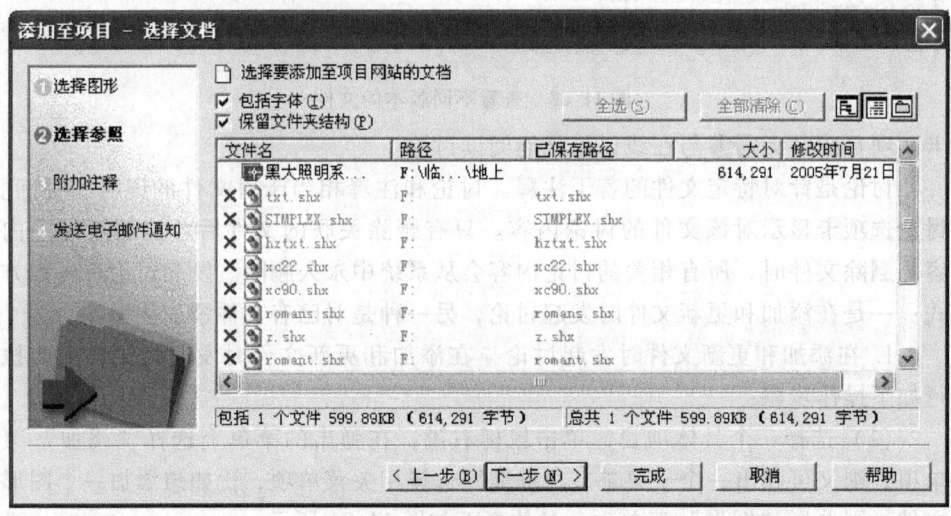

图 11-22 弹出"选择参照"窗口

钮,则出现图 11-23 所示的窗口。

(5) 在图 11-22 所示的界面上,可以选择所需要的外部参照,如包括字体、保留文件夹结构等,点击"下一步"按钮,出现图 11-23 所示的窗口。

(6) 在图 11-23 所示的界面上,选中"向新讨论添加注释"复选框,这样可以将注释内容作为讨论的第一条。之后输入主题和注释,输入信息完毕后,可以对注释内容进行格式化,也就是设置文字的对齐方式、字形、字号等信息。

第 11 章 Buzzsaw 的应用

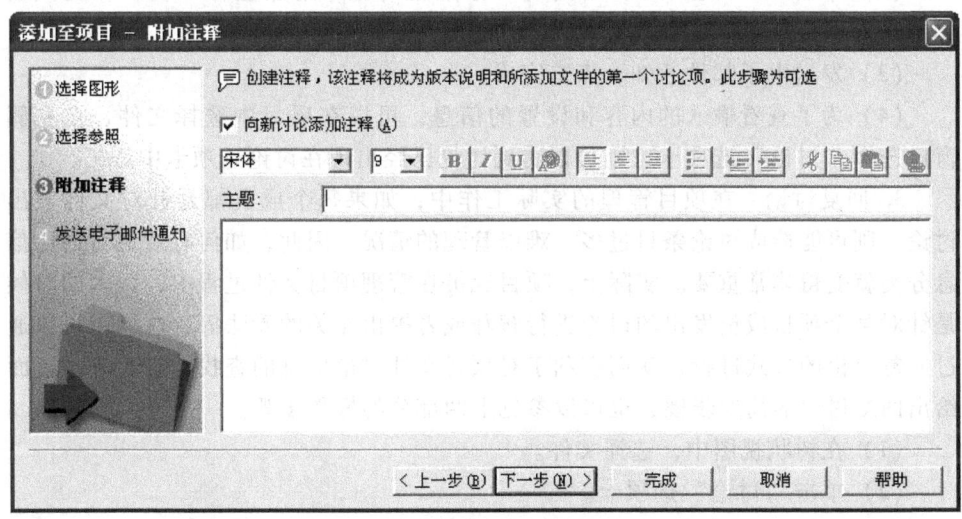

图 11-23　弹出"附加注释"窗口

（7）设置完成后，如果需要发送电子邮件给其他项目成员，通知他们有新的文件，可以点击"下一步"按钮，则会出现发送电子邮件的通知窗口。如果不需要发送电子邮件，直接点击"完成"按钮，整个过程就结束了。

（8）为了查看输入的内容和设置的信息，可以在项目中选择新添加的文件，在左侧窗口选择"讨论"选项卡，则可以看到讨论已经出现在讨论选项卡中。

2. 给现有的文件添加注释　在实际项目管理工作中，很多时候是对已经存在的文件进行讨论，也就是给现有文件添加注释。要完成这一操作，需执行如下步骤：

（1）在给定项目上选择已有文件，在窗口左侧单击"讨论"选项卡，如图 11-24 所示。右键单击并从菜单中选择"添加注释"，如图 11-24 所示。

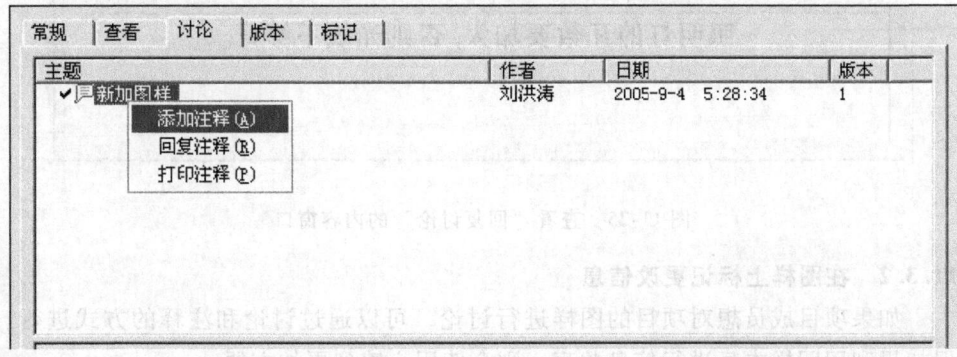

图 11-24　弹出的"添加注释"菜单项窗口

(2) 单击"添加注释",则出现"添加至讨论—附加注释"窗口,在该窗体中输入相关信息,并格式化文档,点击下一步。

(3) 发送电子邮件通知,点击完成。

(4) 为了查看输入的内容和设置的信息,可以在项目中选择文件,在左侧窗口选择"讨论"选项卡,则可以看到讨论已经出现在讨论选项卡中。

3. 回复讨论　在项目管理的实际工作中,如果每个成员都是针对文件发出讨论,则可能造成讨论条目过多、难以管理的情况。因此,如何有效地对讨论信息分类就变得非常重要。实际上,项目成员在管理项目文件过程中,很多的时候是针对某个项目成员发出的讨论进行解释或者提出相关的看法等,这样就可以通过回复讨论的方式进行,从而有利于对项目文件讨论信息的查找、查看等。下面给出回复讨论的简要步骤,也可以参见上两部分的操作步骤。

(1) 在树状视图中,选择文件。

(2) 单击"讨论"选项卡。

(3) 右键单击要回复的注释并从菜单中选择"回复注释"。

(4) 显示"添加至讨论—附加注释"对话框。添加注释,点击下一步。

(5) 发送电子邮件通知,点击完成。

(6) 回复出现在原始讨论下方,结果如图11-25所示。

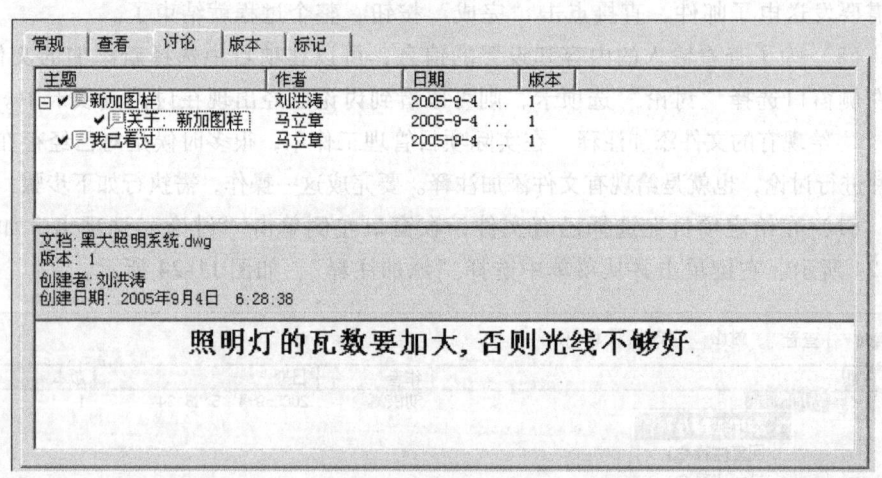

图11-25　查看"回复讨论"的内容窗口

11.3.2　在图样上标记更改信息

如果项目成员想对项目的图样进行讨论,可以通过讨论和注释的方式进行。但如果利用图样本身进行信息共享,则会使用户感到更加方便。

如果想在 Buzzsaw 系统中查看图样信息,需要安装 Powered by Volo View 软件，该软件可以查看 DWG（AutoCAD 中保存矢量图形的标准格式）、DXF（AutoCAD 文件的 ASCII 或二进制版本，用于文件交换）和 DWF（根据 DWG 文件创建的高度压缩格式，用于 Internet）文件的内容。此外，下载安装 DWF Compser 也可以在图样上标记更改信息。

1. 用 Powered by Volo View 查看 AutoCAD 图形　　Powered by Volo View 是由 Autodesk 公司提供的免费图形查看器，与 Buzzsaw 系统紧密集成。借助 Powered by Volo View，无需安装 AutoCAD 就可以查看和标记图形文件，用它可以打开、查看、红线标记、打印 AutoCAD 图形，包括 DWG、DXF 和 DWF 文件。使用 Powered by Volo View，可以查看 AutoCAD 图形和模型，包括本地和 Internet，并且不改变原有图形。

标记（红线圈阅）是与文本一起使用的带有颜色的线条，用以标记需要讨论或修订的图形区域。使用时需将标记视为图形之上的图层，而不要当做基本图形文件的一部分。可以使用标记来加速讨论和审查，审查者无需安装 AutoCAD，只用 Powered by Volo View 就可以审查标记。

Powered by Volo View 为查看 DWG、DWF 和 DXF 格式的 AutoCAD 图形添加了附加的功能。查看 AutoCAD 图形时，可以看到窗口上方和左方的工具条，包括了标记工具条，可以用右键菜单选择工具条并获取 Powered by Volo View 帮助。Powered by Volo View 可打印 AutoCAD 图形。打印限于当前视图，不可按比例打印。更高级的打印功能可以使用 AutoCAD 或完整版的 Powered by Volo View。

2. 使用 Powered by Volo View 工具条　　Powered by Volo View 工具条包括两类工具：一类是视图工具，另一类是标记工具，如图 11-26 所示。可以用右键菜单选择工具条。使用视图工具条移动和缩放图形，使用标记工具条标记图形。

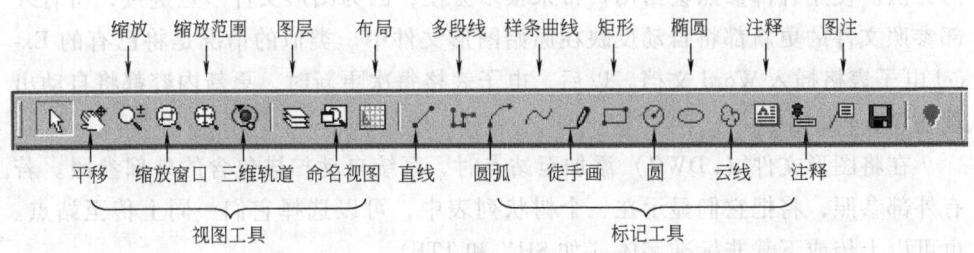

图 11-26　Powered by Volo View 工具条

在 Buzzsaw 中，可以对图形文件（DWG、DWF、DXF、JPEG 等）进行图形标记（红线圈阅），如图 11-27 所示。

标记是标注在图形文件之上的带有颜色的文本和线条，以标记需要讨论或修订的图形区域，图形标记对图形的讨论和修改具有重要的意义。只有拥有管理、编辑或审阅权限的用户才能创建标记。在图样上标记更改信息的功能有：创建红

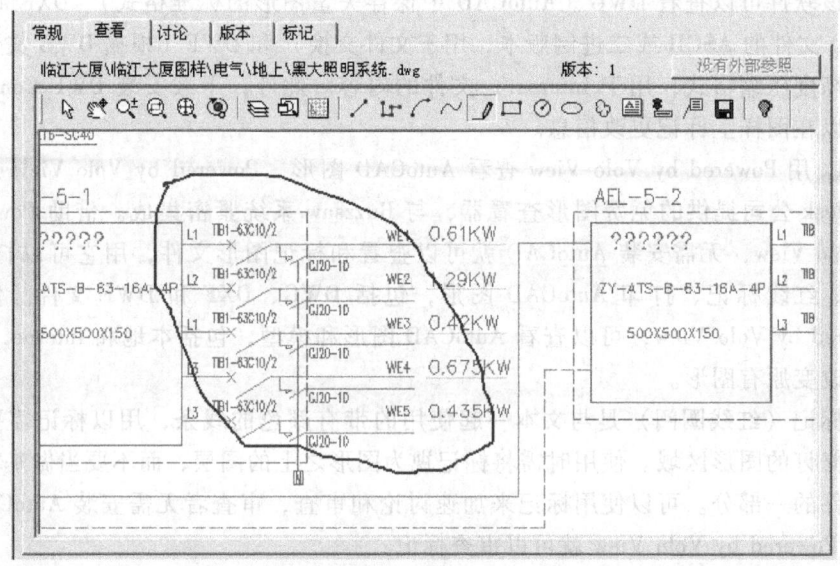

图 11-27 添加标记窗口

线草图，创建红线标注，删除红线草图或标注，保存标记，观看保存的标记。

11.3.3 保持工程项目图样的同步更新

在实际工作中，每个设计师设计的图样可能采用的字体文件可能是不相同的，或者图形文件之间都是相互有关系的，如何保证图样文件信息的完整性，利用外部参照是一种很好的方法。

1. 外部参照（Xref） 外部参照（Xref）是 AutoCAD 将图形文件链接在一起的方法。使用外部参照会给用户带来很多方便，因为图形文件一旦链接，所有外部参照文件的更新都将自动反映在原始图形文件中。类似的情况是将已有的 Excel 电子表格插入 Word 文档。以后，电子表格每次更新时，更新内容都将自动出现在 Word 文档中。

在将图形文件（.DWG）添加至站点时，系统自动扫描包含的外部参照。若有外部参照，将把它们显示在一个树状列表中，可以选择它们一同上传至站点。也可以上传或下载非标准字体（如 SHX 和 TTF）。

2. 上传具有外部参照（Xref）的 AutoCAD 图形 上传具有外部参照（Xref）的 AutoCAD 图形可参见以下步骤：

（1）在站点中创建主文件的目标文件夹。

（2）在树状视图或详细视图中，选择主文件的目标文件夹。在标准工具栏中，单击添加，然后从列表中选择"图形"（仅可上传 DWG 文件）或"文档"（可上传所有文件类型）。

(3) 在显示的"添加至项目"向导上,使用浏览按钮定位所需文件。

(4) 将需要的文件单击打开。请注意选中"包括 AutoCAD 外部参照"(参见图 11-21)。

(5) 单击下一步。即会显示主文件和所有关联参照文件的列表。

上传带有外部参照的图形,可根据需要执行如下操作:

(1) 如果要上传 SHX 和 TTF 等非标准字体(非标准字体是指不随 AutoCAD 发布的字体),则选中"包括字体"复选框。

(2) 如果要保留现有的文件夹结构,则选中"保留文件夹结构"复选框。

(3) 如果要清除所有选中的外部参照文件,则单击全部清除按钮。如果所有外部参照以前均已上传至站点并且都是最新的,此操作将节约不必要的上传时间。

(4) 如果要选择显示方式,请从表 11-1 所列各项中进行选择。

表 11-1 上传带有外部参照的图形时显示方式的选择

显 示 方 式	单 击 按 钮
以 Xref 层次结构方式查看上传的文件	
以直接列表的方式查看上传的文件	
以文件在磁盘驱动器上的物理显示查看上传的文件	

(5) 复选标记表明,该外部参照已解析。红色的 X 表明该外部参照路径尚未解析,或者有问题。在这种情况下,最好与文件发布者联系,解决问题。

(6) 如果要附加注释或创建电子邮件,请单击下一步。如果要跳过注释和电子邮件,立即上传图形和外部参照,则单击完成。

3. 下载具有外部参照(Xref)的 AutoCAD 图形 可以下载 AutoCAD 图形的外部参照文件(Xref),并根据需要查看每个外部参照。也可以下载非标准字体(如 SHX 和 TTF)并选择文件下载路径。建议不使用拖放操作下载外部参照。如果将图形拖放到本地文件系统,则看不到外部参照。

下载带有外部参照的图形,使用以下步骤:

(1) 从站点中选择一个图形,右键单击,然后选择"下载"。即显示"下载"对话框。

(2) 单击包括 AutoCAD 外部参照按钮。对话框展开显示主文件和关联参照文件列表。

只有选择了 .dwg 文件或包含 .dwg 文件的文件夹,才会显示此按钮。文件旁的复选标记表明将要下载该文件。X 表明在站点上找不到外部参照。可以采用表

11-2 所列的三种不同的视图查看文件。

表 11-2 下载带有外部参照的图形时查看文件采用的视图

图 标	视 图	说 明
	树状视图	以嵌套格式显示文件,以便查看子文件夹和文件
	详细视图	显示每个文件及其各种信息,如文件将要下载到硬盘上的位置、文件在站点中的存储位置、作者以及文件上次修改的日期。每一列的列宽都可进行调整
	文件夹视图	显示文件在硬盘上的物理存储状况

(3) 要下载非标准字体（如 SHX 和 TTF），请选中"包括字体"复选框，字体即显示在图形下方。

(4) 默认情况下，选择了所有要下载的外部参照。可分别取消对文件的选择，或使用全部清除和全选按钮来进行选择。

(5) 下载外部参照时，可以选择表 11-3 所列的三种目录结构。

(6) 单击确定按钮开始下载。

表 11-3 下载外部参照时可选择的目录结构

目录结构	说 明
AutoCAD 文件夹结构	文件按照 AutoCAD 解析规则进行下载以确保外部参照可被 AutoCAD 解析。尤其是 Buzzsaw 搜索的文件夹与 AutoCAD 解析图形外部参照时搜索的文件夹相同。如果在搜索路径的任何位置发现文件的本地副本，则外部参照也被放在该位置，以免出现重复副本。如果未发现任何本地副本，则外部参照被放在搜索路径的最高优先级位置
父文件夹	所有的外部参照文件将下载至与父图形相同的位置
工作文件夹	文件上次上传或下载的位置。系统将自动记住此路径，但用户可以随时更改工作文件夹。单击椭圆按钮就可以更改工作文件夹

11.4 项目系统管理员

站点和项目管理的操作都是由其相应的管理员来完成的。在创建站点时会分配一名站点管理员，该管理员可以新建所有项目成员、创建项目，然后授予项目成员对项目的适当访问权限。一个站点可以创建很多项目。项目管理员只可以管理其具有管理权限的项目，一般不能新建项目成员和项目，除非另外授予该项目管理员此项功能。项目管理员具有将站点成员添加进项目使其成为项目成员及设置和维护项目等功能。

11.4.1 创建及设置项目

Buzzsaw 中的项目是用于存储、管理以及共享文件和讨论的容器，项目的作用类似于 Windows 文件夹，其中容纳了包含团队成员和管理信息的子文件夹和文件。根据需要，在 Buzzsaw 中可以轻易地创建各种项目。创建新项目后，可以直接进行项目的设置，也可以在以后项目的使用过程的任何时间修改项目的设置。设置项目数据的功能仅限于 Buzzsaw 的管理员使用。

1. 创建新项目　创建新项目一般有两种方式：直接创建和间接创建。直接创建又分两种情况，一种是在站点下创建新项目；另一种是在一个已存在的项目或文件下创建新项目。在前一种情况下，只有站点管理员才可以创建；在后一种情况下，站点管理员和项目管理员都可以创建。

（1）直接创建新项目。新项目可以在层次结构的任一层中创建，或者在现有项目或文件夹中添加新项目，具体可分为三个步骤。

1）在 Buzzsaw 的项目文件夹栏浏览并选择要创建项目的位置，例如，需要在站点下建立项目，则单击选中该站点。

2）单击右键或选择工具栏上的"添加"命令。在弹出的菜单中选择"项目"或"文件夹"，就可以创建一个项目或文件夹。

3）将默认的"新建项目"的项目名称更改成需要的项目名称，如"临江大厦"。

（2）间接创建项目。一般来说，Buzzsaw 的文件夹包括项目文件夹和标准文件夹。项目文件夹区别于标准文件夹主要体现在：项目作为一种特殊的文件夹，不仅能存储数据，还能存储管理信息。另外，在外观上项目文件夹呈橙色，而标准文件夹呈黄色。

项目和文件夹之间可以相互转换。在项目或文件夹上单击右键选择"转换为文件夹"或"转换为项目"，从而间接地实现了项目的创建。

2. 设置修改项目　设置项目一般都是由项目管理员来操作，特殊情况也可以由站点管理员来进行。在项目文件夹栏选择需要设置的项目，然后点击项目导航条中项目设置下拉菜单，选择相应的设置菜单。设置一个项目具体分为：定义项目数据，选择项目成员，为项目成员分配角色，表格日志和工作流程，管理信息页面五个步骤。

（1）定义项目数据。项目数据可让管理员自定义主控板、表格、表格日志和报表中显示的数据。项目数据页面中输入的多数数据都将用于填充表格和表格日志中的字段，并会显示在"项目个人"和"项目管理"主控板中，定义项目数据的界面如图 11-28 所示。

在 Buzzsaw 项目设置中，可供定义的项目数据共分四大类、27 个数据项。

（2）选择项目成员。如果某个成员未被添加至项目成员列表中，他将无法查看项目内的任何文件或表格。项目成员是由站点成员添加进来的，也就是说，只有先创建站点成员后，才可以将其添加到项目中而成为项目成员。关于创建站

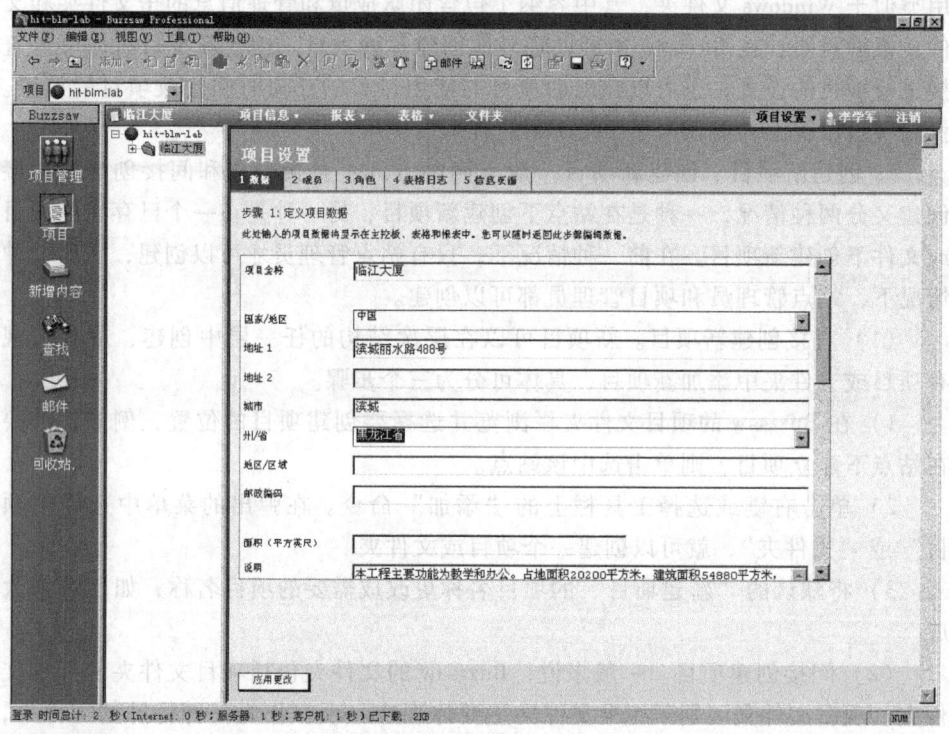

图 11-28 定义项目数据

点成员的步骤请参见 11.4.2 节有关内容。在此步骤假设所需要的站点成员已经存在。添加项目成员的具体步骤如下：

1）在项目设置第一步骤的基础上，点击"成员"选项卡，或者在选中项目后，单击项目导航条上项目设置下拉菜单中的"项目成员"菜单。

2）单击"添加成员"按钮，即可在显示可用成员的列表中选择新成员。

3）从列表中选择一个或多个成员，使用 Shift 键或 Ctrl 键加鼠标单击实现多行选择或隔行选择，选中后使用窗口底部的下拉列表框，为该成员选择权限，关于权限的详细信息可参见本书中的有关用户权限的章节。

4）选择完毕后，单击窗口中的"确定"按钮把选中的成员加入到项目成员列表中，单击窗口中的"取消"按钮则不添加新项目成员。

在可供选择的成员窗口中，所有成员是在若干个页面显示的，同一页面的成员可使用垂直滚动条进行浏览，不同页面的选择使用窗口右上角的"前翻页"和"后翻页"（   和   ）按钮。

另外，如果需要移除某个项目成员时，可以在项目成员列表中选择该成员，然后按下"删除成员"按钮即可。

(3) 向角色分配项目成员。角色是特定于表格日志的。通过将成员分组成角色，可轻松控制表格日志内的访问权限级别，角色只能应用到 Buzzsaw 中的表格日志。使用角色（而不是组或单个成员）可使项目设置标准化，让设置适合业务需要的流程。例如，可创建适合设计建筑的表格日志。在设计建筑表格日志中，可为建筑师、分包商、总承包商和业主创建角色。然后为每种角色指定权限，定义该角色可在表格日志内执行的操作，即谁可创建表格、谁可答复表格等。

(4) 表格日志和工作流程。在此步骤可选择项目中要用的表格类型，还可以设置表格选项。使用者只能在已为该表格类型创建日志后，才能添加新的表格类型。例如，只有配置了 RFI（请求信息）日志之后，才能添加 RFI 表格。各种表格类型都有不同的工作流程类型。

(5) 管理信息页面。信息页面是指自动生成的那些页面，如主控板、组目录以及用户定义的页面。可以在项目设置窗口中单击"信息页面"选项卡，也可以通过在项目导航条中选择项目设置下拉菜单中的信息页面菜单来编辑信息页面的显示方式。信息页面的访问是通过"项目信息"菜单来进行，并且与项目信息页面有关的操作均被记录在活动日志中。

Buzzsaw 本身带有默认的信息页面，默认情况下，项目将显示自动生成的页面，这些页面是以带有"*"号开始的源文件标示。可通过单击"添加页面"按钮选择一个自定义信息页面来显示项目信息。例如：可以使用 Excel 电子表格、MS Project 文件或 Outlook 日历中的数据，来配置自定义信息页面以显示项目重大事件和进度的信息。但是，尽管可选择任何类型的文件作为信息页面来源，但最好还是选择网页（HTML 文件），因为查看它们不需要任何特殊的应用程序。

对于项目已有的信息页面，选中后可以通过单击"编辑"按钮来进行修改，或单击"删除"按钮将该信息页面从该项目中移除。另外，可以通过"上移"和"下移"按钮来实现信息页面在"项目信息"菜单中显示的顺序。

11.4.2 工程项目成员及项目组的管理

工程项目的成员，也就是 Buzzsaw 软件使用的用户，只有使其成为站点或项目成员并赋予一定的访问权限后，他们才可以使用 Buzzsaw 提供的各项功能。另一方面，如果使用某个项目或文件的具有相同权限用户很多，一个一个地设置他们的访问权限会非常复杂，而项目组的使用就解决了这个问题。项目组具有的对各个项目或文件的访问权限，加入组内的成员也就具有了同样的权限，而项目组成员的添加和删除是非常方便的。

1. 添加/删除站点或项目成员　在成员参与项目之前，必须首先创建该成员。然后，才能将该成员添加至项目和组。关于在项目设置中添加项目成员的步骤在上一节已经详细说明过，因此，下面重点介绍站点成员的创建及其如何在创建的过程中加入到某个具体项目中去。站点成员的创建 Buzzsaw 提供了两种方式：一种是直接创建，另一种是由其他应用程序的数据导入生成。

（1）直接方式添加/编辑站点或项目成员。此功能由站点管理员负责，创建站点成员的具体步骤如下：

1）以站点管理员身份进入 Buzzsaw 后，在 Buzzsaw 工具列上点击"站点管理"按钮。

2）点击"站点成员"选项卡。

3）点击"新建"按钮，显示"新成员"对话框。

4）在常规区段的用户名及电子邮件字段中输入相关的数据，这两个字段是必要的，其他资料则可以选填。注意：密码是自动生成的，用户首次登录时需更改密码，如果用户忘记了密码，站点管理员可重发密码。

5）如果这个成员需要有站点管理员的权限请勾选站点管理员选项，如果没有需要请不要勾选。注意：为了安全起见，请不要随意授予站点管理员权限。

6）通过勾选创建成员和组选项，可以创建新站点成员和站点级组，还必须授予此成员对至少一个项目的管理权限。但创建项目管理员时，可以不必选择此选项。

7）单击"添加至项目"按钮，显示"添加至项目"窗口，在此步骤就可以实现在创建站点成员的同时添加项目成员，通过项目和权限的选择可以给这个成员赋予合适的项目访问权限，也可以在以后添加或更改该成员对项目的管理权限。

8）单击"添加至组"按钮，显示"添加至组"窗口，此步骤与添加至项目操作相同。

9）最后点击"创建"按钮，新的站点成员将会出现在成员列表中。

另外，通过"编辑"按钮可以对站点现有成员的基本信息进行修改，或单击"删除"按钮删除站点内不再需要的成员。

（2）利用导入功能添加站点或项目成员。站点管理员在添加成员至站点时，可以使用导入/导出功能来节约时间。例如，从 Microsoft Outlook 账户列表中导入用户信息时（此过程需要多个步骤），指定的信息将自动复制到 Buzzsaw 的新成员记录中。将信息导入 Buzzsaw 之后，只需在新成员记录中添加所需的站点或项目的特定信息。

2. 添加/删除项目组及组成员 只有站点管理员和被赋予权限的项目管理员可以创建站点级别的组，然后可以将该组添加至站点中的任何项目层次（项目级、文件夹级或文件级）。因此，每当新成员添加至现有组时，该成员将有权访问该组所分配的所有项目、文件夹或文件。权限在组级进行分配，也即是说，组中的每个人都拥有相同权限。

站点管理员和项目管理员在创建和编辑组时的主要区别在于：站点管理员可以编辑和删除所有组，而项目管理员只能编辑自己拥有的组，并且项目管理员可以从项目中删除组，但不能从站点中删除组。

一般来说，如果添加至项目的成员太多，并且其访问权需根据审阅者、查看者、编辑等工作职能而异，则通过创建和使用组来分配成员可以节省时间。使用此方法，可以将若干个体视作单个实体——这样便可以一次管理若干个体，而无需逐一进行管理。这就是创建组的主要原因所在。

创建项目组的步骤如下：

（1）在 Buzzsaw 工具列上单击"站点管理"按钮。

（2）单击"组"选项卡。

（3）单击"新建"按钮，显示"新建组"窗口，如图 11-29 所示。

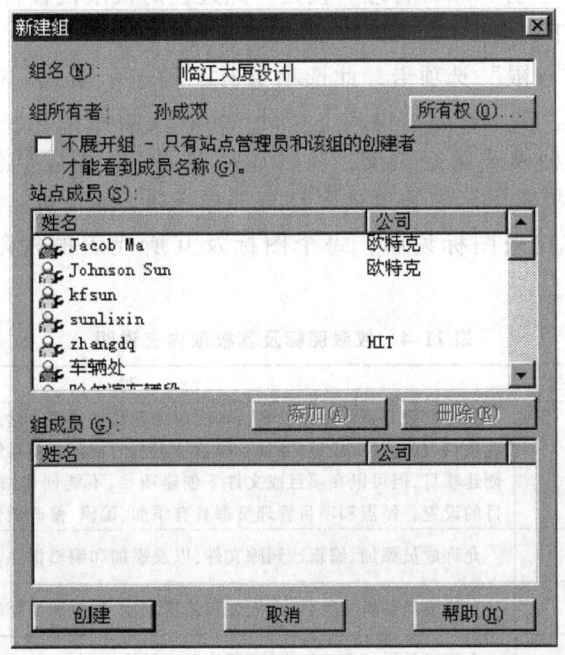

图 11-29 新建组

（4）输入组名，然后通过单击"所有者"按钮将该组的修改权赋予某个项目成员。

（5）通过勾选图 11-29 中的不展开组选项建立私人组。私人组是保证机密性的有效方式，在私人组（即未展开组）中，只有站点管理员和组所有者才能查看其成员。私人组以不同的图标表示，与常规组相区分。私人组无法展开，除非您是组的所有者或是站点管理员。

（6）在站点成员列表中选择成员，按下"添加"按钮将其添加到组成员列表中，组中的成员在站点成员列表中为不可选的灰色；在组成员列表中选择成员，按下"删除"按钮可将其从当前组中移除。

（7）按下"创建"按钮，建立新组。

3. 设置项目成员或群组的权限等级　Buzzsaw 的核心功能是通过利用权限等级来控制对项目信息的访问。权限级别可以控制分配给站点中某个项目的每个成员对文件夹和文件的访问及使用。只有站点和项目管理员才能更改成员的权限级别。站点和项目管理员可以分配权限级别，以此控制哪些人员能够对项目中所公布的文件进行查看、下载或修改。

设置项目成员或群组的权限等级的步骤如下：

（1）在 Buzzsaw 工具列上单击"站点管理"按钮，或选择某项目后，在 Buzzsaw 工具列上单击"项目管理"按钮，此过程的权限设置与在站点管理设置大体一致，因此下列步骤均以项目管理权限设置为例来说明。

（2）单击"权限"选项卡，此选项卡有三种显示模式，通过选项卡右上角的按钮来转换，第一种显示模式下项目显示在左侧列表中，而成员显示在上侧列表中；第二种模式正好相反，项目显示在上方，而成员显示在左侧列表中，第三种显示模式显示了管理该项目的所有管理员的信息。在选项卡的左上方显示了用户的权限图标说明，每个图标及其所代表的权限的具体内容见表 11-4。

表 11-4　权限图标及其权限内容说明

图标	权限	说　明
	管理	管理权限分别由站点管理员和项目管理员来使用。站点管理员权限可以创建项目、创建站点成员，并具有项目管理员的权限。项目管理员不能在站点下创建项目，但可以在项目或文件下创建项目，不能创建站点成员，主要负责项目的设置。站点和项目管理员都具有添加、编辑、修改项目成员、文件功能
	编辑	允许成员添加、编辑或删除文件，以及添加和编辑批注、便笺和注释的权利
	更新	允许成员编辑文件，以及添加和编辑批注、便笺和注释的权利
	审阅	允许成员添加和编辑批注、便笺和注释的权利
	查看	仅允许成员查看项目文件
	存放	允许成员查看及添加、编辑或删除自己的文件，但他们不能在这个项目中看到其他人的文件
	列表	仅允许成员查看项目文件夹列表
	不允许访问	该权限禁止成员看到任何文件夹或文件，这个权限将优先于其他的权限定级

[32] 吴迪. 企业管理信息系统（MIS）基础 [M]. 北京：清华大学出版社，1998.

[33] 章祥荪，赵庆祯，刘方爱. 管理信息系统的系统理论与规划方法 [M]. 北京：科学出版社，2001.

[34] 张基温. 信息网络技术原理 [M]. 北京：电子工业出版社，2002.

[35] 李东. 管理信息系统的理论与应用 [M]. 北京：北京大学出版社，1998.

[36] Robert Schultheis, Mary Sumner. 管理信息系统 [M]. 李一军，卢涛，祁巍，丁伟主译. 大连：东北财经大学出版社，2000.

[37] 王守茂. 管理信息系统的分析与设计 [M]. 天津：天津科技翻译出版公司，1993.

[38] 王燕. 面向对象的理论与 C++ 实践 [M]. 北京：清华大学出版社，1997.

[39] 邵维忠，杨芙清. 面向对象的系统分析 [M]. 南宁：广西科学技术出版社，1998.

[40] 陈涵生，徐智晨，沈怡. 面向对象开发技术及其应用 [M]. 上海：上海科学技术出版社，1995.

[41] 张刚. 信息系统开发实践教程 [M]. 成都：电子科技大学出版社，2001.

[42] 陈佳. 信息系统开发方法教程 [M]. 北京：清华大学出版社，1998.

[43] 张德群，李晓东，张庆范. 房地产管理信息系统 [M]. 北京：中国建筑工业出版社，1995.

[44] 王冠虹，李勇，陈晓兵. 对 EIS 信息分析与设计的应用研究 [J]. 管理信息系统，1999（6）.

[45] 陈学广，朱明富，费奇. 高层管理信息系统（EIS）及其开发策略的研究 [J]. 系统工程理论与实践，1997（1）.

[46] 朱志坚. 企业战略信息系统初探 [J]. 江苏图书馆学报，1996（6）.

[47] 姚丽霞，王日钢，李勇. 信息时代的道德 [J]. 科技进步与对策，2001（6）.

[48] 姜旭平. 信息系统开发——方法、策略、技术、工具与发展 [M]. 北京：清华大学出版社，1997.

[49] 张海藩. 软件工程导论 [M]. 3版. 北京：清华大学出版社，2000.

[50] 郑人杰，殷人昆. 软件工程概论 [M]. 北京：清华大学出版社，1998.

[51] 于重重. 基于三层 Client/Server 结构的管理信息系统的实现 [J]. 计算机应用研究，2000（7）.

[52] 韩雅鸣. 基于 Intranet 的管理信息系统建设 [J]. 山西财经大学学报，2000（2）.

[53] 厦骄雄，陆菊康，吴耿锋. 基于 Intranet 的管理信息系统 [J]. 小型微型计算机系统，2001（4）.

[54] 柳树春，廖孟扬，王思贤，等. Browser/Server 模式管理信息系统的设计与实现 [J]. 计算机工程与应用，2000（6）.

[55] 厦骄雄，陆菊康，施振夏. Intranet 与管理信息系统 [J]. 计算机工程与应用. 2000（3）.

[56] 汤子瀛. 计算机网络技术及其应用 [M]. 成都：电子科技大学出版社，1996.

[57] 清华斯维尔软件科技有限公司. 智能项目管理软件使用手册 [M]. 深圳：清华斯维尔软件科技有限公司，2002.

[58] 赖宇阳. 中文 Microsoft Project 2000 教程 [M]. 北京：希望电子出版社，2001.

(2) 项目管理—活动日志。提供所选项目中已执行的所有任务或活动（读取、下载、锁定以及编辑等）的信息。该选项卡的内容与"站点管理—活动日志"选项卡的内容相似。"项目管理—活动日志"的使用功能与"站点管理—活动日志"的使用功能也大致类似，因此使用时可参考以上介绍的"站点管理—活动日志"部分，这里将不再赘述。

例如，如果要查看过去两周内项目成员下载文件的频繁程度，可以输入日期范围，在"列表选项"窗口中的"操作"部分选中"下载"，按"确定"按钮后即刻就可以得到所需信息。

4. 统计数据的使用 "统计数据"选项卡是站点和项目管理员进行维护项目的有效工具，可以利用其快速查看站点上所有项目（或那些拥有项目管理员权限的项目）的重要统计数据。"统计数据"选项卡也分为站点级和项目级两种。

(1) 站点管理—统计数据。站点管理统计数据选项卡提供站点上的各个项目所有当前数据的快照。使用统计数据可以方便进行常规的站点维护，并为计费部门提供每个项目准确的存储信息。在站点管理—统计数据选项卡包括以下数据：

1）全部现有项目的名称。
2）站点上当前项目的大小（包含多个文件版本或讨论的大小）。
3）所选站点中包含的项目数。
4）所选项目中包含的文件夹数。
5）所选项目中包含的文件数。
6）所选项目中包含的版本数。
7）所选项目中包含的标记数。
8）所选项目中包含的注释数。
9）所选项目中包含的成员数。
10）所选项目的版本数限制。
11）分配给所选项目的管理员的用户名。用户名与登录名相同。

使用该选项卡时，还应注意以下三个问题：

1）在"统计数据"选项卡视图中，也包含关于回收站各项内容的信息。
2）如果发现已删除的项目、文件夹或文件出现在数据统计列表中，可以快速选择这些项的名称，右键单击并选择还原或永久删除或查看"属性"页面来确定最佳的处理办法。
3）对于出现在统计数据表中的已删除项目，在从系统中永久清除之前，仍会占用存储空间。如果要将项目从统计数据列表（和系统）中永久删除，按住Shift键，右键单击并从列表中选择"删除"。

另外，在"站点管理—统计数据"中，通过单击"刷新统计数据"按钮，将最新的各项目信息反映到统计数据中来。并且单击"保存统计数据"按钮可将当前的统计数据以文件的形式存储到指定的文件夹中,并可以选择字段的分隔符。

(2)项目管理—统计数据。提供项目中所有当前数据的快照,但必须拥有项目管理员权限,才能查看项目统计数据。

在选择了某个项目后,选中快捷工具栏上的"项目管理"图标后,单击"统计数据"选项卡,即可看到"项目管理—统计数据"选项卡内容。

该选项卡的显示内容和功能与上述"站点管理—统计数据"选项卡类似,主要区别在于:本选项卡仅显示项目管理员具有权限的项目的各种统计数据信息,而"站点管理—统计数据"选项卡是站点管理者可用的显示所有站点项目的统计数据。

5. 克隆项目 站点和项目管理员可以克隆项目,克隆项目时会复制该项目的所有属性,包括成员及其权限,所有子项目和文件夹。对于包含很多用户的项目,克隆方法非常有用。通过克隆,可以一次性设置成员及其权限,然后在站点中进行复制。克隆还可以包括项目、文件夹、表格日志和表格的克隆,以及项目信息页面、标记、便笺和讨论的克隆。

在默认情况下,不会克隆现有项目中的文件和表格日志。要克隆这些文件和表格(包括标记、便笺和讨论),必须在"克隆"对话框中专门选择该选项。项目中任何"锁定以进行编辑"的文件均会克隆为"未锁定"文件。

克隆与复制的不同之处在于:克隆项目或文件夹时会复制项目的属性(项目成员及其权限),通过克隆,还可以保存表格日志配置,从而保存了工作安排规则,以及在已克隆项目中可以参与表格日志的人员;而复制时仅复制数据(文件夹结构和文件)。虽然克隆时也可以克隆数据,但其主要目的在于复制属性。

本章小结

电子邮件通知是项目成员中相互交流的重要环节。在 Buzzsaw 中,创建电子邮件、添加附件和发送电子邮件非常便利。邮件功能类似于 Microsoft Outlook,但 Buzzsaw 只能发送邮件,不能接受邮件,接收邮件需使用其他的邮件软件。

当项目文档发生改变或项目中添加文件,与该文档或该项目有关的项目成员须及时了解变动情况,或跟踪变动情况。通知功能可以使项目成员及时获取项目文档的变动信息,通过预订通知来预订文件、项目或表格日志,当项目文档发生变动时,预订者将收到电子邮件的通知。因此,预订文档的项目成员无需经常登录站点,便可跟踪文件和项目的更改情况。

参 考 文 献

[1] 丁士昭. 建设工程信息化导论 [M]. 北京：中国建筑工业出版社，2005.
[2] 王要武. 工程项目信息化管理—Autodesk Buzzsaw [M]. 北京：中国建筑工业出版社，2005.
[3] 中国建设监理协会. 建设工程信息管理 [M]. 北京：中国建筑工业出版社，2003.
[4] 王守清. 计算机辅助建筑工程项目管理 [M]. 北京：清华大学出版社，1996.
[5] 马智亮，吴炜煜，彭明. 实现建设领域信息化之路 [M]. 北京：中国建筑工业出版社，2002.
[6] 邱菀华，沈建明，杨爱华，等. 现代项目管理导论 [M]. 北京：机械工业出版社，2002.
[7] 江见谅，张瑞武. 智能建筑与信息化管理 [J]. 智能建筑技术，2002 (3).
[8] 席一凡，尚耀华. 计算机辅助成本/进度综合控制系统研究 [J]. 施工技术，2000 (11).
[9] 胡崇岳. 智能建筑自动化技术 [M]. 北京：机械工业出版社，1999.
[10] 马智亮，陈娟. 建筑施工信息化发展趋势与对策 [J]. 施工技术，1998 (4).
[11] 吴涛，丛培经. 建设工程项目管理规范实施手册 [M]. 北京：中国建筑工业出版社，2002.
[12] 刘喆，刘志君. 建设工程信息管理 [M]. 北京：化学工业出版社，2005.
[13] 朱宏亮. 项目进度管理 [M]. 北京：清华大学出版社，2002.
[14] 李世蓉，邓铁军. 工程建设项目管理 [M]. 武汉理工大学出版社，2002.
[15] 成虎. 工程项目管理 [M]. 北京：中国建筑工业出版社，1997.
[16] 张家瑞，朱燕. 建筑施工组织与网络计划 [M]. 沈阳：辽宁科学技术出版社，1987.
[17] 张德群. 建筑业信息化与国际竞争力研究 [D]. 哈尔滨：哈尔滨工业大学，2000.
[18] 中华人民共和国建设部. 建设工程项目管理规范（GB/T 50326—2006）[S]. 北京：中国建筑工业出版社，2006.
[19] 王要武. 管理信息系统 [M]. 北京：电子工业出版社，2003.
[20] 陈晓红. 管理信息系统 [M]. 北京：高等教育出版社，2006.
[21] 陈国青，李一军. 管理信息系统 [M]. 北京：高等教育出版社，2006.
[22] 黄梯云. 管理信息系统 [M]. 北京：高等教育出版社，2000.
[23] 薛华成. 管理信息系统 [M]. 3 版. 北京：清华大学出版社，1999.
[24] 邵培基. 管理信息系统 [M]. 成都：电子科技大学出版社，2001.
[25] 安忠，吴洪波. 管理信息系统 [M]. 北京：中国铁道出版社，1998.
[26] 甘仞初. 管理信息系统 [M]. 北京：机械工业出版社，2002.
[27] 易荣华. 管理信息系统 [M]. 北京：高等教育出版社，2001.
[28] 耿骞，袁名敦，肖明. 信息系统分析与设计 [M]. 北京：高等教育出版社，2001.
[29] 张金城. 管理信息系统 [M]. 北京：北京大学出版社，2001.
[30] 葛世伦，代逸生. 企业管理信息系统开发的理论和方法 [M]. 北京：清华大学出版社，1998.
[31] 邝孔武，王晓敏. 信息系统分析与设计 [M]. 北京：清华大学出版社，1999.

用户可以预订、更改和删除通知，也可以禁用和启动通知。

在工程项目管理过程中，信息的种类繁多，讨论和注释是项目团队成员彼此就项目设计问题、项目变更或项目事项交换意见的快捷方式。在 Buzzsaw 中，项目成员可对特定的文件发起讨论，以便交流信息和共同做出决定。

讨论是针对特定文件的若干注释。讨论和注释相当于对文件的说明和提问。讨论选项卡显示对该文件的讨论内容。只有删除关联的文件后才能删除讨论内容。删除文件时，所有相关的讨论内容会从系统中永久删除。发起讨论有两种方式：一是在添加和更新文件时发起讨论，另一种是对已有文件添加注释。

如果项目成员想对项目的图样进行讨论，可以通过讨论和注释的方式进行。但如果利用图样本身进行信息共享，则会使用户感到更加方便。Buzzsaw 在图样上标记更改信息的功能包括：创建红线草图，创建红线标注，删除红线草图或标注，保存标记，观看保存的标记等。

在实际工作中，每个设计师设计的图样采用的字体文件可能是不相同的，为保持工程项目图样的同步更新，保证图样文件信息的完整性，利用外部参照是一种很好的方法。

Buzzsaw 用户所有操作权限是由站点或项目管理员来完成指定。在创建站点时会分配一名站点管理员，该管理员可以新建所有项目成员、创建项目，然后授予项目成员对项目的适当访问权限。一个站点可以创建很多项目。项目管理员只可以管理其具有管理权限的项目，一般不能新建项目成员和项目，除非另外授予该项目管理员此项职责。项目管理员具有将站点成员添加进项目使其成为项目成员、设置和维护项目等功能。

思 考 题

1. 在 Buzzsaw 中如何创建和发送电子邮件？Buzzsaw 中的电子邮件和常用的邮件有何区别？
2. 有几种方式预订项目文档的变动通知？怎样更改和删除通知？
3. 向 Buzzsaw 中提交工程项目文档资料的文件可以有哪些文件类型？
4. 在搜索所需工程项目文档资料时可以搜索哪些内容，如何使用搜索功能？
5. 在编辑工程项目的文档资料时为什么要用到锁定和解锁功能？
6. 在 Buzzsaw 中，如何对工程项目某个文件的相关事项进行讨论？
7. 在 Buzzsaw 中，对工程项目某个图样文件可以有哪些操作？
8. Buzzsaw 中的项目系统管理员有什么作用？项目系统管理员可以进行什么操作？